生态学马克思主义的
历史唯物主义重建

郭燕——著

RESEARCH ON THE RECONSTRUCTION OF HISTORICAL MATERIALISM
IN ECOLOGICAL MARXISM

社会科学文献出版社
SOCIAL SCIENCES ACADEMIC PRESS (CHINA)

目 录

导　论

　　21世纪人类文明演进与世界经济社会发展的大趋势是绿色经济和绿色发展。建设绿色文明、发展绿色经济、实现绿色发展，是全人类共同的战略和目标。人类将探索生态文明与绿色经济发展的新发展模式。

　　产生于20世纪六七十年代在世界范围内颇有影响的"绿色运动"中的"生态学马克思主义"，是当代西方马克思主义重要的新兴流派之一，也是当代西方马克思主义一个活跃的生长点。20世纪60年代以来，面对日益严峻的生态危机，西方国家的理论界特别是西方绿色思潮中出现了有关历史唯物主义与生态问题的关系的研究。在形形色色的绿色理论中，"生态学马克思主义"独辟蹊径，将马克思主义理论和当代生态学、系统论思想结合起来，从社会生产方式、文化以及社会制度三个层面深刻地揭示了当代生态危机的社会根源，对当代资本主义展开了新的批判，并且描绘了未来生态社会主义的图景，形成了自己独具特色的理论体系，成为最具"红色"标志的"绿色思想"。生态学马克思主义用历史唯物主义分析生态危机的根源、探索生态危机的解决途径，否定和反对资本主义制度、生产方式和价值体系。[①]

　　马克思和恩格斯创立的历史唯物主义被誉为"马克思主义的基础"，是他们在批判和继承前人理论的基础上进行的一次伟大的理论创造。生态学马克思主义学派是通过开启历史唯物主义的生态视域开始的，力图以马克思主义理论为指导将当代的西方生态运动引向生态社会主义变革。

---

① 孙爽：《瑞尼尔·格伦德曼生态学马克思主义思想研究》，中国社会科学出版社，2021，第134页。

生态学马克思主义以历史唯物主义与现代生态学之间的关系为其理论建构的逻辑出发点，对历史唯物主义展开多维度的研究，基本上可以说形成了历史唯物主义研究史。因此，研究生态学马克思主义对历史唯物主义理论的重释、重构、重建和辩护等，既能够拓展历史唯物主义的理论空间，又能对历史唯物主义的当代性作出辩护，极大地推动当代历史唯物主义的发展，因为"只有那些有助于创新的批评才是有意义的"①。

---

① 金观涛：《系统的哲学》，鹭江出版社，2019，第52页。

第一章　生态学马克思主义发展概述

从实践的角度来说，生态学马克思主义是西方声势浩大的生态运动在发展过程中与马克思主义相结合而产生的。从理论上来说，生态学马克思主义是西方马克思主义者通过对日常生活的关注，从对技术和需求异化的批判开始，逐渐发展到对生态问题、资本和资本主义制度的批判的结果，是西方马克思主义在理论和实践逻辑终结之后出现的一种新的理论形态，是当代国外马克思主义中最有影响力的思潮之一。生态学马克思主义萌生于 20 世纪六七十年代，起源于北美，流传于西欧，之后影响广大发展中国家，无论是从实践方面还是从理论方面来说，其影响力已经遍及全球，并对当今世界的政治、经济、文化产生了深刻影响。生态学马克思主义以其历史唯物主义的理论视角，深入地剖析了当代资本主义的生态危机，越来越成为一个"重要的反思现代性建制和批判资本主义的反生态性的重要思想来源"①，因其理论反思的深刻性而产生广泛而积极的影响。

第一节　生态学马克思主义的缘起

一　生态学马克思主义的产生

生态学马克思主义的产生和迅速发展有其深刻的社会历史背景。首先，生态学马克思主义的产生和发展与西方资本主义国家的社会、政治、

---

① 韩欲立：《北美生态马克思主义理论与实践研究》，天津人民出版社，2022，第 1 页。

经济飞速发展有着直接关系。西方资本主义工业文明在创造了高度发达的物质文明的同时，也造成了错综复杂的社会矛盾，如生态环境日趋恶化且已经成为世界问题，经济发展停滞不前，同时军备竞赛掀起高潮，新殖民主义和霸权主义盛行等，使人们对资本主义制度失望至极。"人类在一个成熟的工业消费社会中，正濒临精神和理智崩溃的边缘。我们正在强加于未来几代人的是一种令人可悲的遗产。"[①] 全球生态问题特别是资本主义生态问题不断涌现，使生态问题成为人类生存和可持续发展所面临的最直接的威胁。"全球生态环境恶化才是 21 世纪人类面临的最大的敌人。"[②] 为了化解人与自然之间日益尖锐的矛盾，寻求解决生态问题、拯救地球和整个人类社会的有效途径，一些西方思想家将生态问题与马克思主义、社会主义结合起来进行思考，在对人与自然的关系进行深刻反思和对西方资本主义工业文明进行理性批判的基础上，对现存的资本主义制度展开深刻批判，试图从根本上解决生态问题。资本主义的生产方式及其造成的全球性生态危机是"生态学马克思主义"产生和发展的最深刻的社会历史背景。

其次，生态运动和绿色政治的兴起增强了人们的生态意识，为"生态学马克思主义"的产生与发展提供了必要的现实条件。20 世纪 60 年代，随着环境公害事件的不断发生，一种普遍的"生存危机感"迅速蔓延开来，环境问题逐渐演变为一个普遍的社会问题。"环境问题"是 20 世纪 50 年代提出来的，现在成为"五大世界性问题"（人口、粮食、资源、能源和环境）之一，主要指生态环境问题，是指自然原因或人类活动引起环境质量恶化或生态系统失调，给人类的生活和生产带来不利影响或灾害，甚至给人类健康带来有害影响的现象。环境问题多种多样，归纳起来有两大类：一类是自然演变和自然灾害引起的洪水、旱灾、地震、台风、海啸等原生环境问题，也叫第一环境问题；一类是人类活动

---

① 〔美〕弗·卡普拉、查·斯普雷纳克：《绿色政治——全球的希望》，石音译，东方出版社，1988，第 58 页。

② 曾文婷：《"生态学马克思主义"研究》，重庆出版社，2008，第 1 页。

引起的次生环境问题，也叫第二环境问题。次生环境问题又分为两类：一是人类不合理开发利用资源，超出了环境的承载能力，导致的生态环境恶化或自然资源枯竭；二是人口激增，城市化和工农业高速发展引起的环境污染。[①]

美国海洋生物学家蕾切尔·卡逊（Rachel Carson）于 1962 年出版的《寂静的春天》一书以大量的事实，揭露了农药污染对自然环境中包括人类在内的一切生命的严重危害。这犹如一声春雷，唤起了人们的环境意识。为了创造良好的环境与健康的生活，西方发达国家的广大群众自发地掀起了声势浩大的环境运动。1970 年 4 月 22 日，美国爆发了有 2000 万人参加的环保运动，这一天也被命名为"地球日"。这是人类有史以来第一次规模宏大的群众性环境保护运动。1972 年 6 月，斯德哥尔摩召开的第一次全球性的环境大会，即"人类环境大会"，将全球环境运动推向了一个高潮。同年，"罗马俱乐部"在其第一份研究报告《增长的极限》中提出了一个著名的"人类困境"：人类片面追求经济增长必然导致增长的极限。"如果在世界人口、工业化、污染、粮食生产和资源消耗方面，按现在的趋势继续下去，这个行星上增长的极限有朝一日将在今后 100 年中发生。最可能的结果将是人口和工业生产力双方有相当突然的和不可控制的衰退。"[②] 它强调了把环境保护放在人类权益中更优先的位置上的重要性。此后，各种环境保护组织，如"环境保护——绿色行动""未来——绿色行动""环境保护——绿色名单""地球之友""世界卫士""自然之友""第三条道路行动"等团体相继成立，而且其队伍迅速发展壮大。一种基于"平民运动"的生态政治运动在西方国家兴起，并很快遍及欧美各国，甚至一些发展中国家也纷纷追赶这股"绿色浪潮"。面对各阶层群众日益广泛的绿色抗议，许多国家的政府开始重视环境问题，相继设立国家级的环境管理机构，制定和实行保护环境和控制污染的法

---

① 参见曾文婷《"生态学马克思主义"研究》，重庆出版社，2008，导言第 2 页。
② 〔美〕丹尼斯·米都斯等：《增长的极限——罗马俱乐部关于人类困境的报告》，李宝恒译，吉林人民出版社，1997，英文版序第 17 页。

律、法令。与此同时，环境保护也进入了国际政治领域。1970年，联合国教科文组织制定"人与生物圈计划"，旨在系统研究生物圈及其不同区域的结构和功能，预测人类活动引起的生物圈和资源的变化。联合国及其所属环境保护组织也相继制定了一系列的国际环境保护公约。

就在全球环境保护运动蓬勃发展的同时，西方新马克思主义也完成了从哲学批判到社会学、政治学批判的转向，把生态危机和资本主义"工业文明"的发展联系起来，与人类解放联系起来，并深刻地指出：资本主义通过"过度生产"和诱导人们"过度消费"来维持其存在的方式，将必然导致生态危机；生态危机不仅不可避免，而且是当代资本主义转移危机的必要手段。新马克思主义的这些观点迅速在学生和工人运动中传播开来，使20世纪六七十年代的生态运动具有政治意蕴。20世纪70年代末80年代初，环境保护运动又与民主运动、和平运动、女权运动相汇合，发展成全球性的群众性的生态政治运动。这为绿党的建立奠定了基础。绿党的出现是当代绿色政治兴起的重要标志之一。

随着西方生态运动和绿色政治的日益发展与壮大，绿党内部的分歧也日益明显。绿党中激进的左派即以马克思主义为指南的派别认为，绿党倡导的绿色政治是一种无政府主义的后现代主义政治，必须对其生态中心主义理论进行红色批判，以便形成后现代主义的世界观。他们运用马克思主义、社会主义分析、研究生态问题，并深刻地指出：生态危机的根源在于资本主义制度，只有建立生态社会主义社会才能解决生态危机。生态学马克思主义、生态社会主义由此从生态运动中分化出来，它们被称为"红绿派"或"西瓜派"（外绿内红）。而生态原教旨主义被称为"纯绿派"、"深绿派"或"黄瓜派"（从里到外都是绿色），生态自由主义则被称为"黑绿派"。

西方马克思主义者结合当代生态学的基本原则，对马克思主义的一些基本原理进行重新审视和思考，试图为发达资本主义国家寻找一条既能解决生态危机，又能实现社会主义的途径。

从实践的视角上看，1968年"五月风暴"的最终失败，"西方马克思主义在实践走向上也就无可奈何地衰落了"①。"理论家意识到工人运动不可能成为新社会的主体时，开始寻找新的主体和突破口的结果，生态运动无疑是一个新的缺口。"② 在此种境况之下，生态学马克思主义产生了，它是马克思主义和西方马克思主义在新的历史条件下对新情况和新问题进行研究和探索的产物，是西方马克思主义在理论和实践层面终结之后生长出来的一种新的理论，是对马克思主义和西方马克思主义的新发展，是西方马克思主义终结之后政治化、日常生活化、"后马克思化"的产物，它有着自身的理论特色和问题域，表现出一些共同的理论倾向和发展趋势。

"生态学马克思主义"在这些复杂条件的综合作用下应运而生，并日益走向丰富和成熟。有一些西方马克思主义者认为，生态危机已经取代资本主义社会存在的无产阶级和资产阶级之间的矛盾成为社会的主要问题，生态问题已经成为马克思主义者需要面对和解决的重要问题。为了走出一条既能够解决资本主义生态危机，又能实现社会主义的道路，人们试着寻找多种理论工具去探究生态危机的根源以及摆脱的方法与途径等，在这种历史背景下产生的生态学马克思主义"无疑代表了我们这个世纪的最后岁月里马克思主义发展的一个新阶段"③。

"生态学马克思主义"（the Ecological Marxism）术语最早出现在本·阿格尔1979年出版的著作《西方马克思主义概论》中。1986年，王瑾教授在《"生态学马克思主义"和"生态社会主义"——评介绿色运动引发的两种思潮》一文中第一次将"the Ecological Marxism"翻译为"生态学马克思主义"。1989年，慎之等人在翻译本·阿格尔的《西方马克思主义概论》时也将"the Ecological Marxism"译为"生态学马克思主义"。1999年，徐觉哉在其著作《社会主义流派史》中也使用了"生态学马克

---

① 张一兵、胡大平：《西方马克思主义哲学的历史逻辑》，南京大学出版社，2003，第413~414页。

② 张一兵主编《当代国外马克思主义哲学思潮》下卷，江苏人民出版社，2012，第487页。

③ 〔南〕尼科利奇编《处在21世纪前夜的社会主义》，赵培杰、冯瑞梅、孙春晨译，重庆出版社，1989，第58页。

思主义"这一术语。2012 年，张一兵在其主编的《当代国外马克思主义哲学思潮》中也是这样使用"生态学马克思主义"的，并且把生态马克思主义、生态社会主义和马克思的生态学看作生态学马克思主义的三种理论形态。

郇庆治、刘仁胜和段忠桥等把"the Ecological Marxism"翻译为"生态马克思主义"。俞吾金和陈学明把"the Ecological Marxism"翻译为"生态学的马克思主义"。总而言之，从 20 世纪 80 年代至今，国内学者对"the Ecological Marxism"的理解一直不一致。但是比较起来，"生态学马克思主义"概念使用最多、最常见，其次是生态马克思主义，再次是生态学的马克思主义。三种译法没有本质差异，"生态学马克思主义"这一概念更符合学术现实和我们的语言习惯。

二　生态学马克思主义的发展历程及主要代表人物

自生态学马克思主义问世以来，学界逐渐形成了一套以资本逻辑批判为问题意识和以构建生态社会主义为理论目标的较为系统的理论体系，涌现出一大批理论家和丰富的理论著述。

（一）生态学马克思主义的发展历程

生态学马克思主义萌芽于 20 世纪六七十年代的西欧，形成于 80 年代的北美，发展于 90 年代的欧美，[①] 主要经历了三个时期。

第一个时期是 20 世纪 60 年代到 70 年代的形成时期，经历了一个由经验到理论的过程。主要代表人物有法兰克福学派的赫伯特·马尔库塞（Herbert Marcuse），他主张把自然的解放同人的解放结合起来，认为自然的解放是人的解放的物质前提；把自然问题看成社会问题，主张生态危机是社会危机在自然界中的反映。

第二个时期是 20 世纪 70 年代到 80 年代的体系化时期。这一时期主要代表人物有本·阿格尔（Ben Agger）、威廉·莱斯（William Leiss）、阿什顿（F. Ashton）、大卫·哈维（David Harvey）和安德烈·高兹（André

---

① 　参见倪瑞华《英国生态学马克思主义研究》，人民出版社，2011，第10页。

Gorz）等。生态学马克思主义主要与绿色运动相联系，在经验的层面上有所发展，而在理论上，主要采用西方人道主义马克思主义的哲学范式，具有明显的社会民主主义特征。其对资本主义的批判避开了资本主义社会的基本矛盾，于是在解决生态危机和消费危机的过程中走向了历史唯心主义。本·阿格尔最早提出"生态学马克思主义"概念，认为生态危机已经取代经济危机并成为资本主义社会面临的重要危机，进而把生态危机的根源归为资本主义的逐利性和异化消费，并论述了从资本主义到社会主义的过渡。

第三个时期是20世纪90年代的普及时期。总体来说，生态学马克思主义在20世纪90年代及以后开始突破西方人道主义马克思主义的哲学范式，建构起自身的理论体系。为了建立自己的哲学范式，生态学马克思主义哲学家回到马克思的著作，重新解释了马克思哲学的基本原理，提出了一些比较合理的经济和政治主张，使生态学马克思主义的政治理论轮廓日益清晰，因此也克服了前期生态学马克思主义理论的乌托邦缺陷而变得更加合理。这一时期的主要代表人物有乔治·拉比卡（Georges Labica）、詹姆斯·奥康纳（James O'Connor）、约翰·贝拉米·福斯特（John Bellamy Foster）、戴维·佩珀（David Pepper）、泰德·本顿（Ted Benton）、瑞尼尔·格伦德曼（Reiner Grundmann）等，他们继续对资本主义进行生态批判，强化了生态在历史唯物主义中的地位。[①]

（二）主要代表人物

典型的生态学马克思主义者有本·阿格尔、安德烈·高兹、泰德·本顿、瑞尼尔·格伦德曼、威廉·莱斯、詹姆斯·奥康纳、约翰·贝拉米·福斯特、戴维·佩珀等，他们"比较自觉地运用马克思主义的观点和方法，去分析当代资本主义的环境退化和生态危机，以及探讨解决危机的途径"[②]。

---

① 参见吴宁编著《生态学马克思主义思想简论》上册，中国环境出版社，2015，第3页。
② 俞吾金、陈学明：《国外马克思主义哲学流派新编·西方马克思主义卷》下册，复旦大学出版社，2002，第575页。

本·阿格尔是第一个对环境和生态危机作出理论回应的马克思主义研究者。他以马克思主义为理论指导，探寻资本主义生态危机产生的根源，并以此为切入点全面批判当代资本主义社会，继而揭示通往生态社会主义的道路。其主要代表作有《论幸福和被毁的生活》《辩证的敏感性Ⅰ：批判理论、唯科学主义和经验主义》《西方马克思主义概论》《辩证的敏感性Ⅱ：走向新的理智性》《快速资本主义：一种批判的意义理论》《公共生活的批判理论：在一个衰退时代的知识、言谈和权力》《关于控制的论述：从法兰克福学派到后现代主义》《性、文化和权力：走向一种女权主义的后现代主义批判理论》《公共社会学：从社会事实到文学行动》《自我与网络社会》等。

安德烈·高兹是法国著名的社会批判家、哲学家、左翼理论家，同时也是存在主义者、存在主义的马克思主义者、生态学马克思主义者与后马克思主义者。以安德烈·高兹为代表的生态学马克思主义者为我们提供了社会主义与生态政治结合的可能性。他认为在当代西方，科学技术的发展及应用，引发了严重的生态危机。摆脱这种灾难的出路在于停止经济增长、改变生活方式和限制消费、使用可再生能源、采用分散技术，建立既能够促进个人自主又能与自然协调的基于民主的技术的社会。

威廉·莱斯是引领生态学马克思主义走向理论化、系统化的奠基性人物法兰克福学派赫伯特·马尔库塞的学生，是法兰克福学派与生态学马克思主义之间的桥梁。其1972年出版的《自然的控制》和1976年出版的《满足的极限》，深刻地论述了资本主义技术的使用对人和自然关系、人和人的关系的作用。着眼于对消费异化的批判，他认为在社会主义稳定的经济条件下，消费不可能显著地缩减，人的需要的满足只能立足于社会的生产活动而非消费活动，社会生产活动或生产方式与生态危机具有不可分割的联系。科学技术的发展与科技在生产中的应用，促进了社会生产力的发展，却也导致了严重的环境问题。基于此，威廉·莱斯指出，相对于现代科学的作用及在社会生产中的地位，人们的观念即控制自然的观念才是当代社会生态危机的根本元凶。威廉·莱斯认为，必须转变控制自然的观念，从征服自然向控制人类与自然之间的关系转变，即将人类的欲望与非理性置于理性的控制之下，在与自然的互动中满足自身的需求而不破坏自然环境。如何做到既满足自身的需要又不破坏自然环境呢？威廉·莱斯指出，人类的满足在于生产活动，人们应该在共同的生产活动中创造出满足人们需要的各种手段，并要求人们改变生活方式，减少劳动产品的消费总量。

詹姆斯·奥康纳，哲学博士，美国政治生态学研究中心主任，美国新马克思主义经济学家，美国当代生态学马克思主义的领军人物。1973年出版的《国家的财政危机》奠定了他在美国垄断资本学派中的地位。1988年，詹姆斯·奥康纳在其主编的期刊《资本主义、自然、社会主义》中，初步确立了后来获得广为关注和讨论的"第二重矛盾"理论。在经历了20世纪80年代资本主义的经济滞胀期，以及20世纪90年代资本主义全球化所导致的全球性生态危机后，面对很多西方学者完全抛弃马克思主义，詹姆斯·奥康纳仍然坚定自己的马克思主义信仰，并创造性地运用马克思主义理论对当代资本主义进行生态学批判。詹姆斯·奥康纳研究的最大特色就是把资本主义的现实发展逻辑与当前生态问题相联系，充分运用马克思主义的研究方法，将社会劳动、自然、文化看作一个有机整体，克服了传统历史唯物主义的单一决定论，拓展了马克思主义的理论思想。他对资本主义进行深刻的批判，并力促生态运动与劳工运动紧密结合，在实现生态与政治相融合的激进变革中走向生态社会主义。詹姆斯·奥康纳的理论使生态学马克思主义理论发展到了一个全新的高度，在威廉·莱斯和本·阿格尔的生态危机理论的基础之上，詹姆斯·奥康纳将资本主义危机总结为经济危机与生态危机并存的"双重危机"，并进一步构想了威廉·莱斯和本·阿格尔曾经设想过的生态社会主义理论，进一步完善和补充了生态学马克思主义。因此与威廉·莱斯、本·阿格尔等生态学马克思主义理论家相比，詹姆斯·奥康纳的理论更加系统，理论分析也更加成熟、缜密，其理论被众多学者认为足以代表当代生态学马克思主义理论的最高水平。

泰德·本顿，英国埃塞克斯大学社会学教授，当代著名生态学马克思主义者。泰德·本顿学术思想包罗万象，广泛涉及生态社会学、动物权利、生态社会主义、非还原的自然主义、自然科学与社会科学的融合等各个方面，对生态学问题进行了哲学、社会学、经济学等跨学科、多领域的探索和研究，取得了卓有成效的理论成果。作为 20 世纪 90 年代英国生态学马克思主义的代表人物之一，泰德·本顿在 1989 年发表的《马克思主义和自然的极限：一种生态批判与重建》一文中，详细阐述了历史唯物主义、政治经济学与生态学的关系，拉开了以生态中心主义价值观为基础的英国生态学马克思主义理论思潮的序幕。泰德·本顿围绕历史唯物主义是否具有生态性、生态中心主义还是人类中心主义、自然和发展是否有极限、生态社会主义如何构建等一系列重大问题进行了理论探讨，一定程度上开启了生态学马克思主义的一个全新研究范式，即生态中心主义立场的生态学马克思主义。其主要学术作品有《三种社会学的哲学基础》《结构主义马克思主义的兴起与衰落：阿尔都塞及其影响》《马克思主义的绿化》。泰德·本顿的生态学马克思主义思想丰富和发展了马克思主义理论，拓展了历史唯物主义的生态学视域。

约翰·贝拉米·福斯特，美国俄勒冈大学社会学教授，是生态学马克思主义的集大成者。有学者指出："要在生态马克思主义的发展史中，寻找一位最有勇气、最有创见，同时又饱受争议的生态马克思主义者，恐怕非约翰·贝拉米·福斯特莫属。"[①] 他一生致力于挖掘和传播马克思的生态思想，认为马克思对资本主义的批判和对人与自然和谐关系的论述，为当今环境问题的解决指明了方向。以约翰·贝拉米·福斯特为代表的生态学马克思主义的北美范式则为我们在哲学上重建了马克思生态唯物主义，同时也在伦理上指出在社会主义发展观中实现自然与社会的协同进化。在其 2000 年出版的《马克思的生态学：唯物主义与自然》一书中，他阐述了马克思新陈代谢理论的生态内涵，论证了马克思主义理论包含系统的生态学思想，并建构了马克思主义生态学理论。

戴维·佩珀，英国牛津布鲁斯大学地理系教授，是生态社会主义较

---

① 康瑞华等：《批判 构建 启思：福斯特生态马克思主义思想研究》，中国社会科学出版社，2011，第 220 页。

为成熟阶段的著名代表人物，主要著作有《生态社会主义：从深层生态学到社会正义》《现代环境主义的根基》《现代环境主义导论》。戴维·佩珀从现代主义的立场出发，以启蒙主义和理性主义来反对生态中心主义的非理性主义和神秘主义，即对后现代主义倾向进行了批判，指出生态中心主义是明显反对现代主义的。戴维·佩珀所主张的现代主义与资本主义所实践着的现代主义，即技术中心主义有着根本不同。技术中心主义建立在人与自然相对立的二元论世界观和自由主义传统基础上，把自然看作被动的纯粹对象性存在，主张以知识和技术的进步来不断突破自然的限制，以推进人类社会的发展。但是技术中心主义追求现代性目标的过程本身就是对目标的破坏。因此戴维·佩珀主张为现代性的目标注入生态意蕴。戴维·佩珀首次区分"红色绿党"与"绿色绿党"，提出以马克思主义来改造生态中心主义，使绿色运动"红化"，实现红绿联盟；主张重返人类中心主义，试图通过马克思主义和生态主义、社会主义和无政府主义的融合，构建一种以社会公正为出发点的、人类中心主义的生态社会主义。戴维·佩珀的生态学马克思主义具有鲜明的时代性，最接近马克思主义，在当代西方生态学马克思主义理论界具有重要地位。

乔纳森·休斯（Jonathan Hughes），曾是英国曼彻斯特大学哲学和政治学研究员，当代英国生态学马克思主义的代表人物之一，著名的环境伦理学家、分析的马克思主义者。其主要研究领域涉及哲学、伦理学和政治学，在西方生态学马克思主义理论界具有自己独特的地位。其代表作《生态与历史唯物主义》对历史唯物主义整体和核心概念进行了独特的生态性阐释。从生态问题及其评价入手，他研究了马克思的历史理论与环境之间的关系，分析了自然在历史唯物主义中的定位，进而阐释并重建了生态历史唯物主义视域下生产力发展的基本概念，认为只有当"各取所需"的共产主义原则建立在生态上适度可行的生产发展基础之上时，才能真正地解决生态问题。乔纳森·休斯认为历史唯物主义可以为当今社会解决环境问题提供理论指导，为马克思主义的生态辩护作出了极大贡献。

瑞尼尔·格伦德曼，德国著名的当代生态学马克思主义者。其代表作主要有《马克思主义和生态学》《科学知识的力量：从研究到政治政策》等。在《马克思主义和生态学》中，他提出了"重返人类中心主义"的口号，重新解读了马克思"控制自然"的思想，为马克思的"控制自然"观念和历史唯物主义进行辩护，主张在历史唯物主义框架内，以马克思主义为指导来评价、阐释和解决生态问题，开创人类中心主义的生态学马克思主义。

三 生态学马克思主义的理论形态

（一）按照地域划分

20世纪70年代以后，生态学马克思主义在欧洲和北美地区获得体系化发展。对于这个时期的生态学马克思主义，"无论是在生态危机的根源、遏止全球生态危机的社会力量、应当采取的手段和方式方面，还是对未来社会的构想方面，都有了一套较系统的看法。特别是非常明确地提出了生态社会主义的政治、经济、文化和社会生活的要求，这是生态学的马克思主义体系化的最主要的标志"①。欧洲生态学马克思主义理论更注重与现实政治运动尤其是绿色运动相结合，着眼于政治目标的实现；而北美生态学马克思主义理论则注重与资本主义批判论相结合，着眼于整个社会目标的实现。

1. 欧洲生态学马克思主义

欧洲生态学马克思主义者又有很多的组成部分，其中英国生态学马克思主义者最有影响力，最具代表性。他们主要从人与自然的关系、自然的极限和人类对自然的支配等方面进行研究，代表人物有戴维·佩珀、泰德·本顿、瑞尼尔·格伦德曼和乔纳森·休斯等。

英国生态学马克思主义能够有意识地运用马克思主义立场、观点和方法分析和批判当代资本主义所导致的生态危机，把资本主义制度及其生产方式视作现代性生态危机的根源，寄希望于通过制度与价值观念的

---

① 俞吾金、陈学明：《国外马克思主义哲学流派新编·西方马克思主义卷》下册，复旦大学出版社，2002，第577页。

双重变革来解决生态危机。

在此基础上，20 世纪 90 年代以后英国生态学马克思主义者对生态危机产生的深层结构进行研究，并沿着两条路径进行了探索，围绕五个焦点问题展开激烈争论，即绿色历史唯物主义还是红色生态学、生态中心主义还是人类中心主义、适应自然还是支配自然、生态自治主义还是生态社会主义、马克思主义是否承认自然的极限。一条路径是以泰德·本顿为代表的所谓的"生态中心主义"。生态中心主义认为生态危机的深层原因是人类中心主义的价值观，主张以"适应自然"取代"支配自然"，认为历史唯物主义缺乏生态学维度，试图以生态学维度重建绿色历史唯物主义，主张"适应自然"和生态中心主义的观点，倾向走生态自治主义的道路。另一条路径是以戴维·佩珀、瑞尼尔·格伦德曼和乔纳森·休斯为代表的"人类中心主义"。人类中心主义认为生态危机的深层原因是资本主义制度，赋予了"支配自然"以正面解读和积极意义，肯定人类中心主义，主张重返人类中心主义，认为马克思主义是承认自然极限的，为历史唯物主义辩护，阐释了其生态学意蕴，主张建立生态社会主义社会。

这场论争折射了生态学马克思主义的性质，即"实质是后现代主义和现代主义之争"①，生态中心主义带有浓厚的后现代主义的色彩，而人类中心主义属于现代主义哲学思想。"一些论者之所以把生态学马克思主义看作一种背离了历史唯物主义理论的后现代马克思主义流派，一个重要的原因在于他们混淆了生态学马克思主义同具有后现代倾向的西方生态中心主义之间的区别。"② 在这场论战中，人类中心主义占上风，表明生态学马克思主义没有背离历史唯物主义，也表明了其属于西方马克思主义理论阵营。

2. 北美生态学马克思主义

北美生态学马克思主义在坚持马克思主义整体性思维与批判思维的

---

① 倪瑞华：《英国生态学马克思主义研究》，人民出版社，2011，第 39 页。
② 王雨辰：《生态批判与绿色乌托邦——生态学马克思主义理论研究》，人民出版社，2009，第 11 页。

前提下，坚持了多元化价值取向。

20 世纪 60 年代到 70 年代，北美学术界出现了一次举世瞩目的马克思主义理论兴趣大回潮，其最大特点是对发达资本主义国家的马克思主义理论进行分析，"美国人对马克思主义理论最突出的贡献，是在对发达资本主义社会及其与帝国主义的关系的分析上"①。以加拿大的威廉·莱斯和本·阿格尔为代表的早期北美生态学马克思主义旨在改变象牙塔式的纯哲学思维方法，把马克思主义的批判精神与方兴未艾的生态运动结合起来，以重新解释社会与自然的辩证关系，进而找到同时解决生态危机和人类解放问题的现实途径；尤其偏重于研究因消费危机而引发的生态问题，在理论上以马克思危机理论为研究的逻辑前提，建构的是资本主义批判的政治生态哲学。作为这种范式转向的推动人物之一，本·阿格尔在系统分析马克思主义学术史的基础上，首次提出"生态学马克思主义"这一全新概念。威廉·莱斯与本·阿格尔在关注消费异化的基础上指出，消费异化的根源在于资本主义生产方式与商品经济模式，它使人们将人生的本质与意义依附于消费之中，使人成为消费的主体，丧失了劳动主体的意识与功能。消费异化与劳动异化是资本主义生产方式的产物，而这种生产方式又将自然商品化，异化为资本生产的对象，使自然失去了自身存在的价值与自主运行性，而生态危机就是自然异化的表现，是资本主义无限制的生产与自然资源的有限性的矛盾的产物。马克思主义认为，在社会生产中，自然处于优先地位，是物质资料生产的前提条件，也是社会生产过程的物质基础。北美生态学马克思主义在承认马克思主义自然观的基础上，又将自然观从生产领域进一步延伸到消费领域和生态领域，在自然优先性的基础上又阐明了自然的有限性。这样一来，北美生态学马克思主义在考察生态危机的基础上，发现了自然异化与劳动异化、消费异化的关系，丰富了历史唯物主义的自然观，即人化自然与自然人化是社会生产与社会消费过程的统一。

---

① 〔英〕戴维·麦克莱伦：《马克思以后的马克思主义》，李智译，中国人民大学出版社，2016，第 315 页。

20 世纪与 21 世纪之交，生态学马克思主义主要理论阵地重回北美，美国的詹姆斯·奥康纳和约翰·贝拉米·福斯特，他们继从需要、消费、异化之后又从危机、技术等方面来探讨生态危机的成因、根源和解决方式等，分别以外在补充完善和内在挖掘梳理两种方式诠释历史唯物主义的生态意蕴，赋予其历史和文化内涵，一定意义上标志着生态学马克思主义理论体系的完成。其后的乔尔·克沃尔（Joel Kovel）① 和保罗·柏克特（Paul Burkett）等人分别沿着詹姆斯·奥康纳和约翰·贝拉米·福斯特的逻辑进路，或挖掘历史唯物主义内在的生态意蕴，或者将生态学灌注于历史唯物主义之中，目的都是以历史唯物主义为理论武器对资本主义生态危机的根源进行批判，构建替代方案。美国的生态学马克思主义哲学则偏重研究全球问题引发的自然异化现象，在理论上以马克思主义的人与自然关系理论为研究的逻辑前提，建构的是唯物主义的生态哲学。北美生态学马克思主义在直面资本主义生态危机的基础上，通过重新思考生态危机的根源，并将对生态危机的反思与重新解读历史唯物主义结合起来，形成了独具特色的生态学马克思主义理论。这一理论将生态危机问题与历史唯物主义对资本主义社会的分析与批判结合起来，在深入研究生态危机的同时，也增强了历史唯物主义的时代性与先进性。北美生态学马克思主义从本·阿格尔到詹姆斯·奥康纳再到约翰·贝拉米·福斯特的发展演变，既是对西方马克思主义批判精神的继承，也是北美生态学马克思主义的自我嬗变。

北美生态学马克思主义通过理论转向，与自己的先驱西方马克思主义彻底划清了界限，重新回到了马克思主义的立场上，在批判资本主义的社会现实的基础上，把生态学的观念与马克思主义紧密结合起来，在某种程度上为马克思主义增加了具有鲜明时代特色的内容，在历史唯物主义的生产力、生产关系、上层建筑、社会意识和现实的人五个核心范畴中加入了自然和文化的概念，同时用异化消费和资本主义社会的第二重矛盾等理论来解释资本主义生产方式下生态危机爆发的必然性，重构

---

① 有的著作中将 "Joel Kovel" 翻译为乔尔·科威尔，本文就引用通常译法乔尔·克沃尔。

了历史唯物主义的自然和生态的相关理论。其所运用的理论依据和分析方法等都体现了马克思主义的特质，表现了守望历史唯物主义的理论特质，使马克思主义理论发展进入了一个新的阶段，对生态危机产生的根源和应对生态危机的方法以及未来的具有生态特质的理想社会都进行了有益的探索。但是北美生态学马克思主义试图以所谓的民主改良替代马克思主义的阶级斗争和社会革命，所构想的理想国家模式和社会模式在概念上是模糊的，在实现的途径上也是不具有可能性的，这从北美生态学马克思主义的主要学者自身所持的悲观态度中就可以得到证明。

（二）按照时间划分

生态学马克思主义不是自组织的学术团体或者学术流派，而是由不同的时期、不同的国家具有共同价值旨趣的思想家的主要观点共同构成的理论体系和发展逻辑。① 张一兵教授认为，在本·阿格尔之前，有很多西方马克思主义者如，安德烈·高兹、霍华德·帕森斯（Howard L. Parsons）、威廉·莱斯等运用马克思主义理论和方法关注和研究生态问题，并形成了一些理论观点，这一思潮被称为"生态马克思主义"（Ecological Marxism），之后其他一些学者相继从其他方面关注马克思主义和生态学，并形成了"生态社会主义"（Ecological Socialism）和"马克思的生态学"（Marx's Ecology）等理论思潮，而"生态学马克思主义"是对所有这些思潮的一个统称。生态社会主义是生态学马克思主义从理论走向现实的必然结果，而马克思的生态学则是生态学马克思主义在理论上的初步回归。这一思潮既借鉴马克思主义的相关思想，也对马克思主义进行新的解读甚至重构，既批判资本主义，又批判"非生态的"社会主义。总而言之，生态学马克思主义从产生、发展的历史逻辑上看，主要表现为三种理论和实践形态：生态马克思主义、生态社会主义和马克思的生态学。

1. 生态马克思主义

"生态马克思主义"是生态学马克思主义的最早形态，发端于法兰

---

① 参见张夺《生态学马克思主义自然观与生态文明理念研究》，人民出版社，2021，第2页。

克福学派对技术理性的批判以及其他一些学者对资本主义经济、政治和
生态的现实问题的关注和研究。西方马克思主义对生态学的关注始于法
兰克福学派的马克斯·霍克海默（Max Horkheimer）、西奥多·阿多诺
（T. W. Adorno）①和赫伯特·马尔库塞，之后经过威廉·莱斯和本·阿格
尔的发展，生态马克思主义得以创立。

　　生态马克思主义的产生不是偶然的，它是资本主义生态危机和资本
主义社会绿色生态运动发展的必然产物。生态马克思主义正是在人类社
会普遍质疑科学技术对生态环境起灾难性的破坏作用的时候凸显出自己
的理论价值。在蕾切尔·卡逊（Rachel Carson）出版了《寂静的春天》
之后的两年，赫伯特·马尔库塞也出版了其代表性著作之一《单向度的
人：发达工业社会意识形态研究》，拉开了生态马克思主义的序幕。之
后，1972 年赫伯特·马尔库塞出版了《反革命与造反》。生态马克思主义
正是在法兰克福学派的这些思想的基础之上，经由威廉·莱斯，最后由
本·阿格尔在 20 世纪 70 年代初步完成的。威廉·莱斯于 1972 年和 1976
年出版了《自然的控制》和《满足的极限》，本·阿格尔在 1975 年和
1979 出版了《论幸福和被毁的生活》和《西方马克思主义概论》，这六
部著作的问世成为生态马克思主义形成的主要标志。

　　威廉·莱斯在《自然的控制》中继承了赫伯特·马尔库塞的"技术
的资本主义使用"的观点，他指出把自然界当作商品加以控制，把控制
自然作为资本主义和社会主义进行竞争的工具，是资本主义社会和社会
主义社会共同面临的生态环境恶化的直接原因。在《满足的极限》中，
威廉·莱斯指出人类本身的需求与商品之间的关系在垄断的资本主义市
场上已经被打乱和扭曲，西方马克思主义应该更多地关注社会与自然之
间的关系，为高度集约化的资本主义市场寻找替代方案。本·阿格尔
1975 年出版的《论幸福和被毁的生活》以及 1979 年出版的《西方马克思
主义概论》吸收了法兰克福学派以及其他生态学说的研究成果，使生态

---

①　有的著作中将"T. W. Adorno"翻译为西奥多·阿道尔诺，本文就引用通常译法西奥多·
阿多诺。

马克思主义逐渐趋于完整和成熟。①

20世纪90年代之前生态马克思主义的理论成果主要就是将绿色生态运动对资本主义生态环境灾难的纯科学技术批判转向了对资本主义制度的社会批判，并将生态危机作为资本主义社会仍然存在的唯一危机形式。其理论成果主要体现在以下三个方面：赫伯特·马尔库塞对"科学技术的资本主义使用"的批判，威廉·莱斯重新确立自然与社会的关系，以及本·阿格尔的生态危机理论的建立。生态马克思主义的主要观点如下。

在《资本论》中，马克思深刻分析了资本主义的社会、经济与自然的关系，认为人对自然的一般性"支配"不是生态问题的缘由，生态问题是人们对待自然的"特殊"方式引发的，必然与资本主义社会的基本矛盾相关联。马克思乐观地预见了人与自然将再次走向和谐统一。马克思主义关于人与自然之间关系的观点，为生态马克思主义提供了最基本的问题分析框架和解释范式。随着资本主义的发展，特别是科学技术的发展和资本主义生产的不断调整，人类改变自然的能力不断加强，致使大量的环境问题和生态问题出现。自卢卡奇以来，西方马克思主义者对生产力本身进行了批判，处于资本主义垄断时期的法兰克福学派看到了现实中所发生的并不是马克思所希望的那样。

第一，经济危机与生态危机。生态马克思主义承认马克思在《资本论》中对自由资本主义社会基本矛盾的分析和批判的正确性，但是并不承认经济危机是垄断资本主义最后灭亡的根本原因。资本主义科学技术的迅猛发展和国家福利政策的普遍实施，使工人阶级并没有出现极端贫困现象，经济危机难以大规模爆发。但是，资本主义在科学技术进步的基础上加强对社会和自然的控制，导致了整个人类社会和整个自然之间的不可调和的矛盾，资本主义为了保持经济增长严重损害了人类赖以生存的自然生态环境。以生态危机换取或延缓经济危机，使人类社会与自然的矛盾上升为资本主义社会的主要矛盾。

第二，异化消费是资本主义生态危机的直接根源。异化消费是生态

---

① 参见刘仁胜《生态马克思主义概论》，中央编译出版社，2007，第4页。

马克思主义根据马克思的异化劳动理论构造出的一个相对概念，指的是人们用消费满足"虚假需求"的办法去补偿异化劳动的消费生活方式，从而使资本主义实现以生态危机换取或延缓经济危机。生态马克思主义认为，正是劳动的异化导致了人类对异化消费的依赖，迫使资本主义工业加速生产，以满足虚假的异化消费需求，从而维护资本主义的合法性。垄断资本主义在后工业社会的扩大再生产纯粹是为了满足这种病态的异化消费需求，对自然生态系统造成无以复加的生态灾难，威胁到整个人类的存在。

第三，建立需求理论，消除异化消费。在垄断资本主义条件下，马克思关于生产领域的危机理论已经不再适用，资本主义危机已经转移到消费领域。资本主义为了维持其工业增长，不得不向人们提供超越人们"真正需求"的异化消费商品，最后使得人类社会和资本主义共同面临生态危机。因此，首先要缩减需求，重新思考，从异化消费中解脱出来。但是，生态马克思主义并没有提出具体的需求理论，而是受马克思《1844年经济学哲学手稿》的启发，提出了人的幸福在于把自我实现的劳动与有益的消费结合起来的抽象的观念。

第四，建立"稳态经济"模式，控制生产过度发展，有计划地缩减工业生产，使生产过程分散化和民主化。马克思在其早期作品中曾经提出管理生产资料与拥有生产资料同样重要的观点；英国经济学家穆勒在其《政治经济学原理：及其在社会哲学上的若干应用》一书中也曾经提出使经济和人稳定化的观点；而另一位英国经济学家舒马赫则提出发展既能够适应生态规律又能够尊重人性的"民主技术"或者"具有人性"的小规模技术。生态马克思主义根据马克思、穆勒和舒马赫等人的思想，主张建立"稳态经济"模式，不断缩减和分散庞大的工业经济体系，充分发挥人的创造性，使人类的劳动和生产真正根植于人类与自然的和谐之中。

2. 生态社会主义

生态社会主义是生态学马克思主义的第二种表现形态，是西方资本主义国家绿色运动和社会主义运动相互影响而交互发展的产物，也是生态学马克思主义从哲学批判走向社会批判和政治批判的范式转向的产物。生态社会主义基本经历了 20 世纪 70 年代的萌芽期、80 年代的发展期、90 年代的成熟期以及 90 年代之后的转型期。90 年代之前的生态社会主义具有明显的社会民主主义特征，而 90 年代之后的生态社会主义则具有明显的生态马克思主义特征。生态社会主义属于绿色运动中的左翼，而生态马克思主义则属于左翼中的左翼。

在经济增长就是一切的观念影响下，有些国家片面地追逐经济增长进而忽视了能源资源的节约，忽视了环境的保护，以至于在发展的过程中产生了生态危机。在 20 世纪 70 年代以后，欧洲出现了群众性的生态保护运动以及各式各样的民间生态组织。20 世纪 80 年代作为一种新的政治力量的绿党崛起，并在欧洲一些国家的社会政治生活中发挥着越来越重要的作用。"生态社会主义"属于绿色生态运动的左派，自称红色绿党，其成员包括社会民主主义者和信奉马克思主义的革命的社会主义者。1980 年 1 月，联邦德国成立了世界上第一个有着明确的政治纲领和政治组织的"绿党"，并公开提出了"生态社会主义"的口号，标志着生态社会主义的诞生。在 20 世纪 70 年代生态社会主义发展的初始阶段，生态社会主义者虽然最终提出了"生态社会主义"的口号，但是缺少系统的理论成果。这种口号主要是作为一种对现存的垄断资本主义现状不满而进行反思的政治表现形式，以及为改变现状而在理论上对一种更加合理的社会制度所进行的探索。

生态社会主义的基本理论主张如下。在人与自然的关系问题上，生态社会主义吸收了马克思关于人类与自然关系的观点，既反对人类中心主义的观点，也反对主流绿党的生态中心主义的观点。在经济问题上，生态社会主义既反对生态马克思主义提出的分散化和非官僚化的乌托邦思想与复古思想，也反对垄断资本主义和苏联社会主义高度集权化的经济，提倡一种计划与市场相结合、集中与分散相折中、中央政府与地方当局相补充的"混合型"经济。在政治上，生态社会主义强调基层民主或民主自治，主张政权机构由基层民主选举产生以及政治权力放在基层，主张意识形态多元化和权力资源分散化。在生态社会主义的实现方式上，生态社会主义主张采取非暴力斗争。在国际关系上，生态社会主义反对超级大国争夺，反对核试验，鼓励各国裁军；强调发展与第三世界国家的平等伙伴关系，反对对不发达国家的剥削，更反对对第三世界国家的生态殖民主义政策；反对现代民族国家，主张建立符合生态保护要求的社区等。

总的来说，在20世纪90年代之前生态社会主义具有明显的社会民主主义的特征，在90年代之后具有明显的生态马克思主义的特征。随着东欧剧变、苏联解体以及资本主义全球化的发展，西方国家的生态社会主义运动也逐渐陷入低潮。但是他们并没有放弃生态社会主义的主张，并且开始寻找资本主义全球化之后的生态社会主义之路。这一阶段的生态社会主义提出了具有明显生态马克思主义特点的生态社会主义理论。

3. 马克思的生态学

马克思的生态学是生态学马克思主义的第三种表现形态。20世纪六七十年代，原本产生于19世纪60年代的生物学领域的"生态学"随着群众性环境保护运动逐渐脱离生物学领域进入政治领域，开始了对人类与自然界之间的本质关系的研究。

马克思本人有没有生态学思想？理论界有两种相对的观点，而争论的双方都在试图从马克思和马克思主义文本中寻找理论依据。2000年美国俄勒冈州立大学教授约翰·贝拉米·福斯特的《马克思的生态学——唯物主义与自然》一书出版，标志着生态学马克思主义的"马克思的生态学"理论形态的确立。

约翰·贝拉米·福斯特探析了马克思的生命和理论轨迹，从理论和文本等角度论证马克思确实具有生态学思想，为我们展示了生态学家马克思。他认为，在马克思看来，如果一门自然科学要完全是科学的，那么它一定是唯物主义的，因此任何对变化的历史发展和可能性的研究都不能脱离对自然—物理科学的研究，为此，"马克思呕心沥血、终其一生，不懈地与自然科学的发展保持一致"[①]。约翰·贝拉米·福斯特分析

---

① 〔美〕约翰·贝拉米·福斯特：《马克思的生态学——唯物主义与自然》，刘仁胜、肖峰译，高等教育出版社，2006，第10页。

了生态学的唯物主义起源和马克思的唯物主义传统，回击了西方环境保护主义者对马克思缺乏生态学观念的指责。约翰·贝拉米·福斯特从人与自然的关系、自然与社会的关系和科学技术与生态的关系论证了马克思是一个生态学家。虽然指责马克思缺少生态意识已有很长的历史，但经过数十年的争论，现在已经十分明确的是这种观点与证据完全不符。"马克思在现代资产阶级生态意识诞生之前，就开始指责对自然的掠夺行为，以此为起点，马克思关于人类劳动异化的概念就与一种人类对自然异化的理解联系起来。"①

马克思的生态学的创立，最终确立了马克思对解决生态问题的发言权。这不仅对西方国家从理论上寻找生态恶化的根源具有重大的指导意义，同时，对我国科学地避免生态灾难、解决面临的生态问题也具有重要的现实意义。

4. 三者之间的关系

生态马克思主义、生态社会主义和马克思的生态学都是"生态学马克思主义"的组成部分和表现形态。三者处于生态学马克思主义发展的不同阶段，在其中所处的地位不同，受到的关注和重视程度也不一样。三种理论形态有一定的相似和交叉，但都有自己的侧重点。②

生态马克思主义和生态社会主义在产生的时代和社会历史条件上是一致的。在 20 世纪 60 年代前后，资本主义的生产和发展给生态环境带来了巨大的危害，生态环境问题出现且日益尖锐，生态组织、生态主义、生态运动在西方资本主义国家开始出现，并逐渐成为一种新的社会力量。一些西方马克思主义者把生态环境问题和对资本主义的批判结合起来形成了"生态马克思主义"和"生态社会主义"思潮。二者有时是交叉的，如安德烈·高兹一开始是生态马克思主义者，后来就成为生态社会主义者，有时还兼具二者的特征。

---

① 〔美〕约翰·贝拉米·福斯特：《马克思的生态学——唯物主义与自然》，刘仁胜、肖峰译，高等教育出版社，2006，第 11 页。
② 参见张一兵主编《当代国外马克思主义哲学思潮》下卷，江苏人民出版社，2012，第 499 页。

　　国内学者普遍认为生态马克思主义和生态社会主义与西方马克思主义有一定渊源，它们都是西方马克思主义在新的时代条件下对马克思主义的新的理论表达。有的认为生态马克思主义和生态社会主义是在西方绿党运动中发展起来的两个不同的理论流派。其中生态马克思主义是由北美的西方马克思主义者提出来的，基本观点是用生态学理论"补充"马克思主义，试图解决发达资本主义的生态危机，继而走向社会主义。而生态社会主义是欧洲绿党的行动纲领，他们试图建立一个维护生态平衡并能充分保障人权和民主的社会经济制度。有的认为生态马克思主义是生态社会主义的一个发展阶段，认为其发展经历了三个阶段：第一阶段的代表人物是鲁道夫·巴赫罗（Rudolf Bahro）和亚当·沙夫（Adam Schaff），自他们作为人道主义的马克思主义者和民主社会主义者加入生态运动和绿党开始标志着"红色"的"绿化"；第二阶段的代表人物是威廉·莱斯、本·阿格尔和安德烈·高兹等；第三阶段的代表人物是乔治·拉比卡（Georges Labica）、瑞尼尔·格伦德曼和戴维·佩珀等。有的认为生态马克思主义和生态社会主义是一样的，只是表达方式不同而已。有的认为生态社会主义包含生态马克思主义，并且生态社会主义的范畴大于生态马克思主义的范畴，例如陈学明教授认为，在生态社会主义阵营之中，除了一些马克思主义者之外，还有一些其他的生态学理论家，如社会民主主义者。

　　生态马克思主义和生态社会主义既联系又区别，二者产生的背景一致，都是对西方国家的生态环境危机的批判与反思，都主张以符合生态规律的方式进行生产。二者又有一定程度的区别。生态社会主义者要求建立社会主义，一般更具有政治色彩，要求改变人与人、人与自然的不平等关系，主张建立基层民主等。生态马克思主义者一般不涉及这些内容。生态马克思主义一般来说理论色彩比较浓厚，也意味着可操作性相对比较弱，而生态社会主义与政治紧密结合，甚至成为某些政党的政治行动纲领。就目前的发展状况看，二者合流的趋势比较明显，生态马克思主义为生态社会主义提供更为有力的理论上的支撑，而生态社会主义进一步把理论与实践相结合，成为一股不容忽视的力量。

马克思的生态学与生态马克思主义和生态社会主义的区别还是比较明显的。马克思的生态学通过分析马克思的理论和马克思主义，揭示出其所包含的生态学思想，凸显马克思和马克思主义的生态学维度，试图以其为理论基础分析和解决当下的生态问题。相较于另两者来说，它的理论性最强。此外，生态马克思主义和生态社会主义都存在一定程度的"后马克思主义"色彩，有些部分甚至超出了马克思主义的范畴，马克思的生态学却不具有这个特点。

第二节 生态学马克思主义的理论来源

生态学马克思主义的理论来源非常广泛，从理论形态和历史逻辑上来看，其是西方马克思主义和其他一些生态思潮影响的结果，是一种兼具马克思主义和"后马克思主义"色彩的理论思潮。其理论基础概括起来主要有：马克思的生态思想，这涉及马克思关于人与自然关系的论述、劳动及其异化理论、共产主义设想和政治经济学等，西方马克思主义的法兰克福学派和结构主义的批判理论，生态学和系统论等自然科学理论。

一 马克思的生态思想

马克思主义理论是"生态学马克思主义"的重要理论来源之一，其是"运用马克思主义立场、观点和方法研究人和自然关系为理论主题的西方马克思主义新流派"[1]。马克思主义理论虽然诞生在资本主义工业化初期，资本主义生产所带来的生态问题、环境问题远没有今天这般严峻，但依旧对探寻生态危机的根源、解决途径等问题具有重要作用。尽管马克思的生态思想没有形成独立的体系，但我们在他的很多著述中都可以寻找到其生态思想。

（一）人与自然是内在统一的

马克思和恩格斯对资本主义生产方式和资本主义制度进行了深刻的

---

[1] 王雨辰：《生态学马克思主义与生态文明研究》，人民出版社，2015，第 5 页。

剖析和批判，着重对资本主义制度与自然之间的关系进行了剖析，进而探讨了人与自然之间的关系问题。在《德谟克利特的自然哲学和伊壁鸠鲁的自然哲学的差别》（下称《博士论文》）、《1844 年经济学哲学手稿》、《德意志意识形态》、《资本论》、《哥达纲领批判》和《政治经济学批判大纲》中，马克思和恩格斯对人与自然的辩证关系进行了深入的阐述。

马克思关于人与自然关系的认识在其理论发展的不同时期具有不同的特点。

早在《博士论文》时期，马克思就有了用"自我意识"把外在的自然界"人化"的思想。马克思认为："要使人作为人成为他自己的唯一实际的客体，那末他必须在他自身内打破他的相对的存在、欲望的力量和单纯自然的力量。"① 这样人们就可以摆脱大自然的束缚而成为自由的存在物。马克思也看到了，人类"自我意识"一旦从自然的茧中解放出来，并宣称它自己是真实的原理，那么，"自我意识"就开始敌视那外在的自然了。这里我们已可以看出马克思道出了"人与自然异化"的思想。但这时的马克思还具有浓郁的黑格尔情结，在其自然观上，我们可以找到黑格尔"绝对精神外化自然、自我意识统摄自然"的痕迹。

承认自然界的客观独立性和地位的优先性是一切唯物主义的共性，马克思主义自然观的独特实质并不在此，而是在此基础上把人和自然看作一个复杂的对立统一的整体。在《1844 年经济学哲学手稿》中，马克思用了很多篇幅论述人与自然的关系问题。马克思指出，自然"是人的无机的身体"②，强调了自然界于人类生存活动的在先性。人是自然界发展到一定阶段的历史产物，自然界是人类生存和发展的基础。"没有自然界，没有感性的外部世界，工人什么也不能创造。它是工人的劳动得以实现、工人的劳动在其中活动、工人的劳动从中生产出和借以生产出自己的产品的材料。"③

---

① 马克思：《博士论文》，人民出版社，1961，第 23 页。
② 马克思：《1844 年经济学哲学手稿》，人民出版社，2000，第 56 页。
③ 马克思：《1844 年经济学哲学手稿》，人民出版社，2000，第 53 页。

自然界是人的无机的身体，人是自然界的一部分。人是自然界长期发展的结果，"人本身是自然界的产物，是在自己所处的环境中并且和这个环境一起发展起来的"①。马克思认为自然是人类存在的前提，人与自然之间的关系是建立在人类实践（劳动）的基础之上的，人类实践（劳动）既是人与自然分化的基础，又是人与自然重新统一的基础，人与自然的关系是在人类实践（劳动）的基础之上的双向互动关系。

（二）劳动是人与自然辩证统一的中介

"人只有凭借现实的、感性的对象才能表现自己的生命。"② 劳动是人的类本质，人类社会生活的本质是实践，而劳动是人类的实践形式，也是人的类本质的基本规定。离开实践活动中的与他人、与自然所形成的这种能动的一体性关系，人将成为孤立的、封闭的和僵化的存在。

劳动是中介，人是自然的一部分，因此，以劳动为中介的人与自然的关系就变成了"自然与自然本身的关联"。劳动具有有意义、有目的的特点，实现对自然的改造也因此是有创造性的，是有人的理性参与的，这就为"有意识地控制自然"作了充足的物质准备与提供了意识前提。

马克思的唯物主义自然观是在总结唯物主义的整个历史发展过程、与唯心主义的漫长斗争中创立的，从而确立了人是自然的组成部分而自然是人化自然的辩证思想。在历史唯物主义中，马克思把劳动作为人与自然之间进行交换的中介，而资本主义私有制条件下的劳动属于异化劳动，异化劳动造成了人与自然的异化现象；为了消灭私有制下的异化劳动，进而消灭人和自然的异化现象，马克思在《1844年经济学哲学手稿》中第一次提出了人的"联合"概念，为提出消灭资本主义私有制从而消除人和自然的异化，以及建立共产主义理论奠定基础。

自然界与人的形成都是自然历史过程，作为社会产物的人，归根结底是自然界的产物。人直接地是自然存在物。人作为自然存在物，而且作为有生命的自然存在物，一方面具有自然力、生命力，是能动的自然

---

① 《马克思恩格斯文集》第9卷，人民出版社，2009，第38~39页。
② 《马克思恩格斯全集》第3卷，人民出版社，2002，第324页。

存在物，这些力量作为天赋和才能、作为欲望存在于人身上；另一方面，
"人作为自然的、肉体的、感性的、对象性的存在物，和动植物一样，是
受动的、受制约的和受限制的存在物"①，即他的欲望的对象是作为不依
赖他的对象而存在于他之外的，但是这对象是引起他需要的对象，是表
现和确证他的本质力量所不可缺少的、重要的对象。人是自然界的一部
分，"我们连同我们的肉、血和头脑都是属于自然界和存在于自然界之中
的"②。人类和社会的生活归根结底是无所不包的生物地球化学过程和生
态系统物质循环的组成部分。

　　自然是人和社会存在的物质条件。马克思指出："人靠自然界生活。
这就是说，自然界是人为了不致死亡而必须与之不断交往的、人的身体。
所谓人的肉体生活和精神生活同自然界相联系，也就等于说自然界同自
身相联系，因为人是自然界的一部分。"③ 只有人化的自然界才有意义和
价值。人和自然是不可分割的。"被抽象地孤立地理解的、被固定为与人
分离的自然界，对人说来也是无。"④ "在人类历史中即在人类社会的产
生过程中形成的自然界是人的现实的自然界；因此，通过工业——尽管
以异化的形式——形成的自然界，是真正的、人类学的自然界。"⑤ 自
然界是人类生存与发展的物质前提，为人类提供了生产资料，同时也为
人类提供生活资料。"人（和动物一样）靠无机界生活，而人比动物越有
普遍性，人赖以生活的无机界的范围就越广阔……人在肉体上只有靠这
些自然产品才能生活，不管这些产品是以食物、燃料、衣着的形式还是
以住房等等的形式表现出来。"⑥ 自然界给人类提供了丰富的精神食粮。
从理论领域来说，石头、空气、光、植物、动物等，一方面作为自然科
学的对象，另一方面作为艺术的对象，都是人的意识的一部分，是人的

---

① 《马克思恩格斯全集》第42卷，人民出版社，1979，第167页。
② 《马克思恩格斯文集》第9卷，人民出版社，2009，第560页。
③ 《马克思恩格斯全集》第42卷，人民出版社，1979，第95页。
④ 《马克思恩格斯全集》第42卷，人民出版社，1979，第178页。
⑤ 《马克思恩格斯全集》第42卷，人民出版社，1979，第128页。
⑥ 《马克思恩格斯全集》第42卷，人民出版社，1979，第95页。

精神的无机界，是人必须事先进行加工以便于享用和消化的精神食粮。

总而言之，自然界是人与人联系的纽带。人是类存在物，类的形成是以人们之间相互交往为手段的，而这种交往又是在生产和生活的实践中不断发展的。因此，人要生存与发展就必须与自然界进行物质、信息和能量的交换，于是自然界就成为人与人联系的纽带。"自然界的人的本质只有对社会的人说来才是存在的；因为只有在社会中，自然界对人说来才是人与人联系的纽带，才是他为别人的存在和别人为他的存在，才是人的现实的生活要素；只有在社会中，自然界才是人自己的人的存在的基础。"① 自然界是人本身的自然与人的外部自然的统一体。从人本身的自然来看，人的身体是人际交往、互相联系的物质承担者。从人的外部自然来看，自然界是人际交往的媒介物。"人的存在是一个由多重矛盾关系构成的开放网络，其中交织着人与自然、人与人之间既有确定区别同时又否定性统一的复杂关系，人、自然与他人，三者三位一体，密不可分，形成了人既以自身为中心，同时又向自然、向他人开放的新型关系"②，表明"人以一种全面的方式，就是说，作为一个总体的人，占有自己的全面的本质"③。

此外，对于人类历史发展，马克思、恩格斯"从直接生活的物质生产出发阐述现实的生产过程，把同这种生产方式相联系的、它所产生的交往形式即各个不同阶段上的市民社会理解为整个历史的基础"④。就历史唯物主义而言，"建构性的生产"（物质生活资料、人和社会关系的生产与再生产）是历史得以展开的基础。由此可以科学地抽象出历史的本质，"以一定的方式进行生产活动的一定的个人，发生一定的社会关系和政治关系"⑤。从生产（劳动）出发也就是从历史本身出发，面对具体的历史情境，基于社会存在本身的历史建构和对其的主观建构，这恰恰是

---

① 《马克思恩格斯全集》第 42 卷，人民出版社，1979，第 122 页。

② 贺来：《"主体性"的当代哲学视域》，北京师范大学出版社，2013，第 73 页。

③ 《马克思恩格斯全集》第 3 卷，人民出版社，2002，第 303 页。

④ 《马克思恩格斯文集》第 1 卷，人民出版社，2009，第 544 页。

⑤ 《马克思恩格斯文集》第 1 卷，人民出版社，2009，第 523~524 页。

一种真正的"历史的唯物主义"。①

（三）劳动异化理论

"异化"一词源于拉丁文"alienatio"，英文为"alienation"。我们最初用"异化"指代西方宗教中亚当和夏娃偷食禁果而从上帝的神性中异化出来，后来延伸为基督教神学中人生而具有的原罪和信奉上帝而逐渐疏离。今天，"异化"成为阶级对抗社会固有的客观过程，当主体发展到一定程度时会异化为主体的对立面，成为外在的异己的力量。马克思把黑格尔看作第一个发展了异化的学者，但黑格尔的异化发生在精神领域。他认为："黑格尔唯一知道并承认的劳动是抽象的精神的劳动。"② 在黑格尔的哲学体系中，异化是非物质的精神存在对没有生命的物质的异化，表现为精神对其自身的异化。费尔巴哈则侧重研究宗教异化，认为人在上帝身上肯定了他在自身中加以否定的东西，更强调感性层面。

马克思在汲取前人思想的基础上，将异化从哲学领域上升到社会生活领域，运用到政治经济生活中。马克思认为在资本主义社会中，"异化"已演化为一种社会现象，是存在于人的物质、精神世界中的一种异己的力量，这种异己的力量反过来又制约和控制着人类。马克思在《1844 年经济学哲学手稿》中提出"劳动异化"概念。他认为："劳动所生产的对象，即劳动的产品，作为一种异己的存在物，作为不依赖于生产者的力量，同劳动相对立。"③ 同时，"异化"在马克思的思想中占有极为重要的地位，他认为当代社会病态现象的根源就是异化。社会生产力一旦发展到异化阶段，就不再是生产的力量了，而是一种破坏的力量，只能造成灾难。随着社会分工的不断扩大，分工不同的劳动力参与整个生产活动形成了合力，即不断发展增长的社会生产力。"只要分工还不是出于自愿，而是自然形成的，那么人本身的活动对人来说就成为一种异己的、同他对立的力量，这种力量压迫着人，而不是人驾驭着这种力量。"④

---

① 张一兵等：《资本主义理解史》第 6 卷，江苏人民出版社，2009，第 5~6 页。

② 《马克思恩格斯文集》第 1 卷，人民出版社，2009，第 205 页。

③ 《马克思恩格斯文集》第 1 卷，人民出版社，2009，第 156 页。

④ 《马克思恩格斯文集》第 1 卷，人民出版社，2009，第 537 页。

"而劳动起初只作为农业劳动出现，后来才作为一般劳动得到承认。[Ⅲ]一切财富都成了工业的财富，成了劳动的财富，而工业是完成了的劳动，正像工厂制度是工业的即劳动的发达的本质，而工业资本是私有财产的完成了的客观形式一样。——我们看到，只有这时私有财产才能完成它对人的统治，并以最普遍的形式成为世界历史性的力量。"① "工资是异化劳动的直接结果，而异化劳动是私有财产的直接原因。因此，随着一方衰亡，另一方也必然衰亡。……社会从私有财产等等解放出来，从奴役制解放出来，是通过工人解放这种政治形式来表现的，这并不是因为这里涉及的仅仅是工人的解放，而是因为工人的解放还包含普遍的人的解放；其所以如此，是因为整个的人类奴役制就包含在工人对生产的关系中，而一切奴役关系只不过是这种关系的变形和后果罢了。"② 资本主义私有制造成了"异化劳动"，使劳动在资本主义社会中已经完全丧失了其本来意义，变成了生活的对立面，成为资本获取最大利润的工具，也使人没有自由可言，而要解放工人阶级与全人类就必须废除资本主义私有制。劳动的异化导致人的存在与其本质相疏远，造成了极为严重的人的异化。③

马克思指出："自然界一方面在这样的意义上给劳动提供生活资料，即没有劳动加工的对象，劳动就不能存在，另一方面，也在更狭隘的意义上提供生活资料，即维持工人本身的肉体生存的手段。因此，工人越是通过自己的劳动占有外部世界、感性自然界，他就越是在两个方面失去生活资料：第一，感性的外部世界越来越不成为属于他的劳动的对象，不成为他的劳动的生活资料；第二，感性的外部世界越来越不给他提供直接意义的生活资料，即维持工人的肉体生存的手段。"④

马克思和恩格斯在《德意志意识形态》中指出，"在现代，物的关系

---

① 《马克思恩格斯文集》第1卷，人民出版社，2009，第182页。
② 《马克思恩格斯文集》第1卷，人民出版社，2009，第167页。
③ 参见冯旺舟《资本批判与希望的乌托邦——安德烈·高兹的资本主义批判理论研究》，人民出版社，2017，第120页。
④ 《马克思恩格斯全集》第3卷，人民出版社，2002，第269页。

对个人的统治、偶然性对个性的压抑，已具有最尖锐最普遍的形式"①。在《共产党宣言》中，马克思和恩格斯再次表达了类似的思想："在资产阶级社会里，资本具有独立性和个性，而活动着的个人却没有独立性和个性。"② 在《政治经济学批判（1857—1858 年手稿）》中，马克思更进一步指出："个人现在受抽象统治，而他们以前是互相依赖的。但是，抽象或观念，无非是那些统治个人的物质关系的理论表现。"③ 物对人的统治，使人退化为片面而贫乏的存在，人"变得如此愚蠢而片面，以致一个对象，只有当它为我们拥有的时候，就是说，当它对我们来说作为资本而存在，或者它被我们直接占有，被我们吃、喝、穿、住等等的时候，简言之，在它被我们使用的时候，才是我们的"④，物的统治如同吞噬一切的黑洞，它使人与人、人与自然的关系成为异己的、敌对的、以"物化"为本质的关系，把人自由自觉的活动贬低为维持肉体生存的手段，把人无限丰富的肉体和精神需要化约为对物的动物般的占有机能。在这种情况下，人的这种存在状况，必然意味着人"不是肯定自己，而是否定自己，不是感到幸福，而是感到不幸，不是自由地发挥自己的体力和智力，而是使自己的肉体受折磨，精神遭摧残"⑤，这必然意味着人的尊严的丧失。⑥

（四）只有共产主义社会才能实现人与自然的解放

马克思主义不但强调劳动对人与自然关系的中介作用，而且强调社会制度对人与自然关系的影响。他们认为，人类只有结成社会，并且"只有在这些社会联系和社会关系的范围内，才会有他们对自然界的关系"⑦。也就是说，社会关系作为人与自然关系的历史条件，它的状态直接影响并决定了人与自然关系。社会关系的对抗或和谐必然引起人与自

---

① 《马克思恩格斯全集》第 3 卷，人民出版社，1960，第 515 页。
② 《马克思恩格斯文集》第 2 卷，人民出版社，2009，第 46 页。
③ 《马克思恩格斯文集》第 8 卷，人民出版社，2009，第 59 页。
④ 《马克思恩格斯全集》第 3 卷，人民出版社，2002，第 303 页。
⑤ 《马克思恩格斯全集》第 3 卷，人民出版社，2002，第 270 页。
⑥ 参见贺来《"主体性"的当代哲学视域》，北京师范大学出版社，2013，第 74~75 页。
⑦ 《马克思恩格斯全集》第 6 卷，人民出版社，1961，第 486 页。

然关系的对抗或和谐。共产主义是"人和自然界之间、人和人之间的矛盾的真正解决"①。

马克思在《关于费尔巴哈的提纲》中指出："环境的改变和人的活动或自我改变的一致，只能被看做是并合理地理解为革命的实践。"② 马克思主义在人类的实践活动基础上建立人与自然关系。随着生产力特别是科学技术的不断发展，社会物质财富的极大丰富，人们的精神境界极大提高，"必然王国"终结的地方将出现"自由王国"，人与自然、人与人之间的矛盾得到最终解决。人"再生产整个自然界"，能够"自由地对待自己的产品"，并"懂得按照任何一个种的尺度来进行生产，并且懂得处处都把内在的尺度运用于对象；因此，人也按照美的规律来构造的"。③

在马克思看来，社会发展与人的解放和自然的解放是紧密联系在一起的。在最初的社会形态，即前资本主义形态，由于生产力十分落后，分工和交换很不发达，人类社会尚处在自然经济状态下。在这种状态下，人必须依赖甚至服从自然才能生存，人不得不依赖自然，人与人之间是一种依附关系。"自然界起初是作为一种完全异己的、有无限威力的和不可制服的力量与人们对立的，人们同自然界的关系完全像动物同自然界的关系一样，人们就像牲畜一样慑服于自然界"④，并且，"人们对自然的狭隘的关系制约着他们之间的狭隘关系，而他们之间的狭隘关系又制约着他们对自然界的狭隘关系，这正是因为自然界几乎还没有被历史的进程所改变"⑤。人对自然的依赖关系决定了人与人之间的社会关系只能建立在以自然联系为纽带的共同体之上，人们之间的关系是一种典型的"人的依赖关系"。也就是说，人对自然的依赖关系导致了人的依赖关系。

只有在共产主义社会，才能从根本上克服异化，消除人与自然的对立，达到人与自然、人与人之间的和谐统一，实现"自然界的人的本质"

---

① 马克思：《1844年经济学哲学手稿》，人民出版社，2000，第81页。
② 《马克思恩格斯文集》第1卷，人民出版社，2009，第500页。
③ 《马克思恩格斯全集》第3卷，人民出版社，2002，第274页。
④ 《马克思恩格斯文集》第1卷，人民出版社，2009，第534页。
⑤ 《马克思恩格斯全集》第3卷，人民出版社，1960，第35页。

和"人的自然的本质"的和谐统一。因为"自然界的人的本质只有对社会（指共产主义社会，作者注）的人来说才是存在的；因为只有在社会中，自然界对人来说才是人与人联系的纽带，才是他为别人的存在和别人为他的存在，只有在社会中，自然界才是人自己的人的存在的基础，才是人的现实的生活要素。只有在社会中，人的自然的存在对他来说才是自己的人的存在，并且自然界对他来说才成为人。因此，社会是人同自然界的完成了的本质的统一，是自然界的真正复活，是人的实现了的自然主义和自然界的实现了的人道主义"①。而且，"这种共产主义，作为完成了的自然主义，等于人道主义，而作为完成了的人道主义，等于自然主义，它是人和自然界之间、人和人之间的矛盾的真正解决，是存在和本质、对象化和自我确证、自由和必然、个体和类之间的斗争的真正解决"②。在共产主义社会，人们将摆脱资本主义私有制和异化劳动，合理地调节人与人之间、人与自然之间的关系，并最终实现"人类同自然的和解以及人类本身的和解"。

马克思关于人和自然、社会和自然的辩证法为生态学马克思主义所继承，并成为其革命性的武器。马克思关于人与自然的理论是生态学马克思主义的重要理论来源。概括地说，生态学马克思主义主要继承了马克思主义自然观以下几个方面的遗产。首先，马克思以"人类尺度"认识人与自然关系的方法。生态学马克思主义者宣布人类在解决生态危机、重新认知人类对世界的态度时，不应放弃"人类尺度"，而应坚持马克思的人类中心主义思想。理由是马克思早在《1844 年经济学哲学手稿》中就明确提出了"社会是人与自然的完整统一体"的思想，强调关注人类世界、关注现存世界。其次，马克思将社会与自然问题联系起来考察的思想。马克思在《资本论》中就将环境问题与当时的社会矛盾问题联系在一起，对资本主义的社会—经济—自然进行了深刻分析，认为人对自然的"支配"不是生态问题的"原因"，生态问题是对待自然的特殊的方

---

① 马克思：《1844 年经济学哲学手稿》，人民出版社，2000，第 83 页。
② 《马克思恩格斯全集》第 42 卷，人民出版社，1979，第 120 页。

式引起的。最后，马克思关于技术进步有助于人的自然解放，并促进人的社会解放的思想。人对自然的支配并不是统治，即所谓的征服与破坏。支配意味着人类对自身与自然关系的集体的有意识的控制，是对自然的服务，而不是破坏，而人类对自然的支配范围越广，支配能力越高，人类就越自由。科学技术的发展和社会生产力水平的提高，可以使人们更好地实现对自然必然性的把握，有更多的时间从事创造性的活动，实现真正的自由。而未来社会在社会关系方面对资本主义私有制的克服，使人们可以自主地控制人与自然的关系。人类自由的真正实现和人与自然的历史性统一，是未来社会主义社会的两个基本方面。马克思的这些思想为多数生态学马克思主义者所继承。

处于自由竞争资本主义阶段的马克思认为，科学技术和生产力的发展是人类控制自然、最终从自然的必然统治下解放的唯一途径，而且，资本主义社会中追求利润最大化的扩大再生产将会因为工人阶级的极端贫困化而中断，进而导致资本主义解体。

二 法兰克福学派的批判理论

生态学马克思主义继承了西方马克思主义批判的传统。19 世纪马克思对资本主义进行了政治经济批判，法兰克福学派是西方马克思主义中影响力最大的一个学派，在 20 世纪运用马克思主义社会批判理论对现实资本主义进行了批判，并将这种批判发展成文化价值批判。他们早在 20 世纪 40 年代就已提出启蒙时代以来的理性对传统、神话和迷信的取代必然导致人类自我重要性的日益膨胀和对自然征服要求的无限扩张。所以，他们主张发起一场"自然的复兴"运动，要求实现社会与自然之间关系的和解，并把自然再次看作有目的、有意义和有价值的。尽管法兰克福学派的本意是要"探索工业社会条件下的人类自由与解放而不是讨论生态破坏的根源和自然的意义问题"[1]，但是，法兰克福学派的几位代表人物首先运用了马克思主义社会批判理论，并把生态问题

---

[1] 郇庆治：《绿色乌托邦——生态主义的社会哲学》，泰山出版社，1998，第63页。

纳入了西方马克思主义的视野，实现了马克思主义与生态学理论的"嫁接"，为后来的生态学马克思主义的形成和发展奠定了理论基础，开辟了发展道路。

（一）人与自然关系的异化

在人与自然以及二者谁具有先在性的问题上，法兰克福学派认为，自然是一个社会范畴，任何社会发展阶段的自然总是同人的发展相关，是由社会决定的。同时，人与自然不是对立的，而是统一的，不能脱离人的社会劳动、人的一切实践对自然进行解释，因而自然具有社会历史性。这为生态学马克思主义提供直接理论来源。法兰克福学派把人与自然的关系作为切入点研究马克思的生态思想，指出自然与社会之间是有机统一的关系。

法兰克福学派的早期代表人物如马克斯·霍克海默和西奥多·阿多诺等力图借助马克思主义关于社会异化的分析方法，批判资本主义社会中存在的"自然异化"现象。在《启蒙辩证法——哲学断片》中，他们揭示了启蒙已经走向它的反面，认为科学技术的进步和发展虽然实现了人类从自然界中的分离，即"人同自然的异化"，但造成人类对自然界的支配与统治，产生了生态危机，对人类的生存产生了严重的影响，导致人与自然越来越走向对立和分裂。马克斯·霍克海默认为，"如同神话已经实现了启蒙一样，启蒙也一步步深深地卷入神话"①。在启蒙精神的信念中，理性法则在社会运行机制中和在人征服自然的活动中的普遍运用，将增强人的本质力量，实现人的普遍的自由，实现人的自我。"所有神话中的魑魅魍魉都被理性化为存在本质的纯粹形式。"② 启蒙成为神话之后新的神话——科学和理性的神话，它推翻了神对世界的统治，却重新确立了知识对世界的统治，狂热追捧理性思维和科学知识，成为一种缺少否定性与主体性的新的迷信。但科技进步的同时也进一步加深了人类社

①　〔德〕马克斯·霍克海默、西奥多·阿道尔诺：《启蒙辩证法——哲学断片》，渠敬东等译，上海人民出版社，2006，第8页。

②　〔德〕马克斯·霍克海默、西奥多·阿道尔诺：《启蒙辩证法——哲学断片》，渠敬东等译，上海人民出版社，2006，第3页。

会中的劳动异化，自然资源和生态环境的承载能力已经突破极限，资本主义专制统治更为完善，"随着支配自然的力量一步步地增长，制度支配人的权力也在同步增长"①。

马克斯·霍克海默和西奥多·阿多诺的观点明显具有时代特征，表现出技术悲观主义色彩。在现存社会中，人与自然的关系处于异化状态，人类凭借科学技术的进步，使用技术手段，将自然作为征服、掠夺的对象，从而导致了严重的生态危机，而在未来的社会中，将确立一种新型的人与自然的关系，从而避免生态危机。这种观点无疑对生态学马克思主义产生重要影响。

（二）人的解放与自然的解放之间的关系

人对自然的统治和人对人统治的关系问题，也是《启蒙的辩证法——哲学断片》所探讨的主要内容。"每一种彻底粉碎自然奴役的尝试都只会在打破自然的过程中，更深地陷入到自然的束缚之中。这就是欧洲文明的发展途径。"② 在人对自然加强控制的过程中，社会对人的生活，甚至是对人的内心的操纵也加强了。因此马克斯·霍克海默和西奥多·阿多诺得出结论：历史的目标不应是对自然统治，而应是与自然和解。这些观点对生态运动、绿色思潮和生态学马克思主义都有着深刻的影响。

赫伯特·马尔库塞始终遵循法兰克福学派的观点，即"强调与自然和谐相处是人类解放的重要组成部分"③。赫伯特·马尔库塞在其1968年出版的《单向度的人：发达工业社会意识形态研究》一书中把法兰克福学派对科学技术的批判转到对资本主义制度的批判上来，提出科学技术本身并没有错，错只在于技术的资本主义使用，应当受到谴责的是资本

---

① 〔德〕马克斯·霍克海默、西奥多·阿道尔诺：《启蒙辩证法——哲学断片》，渠敬东等译，上海人民出版社，2006，第31页。

② 〔德〕马克斯·霍克海默、西奥多·阿道尔诺：《启蒙辩证法——哲学断片》，渠敬东等译，上海人民出版社，2006，第9页。

③ 〔美〕赫伯特·马尔库塞：《马尔库塞文集 第三卷——新左派与20世纪60年代》，陶锋、高海青译，人民出版社，2020，第44页。

主义制度。

赫伯特·马尔库塞深入分析了在资本主义社会中技术理性的统治使得人与自然之间关系的异化不断深化。他指出，"通过对自然的统治而开始为人对人愈发有效的统治提供纯概念和工具"①。在赫伯特·马尔库塞看来，"单向度的社会"的原则即用技术的合理性控制整个社会，使社会呈现出虚假的自由、民主外貌。科学技术虽然造成了资本主义的"单向度"，但自动化的科学技术是可以消除人类劳动的异化，为人类自身的解放和自由创造条件的。因此，要改变技术的资本主义的使用方式和目的，使技术从以营利为目的的资本主义生产方式中解脱出来，必须改变现存技术的存在方式，使其从资本主义的"技术合理性"转变为满足人类基本需要和激发潜力的"后技术合理性"。② 赫伯特·马尔库塞认为，人是在历史发展的过程中生成的，人与自然在社会历史发展的过程中生成了对象性存在关系，又在实践发展的过程中生成了统一关系。

赫伯特·马尔库塞剖析了人对自然统治的加剧不仅导致人与人之间的关系不断走向恶化，还产生了严重的环境问题。赫伯特·马尔库塞认为，资本主义的生产力和自然之间存在矛盾，为了追求更高的利润和控制自然，资本主义不可避免地破坏了自然。

赫伯特·马尔库塞通过研究马克思的《1844年经济学哲学手稿》，认为自然的解放是马克思关于解放全人类的学说中的一个一直未被人们重视的方面。过去，人们只是关心从资本主义制度的奴役下解放全人类的问题，而没有把自然视为人类解放的一个领域。他提出了"自然解放论"，认为自然界同时具有主体和客体的身份，只有在它脱离理性与科技的控制、实现"休养生息"的前提下，自然与人的解放才能真正实现。赫伯特·马尔库塞认为，把自然的解放当作人的解放的手段的思想是马克思上述手稿的中心思想。他指出，马克思把对自然的"属人的占有"

---

① 〔美〕赫伯特·马尔库塞：《单向度的人：发达工业社会意识形态研究》，刘继译，上海译文出版社、重庆出版社，2016，第136页。

② 参见张一兵主编《当代国外马克思主义哲学思潮》下卷，江苏人民出版社，2012，第499页。

和"一切属人的感觉特性的彻底解放"当作社会主义的基本特征。因此，立足于现实首先就要寻求人的外部自然的解放途径。

赫伯特·马尔库塞指出把"自然的解放"当作"人的解放"的手段的思想是《1844年经济学哲学手稿》的中心主题，认为应该按照马克思的"对自然的人道的占有"——按照人的本质占有自然的思想，确定我们所进行的"自然革命"的内容。它和"资本主义对自然界的剥削形成鲜明的对比，这种对自然的人道的占有不再具有损害性和破坏性，它将顺应自然所固有的积极向上的、感性的和美的特性"①。那就是从改变人、改变现存社会造成的人们的生活方式、思维方式和心理机制入手，进行一场人的本能结构革命和自然观革命。其目的是实现人的自我本质、克服各种形式的异化，使自然得到解放，使人类人道地占有自然。

20世纪60年代末，赫伯特·马尔库塞就敏锐地意识到生态问题和资本主义制度之间的内在联系，并基于"技术的资本主义使用"把对生态危机的阐释与对资本主义的批判联系起来。因此可以说赫伯特·马尔库塞是生态学马克思主义的奠基人。基于资本主义的本性并在这种技术的资本主义使用之下，资产阶级通过高生产高消费疯狂地掠夺、剥削无产阶级，而且在追求最大利润的过程中，资产阶级还利用技术理性使大自然屈从于商业组织，迫使自然界成为"商业化了的自然界，被污染的自然界，军事化的自然界"②。赫伯特·马尔库塞在《论解放》中意识到自然的压抑与资本主义制度的内在联系，指出当代资本主义在造成人的异化的同时也造成了自然的异化，生态危机实质上是资本主义的经济危机、政治危机和人的本能结构危机的集中表现。生态问题从根本上说是资本主义制度问题，是制度造成了自然污染。但是赫伯特·马尔库塞并不反对控制自然，反对的是对自然压迫的控制，他认为控制应该是"解放的控制"，是在人和自然的和谐关系下的控制。他认为："在此情况下，征服自然就是减少自然的蒙昧、野蛮及肥沃程度——也暗指减少人对自然

---

① 王青：《泰德·本顿的生态学马克思主义思想研究》，人民出版社，2018，第51页。
② 张一兵主编《当代国外马克思主义哲学思潮》下卷，江苏人民出版社，2012，第490页。

的暴行。土壤的耕作本质上不同于土壤的破坏，自然资源的提取本质上不同于浪费性的开发，开辟森林空地本质上不同于大规模砍伐森林。贫瘠、病害和癌症的增加，既是自然的疾病，又是人类的疾病——它们的减少和根除即是解放。"① 赫伯特·马尔库塞对控制自然的辩证认识开辟了生态学马克思主义的先河，同时也是和马克思主义自然观相一致的。

对自然界的支配是以人与所支配的客体的异化为代价的，随着精神的物化，人与人之间的关系本身，甚至个人之间的关系也物化了，个人变成了事实上必然表现出来的习俗的活动和活动方式的集中表现点。由于屈从于维持自我生存的目的，理性转变成工具。一方面是人对自然的控制加强了；另一方面是社会对人的生活，甚至是人的内心的操纵加强了。例如，赫伯特·马尔库塞的学生威廉·莱斯运用"异化理论"着重分析、批判资本主义异化消费的现象，认为异化消费是生态危机产生的一个主要原因。

法兰克福学派认为，人对人的统治是以人对自然的统治为基础的，而人的自由、解放是以自然的解放为前提条件的。赫伯特·马尔库塞将自然的解放作为人的解放的手段或前提，自然的解放包括人的自然即人的理性和本能与外部自然即人的存在环境两个方面的解放。自然的解放是人的解放的现实基础，只有人的理性和本能以及自然环境都获得解放，人类才有可能获得真正的、全面的、彻底的解放。他对"自然的解放"作了界定："自然的解放并不是回到技术前状态，而只是推动它向前，以不同的方式利用技术文明的成果，以达到人和自然的解放，将科学技术从为剥削服务的毁灭性滥用中解放出来。"② 他认为，要在对资本主义制度进行批判的前提下谈论人对自然的统治和人对人的统治之间的关系。

生态学马克思主义发端于西方马克思主义的以马克斯·霍克海默、西奥多·阿多诺、赫伯特·马尔库塞为代表的法兰克福学派，他们运用

---

① 〔美〕赫伯特·马尔库塞：《单向度的人：发达工业社会意识形态研究》，刘继译，上海译文出版社、重庆出版社，2016，第203页。

② 〔美〕H. 马尔库塞等：《工业社会和新左派》，任立编译，商务印书馆，1982，第128页。

马克思主义的批判立场和方法，从异化消费、控制自然、生态殖民三个维度批判资本主义生态危机，揭示了资本主义制度是生态危机产生的根本原因。法兰克福学派是站在马克思主义的立场上思考问题的，他们并没有从根本上否定马克思主义。20 世纪 70 年代，安德烈·高兹、威廉·莱斯和本·阿格尔继承和发展了法兰克福学派这方面的思想和批判精神，并比较自觉地运用马克思主义的观点和方法分析当代生态环境及其危机问题，积极探寻解决危机的途径，初步完成和建立了生态学马克思主义。他们不仅继承了法兰克福学派关于控制自然的思想，而且继承了法兰克福学派的马克思主义立场，所以法兰克福学派的批判精神对生态学马克思主义产生了深刻影响。

三　结构主义马克思主义

结构主义马克思主义是 20 世纪 60 年代在法国兴起的理论流派，路易·皮埃尔·阿尔都塞（Louis Pierre Althusser）和其学生尼科斯·普兰查斯（Nicos Poulantzas）是这一流派的主要代表，他们对马克思主义作出了一种科学主义的解读，尤其重视马克思晚期的政治经济学著作《资本论》，对其进行一种共识性—结构性分析，重新理解马克思，实现马克思学说的结构性转换，创造出一系列阅读方法，如症候阅读法、科学阅读法、批判阅读法、表现阅读法等。阿尔都塞最推崇症候阅读法。他要求不采用直接阅读的方法对待马克思的文本，而是根据洞察文本中的"缺失"、"空白"和"严格性上的疏忽"等症候来揭示文本的问题框架，把握作者思想的特定结构和特定方式，把隐在思想深处的不可见的问题框架转化为可见的，实现问题框架的转换。

在当代马克思主义的界限里谈哲学与科学的关系已经不能绕开马克思主义哲学家阿尔都塞，他重释了历史唯物主义的意义，双重肯定了马克思主义在哲学革命和科学革命中的意义。经历了第二国际的经济决定论对马克思主义的曲解，到今天西方马克思主义中各种人本主义思潮，阿尔都塞好像成了保卫马克思的一把利器，有了他，我们能拨开纷繁复杂的各种意识形态迷雾抵达马克思主义开辟的科学大陆。

阿尔都塞对意识形态和科学作了区分，他认为具有普遍性和强制性的意识形态以神话的方式体现着世界，并且在实践方面展示其主要功能；反经验主义的科学是在抛弃意识形态问题框架的前提下形成的，并且只有通过与意识形态进行持续的斗争才能获得自身的生存和发展。在阿尔都塞看来，科学与意识形态之间存在巨大的鸿沟，只有经过质的突变才能实现从意识形态到科学的完美蜕变。为了说明马克思思想由意识形态到科学的质变，他提出了"认识论的断裂"理论，认为1845年之前是意识形态阶段，1845年之后是科学阶段，断裂发生的标志是《德意志意识形态》和《关于费尔巴哈的提纲》两部著作的问世，这一断裂的双重成果是作为历史科学的历史唯物主义和作为新哲学的辩证唯物主义的出场。

阿尔都塞认为历史唯物主义类似物理学的一个全新的科学门类。依据阿尔都塞的说法，历史唯物主义并不是一门新的哲学体系，而是一门新的科学。阿尔都塞公开宣称，"马克思创立了一门新科学，他在先前只盛行玩弄意识形态概念的地方，整合出一个新的科学概念体系。马克思在先前只有历史哲学的地方创立了历史科学……马克思在一个不变的空间，即历史的空间，拿一门科学理论取代了各种意识形态理论"①。阿尔都塞运用结构主义方法分析马克思的劳动过程理论，发现其中隐含着一个"原材料—改造—产品"的"目的结构"，这样的目的结构反映出马克思夸大人对自然的改造能力，强调"人化自然"，这就是一种支配自然的思想，而"支配自然"的思想被普遍认为是产生生态危机的深刻的思想根源。

英国生态学马克思主义者把阿尔都塞用结构主义方法分析马克思主义延伸到对马克思主义生态学思想的分析。阿尔都塞结构主义分析方法和认识论的断裂理论对泰德·本顿产生了重要影响。泰德·本顿指出阿尔都塞的思想是其不可或缺的理论来源，以此提出了对历史唯物主义的

---

① 〔法〕阿尔都塞：《哲学与政治（上）——阿尔都塞读本》，陈越编译，吉林人民出版社，2011，第212页。

生态学重建，他依据阿尔都塞"认识论的断裂"理论，认为马克思的哲学思想和历史唯物主义理论与其经济学理论之间存在"断裂"，并通过对这个"断裂"的"修补"来实现历史唯物主义的"绿化"。泰德·本顿认为，生产方式、生产的社会关系、生产力、生产条件以及原材料，体现了阿尔都塞的结构辩证法，认为"新陈代谢"是社会生活与它的非人的、自然的条件和环境之间的相互关系的关键之所在。他进而提出，必须重新挖掘马克思思想中的自然主义，填补它缺失的"生态空场"，实现生态学和历史唯物主义的真正结合。而戴维·佩珀则从中看到了历史唯物主义分析方法的生态学价值，并为阐释和解决当代的生态问题提供了理论框架。

四 生态学和系统论等自然科学理论

生态学和系统论等自然科学理论在当代的形成与发展增强了人们的生态意识，为"生态学马克思主义"的产生提供了重要的科学背景和思想来源，并扩展了其理论视野和理论深度。

（一）生态学理论

绿色运动是在科学的系统论思想广泛深入人心的形势下兴起的。人类是自然界的一部分，而不是超脱于自然之外，人类进行交往的一切机制以及人类自身的发展，都取决于他们和生物圈之间的相互作用。[①] 生态学马克思主义是随着20世纪六七十年代现代生态学的兴起和现代工业社会对自然环境的破坏以及生态问题的出现而产生的，力图克服生态学方法论的非历史性缺陷，是建立在生态学、社会科学相结合的社会生态学基础上的，把社会理论与生态学相结合。

生态学"Ecology"一词源于希腊文，由词根"oikos"和"logos"演化而来，"oikos"表示"家庭"、"家族"或者"住所"，"logos"表示"逻辑"或"研究"，因此生态学（Ecology）是研究生物住所的科学，强

---

① 参见〔美〕弗·卡普拉、查·斯普雷纳克《绿色政治——全球的希望》，石音译，东方出版社，1988，第3页。

调有机体与其栖息环境之间的相互关系。① 作为一个学科名词的"生态学",最早是由德国生物学家厄尔斯特·赫克尔（Ernst Haeckel）于 1866年在其所著的《普通生物形态学》（*Generelle Morphologieder Organismen*）一书中提出的,并将其定义为:"对自然环境,包括生物与生物之间以及生物与其环境间相互关系的科学的研究。"②

"'生态学时代'一词出自 1970 年第一个'地球日'的庆祝活动,它表达了一种坚决的希望——生态学科将只是提供保证地球维持生存的行动计划。"③ 随着人类对生物与环境之间关系的认识不断加深,"生态学"这个词所蕴含的生物与环境、生物与生物、环境与环境之间的关系逐渐凸显,进而扩展到人类与自然界之间的关系,这就产生了现代的生态学思想。

但是,"生态学"这一概念在当时并没有引起生物学家的重视,直到19 世纪 90 年代,在达尔文及其自然选择引起进化思想的影响下,生物学家才开始认识到生物与环境之间关系的重要性。20 世纪初,"生态学"成为一门独立的新兴的自然科学,生态学是关于有机体与其周围外部世界的关系的一般科学,外部世界就是广义的生存条件。生态学概念的创立,不仅创立了一门新的生物学科,而且把环境因素纳入生物学研究视域,开创了生物科学的新时代,也创立了人类面对自然的新理念。过去,人们对生命现象的认识只限于生物有机体本身,并不包括环境因素。但是,生物离开环境是一种死物,把有机体与环境分割开来进行研究,只能是一种抽象的研究,而不是研究现实的生命。现实的生命,除了有其特殊的有机组织及其功能外,还有它特有的环境,以及它们之间的相互作用,把这些综合起来,才会有对生命现象的完整认识。

生态学被广泛看作"一门极有希望去解决各种环境问题的学科,一

---

① 参见〔美〕奥德姆、巴雷特《生态学基础》,陆健健等译,高等教育出版社,2009,第1 页。
② 〔美〕奥德姆、巴雷特《生态学基础》,陆健健等译,高等教育出版社,2009,第 2 页。
③ 〔美〕唐纳德·沃斯特:《自然的经济体系:生态思想史》,侯文蕙译,商务印书馆,1999,第 395 页。

个宝贵的分析武器和一种新的哲学概念或世界观"①。生态学从此超出了生物学的范围，成为一门独立的交叉性综合学科。当代生态学家奥德姆（E. P. Odum）在1997年出版的《生态学——科学与社会之间的桥梁》一书中明确指出：生态学是一门联结生命、环境和人类社会的有关可持续发展的系统科学，也是"联系科学与社会的桥梁"②。生态学与经济学（Economics）为同一希腊文词根来源，因此也有人把生态学称为自然经济学。而"nomics"表示"管理"，经济学就可以解释为"家庭的管理"。因此"生态经济学"被看作联系生态学和经济学的桥梁。"生态学"不仅从生物学中完全脱离出来，还演变为生态工程学、生态分类学、生态政治学、生态地理学，甚至演变为可以冠以各种前缀的学科，如文化生态学、城市生态学、人类生态学、艺术生态学等。

生态学一系列特殊的研究原则，如整体观、综合观、系统观、层次观、进化观等，引起了科学观念和研究方法的革命。生态学还与农业学、海洋学、经济学、社会学、伦理学、哲学、美学等学科结合，形成了一系列新的边缘学科和交叉学科，如生态农业学、生态美学、生态哲学、生态政治学等，出现了当代科学技术、政治、文化生态学化的趋势。生态学"这个特殊的研究领域，突然以一种即使在我们这个已被打上科学印记的时代也是极不寻常的方式应邀登场，来扮演一个核心的理智的角色。……简直可以把我们的时代称之为'生态学时代'了"③。

挪威哲学家阿伦·奈斯（Arne Naess）1973年提出"深生态学"（Deep Ecology）的概念。此后，比尔·德韦尔（B·Devall）、乔治·塞欣斯（G. Sessions）、澳大利亚生态学家 W. 福克斯（Warwick Fox）等人对此概念进行了进一步的丰富与完善，使生态学逐渐发展成一种新的环境

---

① 〔美〕唐纳德·沃斯特：《自然的经济体系：生态思想史》，侯文蕙译，商务印书馆，1999，第10页。

② 〔美〕尤金·P. 奥德姆：《生态学——科学与社会之间的桥梁》，何文珊译，高等教育出版社，2017，前言。

③ 〔美〕唐纳德·沃斯特：《自然的经济体系：生态思想史》，侯文蕙译，商务印书馆，1999，第13页。

哲学，并成为一种综合的生态主义宗教和哲学世界观。"深生态学"反对把生态危机的根源归结为广义的"技术"问题，试图依靠现有的社会机制和技术进步来改变环境现状的环境改良主义观点，并把这种观点称为"浅生态学"（Shallow Ecology）。"深生态学"之所以是"深层的"，是因为它不断追问"浅生态学"不过问的根本性问题，强调要从制度上和文化上寻找生态危机的深层根源，它认为西方传统的机械论自然观、主客二分的认识论和人类中心主义的价值观以及片面追求经济增长的发展观是生态危机产生的根本原因。它主张通过制度改革和文化变革来彻底解决生态问题，实现人与自然的和谐。

"深生态学"有两条根本性的原则，即"自我实现"（self-realization）原则和"生态中心主义平等"（ecocentric equality）原则。"自我实现"原则是指人们应该把和朋友之间所具有的相互一致性的关系扩大到其他人，乃至生态系统中的其他"生命"。人类是通过确认其他生命的价值同我们的价值相互一致而实现自我的真正的满足的。"生态中心主义平等"原则是指所有的生命，包括河流、山川、森林、草原以及整个生态系统中的众多实体都具有内在价值，人类作为生态系统的一员，并不具有特殊的地位，人类和其他物种、实体是平等的，强调应将人类对生态系统的影响保持在最低限度，即将其限制在满足人类的生存需要的限度之内，并且倡导一种"轻轻地踩踏地球"（tread lightly on the Earth）的生活方式，即"每一种生命形式在生态系统中都有发挥其正常功能的权利"——"生存和繁荣的平等权利"。[①]

综上，生态学及深生态学的产生与发展为人们研究人与自然的关系、探寻生态问题的解决途径提供了新视角、新方法和新观点。当代西方马克思主义者正是通过将生态问题与生态学结合起来进行思考，通过对深生态学进行反思与批评而逐步走向"生态学马克思主义"的。生态学从对自然的关注发展到对人类社会与自然界相互作用的整体性关注，并把

---

① 〔美〕纳什：《大自然的权利：环境伦理学史》，杨通进译，青岛出版社，1999，第177页。

人与自然的相互作用作为统一的课题进行研究，这本身就为生态哲学的
建立提供了直接的理论前提和方法论基础，为生态学马克思主义的建立
提供了条件。作为一门交叉学科，生态学马克思主义无疑具有生态学的
血统。二者的关系可以概括为从生态学到生态学马克思主义或者说政治
生态学、社会生态学经历了一个辩证的否定过程的过程，后者成长于前
者的基础之上，克服了前者的缺陷，包含了前者的合理成分。

（二）系统论

"系统论"（System Approach）是研究系统的模式、性能、行为和规
律的一门新兴科学。系统思想源远流长，但作为一门科学的系统论，其
公认的创始人是美籍奥地利理论生物学家和哲学家路德维格·贝塔朗菲
（L. Von Bertalanffy）。20 世纪 20 年代，路德维格·贝塔朗菲在研究理论
生物学时，用机体论生物学批判并取代了当时的机械论和活力论生物学，
提出了有机体系统的概念和系统理论。1945 年，他发表了论文《关于一
般系统论》，这标志着系统论这门科学的诞生。但是，直到 1948 年，他
的理论才引起学术界的重视。1968 年，路德维格·贝塔朗菲发表专著
《一般系统理论：基础、发展和应用》（*General System Theory: Foundations,
Development, Applicatians*），确立了系统论这门科学的学术地位。

"系统"一词来源于古希腊语，是由部分组成的集合体的意思。系统
论认为，整体性、关联性、层次性、动态平衡性、时序性等是所有系统
的共同的基本特征，它们既是系统所具有的基本思想观点，也是系统方
法的基本原则。因此，系统论不仅是反映客观规律的科学理论，而且具
有科学方法论的含义。贝塔朗菲对此曾作过说明，英语"System Ap-
proach"直译为系统方法，也可译成系统论，因为它既可代表概念、观
点、模型，又可表示数学方法。系统论的核心思想是系统的整体观念。
贝塔朗菲反对那种以局部说明整体的机械论的观点。他提出：任何系统
都是一个有机的整体，而不是各个部分的机械组合或简单相加，系统的
整体功能是各要素在孤立状态下所没有的新质。他用亚里士多德的"整
体大于部分之和"的名言来说明系统的整体性。他指出，系统中各要素
不是孤立地存在，每个要素在系统中都处于一定的位置，起着特定的作

用。要素之间相互关联，构成了一个不可分割的整体。要素是整体中的要素，如果将要素从系统整体中分离出来，它将失去要素的作用。系统论的基本思想和方法就是把所研究和处理的对象当作一个系统，分析其结构和功能，研究系统、要素、环境三者之间的相互关系及其变化规律，使系统达到最优状态。系统是普遍存在的，大至茫茫宇宙，小至微观粒子，都是系统，整个世界就是系统的集合。

系统论的产生给人类的思维方式带来了深刻的变化。它为人们提供了认识问题的新思路和新方法，为研究现代复杂问题提供了有效的思维方式。1935 年，被称为"英国植物生态学之父"的坦斯利（Arthur George Tansley）在一篇题为《植被的概念和术语的使用及滥用》的论文中提出"生态系统"（ecosystem）的概念，把生态学和系统论结合起来，从更宏观的视角研究生物机体与自然环境的关系。他认为生物机体与自然环境不可分离，二者相互依赖、相互作用，形成有机的自然系统，强调了生态系统内生物成分和非生物成分在功能上的统一，把生物成分和非生物成分当作一个统一的自然实体。简单地讲，这是一种把世界视为整体的新观点，并且这不再是传统哲学中那种抽象的"普遍联系"，而是来自现代科学的直接确证。第二次世界大战后，随着科学技术和世界经济的迅猛发展，世界各国日益成为一个密不可分的整体。当代生态问题已经不再是某一个地区或国家的局部问题，而是一个严峻的全球问题。这使得人们开始运用生态学、系统论来研究生态问题，探寻解决生态问题的途径。20 世纪 40 年代后出现的系统科学和复杂性科学实际上形成了全新的自然科学方法论，这就是系统存在的理论规定性。到 20 世纪 70 年代，系统原则成为指导生态运动的"新政治学原则"。它认为，整个自然界是一个由无数相互联系、不断发展的子系统构成的大系统，即生态系统。系统论反对那种将事物独立起来的做法，认为一切事物都是由多元要素功能性构成的相互作用的整体。在整个生态系统中，人类只是其中的部分。这种观点后来成为西方生态主义（即生态中心主义）的基本原则，它要求以自然（生态）为中心，人应该服从自然的要求，并赋予自然平等地位。生态中心主义的出现，促使"生态学马克思主义"从生态系统的角度思考生态危机的原因，也促使"生态学马克思主义"反思应该以什么样的尺度来考察人与自然的关系，并最终提出了"反对生态中心主义的人类中心主义"的基本原则。

系统存在是一种要素之间相互作用、相互依存的动态平衡。存在的整体不是要素之和，任何一个要素在脱离了整体的功能互动后也将失去自己的系统存在。系统关联的存在观实际上在很深的层面上反对生物圈中的人类中心主义和利己主义。这是因为，如果人把自己孤立起来，用伤害性的手段对待生态系统整体中的其他要素，如自然，那么在破坏了系统存在整体的功能运转之后，必然要在整体的毁灭中毁灭自己。这正是现代生态学的哲学元方法论的前提。

第三节　生态学马克思主义的理论旨趣

尽管生态学马克思主义者的生活环境、知识背景、个人兴趣、立场、观点、理论视角和理论的具体内容各有不同，但是他们的生态学马克思主义理论还是有一些共同的研究目的和特征的。

一　人和自然关系的再思考

生态环境的不断恶化以致威胁到人类的生存与发展，这是所有生态学马克思主义者不得避开的时代问题。生态学马克思主义者不同程度、不同视角地探索、重思，甚至重构了人与自然的关系。其重点着眼于人与自然的生态矛盾关系。

生态学马克思主义者认为马克思和恩格斯的思想理论是一个整体，尤其关于自然和社会关系的思想以及对自然异化的批判与克服，有助于我们解决社会和自然的现实冲突，实现人与自然的和谐。借助马克思和恩格斯的思想理论，结合社会的实际情况和自然界现实重新阐释历史唯物主义或者马克思主义自然观，如本·阿格尔、泰德·本顿、詹姆斯·奥康纳、约翰·贝拉米·福斯特等人的思想，这些经过重新建构的马克思主义自然观或历史观成为分析和批判 20 世纪、21 世纪资本主义的世界观。

生态学马克思主义以人与自然关系为线索展开对资本主义的批判。资本主义社会的主要危机出现了许多新的变化，例如生态危机日益凸显，有取代经济危机之势。人是自然的产物，需要依靠自然界的物质资料进行生存生活，而以资本逻辑为运行机制的资本主义工业生产进行单向度开发，追求利润最大化，要求一切都服从于资本生产。具体来说，为了获取更多的利润，资产阶级不断扩大再生产，对自然资源的索取力度不断加大，对能源技术的需求越来越大，已超越了自然界可以承受的界限，致使人与自然之间的矛盾不可调和，破坏了自然界生态系统，造成生态危机。

生态学马克思主义在寻求资本主义生态危机的深层根源的过程中，发现并批判"技术的资本主义运用"。生态学马克思主义围绕人与自然关系展开对资本主义的技术理性批判，指出技术是人与自然关系的中介，在资本逻辑运行下，技术中介沦为资本主义牟取利益的工具，为满足私利资本主义选择与使用技术，在追求利润与效率的技术理性推动下人与自然之间的关系就变成了控制与被控制的关系，都屈从于对物的追求和支配。

这样，生态学马克思主义把生态危机的矛头指向生态批判，进而把生态批判的矛头直接指向资本主义制度本身。人类自由和人与自然的和谐相处是生态学马克思主义的理论目标和现实理想。人类不要生活在一个污染的星球上，也不要生活在资源耗尽而不得不搬迁到其他星球上的这样一种未来的威胁之中。未来的社会不仅在于社会内部的平等、自由，更在于社会作为一个整体与自然的和谐。

二　重构历史唯物主义

本·阿格尔、詹姆斯·奥康纳、戴维·佩珀和约翰·贝拉米·福斯特等都从生态学马克思主义的角度对历史唯物主义进行了各自的修正、重新阐释和重构。

本·阿格尔认为，必须构建一种适合于当代资本主义发展新情况的生态学马克思主义理论。本·阿格尔认为，生态危机理论能通过考察消费、生产、人的需求，以及商品和环境之间的关系，从理论上寻求一种自我解放的真实动力。于是本·阿格尔提出"异化消费"和"期望破灭了的辩证法"，试图寻找理论和现实的结合点。在研究和理解历史唯物主义这个范式时把注意力从生产领域进一步扩展到消费领域和生态领域，在考察自然与社会的关系时，把关注点从自然相对于社会的物质优先性推移到自然的物质优先性和有限性的观念上。

詹姆斯·奥康纳认为马克思主义传统中存在生态学方面的"理论空场"，这要通过重新阐释马克思主义在人类与自然界相互作用问题上的历史唯物主义思考方法来解决，即需要进行历史唯物主义的"重构"。詹姆斯·奥康纳对历史唯物主义重构的焦点是对人类社会与自然间的物质和能量交换的媒介（劳动）的理解。"劳动是自然与文化之间的媒介"[1]，其与文化和自然是三位一体的整体。而问题的关键是把传统马克思主义的社会劳动与当代文化和自然相融合，系统地阐明人类社会劳动的文化特征和自然特征，从而构建出马克思主义生产力与生产关系理论的文化和自然维度。也就是说，劳动仍然保持着其在历史唯物主义中的中心范畴地位，但是劳动同时依然作为日常生活的规范和意义的现代人类学维度上的文化范畴，并且作为一种自主生产力的现代生态学维度上的自然范畴而存在。于是，劳动、文化和自然有机地融合而构成一个整体。"生产力和生产关系，同时都是文化的和自然的。"[2]

戴维·佩珀明确指出马克思主义不是生态中心主义，但并不会妨碍历史唯物主义具有丰富的生态意蕴，历史唯物主义的历史分析方法、阶级分析方法以及关于社会—自然相互关系的辩证法对批判生态主义和解决生态问题具有指导作用。生态学马克思主义通过阐发唯物辩证法和马克思主义自然观的生态意蕴来重构历史唯物主义。

在戴维·佩珀看来，马克思分析社会历史的方法蕴含三重生态内涵。

---

[1]　〔美〕詹姆斯·奥康纳：《自然的理由——生态学马克思主义研究》，唐正东、臧佩洪译，南京大学出版社，2003，第141页。

[2]　〔美〕詹姆斯·奥康纳：《自然的理由——生态学马克思主义研究》，唐正东、臧佩洪译，南京大学出版社，2003，第100页。

第一，历史唯物主义把社会生产方式看作人类社会历史发展的物质基础，这就意味着"如果我们想改变社会以及社会——自然之间的关系，我们就必须寻求不仅在人们的思想中——他们的见解或哲学观即我们的'社会意识形态'，而且也在他们的物质与经济生活中的改变"①。第二，历史唯物主义强调上层建筑和价值观是由经济基础决定的，这就克服了西方生态中心主义仅仅偏好从价值观的视角探讨生态问题的缺陷。第三，历史唯物主义分析人类社会历史发展的模式意味着"直到人们在物质上提供充分的保障时，人们才会创造一个生态健康的社会"②。历史唯物主义把社会生产方式看作历史发展的基础，而不是像生态中心主义那样抽象地谈论人和自然的关系。要解决生态问题，不能像生态中心主义那样仅仅靠变革价值观，而必须同时变革经济基础。戴维·佩珀还指出，历史唯物主义对资本主义社会的分析包含了生态批判的内容。马克思主义把资本主义的异化，包括人和自然关系的异化归结为物质性的原因，即归结为资本主义的生产关系和生产过程，换句话说，"应该责备的不仅仅是个性'贪婪'的垄断者或消费者，而且是这种生产方式本身：处于生产力金字塔之上的构成资本主义的生产关系"③。戴维·佩珀认为，马克思主义把资本主义生产关系以及生产方式看作环境破坏的根本原因，并认为马克思的辩证法是解决自然与社会关系的科学方法。马克思不仅批判了资本主义制度所造成的自然的异化，还阐发了一种生态自然观和道德观。

三　生态危机的根源

对生态问题的探究是生态学马克思主义的主要理论旨趣。生态学马

---

①　〔英〕戴维·佩珀：《生态社会主义：从深生态学到社会正义》，刘颖译，山东大学出版社，2005，第101页。

②　〔英〕戴维·佩珀：《生态社会主义：从深生态学到社会正义》，刘颖译，山东大学出版社，2005，第110页。

③　〔英〕戴维·佩珀：《生态社会主义：从深生态学到社会正义》，刘颖译，山东大学出版社，2005，第133页。

克思主义者曾从科学技术的发展、工业化、人们的生活方式，尤其是从异化消费、人们控制自然的观念等视角解释和探析生态危机的根源。

威廉·莱斯和本·阿格尔认为，当代资本主义社会之所以出现生态危机主要因为：一是非理性地看待和运用科学技术，导致人和自然之间关系的异化；二是资本为了追求剩余价值，在全社会范围内宣扬消费主义文化和生存方式，使得人们不能正确地处理需要、消费和幸福之间的关系，进而导致了异化消费，进一步强化了人与自然的紧张关系。本·阿格尔认为，资本为了实现其追逐利润的需要，在全社会范围内宣扬服从和服务于资本追逐利润的消费主义文化和生存方式，把人们对幸福和自由的体验引向了消费领域。资本主义生产领域的劳动是一种异化劳动，为了逃避这种劳动异化，人们就会到劳动之外的闲暇时间的商品消费中去体验幸福和自由。这样一种消费异化的文化价值观的偏离与走失进一步加剧了生态危机。

安德烈·高兹指出，曾经被认为能够保证每一个人的健康和富裕生活的"经济增长"，事实上并没有实现这种意识形态的承诺，"它创造出来的需要远比它能够满足的要快和多，并且已经导致了一系列的死结，这些在特征上不只是经济的。资本主义的增长处于危机之中不仅仅因为它是资本主义的，同时也因为它遇到了物理上的界限"①。资本主义宣称的经济增长具有一种虚幻的、欺骗的意识形态的功能。发达地区的贫穷与欠发达地区的贫穷是不一样的，"在发达的工业国家，人们处于贫穷状态不是因为消费品的供应大量不足，而是其所生产的商品的性质和生产方式所导致的"②。

威廉·莱斯提出"控制自然"的观念的生态后果以及它对人们的生活世界的影响。在资本主义条件下，"控制自然"和"控制人"是同一历史过程，这也就意味着科学技术终将会走向非理性的使用，从而导致对外部自然界的不合理开发和利用，最终会带来日益恶化的生态危机。

---

① André Gorz, *Ecology as Politics*, Boston：South End Press, 1980, p. 11.
② André Gorz, *Ecology as Politics*, Boston：South End Press, 1980, p. 28.

但到了 20 世纪 90 年代，生态学马克思主义者对资本主义的批判发生了深刻变化，对资本主义生态危机及其带来的社会问题的根源的认识比以前更加理性和深刻。不再停留于这些视角，而是透过这些领域，看到支配这些发展方式、异化以及观念的资本逻辑在生态危机和社会问题中所扮演的角色和发挥的作用。因此，生态学马克思主义基本一致地认为，支配整个资本主义制度及资本主义生产方式的资本逻辑才是生态危机的根源所在。

生态学马克思主义主张从资本主义社会自身去寻找生态危机的根源，指出资本主义生产的唯一目的是追求利润，为了追求最大化的利润必然把自然当作获取利润的对象，必然把对象扩大到全球，于是资本主义制度及资本主义生产方式是产生全球生态危机最根本的原因。因此消除生态危机的唯一出路在于变革资本主义制度，实施生态社会主义。尽管社会主义国家也面临环境问题，但大多数学者认为生态危机、社会和自然之间的冲突，以及资本主义社会内部的危机，根源于资本主义的生产方式和生活方式及全球扩展的本性，根源于资本主义制度本身。

可以看到，生态学马克思主义者虽然使用了不同的理论和概念来分析资本主义社会条件下人对自然的损害，但在强调资本主义制度是生态危机的根源方面，则是一致的。

从资本主义经济制度维度入手，生态学马克思主义揭露和批判了资本主义经济制度的反生态性。从资本主义政治制度维度入手，生态学马克思主义质疑了资本主义政治统治的合法性，进而指出资本主义政治制度是非正义的和反生态的。从资本主义文化价值维度入手，生态学马克思主义批判了资本主义社会的消费主义和生态帝国主义的文化价值观。通过对资本主义社会经济、政治和文化反生态进行制度性批判，生态学马克思主义确立了其理论批判的主题。把生态危机看作当代资本主义社会危机的最重要特征，并把原来法兰克福学派的仅限于对资本主义社会技术理性的批判扩展到对资本主义社会的全面批判，突破了以往生态理论从来没有从社会制度视角进行考察的局限性，以反思方式的逻辑思维尝试解决这一问题。

詹姆斯·奥康纳认为，在当代发达的资本主义条件下，生产条件的主体化和历史文化性被忽视而导致的生产性能力被破坏的危机，不是生产过剩危机而是生产不足危机。这种危机是生产条件与生产方式的冲突引起的，它有别于生产力与生产关系之间的冲突所引起的危机。詹姆斯·奥康纳把前一种矛盾冲突称为资本主义的第二重矛盾，后一种矛盾冲突称为资本主义的第一重矛盾，并认为在当下第二重矛盾相对于第一重矛盾而言占主导地位。破坏生态条件再生产能力的不是资本而是国家。第二重矛盾引发的危机不仅是资本经济性的危机，还是国家立法的危机或者执政党和政府的政治危机。国家是资本和自然之间的中介，因此，解决生态危机就属于国家层面，也就是要建立真正的国家基层民主。

约翰·贝拉米·福斯特以物质交换的普遍性为基础，认为资本主义经济条件下的经济形式方面的等量交换只是一种异化的表达方式，即资本主义条件下物质交换过程的社会方面同它的自然方面相矛盾，前者是后者的异化表达。正是这种异化表达才导致资本主义条件下的自然和社会之间的物质交换异化以及自然自身的异化。用物质交换概念来表达，这种异化是"新陈代谢裂缝"。在资本主义条件下，"新陈代谢裂缝"出现的现实原因是大土地私有制、长距离的国内国际贸易、城市和乡村的对立与分离以及人口的集中等。这些都是资本主义的弊病，因而约翰·贝拉米·福斯特强调对当代资本主义国家进行环境革命。

四　对生态社会主义的构想

生态学马克思主义重构历史唯物主义，对资本主义社会展开生态批判的目的在于变革受资本逻辑支配的资本主义制度，最终实现生态社会主义的理想。虽然生态学马克思主义理论家关于生态社会主义的具体设想各不相同，但是总的看来，具有几个共同特点。

第一，生态社会主义的建立需要马克思主义的指导。生态学马克思主义者认为，马克思主义对生态社会主义的建构来说是必不可少的理论。戴维·佩珀认为："相对传统马克思主义中仍有许多对于生态社会主义来说十分重要的东西，不应该完全地拒绝。"① 詹姆斯·奥康纳也认为，在生态危机的问题上，马克思主义谱系中的理论要比自由主义及其他类型的主流经济思想更有发言的机会。他还劝告更多的马克思主义经济学家和社会学家，要"运用马克思主义强有力的方法去对生态危机的真正根源作出解释——去帮助那些自以为是的资本转向生态学社会主义的方向"②。生态学马克思主义不仅重视马克思主义的方法论对生态保护的重要性，而且强调马克思主义的自然概念对生态保护的重要意义。

第二，生态社会主义是对当代资本主义的超越。既然当代资本主义社会下资本追逐利润的逻辑与生态环境有着内在矛盾和根本冲突，导致其是一种不可持续发展的社会制度，尤其具有生态上的不可持续性，因此，作为生态学马克思主义未来理想社会构建目标的生态社会主义是对资本主义的否定和超越。在詹姆斯·奥康纳心中，生态社会主义就是要反对资本主义生产关系对利润的追求和生产目的的不正义，"使交换价值从属于使用价值，使抽象劳动从属于具体劳动，也就是说，按照需要而不是利润来组织生产"③。

第三，倡导生产和管理的"非官僚化"和"分散化"。威廉·莱斯和本·阿格尔结合北美民粹主义文化传统，提出通过"非官僚化"和"分散化"建立以稳态经济为基本特征的生态社会主义。生态学马克思主义认为，虽然过度消费也会引发生态问题，但是生态危机的解决不能在消费领域。因为"人的满足最终在于生产活动而不在于消费活动"，所以生态危机应主要在生产领域中解决，并且兼顾消费领域。生态学马克思主义者认为资本主义的生产是一种高度集权的管理模式。这种管理模式致力于对生产和消费过程进行操纵和控制，以实现利润的最大化。因此，

---

① 〔美〕戴维·佩珀：《生态社会主义：从深生态学到社会正义》，刘颖译，山东大学出版社，2005，第376页。
② 〔美〕詹姆斯·奥康纳：《自然的理由——生态学马克思主义研究》，唐正东、臧佩洪译，南京大学出版社，2003，第298页。
③ 〔美〕詹姆斯·奥康纳：《自然的理由——生态学马克思主义研究》，唐正东、臧佩洪译，南京大学出版社，2003，第525~526页。

生态学马克思主义者认为，解决生态危机应通过小规模技术和工人管理，促进生产过程的非官僚化和民主化，以克服生产过程的集权化和过度生产；同时向人们提供小规模的、民主管理的生产者联合体的劳动，以克服过度消费。生态学马克思主义者认为，沿着非官僚化和分散化的方向去改造资本主义社会及资本主义生产关系，不仅可以解决生态危机，保护生态环境，而且可以从整体上改变资本主义的社会、经济、政治和文化。

生态学马克思主义理论家认为，只有在生态社会主义社会之中，可持续发展才有真正的可能。生态社会主义的生产目的是满足人的基本需要，并在此基础上创造出多种多样的满足人的需要的形式，这明显有别于资本主义追逐利润的生产目的，实现了"生产的正义性"。生态社会主义社会所追求的增长是理性的，是真正为了每个人的平等利益的有计划的发展，这种社会主义的发展是有益于生态的、可持续的。资本主义社会的生产是以追求利润为目标的无限扩大生产，它只注重资本的短期收益而加大对自然资源的疯狂掠夺，根本无视地球生态系统的承载能力。因此可以说，资本主义的经济增长是一种非理性的反生态的增长。生态社会主义的增长则是有计划的、理性的，它按照生态理性行事，因此是有益于生态的，能够实现人与自然的共同发展。生态社会主义的发展是建立在对每个人的物质需要的合理限制的基础上的，使人们在自然可承受的范围内发展生产力、满足需要。在生态社会主义发展过程中，人们持续地把他们的需要发展到更加复杂的水平而又不违反这一规则。生态学马克思主义理论家阐释了历史唯物主义的生产力发展理论，有力地回击了西方绿色思潮把历史唯物主义归结为"生产主义""技术决定论"的论调。生态学马克思主义理论家从厘清生产力的概念出发，分析了人的自我发展、需要以及人的自我实现之间的内在联系，不仅阐明了历史唯物主义生产力发展观的内涵和特质，还通过阐发马克思对资本主义制度下生产力发展与人的发展相背离的现象的揭示与批判，指出历史唯物主义生产力发展观所具有的人学维度是其理论特质，从而科学地说明了历史唯物主义生产力发展观，为什么不会与生态要求之间构成矛盾冲突，回击了西方绿色思潮对历史唯物主义的质疑。生态学马克思主义理论家阐明了生产力发展对实现社会进步和建设生态文明的基础地位，建立了历史唯物主义与生态之间的有机联系，拓展了历史唯物主义的理论空间，彰显了历史唯物主义的当代性。在他们看来，生产力发展在资本主义制度下具有双重效应，认为历史唯物主义在批判资本主义制度下生产力的破坏效应的同时，也肯定其生产力发展为人类实现自我解放创造了前提，指出共产主义社会的生产力发展追求的是人的解放与自然的解放的内在统一，其生产力发展不但没有与生态之间构成冲突，还有利于生态发展。生态学马克思主义理论家提出了以生产力发展为基础的稳态经济发展模式，以生态理性为基础的发展模式和可持续发展模式，不仅丰富了历史唯物主义生产力发展观，还指出了生态社会主义社会生产力发展的必要性和发展方向，有力论证了历史唯物主义与生态发展并不矛盾。

第二章　历史唯物主义重建史概述

历史唯物主义产生于 170 多年以前，然而对历史唯物主义的研究和讨论一直持续不断，遍及世界各个主要国家，形成了一种世界性运动。在这个过程中，历史唯物主义不断地得以重建和发展。历史唯物主义不是自足于既有的文本，而更在于"与时代相互作用、相互促进"，它不是人类未来的预言者，而是现实历史进程的参与者，因此不可能不经历自身形态的变化。它在指导人民群众革命实践的过程中不断地实现自身的改革和创新，不断释放理论自身蕴藏着的适应力和对现实的解释力，对风云变幻的社会发展积极作出应答。此外，"我们求助于马克思，不是因为他毫无错误之处，而是因为我们无法回避他。每个想从事马克思所开创的研究的人都会发现，马克思永远在他的前面，因此，他必须认同或反驳、扩展或抛弃、说明或辩解马克思遗留下来的思想"①。但是，"马克思的整个世界观不是教义，而是方法。它提供的不是现成的教条，而是进一步研究的出发点和供这种研究使用的方法"②。"马克思的思想不是自我封闭的：它同时对知识和发现，对实践和政治活动，对理论的进步和深化保持开放。"③

历史唯物主义的理论目标不是要建构一门类似自然科学的历史科学，而是要寻求和确定"人的解放"或"共产主义"的现实条件，对资本主

---

① 〔美〕罗伯特·L. 海尔布隆纳：《马克思主义：赞成与反对》，马林梅译，东方出版社，2016，第 1 页。

② 《马克思恩格斯全集》第 39 卷，人民出版社，1974，第 406 页。

③ 〔法〕亨利·列斐伏尔：《马克思的社会学》，谢永康、毛林林译，北京师范大学出版社，2013，第 2~3 页。

义生产方式进行批判构成其核心问题，批判性是其理论本性。恩格斯曾说，"随着自然科学领域中每一个划时代的发现，唯物主义也必然要改变自己的形式"①。而且，从人类文化和精神的演进机制来看，多样性与自我分化体现了人类思维的创造性。

恩格斯和列宁为后来正统马克思主义奠定了基本解读框架。恩格斯在《在马克思墓前的讲话》中把唯物主义历史观和剩余价值学说看作马克思一生中的"两大发现"。列宁认为，经济学说是马克思理论的核心内容，而唯物主义、辩证法、唯物主义历史观和阶级斗争学说构成了马克思的"整个世界观"；唯物主义历史观是19世纪40年代马克思把唯物主义贯彻运用于社会历史领域的结果，《资本论》使唯物主义历史观由假设变为被科学地证明了的原理；马克思的思想有三个来源，即德国古典哲学、英国古典政治经济学以及英法空想社会主义。正统马克思主义研究在大卫·梁赞诺夫（David Riazanov）那里得到发扬光大。在列宁的支持下，梁赞诺夫系统收集马克思恩格斯文献，对他们大量原始手稿和书信进行照相复制，培养了一批马克思字迹辨认专家，启动了历史考证版（MEGA），使马克思研究成为一门相对独立的学科，促成了苏联马克思学研究传统。②

马克思和恩格斯逝世后，马克思主义学者在阐释历史唯物主义方面做了大量工作，也取得了很多成果。例如，意大利第一位马克思主义哲学家安·拉布里奥拉（Antonio Labriola）在《关于历史唯物主义》一书中指出，历史唯物主义是历史发展的客观规律，"它过去和现在都是在揭示任何人类发展……的真正原则和动力"③。此外，还有格·瓦·普列汉诺夫（俄文 Георгий Валентинович Плеханов，英文 G. V. Plekhanov）的《论一元论历

---

① 〔德〕恩格斯：《路德维希·费尔巴哈和德国古典哲学的终结》，人民出版社，2014，第22页。

② 参见〔法〕洛克莫尔《历史唯物主义：哈贝马斯的重建》，孟丹译，北京师范大学出版社，2009，第5~7页。

③ 〔意〕安·拉布里奥拉：《关于历史唯物主义》，杨启潾、孙魁、朱中龙译，人民出版社，1984，第57~58页。

史观的发展问题》、考茨基（Karl Kautsky）的《唯物主义历史观》、弗兰茨·埃德曼·梅林（Franz Erdmann Mehring）的《论历史唯物主义》、列宁的《卡尔·马克思》、布哈林（Nikolai lvanovich Bukharin）的《历史唯物主义理论》、斯大林的《论辩证唯物主义与历史唯物主义》、卢卡奇的《历史与阶级意识》、卡尔·柯尔施（Karl Korsch）的《马克思主义和哲学》、萨特（Jean-Paul Sartre）的《辩证理性批判》、德拉·沃尔佩（Galvano Della Volpe）的《卢梭和马克思》、阿尔都塞的《保卫马克思》等。

在马克思和恩格斯之后，对历史唯物主义理论的理解、诠释、质疑、修正、批判、分化、解构、重建等从来就没有停息过。[①]"重建论"是历史唯物主义理解史中的一股重要思潮。重建者以对人的生存境遇的关注为立足点，主张历史唯物主义紧跟时代变革的步伐，直面现实，解答社会生活问题，改变现实的异化问题，试图重新树立历史唯物主义的理论地位。重建唯物主义历史观，并不是以改变唯物主义历史观的基本原则为代价去适合新的政治需要，也不是用其他理论体系来改造、"补充"唯物主义历史观。唯物主义历史观当然要关注和批判继承现代社会理论的优秀成果，如果与现代社会理论隔离开来，唯物主义历史观只会由孤立走向枯萎。[②]任何一种思想史的研究都要受到研究者本人的知识结构、思维方式和价值观念的制约，都不可避免地具有某种主观色彩。对唯物主义历史观的研究和重建也是如此。因此，唯物主义历史观的"形象"始终处在变换之中，到目前为止，人们也没有停止对唯物主义历史观相关问题的思考。

第一节　危机中寻求重建

一　时代提出的新问题

理论的命运同历史的进程息息相关，每当历史处在转折点时，新的

[①]　参见欧阳谦《西方马克思主义与历史唯物主义研究》，《教学与研究》2002 年第 4 期。

[②]　参见杨耕《重建唯物主义历史观》，《中国社会科学报》2010 年 7 月 6 日，第 7 版。

实践便会对原有的理论提出挑战。历史唯物主义的创建是人类思想史上的壮丽日出，它使唯物主义哲学以至整个哲学的主题、职能和思维方式发生了根本的转向。历史唯物主义在100多年的行进过程中遭遇了因为时代变化而出现的在一定层面上超出了理论始建者生存环境而还未遇到的新问题，从而形成了历史唯物主义的所谓的种种"危机"。事实上，历史唯物主义因时代变迁而遭遇的"危机"反而是理论自身不断反思、不断警醒、不断超越和不断前进的"机遇期"。

在19世纪与20世纪之交，历史处于转折点上。资本主义由自由竞争阶段发展到垄断阶段，西方资本主义国家再次出现了经济繁荣的现象。于是，不仅资产阶级理论家指责唯物主义历史观，而且马克思主义内部也出现了"修正"唯物主义历史观，甚至信奉者"倒戈"的现象。唯物主义历史观在"世纪转换"之中面临着重重"危机"。弗里德里克·詹姆逊（Frederick Jameson）指出，"每当马克思主义的研究对象——资本主义——发生变化或经历出乎意料的变异时，马克思主义的范式就会产生危机。由于对论证问题的旧表述不能与新的现实相适应，所以很容易得出结论说，这种范式本身被超越了和过时了"①。因此有人指出，"马克思主义哲学发展史集中表现为历史唯物主义的重构史"②。

历史不会重演，但确有惊人的相似之处。在20世纪与21世纪之交，历史又处在转折点上。新技术革命的浪潮猛烈冲击、改变着传统社会，并为发达国家生产力的发展开辟了新的空间；西方资本主义国家通过体制改革，在相当程度上缓解了生产社会化和生产资料私有制之间的矛盾，并在相当程度上缓和了阶级矛盾和社会矛盾。同时，苏联东欧社会主义却被资本主义"不战而胜"，现实的波澜必然掀起理论的狂飙。在马克思主义外部，针对唯物主义历史观的质疑与批评此起彼伏、不绝于耳。时代的变迁和发展，给历史唯物主义提出了新的问题，而检验历史唯物主

---

① 转引自俞可平《全球化时代的"马克思主义"——九十年代国外马克思主义新论选编》，中央编译出版社，1998，第70页。
② 胡刘：《"历史唯物主义重构"的检讨与校正》，《长白学刊》2017年第3期。

义理论充分性至少也得有个标准，"一个好的历史唯物主义，它必须在理论上是充分的，并且与解放实践有内在联系，以一种融贯的方法解释以往的社会发展"①。历史唯物主义的实践任务是提供一个能够指导社会主义解放斗争的理论。因此，唯物主义历史观似乎再次面临着严重"危机"。

然而，理论危机并不总是坏的事情，理论总是在实践发展到新阶段的时候，显露出自身的局限性，进而呈现某种危机，而危机又往往预示着理论的新发展。没有 19 世纪与 20 世纪之交的"物理学危机"，就没有现代物理学；没有 19 世纪与 20 世纪之交的哲学危机，就不会产生现代哲学；没有 19 世纪与 20 世纪之交的马克思主义危机，就不会诞生列宁主义，"矛盾—危机—重建—发展"，这是理论运行的规律，② 并且"马克思主义论争的创造性就在于它提出新的问题的能力"③。

"历史唯物主义并不是一个封闭的、以最后真理为其终点的体系"④，它没有也不可能包含一切社会问题的现成答案。历史唯物主义作为马克思主义哲学的根本内容不是纯粹的思维活动，更不是独立发展的理论，而是与实际展开的社会历史、具体的历史情境变化保持同步的活生生的理论运动。⑤"世纪转换"的确提出了一些超出唯物主义历史观创始人视野的新问题，从而导致唯物主义历史观出现某种"危机"。然而，只要科学地解答这些现实中的问题，并使这些现实问题上升为理论问题，唯物主义历史观就会出现转机与生机。"危机"恰是唯物主义历史观面对挑战自我反省、自我超越、自我发展的时机。危机也意味着一个转折点，暗示着某种转变，因为危机逼着人们更加广泛而深入地检视历史唯物主义的问题、分析其产生的根源，并据此给出疗救的方案。杨耕教授指出

---

① A. Anthony Smith, "Two Theories of Historical Materialism G. A. Cohen and Jurgen Habermas," *Theory and Society*, Vol. 13, No. 4, 1984, pp. 513-540.
② 参见杨耕《重建唯物主义历史观》，《中国社会科学报》2010 年 7 月 6 日，第 7 版。
③ 俞可平主编《全球化时代的"马克思主义"——九十年代国外马克思主义新论选编》，中央编译出版社，1998，第 690 页。
④ 〔德〕梅林：《保卫马克思主义》，吉洪译，人民出版社，1982，第 25 页。
⑤ 参见沈江平《现代性与重建历史唯物主义》，《哲学研究》2013 年第 7 期。

"没有'危机'的封闭状态才是真正的危机"①。全部问题在于如何实现"危机"中的重建。

当代人类正面临全球化的现实提出了许多马克思、恩格斯创立历史唯物主义时从未遇到过的问题。例如，人与自然界关系的当代特点，科学技术在当代社会发展中的作用，经济全球化背景下经济、政治和文化发展，如何看待当代资本主义向何处去，如何看待社会主义的前途和命运、当代中国发展的模式和道路，历史唯物主义关于阶级斗争理论和阶级分析方法是否已经过时，如此等等。另外，随着对马克思、恩格斯文本的研究，会发现新的思想和具有现实意义的问题。这就要求我们正确对待历史唯物主义已有的原理，以开放的创造性态度对待历史唯物主义。

二　重建的缘由

人类思想史表明，任何一门科学在发展过程中，除了要研究新问题外，往往还需要再回过头去重新探讨像自己的主题和职能这样一些对其自身发展具有方向性、根本性的理论问题。哲学以及历史唯物主义也是如此。"熟知并非真知"，准确而全面理解历史唯物主义仍是一个重大的理论课题。②

历史唯物主义是马克思一生中的两个伟大发现之一，它的问世宣告唯心主义历史观的终结，并开启了历史观领域乃至整个哲学社会科学领域的伟大革命，是马克思主义哲学的标志性成果，其核心观点是"物质生活的生产方式制约着整个社会生活、政治生活和精神生活的过程。不是人们的意识决定人们的存在，相反，是人们的社会存在决定人们的意识"③。但是，马克思并未将其定义为历史唯物主义，而更多地称为"新唯物主义"或者"现代唯物主义"，将费尔巴哈以及之前的哲学都称为"旧唯物主义"，新唯物主义与旧唯物主义的区别在于新唯物主义既是历

---

① 杨耕：《重建唯物主义历史观》，《中国社会科学报》2010年7月6日，第7版。
② 参见杨耕《历史唯物主义：一个再思考》，《河北学刊》2003年第6期。
③ 《马克思恩格斯文集》第2卷，人民出版社，2009，第591页。

史的唯物主义又是辩证的唯物主义。这就促使后来的马克思主义者和非马克思主义者从不同角度对马克思主义哲学进行解读，再加之时代语境变迁和时代问题迭出，多样化的阐释也不可避免，从而形成了一部历史唯物主义的理解史。

马克思和恩格斯对他们创立的历史唯物主义的首次表述是在写于1845~1846 年的《德意志意识形态》中，从那时算起，这一理论从问世到现在已有170 多年的历史了。一个尽管实际存在，但很少为我国学者明确指出的原因是，马克思恩格斯没有给我们留下一个现成的概念清晰、逻辑严谨、完整系统的历史唯物主义理论体系。① 虽然历史唯物主义是马克思两大发现之一，是马克思主义的标志性成果之一，但由于种种原因，除了马克思在《〈政治经济学批判〉序言》中对其做过集中但非常简要的表述以外，无论是马克思还是恩格斯都没有写过专著对历史唯物主义进行专门阐释。

历史唯物主义这一术语不是马克思提出的，马克思一生都没有用过历史唯物主义以及唯物主义历史观这两个术语。马克思是用"历史科学""唯物主义世界观"来表达历史唯物主义内容的，用"真正实证的科学""真正批判的世界观"来表达历史唯物主义特征的。在马克思主义哲学史上，是恩格斯而不是马克思首先提出并使用"历史唯物主义"以及"唯物主义历史观"这两个术语。②

但是，这不是说他们没有论述过历史唯物主义，情况恰恰相反，他们的大量论述大多散见于他们在不同时期针对不同问题的论述中。在《德意志意识形态》中，马克思恩格斯系统阐述了自己所创立的新历史观的内容，并认为"这种历史观就在于：从直接生活的物质生产出发来考察现实的生产过程，并把与该生产方式相联系的、它所产生的交往形式，即各个不同阶段上的市民社会，理解为整个历史的基础；然后必须在国

---

① 参见段忠桥《重释历史唯物主义的缘由、文本依据和方法》，《哲学研究》2008 年第9 期。
② 参见杨耕《重建中的反思：重新理解历史唯物主义》，北京师范大学出版社，2017，第324 页。

家生活的范围内描述市民社会的活动，同时从市民社会出发来阐明各种不同的理论产物和意识形式，如宗教、哲学、道德等等，并在这个基础上追溯它们产生的过程"①。历史唯物主义"它不是在每个时代中寻找某种范围，而是始终站在现实历史的基础上，不是从观念出发来解释实践，而是从物质实践出发来解释观念的东西"②。

　　同时也会发现，马克思和恩格斯只是对历史唯物主义做了粗线条的刻画而缺少细节的说明。有的只涉及历史唯物主义的某些概念和原理，有的只是将历史唯物主义应用于具体问题而没有对理论本身作出论证和阐释。也就是说，马克思和恩格斯的著作中缺少对历史唯物主义基本概念明确而严格的定义。例如，马克思关于经济基础概念至少有两种不同的说法，一是"生产关系的总和构成社会的经济结构，即有法律的和政治的上层建筑竖立其上并有一定的社会意识形式与之相适应的现实基础"③；二是"一定的生产方式以及与它相适应的生产关系，简言之，'社会的经济结构，是有法律的和政治的上层建筑竖立其上并有一定的社会意识形式与之相适应的现实基础'"④。除此之外，马克思和恩格斯的著作中缺少对历史唯物主义的基本原理精细而严密的论证。以"人类历史发展表现为不同社会形态的依次更替"这一原理为例，马克思认为："大体说来，亚细亚的、古代的、封建的和现代资产阶级的生产方式可以看做是经济的社会形态演进的几个时代。"⑤ 但对亚细亚的、古代的、封建的和现代资产阶级的生产方式之间的区别和联系没有作进一步的说明，对为什么可以将它们看作社会经济形态演进的几个时代也没有作进一步的论证。此外，马克思在《政治经济学批判》中还提出过人类历史的发展表现为前资本主义、资本主义和共产主义三大社会形态的依次更替："每个个人以物的形式占有社会权力。如果你从物那里夺去这种社会权

---

① 《马克思恩格斯全集》第3卷，人民出版社，1960，第42~43页。
② 《马克思恩格斯全集》第3卷，人民出版社，1960，第43页。
③ 《马克思恩格斯全集》第31卷，人民出版社，1998，第412页。
④ 《马克思恩格斯全集》第44卷，人民出版社，2001，第98页。
⑤ 《马克思恩格斯全集》第31卷，人民出版社，1998，第413页。

力，那你就必须赋予人以支配人的这种权力。人的依赖关系（起初完全是自然发生的），是最初的社会形态，在这种形态下，人的生产能力只是在狭窄的范围内和孤立的地点上发展着。以物的依赖性为基础的人的独立性，是第二大形态，在这种形态下，才形成普遍的社会物质变换，全面的关系，多方面的需求以及全面的能力的体系。建立在个人全面发展和他们共同的社会生产能力成为他们的社会财富这一基础上的自由个性，是第三个阶段。第二个阶段为第三个阶段创造条件。"① 但这种表述与前一种表述是什么关系，马克思也没有作进一步的说明。

此外，从经典作家的思想文本中发掘新的"发现"是历史唯物主义当代阐释的一个重要路径。历史唯物主义的创始人著作等身，留给世人的著述可谓十分丰富。仅其中文第一版《马克思恩格斯全集》业已出版50卷，其中收录了2000多篇论文、4000多封书信、400多篇资料，字数约3200余万。中文第二版《马克思恩格斯全集》内容和字数都大大地扩容，计划出版70卷册，已出版30多卷。历史唯物主义的相关思想肯定蕴含在这些著述当中。可以肯定的是，其中有很多思想可供研究和发掘，与历史唯物主义思想相关的著述肯定还有待挖掘。因此，对历史唯物主义的当代阐释离不开对这些著述的深入研究，离不开科学对待经典作家思想文本的态度。②

人们对历史唯物主义所揭示的历史一般发展规律的个人偏好，导致在实践中常常忽视理论所蕴含的人类目的性和价值性的信仰维度，这种"抽象性"的阐释在一定程度上为重建者留下了"空间"。

在阐释历史唯物主义中如何看待马克思恩格斯的思想文本，是根据经典作家成熟时期的思想文本来阐释历史唯物主义，还是依据经典作家早期的思想文本来阐释，是准确把握和阐释历史唯物主义的重要前提。一般说来，马克思恩格斯后期对理论的思考日益成熟和准确，此时的思

---

① 《马克思恩格斯全集》第46卷上册，人民出版社，1979，第104页。
② 参见沈江平《历史唯物主义"重建"思潮的评判与展望》，《山西师大学报》（社会科学版）2021年第3期。

想文本也就更为丰富和准确。是依据经典作家已出版的思想文本来阐释历史唯物主义，还是依据尚未公开发表的作品来阐释，这也是准确把握和阐释历史唯物主义的重要条件。从一部马克思生前没有发表、被伯恩施坦长期隐匿的手稿在1932年出版问世，"两个马克思"神话由此诞生，到马克思晚年出版的《人类学笔记》，西方学者又欣喜若狂地得出"第三个马克思"，即文化人类学家的马克思的结论，这些所谓的思想文本的"重新发现"就成为众多西方学者重建历史唯物主义的动因。而最终的结果却是重建了一个与历史唯物主义背道而驰的"新理论"。这些事实昭示：历史唯物主义的当代阐释要以马克思和恩格斯已公开出版的思想文本、以成熟时期的思想文本、以思想文本的最终定稿为依据，这才是历史唯物主义当代阐释的基本尺度。也就是说，历史唯物主义的当代阐释和发展有赖于对其主要思想文本的准确合理把握，以这样或者那样的"新发现"进行所谓的修正、完善的结果只能是抽象的肯定、简单的否定。

除此之外，苏联和中国的马克思主义哲学工作者在阐释历史唯物主义方面也做了众多努力，研究成果主要体现在由他们编写的各种马克思主义哲学教科书上。然而，一般认为这些研究成果仍然存在不同程度的问题。对于存在哪些问题人们又有种种不同的乃至截然相反的评价和看法，但有些问题是被大家所共同认可的，例如这些成果对历史唯物主义的阐释与马克思和恩格斯本人的相关论述存在很多的不一致；它们都没能再现一个概念清晰、逻辑严谨、完整系统的历史唯物主义理论体系。

第二节　国内学者对历史唯物主义的重建

国内学界的"历史唯物主义重构"尝试始于20世纪80年代对苏联传统哲学教科书体系的反思和改革，而且大多是在西方学术界的"重构"热潮的冲击和中介下进行的。

一　重建的学术背景

我国改革开放的深入发展，特别是1986年以后，客观上要求正确认识和评价包括西方马克思主义在内的各种西方哲学和文化思潮，同时，学者基于不同角度、不同哲学理念理解马克思主义哲学，并批判地反思了"辩证唯物主义与历史唯物主义"的教科书体系，这体现了学者对马克思主义哲学本质更深入的探索和理解。理论视角的变化，使学者对于如何理解、认识和评价西方马克思主义理论产生了分歧，使学术界出现了一场声势浩大的关于西方马克思主义研究的争论热潮，争论的目的就是要摆脱在"辩证唯物主义与历史唯物主义"教科书体系中建构出的西方马克思主义图景。这场争论不仅使学术界熟悉了西方马克思主义的理论命题，深化了对西方马克思主义的认识，而且使西方马克思主义理论成为我国马克思主义哲学研究和理论创新的重要思想资源，形成了两者之间的双向互动关系。

改革开放以来，在中国马克思主义哲学关于"异化和人道主义""主体性问题""实践唯物主义哲学体系""马克思主义人学""现代性问题"的探讨中，我们都可以或多或少地看出西方马克思主义理论对其的影响，以至于有些学者认为我国学术界出现了"以西解马"的解读模式。无论是否存在这种解读模式，西方马克思主义理论家对马克思主义哲学的解读为中国马克思主义哲学的理论创新提供了重要的理论参照，这一点则是无疑的。

进入 20 世纪 90 年代，我国西方马克思主义研究的格局发生了根本性转换。一是研究主题进一步丰富。西方马克思主义对资本主义的社会批判、技术理性批判、消费主义文化批判、生态批判等，获得了中国学术界广泛的共鸣，使得学术界从如何认识和评价西方马克思主义哲学理论进一步发展到研究其社会批判理论和现代性理论。二是研究方式从过去的宏大叙事转向了微观研究和追踪研究。在微观研究方面，学术界不仅出版多部西方马克思主义通史著作，同时也出版了很多专题性问题研究、代表人物研究的著作。在追踪研究方面，分析学、生态学马克思主义逐渐纳入学者的研究视阈中，更为重要的是，学术界开始关注"后现代马克思主义""新马克思主义""后马克思主义""后马克思哲学思潮"等，并用"国外马克思主义"统称这些在后现代思潮中理解、评价马克思主义哲学的理论流派。国外马克思主义实际上是对国外出于各种目的研究马克思主义而形成的各种理论思潮的总称。

二 重建的内涵

杨耕已发行了三版的《重建中的反思：重新理解历史唯物主义》，以历史唯物主义的基本观点为研究对象，以当代实践、科学和哲学本身的发展为基础，对"自然历史过程"论、历史决定论和意识反映论等已经成为"常识"的基本观点进行新的阐述；对实践是人的生存本体、社会生活的本质以及意识形态批判理论等过去被忽视、"遗忘"的基本观点进行深入探讨；对社会的自然与自然的社会、"从后思索"、时间是人的发展的空间等一些马克思有所论述但没有充分展开，同时又具有重大现实意义的观点进行充分论证。

这里所说的重建，是相对唯物主义历史观的教科书形态而言的。历史唯物主义的当代发展也体现在我们对哲学教科书体系的修订中。由于历史客观原因，我们的教科书来源于苏联教科书体系，其中对历史唯物主义的理解在很大程度上也是承袭了苏联教科书体系的解读。唯物主义历史观的教科书形态从《联共（布）党史简明教程》第四章第二节演化而来，二者没有本质的区别。[①] 无疑，"第四章第二节"简要而通俗地简述了唯物主义历史观的若干原理，但也的确存在很大的局限性。它不理解科学的实践观是唯物主义历史观的基础，唯物主义历史观被看作自然观的"辩证唯物主义"在社会历史领域中的"推广与运用"。

历史唯物主义的"推广应用"说是国内学界批评苏联教科书体系的重灾区。这一观点集中体现在斯大林的《论辩证唯物主义和历史唯物主义》中。[②] 斯大林指出："辩证唯物主义是马克思列宁主义党的世界观……历史唯物主义就是把辩证唯物主义的原理推广去研究社会生活，把辩证唯物主义的原理应用于社会生活现象，应用于研究社会，应用于研究社会

[①] 参见杨耕《重建唯物主义历史观》，《中国社会科学报》2010年7月6日，第7版。

[②] 参见杨耕《重建中的反思：重新理解历史唯物主义》，北京师范大学出版社，2017，第19页。

历史。"① 这种"推广"和"应用",必然使历史唯物主义发生变形,脱离人的活动和社会历史孤立地考察自然环境,脱离自然环境孤立地考察生产方式和社会发展。"辩证唯物主义与历史唯物主义不是两种'观',即辩证唯物主义是自然观,历史唯物主义是历史观,而是同一个'观',即马克思的世界观的不同表述;不是两个'主义',即辩证唯物主义是自然主义,历史唯物主义是历史主义,而是同一个'主义',即马克思的新唯物主义的不同表达,确切地说,辩证唯物主义是历史唯物主义的代名词。"②

国内哲学界基于对苏联教科书体系弊端的全面审思,在很大程度上恢复了马克思主义的本来面目,也促进了中国哲学教科书的编撰。但在这种批评中,人们混淆了教科书与理论本身。教科书只能起教科书的功效,它只能对本学科最基础、最必要、最重要的原理进行条理化传授。况且世界上本来就没有一本毫无瑕疵的教科书,更没有一部容纳本学科全部真理的"宝书"。将教科书中的历史唯物主义与马克思和恩格斯所创建的历史唯物主义等同起来,这同样是"本本主义"和"教条主义"老毛病的表现。这就像按图索骥,按照素描来度量真人一样。图纸的设计者水平、画工的水平参差不齐,教科书编撰者也一样,在理解历史唯物主义这个问题上,教科书编撰者的水平也参差不齐。从这点来看,学者对苏联教科书体系的反思甚至批驳是有其合理性的。反过来,我们改编后的哲学教科书就真的完全正确,毫无缺点吗?这是不可能的。因此,连同中国的哲学教科书在内的教科书,其内容很有可能存在不全面、不精准、不到位的问题;对经典作家思想文本的梳理和概括很有可能存在遗漏,对历史唯物主义的相关文献理解也可能存在不到位、不准确的问题。教科书需要修订、完善和丰富甚至重新编写,这都是再正常不过的事情。

当然,那些冠以"重建"或"重构"或"新编"的口号来对教科书中的历史唯物主义展开阐释,与西方学者进行的"重建"是截然不同的。

---

① 《斯大林选集》下卷,人民出版社,1979,第 424 页。
② 杨耕:《重建中的反思:重新理解历史唯物主义》,北京师范大学出版社,2017,第22 页。

我们应做合理区分。但有一条原则也是底线必须遵循，即马克思主义哲学教科书的重新编撰是基于全面准确地呈现历史唯物主义的实质、基本要义及其新发展这个前提展开的，而不是要"另起炉灶"。历史唯物主义的创造性发展离不开对其思想文本的准确把握和呈现，更离不开理论自身的基本要义和核心观点，任何偏离和转向都是对历史唯物主义的背离和否弃。人类社会只有一种历史唯物主义，这就是马克思和恩格斯所缔造的揭示人类社会发展一般规律的科学理论。在它身后的任何阐释、补充和完善都不能离开这个历史唯物主义，即不能离开它所提供的和论证的基本原理和核心观点。[①]

三　重建的主要内容

陈先达、孙正聿、郝立新等学者认为，历史唯物主义已不仅是一种历史观，更是一种世界观，其本质上是哲学；段忠桥、徐长福等学者认为，历史唯物主义是实证科学；张一兵、吴晓明、张文喜、沈江平等学者指出，历史唯物主义就是批判的历史科学。除此之外，有的学者认为，历史唯物主义介于哲学和科学之间，既是科学的哲学，又是哲学的科学。20世纪90年代中后期，国内研究者自觉地对"历史唯物主义重构"作出概念界定，并经历了从"观点论"到"体系论"再到"问题论"的变迁过程。

（一）观点论

在对传统哲学教科书的反思与改革中，围绕"实践唯物主义"来讨论历史唯物主义重构，一度成为热点。但是，是以"物质本体论"为前提还是以"实践本体论"为前提来重构历史唯物主义，国内研究者产生了分歧，并陷入了讨论的危机。面对这一危机，有人认为，历史唯物主义的重构并不在于重新提出一个历史唯物主义的体系，而是在于对其基本观点作出符合马克思的本义和时代要求的阐释。正如杨耕所说，实际

---

① 参见沈江平《历史唯物主义"重建"思潮的评判与展望》，《山西师大学报》（社会科学版）2021年第3期。

上，马克思也没有留下一本关于唯物主义历史观体系的专著。他认为，重要的不是体系，而是观点。重建唯物主义历史观的实质，是依据现代实践、科学和哲学去研究、理解、挖掘、深化唯物主义历史观的观点。[①]科学的实践观是唯物主义历史观安身立命之本。而这也就是对"历史唯物主义重构"的"观点论"界定。因为杨耕认为，在2001年之前，"历史唯物主义"和"唯物主义历史观"是同一概念，二者是马克思主义历史观的不同表述；2001年开始，他对"历史唯物主义"和"唯物主义历史观"有了新的理解，即历史唯物主义是马克思主义世界观，而唯物主义历史观只是马克思主义历史观。

重建唯物主义历史观，并不是以改变唯物主义历史观的基本原则为代价去适合新的政治需要，也不是用其他理论体系来改造、"补充"唯物主义历史观。唯物主义历史观当然要关注和批判地吸收现代社会理论的优秀成果，如果与现代社会理论的成果隔离开来，唯物主义历史观只会在孤立、隔绝中走向枯萎。

应该说，"观点论"对推动历史唯物主义研究摆脱"体系"的束缚，对深化历史唯物主义基本观点的阐释，尤其是对沟通历史唯物主义基本观点与当代实践、具体科学和哲学发展的新成果，并由此凸显历史唯物主义的当代价值和意义，具有十分重要的启发意义。但是，该观点必须面对和解答一个长期以来马克思主义哲学研究必须回答的基本问题，即辩证唯物主义与历史唯物主义之间的关系以及马克思两个"伟大发现"之间的关系；而对这一问题的回答，显然涉及对历史唯物主义基本观点内在逻辑深入系统的分析与阐述。因此，"历史唯物主义重构"的"体系论"逐渐覆盖了"观点论"。

（二）体系论

针对"观点论"出现的困难，有的学者主张超越将马克思主义哲学划分为辩证唯物主义与历史唯物主义两部分的传统教科书，"回到马克

---

① 参见杨耕《危机中的重建：唯物主义历史观的现代阐释》，武汉大学出版社，2011，第7页。

思"和"走近马克思",从马克思哲学变革的角度去发掘马克思主义哲学体系。这主要表现为两种努力:其一,从文本学、文献学的角度阐释马克思主义哲学体系;其二,从哲学观和思维方式变革的角度阐释马克思主义哲学的性质与体系。

张一兵的《回到马克思——经济学语境中的哲学话语》一书把历史唯物主义看作马克思通过经济学研究完成的一种哲学话语转换,即由广义历史唯物主义与狭义历史唯物主义构成的理论体系,[①] 是代表前一种努力的成果。俞吾金、孙正聿等则通过强调历史唯物主义就是马克思主义哲学世界观并由此阐释历史唯物主义的基本内容和内在逻辑,[②] 而引领着国内研究在第二个方面的努力。支持和认同第二种努力的学者尽管对历史唯物主义的具体理解有差异,但是在以下两点上是基本一致的:其一,把马克思主义哲学等同于历史唯物主义;其二,把"历史"主要视作马克思主义哲学解释一切哲学问题的"解释原则",并由此来发掘和阐释历史唯物主义的理论体系。

另外,也有借用当代分析哲学的方法,从区别于世界观的"历史观"维度提出了另一种"体系论"。段忠桥就是主要代表。在段忠桥看来,历史唯物主义重构就是再现一个概念清晰、逻辑严谨、系统完整的历史唯物主义理论体系的过程,也就是对马克思恩格斯的相关文本进行逻辑和语言分析,进而澄清历史唯物主义各基本概念的确切含义、各基本原理的内在逻辑及这些原理间的相互关系的过程。[③]

(三) 问题论

针对"体系论"的困境,有些学者认为,仅仅停留于体系的争论无法真正推进历史唯物主义研究,必须扔下"体系"包袱,通晓和整合马

---

① 参见张一兵《回到马克思——经济学语境中的哲学话语》,江苏人民出版社,1999,第1~7页。

② 参见俞吾金《重新理解马克思:对马克思哲学的基础理论和当代意义的反思》,北京师范大学出版社,2005,第139页;参见孙正聿等《马克思主义基础理论研究》(上),北京师范大学出版社,2011,第91页。

③ 参见段忠桥《重释历史唯物主义的缘由、文本依据和方法》,《哲学研究》2008年第9期。

克思的全部著述，深入发掘该理论所要解决并决定其体系内容和形式的根本问题。因为"体系"是由内容决定的形式，而内容则是由理论所要解决的根本问题决定的；历史唯物主义作为一种反体系的哲学努力则更是如此。因此，"历史唯物主义重构"的概念内涵必须从"体系论"转向"问题论"。

实际上，"问题论"界定与马克思主义在 21 世纪遭遇的理论和实践的挑战是密切联系在一起的。王晓升在《历史唯物主义的当代重构》一书中指出，历史唯物主义自创立以来，就因面对各种理论和现实问题的挑战而不断得到新理解乃至重构，但是过往的重构都因再次遭遇当代新提出的理论问题与实践问题的挑战而面临困难。因此，王晓升主张从解决这些困难所涉及的理论难题的角度来界定"历史唯物主义重构"，并由此对历史唯物主义作出新的阐释。[①] 张文喜在《重建历史唯物主义历史总体观》一书中指出，"当代马克思主义哲学的革命是对一个最为紧迫性的问题的探索，这个问题也就是'历史总体观'的重建问题"[②]。"历史唯物主义重构"，就是返回到马克思的历史总体观，即通过把握由"社会生产关系的变化"构成的现实总体来重新理解整个历史唯物主义体系。[③]张文喜说："我们对待马克思的作品之所以要更加谨慎，是因为马克思的现代性批判，即经由资本和形而上学原则表达的现代性批判，当然不能仅仅靠由哲学本身的转化来从事自我批判这样一种方式进行。"[④]因为，马克思在哲学、政治经济学与社会主义研究中透露出的一种内在联系表明，欧洲正在由于资本逻辑的展开而形成的现代性的全部结果、潜能和幅度目前尚未完全显现，只有将其放到历史总体中加以审视，才能保持其理论批判的张力。

显然，"问题论"对于明确历史唯物主义的问题意识并由此推进揭示历史唯物主义的历史性内涵，发挥了重要作用。但是，目前的"问题

---

① 参见王晓升《历史唯物主义的当代重构》，社会科学文献出版社，2013，第 1~5 页。
② 张文喜：《重建历史唯物主义历史总体观》，中国人民大学出版社，2013，第 1 页。
③ 参见张文喜《重建历史唯物主义历史总体观》，中国人民大学出版社，2013，第 4 页。
④ 张文喜：《重建历史唯物主义历史总体观》，中国人民大学出版社，2013，第 60 页。

论"，大多对历史唯物主义所要解答的根本问题，主要还是从哲学理论层面来加以概括，并没有从现实历史层面去分析历史唯物主义所要解答的根本问题的内在结构及其变化，以至于往往只是注意到问题的某一个侧面或片段；同时，就目前基于"问题论"所展开的历史唯物主义研究看，基本上还处在较为抽象和原则性的探讨阶段，并未深入经典文本中展开较为深入的具体分析和讨论。

综上所述，国内对"历史唯物主义重构"的概念界定，实际上蕴含着一个共同诉求，即通过"重构"应对当今时代的理论和现实挑战，并凸显历史唯物主义的当代意义，以便走出马克思主义的"危机"。因此，应当充分肯定，基于这些自觉的概念界定展开的"历史唯物主义重构"，对推进历史唯物主义研究的积极意义，特别是为"历史唯物主义重构"三种主导范式注入了活力。但也必须看到，国内学界的界定，大多未能切中历史唯物主义原初语境的方法论前提与历史生成总体论视角，从而真正超越把历史唯物主义归结为抽象的历史规律决定论或者某种神秘的历史目的论的功能化解读思维惯性。

四　重建的意义

实际上，马克思所开辟的理论道路表明，历史唯物主义扬弃了思辨哲学的思维方式，从哲学与政治、经济、历史的多重内在关系中揭示了哲学的现实内容及进入现实历史的途径与方式，从而既从理论逻辑上批判和颠覆了"超历史"的"一般历史哲学"，又从历史深处揭示其得以生成的社会历史根源，既破译出"哲学中的时代问题"，又提炼出"时代问题中的哲学"，保证了自身始终作为面向与改造现实世界的方法论指南。因此，马克思对以"资本逻辑"为深层建制的现代性的"具体历史"批判，即以"现代生产"为逻辑起点界划"资本的形成史"与"资本的现代史"；通过发掘和剖析"资本的现代史"的特殊性来探寻人类超越资本的抽象统治以实现无产阶级和人类自由解放的可能性与现实道路，并由此透视人类历史发展的一般规律及其对具体历史展开的作用机制与方式，也就构成了历史唯物主义原初语境的方法论前提。①历史唯物主义的历史生成总体论视角与历史性内涵，也正是由此得到规定和阐发的。

因此，对"历史唯物主义重建"概念的确切内涵可作如下明确规定：重返马克思的哲学观及所开辟的理论道路，即从马克思对现代性的"具体历史"批判，尤其是从资本批判与马克思主义哲学变革的内在关系所蕴含的历史生成总体论视角去把握历史唯物主义的理论本性与精神实质，从而在当代哲学文化语境中激活历史唯物主义的历史性内涵及现实意义。这也是有效校正"历史唯物主义重建"基本思路的逻辑前提。

杨耕的《危机中的重建：唯物主义历史观的现代阐释》、张文喜的《重建历史唯物主义历史总体观》、王晓升的《历史唯物主义的当代重构》、谭培文的《马克思主义的利益理论——当代历史唯物主义的重构》、贺翠香的《劳动·交往·实践——评哈贝马斯对历史唯物论的重建》和段忠桥的《重释历史唯物主义》都使用了"重释""重建"等词语，但是这与西方学者所谓重建或者重构并非一回事。国内学者所说的"重构""重建"更多集中于三个方面：一是对时代新课题的创造性回答，以此丰富历史唯物主义；二是通过深入研究文本发现既往未被发现、没有被重视或者长期被误用、误读的概念和原理，恢复马克思和恩格斯对它的论述；三是正确地对待历史唯物主义基本原理，夯实基本原理与时代现实的关系，凸显其当代意义和价值旨趣。②

国内有关辩证唯物主义、历史唯物主义与实践唯物主义的争论是中国学术界理解历史唯物主义的一个重大事件。如何在中国的语境中来理解历史唯物主义，也是马克思主义中国化不可逾越的理论与实践命题。

在学术界，历史唯物主义作为马克思主义哲学的根本内容已成共识，而有关"历史唯物主义重建"的尝试也一直未停息，成为马克思主义研究者无法忽视的议题。对此，不能简单断言其对或错，发掘这股思潮的

---

① 参见胡刘《现代性的"具体历史"批判：马克思历史哲学的方法论前提》，《山东社会科学》2016 年第 8 期。

② 参见沈江平《历史唯物主义"重建"思潮略考》，《理论视野》2017 年第 8 期。

理论逻辑及背后的现实变迁是我们正确分析、反思和批判的前提。从研究趋势看，深入挖掘历史唯物主义在人类历史中的发展流变，尤其是第二国际与西方马克思主义学者、苏联东欧学者以及20世纪50年代以来西方学者身处资本主义社会发展阶段变化显著的境况中，对历史唯物主义理论作出的全新思考和理解，有辩护、保护、重建和重构等迥然不同的路径，这一传承和演变深刻地映现了实践发展和现实重大问题凸显的现实逻辑，亟须在理论和实践、历史和逻辑统一的基础上作出深入的理论反思。另外，从改革进程出发研究历史唯物主义的当代价值、当代发展和创新也是一条研究历史唯物主义的重要路径，挖掘中国特色社会主义理论体系与历史唯物主义之间的理论关联是这一研究思路的重要维度之一，成为研究和思考中国特色社会主义的重要视角。

无论是对历史唯物主义整体史的理解，还是对重建思潮史的研究都还处于个体化、断代研究的状态。当然，这些研究为我们从整体上、总体上理解历史唯物主义提供了理论准备和线索。理论的传承和辩护固然重要，但对理论的反思和批判也为理解理论提供了有益借鉴。正是基于这样一种认识，全面系统地展现历史唯物主义百年命运史中所遭遇的挫折和各种批判，对这股思潮的历史境遇、理论逻辑以及理论借鉴进行发掘和阐释，必将为历史唯物主义的当代发展和实践提供有益价值。

第三节　西方马克思主义的历史唯物主义重建史

20世纪以来，西方马克思主义者不断对马克思主义进行重建。西方马克思主义者的历史唯物主义"重建"是相对于"正统"马克思主义而言的，指在列宁主义兴起前，主要是恩格斯晚年后以伯恩施坦、考茨基为代表的主张议会道路的第二国际；在列宁主义兴起后，主要是主张武装斗争单一策略的第三国际；而在斯大林主义兴起后，主要是指以斯大林《联共（布）党史简明教程》第四章第二节为框架的哲学体系。其内核是追求贯穿于自然、人类社会、人类思维中的普遍规律——自然规律，把历史规律归结为自然规律，把历史唯物主义看作辩证唯物主义在人类历史中的应用，忽视了人类历史的特殊性和能动性。在历史观上，其把物质生产看作历史的唯一基础，因而忽视了对人类社会的总体性研究，忽视了对人、人群共同体、人的生活世界的基础性研究，忽视了对社会有机体的其他各种生产以及人的精神生产的完整研究。西方马克思主义者对所谓的"正统"马克思主义理论体系进行批判，力图重建马克思主义理论体系。因此，如何重建历史唯物主义的批判程序就成为西方马克思主义者面对的一个重大的理论和现实问题。

一 重建的原因及视角

西方马克思主义者为了批判"正统"马克思主义理论体系，回到真正的马克思，从各自的学术背景出发重建马克思主义理论体系。

（一）科学主义

历史唯物主义成为科学如何可能？在路易·皮埃尔·阿尔都塞和 G. A. 柯亨（Gerald Allan Jerry Cohen，也译为科恩）看来，历史唯物主义的生命力源于它把人类的活动、阶级斗争、社会变化和历史发展的原因精确地、严格地归结为某种结构性或决定性因素，从而提供了审视历史发展过程的"严格的科学公式"。

阿尔都塞认为，马克思前期和后期的著述存在认识论上的断裂，在这个认识论断裂中，马克思从意识形态走向了科学；马克思在其公开表述的观点背后存在许多"空白"或者"沉默"。"历史唯物主义重建"的目的就在于清除那些非历史唯物主义科学的范畴，并借助能够发现马克思著述背后的"空白"或"沉默"的"征候阅读"方法去判明马克思的"真实想法"，以恢复辩证唯物主义科学在历史唯物主义中的基础地位。因此，对阿尔都塞而言，"历史唯物主义重构"的内涵，就是通过对马克思著作进行"征候阅读"去发掘和阐明马克思审视社会历史的深层结构及其要素之间的辩证关系的总体逻辑。

G. A. 柯亨则认为，历史唯物主义重建的任务就在于，从对马克思主义的各种解释困境中抽取出马克思的历史概念，并引进当代分析哲学的严格明晰的分析方法消除其模糊性，将历史唯物主义变成富有灵活性和清晰的经验本质的范畴逻辑系统。因此，对 G. A. 柯亨而言，"历史唯物主义重建"的内涵，就是运用分析哲学的方法对马克思的范畴框架系统进行分析澄清和重新组合，以恢复历史唯物主义范畴的逻辑清晰性。

阿尔都塞和 G. A. 柯亨的界定对于强调历史唯物主义的科学性与逻辑性有重要意义，都旨在借助历史唯物主义的概念范畴去建构满足他们所需的"马克思主义"。这与其说是使历史唯物主义更加完善，倒不如说是借用马克思的名义去实现其各自的理论诉求。

（二）实践—生存论

在让-保罗·萨特和弗莱谢尔（Fleischer）看来，社会变化和历史发展只能解释为"不能完全预定"的人类实践和阶级斗争的结果，需要以"实践—生存论"为前提来重构历史唯物主义。让-保罗·萨特认为，历史唯物主义之所以出现"人学空场"，就在于人们对历史唯物主义的阐释偏离了以个体生存实践为核心的历史辩证法；因此，历史唯物主义重构，需要用存在主义、心理分析主义、经验社会学等来补充马克思主义，并通过揭示个体生存实践的历史总体化运动来规避个别经验的狭隘性，从而把历史唯物主义改造成依据"前进—逆溯法"来透视历史总体化运动过程的理性辩证法。[①] 可见，让-保罗·萨特眼中的"历史唯物主义重建"，就是阐明以个体生存实践为核心的辩证理性批判的总体化逻辑。

弗莱谢尔则认为，历史唯物主义重构并不是对马克思思想的整体考察和对互相矛盾的章节作细心权衡，而是要找到将马克思不同著述中的思想和方法统一起来的逻辑前提，而这一逻辑前提就是能将马克思全部思想统一起来的实践人道主义学，即充分肯定人的自我创造活动及其意义的实践论。[②] 可见，对弗莱谢尔来说，"历史唯物主义重建"就是重建以人的自我创造活动实践论为逻辑前提的人道主义学说。

应该说，萨特和弗莱谢尔的界定，对于阐明和揭示历史唯物主义的

---

① 参见〔法〕让-保罗·萨特《辩证理性批判》（上），林骧华、徐和瑾、陈伟丰译，安徽文艺出版社，1988，第 20~29 页。

② 参见〔英〕乔治·莱尔因《重构历史唯物主义》，姜兴宏、刘明如译，中国社会科学出版社，1991，第 12~13 页。

人文主义传统及对现代资本主义社会的批判维度具有重要作用；但是，他们的界定是以强调历史唯物主义需要与某种非马克思主义学说整合为前提的。这显然远离了历史唯物主义原初语境的方法论前提与历史生成总体论视角，而必然错失历史唯物主义的历史性内涵。

（三）目的—功能弥补论

哈贝马斯是第一个正式提出"重建历史唯物主义"的学者，并赋予了"重建"这一术语更加流行的看法。哈贝马斯明确把"重建"界定为："把一种理论拆开，用新的形式重新加以组合，以便达到这种理论所确立的目标。"① 在他看来，这种意义的"重建""是对待一种在某些方面需要修正，但其鼓舞人心的潜在力量仍旧（始终）没有枯竭的理论的一种正常态度"②。因此，哈贝马斯所谓的"历史唯物主义重构"，是在肯定历史唯物主义理论目标的前提下，把历史唯物主义本身分解成各种理论元素，再用一种新的理论形式将这些元素重新加以组合，即使历史唯物主义所表达的社会进化思想奠基于其"交往理论"，以便为历史唯物主义提供一种"规范基础"。③ 可见，哈贝马斯的"历史唯物主义重构"，旨在弥补历史唯物主义的规范功能，故可将其界定称为"目的—功能弥补论"界定。

哈贝马斯说："我们所说的重建是把一个理论拆开，用新的形式重新加以组合，以便更好地达到这种理论所确立的目标。这是对待一种在某些方面需要修正，但其鼓舞人心的潜在力量仍旧（始终）没有枯竭的理论的一种正常的态度，我认为，即使对马克思主义者来说，也是正常的态度。"④

显然，哈贝马斯的界定及"重构"的努力，对于打破历史唯物主义研究的政治教条主义和文本原教旨主义的束缚有十分重要的启发意义；但

---

① 〔德〕尤尔根·哈贝马斯：《重建历史唯物主义》，郭官义译，社会科学文献出版社，2013，第 3 页。
② 〔德〕尤尔根·哈贝马斯：《重建历史唯物主义》，郭官义译，社会科学文献出版社，2013，第 3 页。
③ 〔德〕尤尔根·哈贝马斯：《重建历史唯物主义》，郭官义译，社会科学文献出版社，2013，第 39 页。
④ 〔德〕尤尔根·哈贝马斯：《重建历史唯物主义》，郭官义译，社会科学文献出版社，2013，第 3 页。

是，他的界定仅仅是从建构社会进化论的逻辑细节出发的，而且，他通过"交往理性"为历史唯物主义提供"规范基础"，实际上是"轻视以物质生活为基础的阶级冲突，并试图以'曲解的交往'思想取代它们"①。因此，哈贝马斯的"重建"实际上完全偏离了历史唯物主义本身的问题域，进而略过了历史唯物主义原初语境的方法论前提与历史生成总体论视角。

（四）内部困境清除论

乔治·莱尔因（Jorge Larrain）在对以上三种界定进行分析批判之后，提出了自己的"历史唯物主义重建"概念。在乔治·莱尔因看来，历史唯物主义重建的任务不只是让马克思的理论变得更加严密和系统，而是要解决历史唯物主义自身的"含糊不清的问题"②。因此，乔治·莱尔因反复强调，"历史唯物主义重建"并不是指从形式上使历史唯物主义变得更加合理，而是要使历史唯物主义"成为一种更充分的理论"③。可见对乔治·莱尔因来说，"历史唯物主义重建"的内涵是要抓住历史唯物主义的理论主线和理论重点，以恢复其理论解释力。

应该说，乔治·莱尔因的界定是对那种用外在于历史唯物主义的某种理论形式或方法来修补历史唯物主义做法的一种矫正，充分体现了一种"回到马克思"的理论旨趣。但是，乔治·莱尔因坚持"返回马克思"的努力是以强调马克思、恩格斯的著述中存在内部的断裂和困境为前提的。这实质上也就否定了历史唯物主义本身的逻辑统一性与科学性。因此，乔治·莱尔因所谓的"重构"实际上是对历史唯物主义本身的一种"解构"。显然，这也远离了历史唯物主义原初语境的方法论前提与历史生成总体论视角。

---

① 〔英〕乔治·莱尔因：《重构历史唯物主义》，姜兴宏、刘明如译，中国社会科学出版社，1991，第11页。

② 〔英〕乔治·莱尔因：《重构历史唯物主义》，姜兴宏、刘明如译，中国社会科学出版社，1991，第12页。

③ 〔英〕乔治·莱尔因：《重构历史唯物主义》，姜兴宏、刘明如译，中国社会科学出版社，1991，第15页。

二 重建的理论旨趣

20 世纪以来，西方发达资本主义国家以及苏联东欧等社会主义国家均发生了重大的社会变革，出现了各种各样的社会问题。一批具有"左"倾激进主义思想的知识分子怀抱着解放人类的理想，提出了"复兴"和"重建"历史唯物主义的口号，对历史唯物主义进行了"挖掘"、"补充"、"修正"和"完善"，力求用重新解释过和重新修正过的"历史唯物主义"来回答当代社会的各种问题，为社会的变革和人类的解放找到一条可行的道路。

（一）第二国际及早期西方马克思主义者对历史唯物主义的"重建"

对于何为历史唯物主义，我们该如何科学准确地理解历史唯物主义是进行马克思主义研究不可回避的理论问题。最先对这个问题进行考察的是马克思、恩格斯之后的第二国际的理论家。他们一般都受到西方实证主义和社会达尔文主义的影响，将历史唯物主义理解成"经济决定论"，存在不同程度的机械论和简单化倾向。其主要的理论旨趣是"把马克思主义理解为一种科学社会主义，即通常所说的把马克思主义科学主义化、实证主义化；认定马克思主义主要是经济理论、社会理论，很少有人去研究马克思主义哲学，甚至否认马克思主义哲学的存在，相应地也否认马克思主义哲学本体论的存在"[1]。他们否定马克思主义的辩证法，将无产阶级革命理解为一种进化论的模式，重视社会改良的作用，将社会的变革寄托在工人阶级的罢工和争取劳动权的斗争上，最后走向了教条主义和修正主义的道路。

但在第二国际时期，也有一些马克思主义理论家，如意大利的拉布里奥拉对历史唯物主义作出了反实证主义和历史主义的解释。他在《关于历史唯物主义》等著作中从现实、历史和人的实践活动三个方面展开了对历史唯物主义的论述，他认为历史唯物主义的立足点就是现实的人

---

[1] 陈学明、王凤才：《西方马克思主义前沿问题二十讲》，复旦大学出版社，2008，第20页。

及其生活，人是社会和历史的产物，是能动与受动的统一；历史是由人创造的，具有整体性和多样性；人与自然之间是一种辩证统一的关系；历史唯物主义就是马克思主义，就是一种实践哲学。戴维·麦克莱伦（David McLellan）认为拉布里奥拉"是对马克思主义的各国诠释者中最好的一位"①。拉布里奥拉对历史唯物主义的理解对后来的西方马克思主义者产生了重要的影响。

　　拉布里奥拉对历史唯物主义的理解，特别是对实践哲学的强调激发了早期西方马克思主义者对马克思主义哲学的重新认识。早期西方马克思主义者主要包括卢卡奇、卡尔·柯尔施和葛兰西（Gramsci）。当时他们共同面临的问题是第二国际长期对马克思主义进行唯科学主义的实证化解释，将马克思主义教条化，将社会主义代替资本主义的历史规律作了机械理解，使马克思主义丧失了批判现实的精神；在政治路线上第三国际同第二国际虽然不同，但是在哲学路线上相似，都忽视了哲学在马克思主义理论中的地位。他们在西方共产党内推行"布尔什维克"运动，将俄国革命模式当作唯一的革命模式，将以列宁主义和斯大林主义为代表的辩证唯物主义和历史唯物主义当作唯一正统的马克思主义。而按照这种模式进行的西方革命和工人运动都惨遭失败，这引发了关于什么是正统的马克思主义的争论。

　　卢卡奇明确提出"回到马克思""重建马克思主义"。卢卡奇指出："如果今天马克思主义要再次成为一种哲学发展的活力，那么必须在所有问题上返回到马克思自身。当然，恩格斯和列宁生平事业中的许多东西也可以有效地支持这些努力，而在像这里所进行的这样一些考察中，我们尽可不提的第二国际时期和斯大林时期，虽然对它们的最尖锐的批评——从重建马克思学说的威望的立场来看——是一个重要的任务。"②那么，如何"重建马克思学说"？卢卡奇认为，应当"在马克思主义的总

---

① 〔英〕戴维·麦克莱伦：《马克思以后的马克思主义》，李智译，中国人民大学出版社，2008，第19页。
② 〔匈〕卢卡奇：《关于社会存在的本体论·上卷——社会存在本体论引论》，白锡堃等译，重庆出版社，1993，第659页。

体性中重建马克思主义"①。

哈贝马斯则明确提出"重建历史唯物主义"。他指出,"1938年,斯大林把历史唯物主义法典化,后果严重。自那时以来的历史唯物主义研究,始终受这种理论框架的禁锢。现在,斯大林确认的历史唯物主义解释,需要重建。重建历史唯物主义,应该有利于批判地研究各种相互竞争的理论观(特别要有利于批判性地研究社会科学的新进化论和结构主义)"②。

为了解决这些问题,回归本原的历史唯物主义,卢卡奇提出了"总体性辩证法"的概念,认为正统马克思主义并不是对某个命题的"信守",而是指"总体性辩证法"的方法,如果没有它,就不会有马克思的历史辩证法,马克思主义就会丧失批判性和价值性,无法实现对人的命运的关怀,历史唯物主义也会失去先进性和革命性。卢卡奇认为:"总体范畴,整体对各个部分的全面的、决定性的统治地位,是马克思取自黑格尔并独创性地改造成为一门全新科学的基础的方法的本质。……总体范畴的统治地位,是科学中的革命原则的支柱。"③ 总体性辩证法就是真理,真理就是整体,社会生活就是由主观和客观多种因素组成的整体,历史的发展就是主体和客体相互作用的过程。只要掌握了马克思总体性辩证法,就能重建历史唯物主义的本真意义。卢卡奇宣称,"马克思主义问题中的正统仅仅是指方法……即辩证的马克思主义是正确的研究方法,这种方法只能按其创始人奠定的方向发展、扩大和深化"④。这基本上确立了辩证法在马克思的哲学特别是历史唯物主义重构中的核心地位,亦奠定了整个传统西方马克思主义哲学重视辩证法的基调。晚年的卢卡奇则从考察社会存在本体论出发试图重新解释历史唯物主义,但最终没有完成。

---

① 〔匈〕卢卡奇:《关于社会存在的本体论·上卷——社会存在本体论引论》,白锡堃等译,重庆出版社,1993,第658页。

② 〔德〕尤尔根·哈贝马斯:《重建历史唯物主义》,郭官义译,社会科学文献出版社,2013,第104~105页。

③ 〔匈〕卢卡奇:《历史和阶级意识——关于马克思主义辩证法的研究》,杜章智、任立、燕宏远译,商务印书馆,1999,第76页。

④ 〔匈〕卢卡奇:《历史和阶级意识——关于马克思主义辩证法的研究》,杜章智、任立、燕宏远译,商务印书馆,1996,第59页。

　　卡尔·柯尔施认为马克思主义就是哲学，马克思的唯物主义哲学研究的对象不是处于人类历史之外的自然，而是社会的、历史的自然。他批判了列宁的唯物主义哲学，认为列宁的唯物主义哲学是一种形而上学的唯物主义，割裂了理论和实践的辩证关系，使唯物主义成为"意识形态的专政"。据此，他认为马克思主义本质上就是历史唯物主义，是历史和辩证的唯物主义。正如他指出的："《马克思主义和哲学》提出一种马克思主义观，认为马克思主义是完全非教条和反教条的、历史的和批判的，因而是最严格意义上的唯物主义。这一观点包括把唯物史观应用于唯物史观本身。"① 卡尔·柯尔施强调唯物主义历史观并不是一种哲学方法，而是一个经验的和科学的方法，实质是一种实证科学。但其实马克思主义的理论根本不是实证科学，而是一种革命的批判理论。

　　葛兰西同卢卡奇和卡尔·柯尔施一样也从总体性的角度，结合革命斗争的实践，重新理解历史唯物主义。他提出了"实践哲学"的概念，认为它就是马克思主义，是一种超越了传统唯物主义和唯心主义的现代哲学。通过"实践哲学"，历史唯物主义能将理论和实践联系起来，经济基础和上层建筑也会成为一个统一的历史总体。在这个历史总体中，人才能确立自身在历史过程中的主体地位，人的实践活动才是历史发展过程中的首要因素。早期西方马克思主义者对历史唯物主义的解释是实践唯物主义的解读模式，他们都反对对马克思主义进行科学实证化的解释，因为这种解释模式是站在近代西方哲学的立场上来理解马克思主义的。他们主张在与近代哲学的断裂点上重新思考马克思主义哲学的特质，并尽量挖掘马克思超越近代西方哲学的创新点。

　　国外重建历史唯物主义思潮在整个历史唯物主义理解史进程中占据重要地位。从卢卡奇、卡尔·柯尔施和葛兰西等人试图借助总体性、主客体辩证法、实践哲学和文化批判理论"重建"历史唯物主义开始，西方马克思主义掀起了一股历史唯物主义重建的热潮。在"阶级意识""历

---

　　① 〔德〕卡尔·柯尔施：《马克思主义和哲学》，王南湜、荣新海译，重庆出版社，1989，第58~59页。

史主体""意识形态""文化霸权""社会发展规律"等问题上，其结合资本主义发展的新情况提出了对历史唯物主义基本理论的新理解甚至是重释、重建、重构的理论设想，这些问题对学界产生了巨大影响。分析马克思主义、文化唯物主义、历史地理唯物主义、生态学马克思主义以及后马克思主义学派的出现，从功能主义、文化唯物主义、空间理论、危机重构论、符号政治经济学、霸权理论等视角对历史唯物主义进行重释、重建、重构。

（二）结构主义与存在主义的马克思主义对历史唯物主义的"重建"

结构主义马克思主义的重要代表人物阿尔都塞为了反对当时流行的人道主义马克思主义和斯大林主义对马克思主义的机械化理解，提出了"认识论断裂"理论，从结构主义的立场出发对历史唯物主义进行了重新解读。他认为马克思的著作中存在一个"认识论断裂"，这个断裂的标志是历史唯物主义和辩证唯物主义的产生，前者是后者的理论前提。

阿尔都塞认为马克思主义辩证法不是对黑格尔辩证法思想的简单"颠倒"，而是从对象和方法上对黑格尔哲学进行了改造。"结构因果观"和"多元决定论"是马克思主义辩证法的两个基本范畴。在阿尔都塞看来，历史唯物主义作为一种唯物主义历史观，同一切空想决裂，将人视为社会关系的总和，也超越了大卫·李嘉图（David Ricardo）与亚当·斯密（Adam Smith），确认了生产力与生产关系的矛盾是社会发展的根本动力，而作为一种政治理论，断定无产阶级终将夺取国家政权，并将其称为人类认识史上的"第三块科学大陆"，即历史科学。

存在主义者从"存在"出发理解历史唯物主义。萨特认为，历史唯物主义存在理论上的缺陷，存在"人学空场"，只有按照"历史人学"的思路进行"补充"，才能建立"真正的"历史唯物主义。存在主义马克思主义的代表萨特为了解释历史是如何发展的、人在历史发展中的作用问题，从"存在论"出发，他一方面承认历史唯物主义，另一方面认为历史唯物主义具有理论上的缺陷，认为马克思主义患上了"贫血症"，出现了"人学的空场"，需要把存在主义和马克思主义结合起来。他将历史辩证法归结为人的辩证法、主体辩证法，将历史唯物主义看作人的实践活动。这同样否定了历史唯物主义的普遍性和规律性，夸大了"人"在历史唯物主义中的作用，因此萨特并没有真正复归历史唯物主义，而是从另外的视角修正了历史唯物主义。

不管是早期的西方马克思主义者如卢卡奇、卡尔·柯尔施、葛兰西还是阿尔都塞与萨特，他们都是从总体性辩证法的角度来对历史唯物主义进行"重释"和"重读"，都是为了恢复历史唯物主义的本真，让历史唯物主义更加具有批判性和革命性，成为解决现实问题有力的思想武器。但是他们夸大人的主体性和上层建筑的作用，提出"阶级意识""总体性辩证法""文化领导权""多元决定论"等概念，这种解读最终违背了历史唯物主义的基本原则。

（三）法兰克福学派对历史唯物主义的"重建"

法兰克福学派是西方马克思主义最大和最重要的影响深远的学术流派，对历史唯物主义的"重建"构成其内在的理论特质，推动了历史唯物主义的研究。法兰克福学派从精神分析学角度和社会批判理论角度出发来理解历史唯物主义，试图填补历史唯物主义的空白。"如果说'重建'的话，至少马尔库塞与弗洛姆已迈出了相当大的一步，而且，哈贝马斯所进行的'重建'，在许多问题上沿袭了他们的观点。但是，要求把对当代资本主义社会的分析达到一个更高的抽象，给予一个哲学的基础，从而摆脱马克思的历史唯物主义的框架，而明确地提出'重建'历史唯物主义口号的，则是哈贝马斯；在这方面做得全面系统的，无疑也是哈贝马斯。"①作为弗洛伊德主义的马克思主义者的赫伯特·马尔库塞和弗洛姆（Erich Fromm）等从"精神心理学"出发重建历史唯物主义。赫伯特·马尔库塞早期是一个存在主义者，中期是法兰克福学派的社会批判理论的继承者，后期转向了弗洛伊德的精神分析理论，试图用弗洛伊德理论来重建历史唯物主义。赫伯特·马尔库塞用精神分析学中的性压抑概念"补充"历史唯物主义的生物学基础，把人的解放理解为本能的革命，认为历史唯物主义是关于人的本能自由的学说，需要一个生物学的基础，需要通过弗

---

① 欧力同、张伟：《法兰克福学派研究》，重庆出版社，1990，第388~389页。

洛伊德的"无意识"理论发现"爱欲"这一"人的真正本质"。弗洛姆认为，虽然马克思提出了"经济基础"和"上层建筑"之间有一个"空场"，但只有借用弗洛伊德的"社会性格"理论才能"合理地"解决这一问题。

马克斯·霍克海默和阿多诺试图恢复历史唯物主义的社会批判功能，认为历史唯物主义绝不是一种以物质本体论为基础的形而上学，而是一种彻底关心人类的疾苦和幸福的批判理论，关注的是人类生存的基本条件，肯定的是精神在主体和客体的相互作用过程中的首要性，反对的是宿命论式的唯物主义解释，认为马克思主义把批判精神和否定意识看作历史变革的决定性因素，突出了历史辩证法中的主体性原则。

赫伯特·马尔库塞试图用弗洛伊德的精神分析学中的相关概念和内容来重新解释历史唯物主义。这主要表现在两个方面：一方面他将弗洛伊德的性压抑理论同马克思主义的社会革命结合起来，将性压抑概念用来补充历史唯物主义的生物学基础，将人的解放归于爱欲或性本能的解放；另一方面，他根据青年马克思的哲学人本学去发掘弗洛伊德性压抑概念的政治内涵，认为只有重建人的自由本能，才能实现人的本质的复归，找到人性异化的根源。赫伯特·马尔库塞这种将弗洛伊德的爱欲解放和马克思的人类解放思想结合起来形成的爱欲解放论是一个严肃的社会批判理论和文明发展理论，有利于我们认识资本主义社会劳动异化和人的异化的现实，有利于我们展开对资本主义社会的总体批判，但他在揭露人性受压抑和高扬人性的时候，使社会成为完全服从生命本能需求的工具，遮蔽了人与社会的辩证统一关系，消解了历史唯物主义的社会性和历史性。

随着时代的发展，他将社会变革的主体定为新左派和其他具有反抗精神的边缘人群，将社会变革的战略定为"大拒绝"和"主动挑衅"，随后由于1968年法国"五月风暴"的失败，赫伯特·马尔库塞将社会的变革寄希望于文化和意识形态革命，提出审美救世论。从爱欲解放论到审美救世论，赫伯特·马尔库塞一步步走向了偏离历史唯物主义之路，其社会理想也成为遥不可及的乌托邦幻想。

哈贝马斯是第一个明确提出"重建历史唯物主义"口号的学者，并从建构交往行动理论中审视并发现传统历史唯物主义严重的理论缺陷，以达到重建历史唯物主义的目的。哈贝马斯"仅从马克思的思想缺乏一个批判的维度这个视角去观察马克思的思想，是为了找出这样一种将批判的维度融入马克思思想的方法"①。例如，历史唯物主义的"社会劳动"是一种产生于"技术的知识"的"工具行为"，它的发展只是在劳动领域中实现"完全以机器代替人的作用"。"社会劳动"概念无法帮助马克思科学地解释"类的历史"的演变逻辑。在哈贝马斯看来，历史唯物主义的生产方式是"一把尚未充分打磨的钥匙"，不能作为划分社会形态的标准。历史唯物主义把危机仅仅局限于经济危机，而没有考虑其他形式的危机，像现代资本主义社会里的合法性危机、生态危机、文化危机、国际平衡危机等都没有被抽象出来，而存在于现代资本主义社会里的恰恰是这些危机。只有《德意志意识形态》中的"意识形态"，即在"虚假的意识"意义上使用的意识形态概念才是马克思的意识形态理论的精华。只有把马克思的意识形态概念理解为否定意义上的概念，才能把握马克思意识形态的实质。他认为历史唯物主义具有某种"鼓舞人心的潜力"，因此他要求重新建构历史唯物主义。他要求重建后的历史唯物主义坚持从"语言性交往行为"出发，考察人类历史的演变特征和批判晚期资本主义国家的合法性。于是可以说，哈贝马斯"重建的历史唯物主义"已经离开了历史唯物主义的思想基地，转向经济关系之外的相互作用，确认了文化价值、道德观念在社会发展中的独立作用。这种规范基础的置换使得哈贝马斯自身的努力偏离了历史唯物主义的本真。历史唯物主义以人类社会为自己的研究对象，致力于揭示人类社会运动、变化和发展的一般规律性，并进而为批判资本主义制度和开展社会主义革命和建设提供科学的理论武器，最终实现全人类的解放和自由全面发展。它观照的是人类历史变化的基本规律和无产阶级革命问题，而不是讨论所谓的社会进化论。

在哈贝马斯看来，当代资本主义社会发生了一些新的变化，包括国

---

① 〔法〕洛克莫尔：《历史唯物主义：哈贝马斯的重建》，孟丹译，北京师范大学出版社，2009，第124页。

家加大了对经济的干预，科学技术已经成为第一生产力，阶级冲突也极大缓和，这也预示着马克思的剩余价值理论和阶级斗争理论都已经不适合当今资本主义的实际，历史唯物主义需要改造和修正。哈贝马斯对历史唯物主义的重建不仅是要恢复历史唯物主义的社会批判功能，也要重建"新的"历史唯物主义理论体系。哈贝马斯进一步将劳动理解成工具理性，将相互作用理解成社会交往行为。他认为科学技术的异化不是资本逻辑的驱动，而是交往行为的不合理化，因此要消除科学技术的异化，就要建立合理的交往模式。哈贝马斯将历史唯物主义建立在交往合理性理论基础之上，将其诠释为一种社会进化理论。他指出，"不能把历史唯物主义看做启迪学，而看做理论，即看做一种社会进化论"①。这种理论更能说明人类社会发展的历史。他要重建的历史唯物主义实际上是以"语言性交往行为"为出发点，以对人类历史的考察和对晚期资本主义国家的合法性批判为主旨的。哈贝马斯建构的历史唯物主义实质是为其交往行为理论服务的，虽然他肯定了历史唯物主义的价值，但将历史唯物主义放置于一个极其狭隘的视域中，剥离了历史唯物主义中有意义和有价值的要素，无法彰显历史唯物主义应有的价值，最终是对历史唯物主义的"修正"，而不是创新。"所谓'历史'和'唯物'，在以社会进化为理论取向的历史唯物主义中应作此理解：所谓历史的，应该在历史时间中用发展逻辑重现所有可能的历史发展动力；而所谓唯物的，则需要考虑生产以及再生产领域中规范要素对社会进步的影响。"②

哈贝马斯显然对历史唯物主义作了人本主义解释。之所以作此理解，在于哈贝马斯意识到异化问题的存在，并试图去解构各种异化现象。但哈贝马斯似乎忘记了，马克思所批判的异化现象不仅有物的异化，还包括社会关系的异化。交往概念在历史唯物主义那里也具有远比哈贝马斯所认为的更为宽泛的含义，马克思恩格斯早在《德意志意识形态》中就明确

① 〔德〕尤尔根·哈贝马斯：《重建历史唯物主义》，郭官义译，社会科学文献出版社，2000，第138~139页。

② 陈太明：《"历史唯物主义重建论"及其局限》，《中国社会科学报》2019年4月25日，第4版。

表明，历史唯物主义并非仅有劳动一个测度，也包含哈贝马斯所说的相互作用测度，如其所言："生产本身又是以个人彼此之间的交往［Verkehr］为前提的。"① 哈贝马斯为了给交往理性让路，仅将人与物的交往即工具理性行为模式，以及由此带来的知识、资本积累和无规范意识作为批判对象，这显然歪曲了历史唯物主义的原意。而且，他把历史唯物主义的哲学基础建立在跟交往行为理论一样的语言沟通有效性要求上，同样误解了历史唯物主义，哈贝马斯理论后期的发展尤其证明了这一点。

法兰克福学派其他重要的代表人物，如马克斯·霍克海默、西奥多·阿多诺等继续从"社会批判"的角度出发重建历史唯物主义。马克斯·霍克海默和西奥多·阿多诺在《启蒙辩证法——哲学断片》《传统的和批判的理论》《否定的辩证法》等著作中提出"人道主义的马克思主义"和"否定辩证法"概念，他们将历史唯物主义当作实践的唯物主义和批判的唯物主义，认为历史唯物主义以对人的命运的关怀为主旨，不能对历史唯物主义进行宿命论式的解读，要肯定人在社会发展过程中的主体性。"否定辩证法"实质是一种历史辩证法，是对历史唯物主义的发展，它是人自身固有的追求，要求对历史作出否定性的理解，只有坚持"否定辩证法"才能恢复历史唯物主义的批判精神。他们对人性的强调和对现存世界的批判态度是有益的，但同时也损害了历史的连续性，最终使历史唯物主义丧失了革命性和批判性。

（四）分析学马克思主义和生态学马克思主义对历史唯物主义的"重建"

经典西方马克思主义者对历史唯物主义的理解并没有终结对历史唯物主义问题的思考，此后分析学马克思主义者和生态学马克思主义者都对历史唯物主义的问题进行了探索，分析学马克思主义以捍卫和补充历史唯物主义为核心任务，他们强调历史唯物主义的逻辑性和精细化。其代表人物主要是 G. A. 柯亨、罗默（John Roemer）和埃尔斯特（Jon El-ster）。他们希望通过严密的分析和有逻辑的论证来阐明历史唯物主义的

---

① 《马克思恩格斯文集》第 1 卷，人民出版社，2009，第 520 页。

细微差别，凸显其某些内在难点。他们承认历史唯物主义，认可马克思对阶级、剥削和所有制等概念的分析，认为资本主义必将被社会主义所代替。他们否认历史唯物主义是经济决定论，重视生产力的首要性，批判了流行在西方马克思主义者中的多元决定论和历史唯心论观点，强调坚持历史唯物主义原则对社会主义革命的重要性。G.A.柯亨指出，"我现在并不认为历史唯物主义是错误的，但对如何知道它是否正确却没有把握。……如果存在对历史唯物主义的任何修正的话，它们能证明对它的哪种及多大程度的修正是正当的"①。他们对历史唯物主义的相关概念和范畴做了一定的修正，产生了一些矛盾，提出了生产力决定论和技术决定论，最终从为历史唯物主义辩护转变到偏离历史唯物主义。柯亨认为捍卫和修正历史唯物主义是他们的核心任务，所谓重建是一种理论的构造，就是将马克思等经典作家的思想在新的历史条件下重新加以整合，并在此基础上重新阐释唯物主义历史观。分析学马克思主义者提倡从微观入手，逐渐深入对问题的宏观理解，通过诉诸功能模式达到重建历史唯物主义的目的。

生态学马克思主义的主要代表人物是加拿大的威廉·莱易斯和本·阿格尔、美国的詹姆斯·奥康纳和约翰·贝纳米·福斯特、法国的安德烈·高兹、英国的戴维·佩珀、德国的瑞尼尔·格伦德曼等人。他们从生态学的视角出发建构了颇具特色的生态唯物主义，彰显了历史唯物主义理论的问题意识和现实关怀，它们坚持历史唯物主义的自然观和历史观的辩证统一，克服了西方马克思主义和苏俄马克思主义在历史和自然方面各执一端的问题。生态学马克思主义对历史唯物主义的坚持和发展表现为：在自然观上坚持了历史唯物主义的基本立场，强调自然与人、社会的统一性，深化了对生产力和生产关系的认识，彰显了历史唯物主义的生态意蕴；在社会发展矛盾和发展态势上坚持从社会制度和资本逻辑出发，揭示资本主义制度和经济危机、生态危机、社会危机的关系，

---

① 〔英〕科恩：《卡尔·马克思的历史理论——一种辩护》，段忠桥译，高等教育出版社，2008，第 382 页。

认为生态危机源于资本主义制度及其内在的生产条件和生产力、生产关系之间的矛盾；在社会变革主体层面认为传统的以工人阶级为主体的阶级斗争和政治斗争已经无法适应当代社会的实际，必须关注"新社会运动"和其他具有革命意识的群体，要在全球建立反抗联盟，实现文化领导权和政治领导权；在剖析当代全球化层面认为资本主义通过全球化的空间扩展延长了生命，由传统帝国主义转变为生态帝国主义（生态殖民主义），进一步加大了对广大发展中国家的生态剥削力度，妄图转嫁生态危机和社会危机，激活了历史唯物主义的帝国主义和殖民主义理论；在构建未来社会模式层面提出将传统社会主义转变为生态社会主义，用稳态经济发展模式来促进社会发展，实现社会主义的复兴。生态学马克思主义理论丰富或者填补了"传统历史唯物主义理论在文化与自然、消费与自然、技术与自然等方面研究的不足。然而，西方的生态学马克思主义远远没有完成他们重构历史唯物主义理论的任务"[①]。

（五）"政治马克思主义"对历史唯物主义的"重建"

"政治马克思主义"是法国马克思主义历史学家吉·布瓦（Guy Bois）新造的一个词，其本来目的是批评艾伦·伍德（Ellen Meiksins Wood）等人的唯心主义思想，是对历史唯物主义的背离。"政治马克思主义"的主要代表人物有罗伯特·布伦纳（Robert Brenner）、艾伦·伍德、乔治·科米奈尔（George Comninel）、汉斯·拉切尔（Hannes Lacher）、贝诺·忒思科（Benno Teschke）以及美籍华人历史学家黄宗智等。罗伯特·布伦纳既是分析学马克思主义的重要成员，又是"政治马克思主义"的领军人物，他和伍德被誉为"政治马克思主义"的两位主要旗手。从罗伯特·布伦纳和艾伦·伍德看来，"政治马克思主义"并不是一个贬义词，也不是历史的唯心主义。"政治马克思主义"是对资本主义起源的再认识，是对西方政治思想的梳理，是对当代资本主义政治、经济、文化的考察，特别是在对资本主义最新发展形态的考察的基础上形成了"政治马克思主义"颇具特色的历史观、阶级观、民主观、国家观、资本主义观、现代性理论、社会

---

① 王雨辰：《中国语境中的西方马克思主义哲学研究》，湖北人民出版社，2010，第225页。

主义观及马克思主义观等。历史唯物主义植根于政治经济学批判，强调经济分析法和阶级分析法，认为必须在坚持资本主义的历史性和特殊性的前提下才能科学准确认识资本主义的本质。艾伦·伍德指出，"政治马克思主义"的目的是，"界定从社会关系体系与政治领域来考察的资本主义的特殊性，并重新思考历史唯物主义的一般理论基础"①。"政治马克思主义"的主要思想包括如下内容。

一是资本主义的起源学说。从根本上来说，资本主义起源的问题有许多重要的学者已经进行了有益探索，并提出了不同看法。罗伯特·布伦纳认为，资本主义的起源或封建主义过渡到资本主义的问题不能简单地诉诸人口模式和商业化模式的解读，他提出了资本主义起源的"农业资本主义"模式，认为前两种模式都无法解释相同的人力、物力等要素在不同国家所产生的不同结果。罗伯特·布伦纳通过分析英格兰特有的财产所有制关系来解释封建主义向资本主义的转变，提出了颇具特色的"农业资本主义起源"学说。

二是资本主义的现实批判。罗伯特·布伦纳及其他政治马克思主义者都有关切现实的情怀，都关注当代资本主义的最新发展，特别关注对资本主义发展的周期性及经济危机的研究。罗伯特·布伦纳认为，当代资本主义虽然经历了较长时间的繁荣，但是其内在的基本矛盾仍然存在，而且在新形势下更加突出，表现为经济发展的周期性和经济危机的不断爆发。罗伯特·布伦纳批判了西方主流经济学家和左派的错误观点，认为当今经济危机和金融危机爆发不是由于金融资本和新自由主义的兴起，而是全球经济危机的结果。罗伯特·布伦纳认为国际经济危机的根源在于长期的利润率危机，而利润率危机是国际制造业的生产能力和生产过剩造成的。

三是"基础"与"上层建筑"的关系。"政治马克思主义"非常重视生产方式在历史唯物主义中的作用，并指出这与马克思主义中的"经

---

① 〔加〕伍德：《民主反对资本主义——重建历史唯物主义》，吕薇洲等译，重庆出版社，2007，第11页。

济决定论"是一致的。"政治马克思主义"将生产方式看作一种社会现象。他们并没有脱离实际来定义生产，也没有将所有的社会存在都纳入社会生产之中。"它把生产方式看作是必须在其中活动的人们所实际面对的而非抽象的结构。"①生产方式是一定历史阶段人类活动的产物，可以说历史地凝结了人类全部的社会关系，包括政治关系、经济关系等。"政治马克思主义"坚持物质生产和生产关系的特殊性，但否认对"基础"与"上层建筑"进行机械分割，使它们成为缺乏内在联系的独立领域。这种刚性的区分严重损害了社会生产关系组成部分的各要素之间的有机联系，无法揭示社会的阶级和权力结构的特点和社会发展的规律。"政治马克思主义"没有将"基础"看作客观的经济结构，也没有将"上层建筑"看作一系列具体的政治、法律和文化意识形态的形式。"相反，它把基础和上层建筑的关系看作是由社会关系及其形式构成的一个连续的结构，不同的社会关系及其形式与直接生产过程及占有之间有着不同的距离，其起点是那些构成了生产体系本身的关系及其形式。"② 生产方式不仅是一种技术方式，也是生产活动的社会组织。生产的剥削方式则是一种权力关系。这种权力关系实际上是阶级内部及其相互之间的一种政治组织方式问题。而这又由各阶级的力量对比来决定，其中阶级的内部组织及其政治力量起着关键作用。总之，以艾伦·伍德和罗伯特·布伦纳为代表的"政治马克思主义"强调用阶级分析法和经济分析法来分析当代资本主义社会，凸显经济背后的超经济因素特别是政治共同体的作用，实现历史唯物主义的当代重建。

对当代历史编年史中经济主义倾向浪潮的反应，由于阶级斗争的作用被大大低估了，因此"政治马克思主义"在对历史的解释中注入了自己的强剂量，它实际上是一种看待历史的唯心主义观点。因此吉·布瓦指出，这种"政治马克思主义"的错误在于它"不仅忽视了历史唯物主

---

① 〔加〕伍德：《民主反对资本主义——重建历史唯物主义》，吕薇洲等译，重庆出版社，2007，第25页。
② 〔加〕伍德：《民主反对资本主义——重建历史唯物主义》，吕薇洲等译，重庆出版社，2007，第26页。

义最有效验的概念（生产方式），而且还在于它放弃现实的经济领域"①。

总之，西方马克思主义者对历史唯物主义的"重读"、"重释"和"重建"，无不指出要恢复历史唯物主义的本真，关照人的命运和现实生活，认为历史唯物主义应该与时俱进，不能故步自封，应该直面现实，改变现实的异化状态，探寻人类自由解放之路。但是在对历史唯物主义的重建中，由于各自的理论目的不同，他们提出了不同的理论，并逐渐偏离了历史唯物主义的基本原则，滑向了修正和颠覆历史唯物主义的一面，如哈贝马斯用交往行动理论代替了历史唯物主义。因此，我们在重建历史唯物主义的过程中不能脱离历史唯物主义的基本立场、观点和方法，而要坚持理论联系实际，要有问题意识和解决现实问题的勇气，否则不仅不能创新，反而会误入歧途。不管如何，这些"重建历史唯物主义"的理论尝试为我们留下了丰富的思想素材，对于我们的历史唯物主义研究有着一定的启发意义，可资深入继续反思。当下，对历史唯物主义的理解存在诸多范式，有东西方、苏联模式与西方马克思主义理解模式的差别；从个体而言，更是有着众多的"自己的"历史唯物主义。因此，包括对"重建"模式在内的众多历史唯物主义"理解形态"的反思、分析和批判应该成为创新发展历史唯物主义的重要平台，应予以重视。历史唯物主义是马克思主义的根基，故而成为最受攻击的对象，它如果被推翻，有关资本主义经济的哲学分析、科学社会主义也就不复存在。因此，从我国当前思想理论建设特别是意识形态建设的角度，认真反思国外学者在历史唯物主义研究中的意识形态立场、观点、取向等，对于当代中国的意识形态建设和经济社会发展无疑具有重大的启示和重大意义。②

第四节　中西方历史唯物主义重建路径的比较

西方马克思主义学者发起的历史唯物主义"重建"思潮对历史唯物主

---

① G. Bois, "Against the Neo-Malthusian Orthodoxy ," in T. H. Ashton and C. H. E. Philpin, eds. , *The Brenner Debate*, Cambridge: Cambridge University Press, 1985, pp. 115-116.

② 参见沈江平《历史唯物主义"重建"思潮略考》，《理论视野》2017年第8期。

义的"否定"实质与理论阐释开启新视角的积极意义共存。从理论背景看，"辩证唯物主义与历史唯物主义"曾经被认为是解释马克思主义理论的唯一正统，而西方马克思主义就是在反对这种解读模式中产生和发展起来的。

一 重建的起点不同

西方马克思主义流派众多，研究涉猎广泛，但无一例外地将焦点对准历史唯物主义，对历史唯物主义进行各式各样的重建。这本身就是马克思主义思想发展史上的一大景观。对这个问题的解读又要回到这些学者进行重建的动因层面上来。为什么要重建历史唯物主义，这种重建是否可能以及在何种意义上进行重建？这些视域就成为历史唯物主义重建必须正视和面对的问题。始于对历史唯物主义的传承理解范式的反思性批判是历史唯物主义重建思潮持续不断和研究兴起的导火线。而时代变迁带来新的问题是历史唯物主义重建思潮持续不断和研究不止的根本原因。另外，重建者和理解者在洞察当代社会的内在结构及历史变迁的基础上对历史唯物主义作出新的阐释，各自的理论出发点的差异决定了前者走上一条重建的道路，后者往往走出了一条创造性坚持和发展的路径。简而言之，对历史唯物主义进行重释、重构、重建的基本出发点大致类似，即认为历史唯物主义存在理论"空白点"，而这些理论空场无法解释或者不能完全解释社会现实，或者说发现新的历史规律抑或马克思主义理论已经过时，这就要求寻求新的路径、寻求逻辑起点和理论基点，深刻挖掘历史唯物主义内涵和现代意义的理论原点。不可否认，由于理论所处时代的变迁和时代主题的变化，马克思主义遭遇现实的挑战。在资本主义不断自我调整、提升、修正的大环境下，为了更好地进行资本主义批判，学者将目光再次转向马克思哲学，以期找到合理的解读路径。理论界对此选择了不同的阐释道路和价值取向，有人紧跟时代变化，发掘和拓展历史唯物主义的理论内涵，据此探究和解决时代诉求；有人质疑历史唯物主义理论的效力，认为理论已失去对新时代的解释力，理论需要解构，进而打出重建历史唯物主义的旗号。这也成为一些西方马克思主义者质疑历史唯物主义进而对其进行各种重建、重构、重释的重要动因。

　　任何对历史唯物主义的重构、重建都不能取代历史唯物主义本身，亦不能超越历史唯物主义据以可能的历史主义原则。对马克思哲学进行"黑格尔化"的阐释，卢卡奇的方案，没有意识到马克思历史主义与黑格尔历史主义的根本差异；而对历史唯物主义进行所谓"去黑格尔化"的方案，如阿尔都塞的结构主义和分析学马克思主义，则易于导致对马克思历史主义原则的背离。

　　历史唯物主义的创立是在批判青年黑格尔派和费尔巴哈哲学的基础上完成的，同时也是马克思在不断自我批判、自我修正的过程中逐步完善的。因此我们应该继承这种自我批判精神，深刻把握和领会历史唯物主义这一理论的精神实质，发掘其在人类历史思想史上的价值旨趣。列宁指出："我们决不把马克思的理论看做某种一成不变的和神圣不可侵犯的东西；恰恰相反，我们深信：它只是给一种科学奠定了基础，社会主义者如果不愿落后于实际生活，就应当在各方面把这门科学向前推进。"[1]

　　一些学者依据马克思早期著述中的人本思想或人道主义思想，就想当然地给马克思扣上人本主义者或人道主义者的帽子，断言马克思主义就是一种变相的人道主义的马克思主义，并将它作为重建包括历史唯物主义在内的马克思主义整个理论体系的依据。这种重建毫无疑问是存在问题的。

　　按照西方马克思主义的观点，重建马克思主义哲学体系，就意味着把这一理论"析开"，用"新形式""重新加以组合，以使更好地达到这种理论所确立的目标"。在这种"析开""重新组合"的过程中，西方马克思主义者有一个共同的特点，那就是，用现代西方哲学的某一流派来"补充"马克思主义哲学，并以此为基础重建马克思主义哲学体系。正是在这样一个重建马克思主义哲学体系的过程中，存在主义的马克思主义、弗洛伊德主义的马克思主义、结构主义马克思主义、新实证主义马克思主义、现象学的马克思主义、人类学的马克思主义等流派得

---

[1]　《列宁选集》第 1 卷，人民出版社，1972，第 203 页。

以形成。由此，一个完整的马克思主义哲学从内部"爆裂"开了，"碎片"化了。在这个意义上，西方马克思主义者向我们展示的是一个被"肢解"的马克思主义。更重要的是，西方马克思主义者重建的马克思主义哲学体系，并没有使马克思主义哲学"更好地达到这种理论所确立的目标"，相反，它使马克思主义哲学演变成一种解释世界的"学院哲学""讲坛哲学"，马克思主义哲学所确立的改变世界的目标被束之高阁了。①"葛兰西在意大利的与世隔绝和逝世、科尔什和卢卡奇在美国和苏联的隔离和流亡生活，标志着西方马克思主义在西方群众中活动自如的阶段已告结束。从此以后，西方马克思主义就以自己的密码式语言来说话了，它与工人阶级的距离愈来愈远。"②一言以蔽之，"西方马克思主义首要的最根本的特点就是：它在结构上与政治实践相脱离"③，佩里·安德森（Perry Anderson）的这一评价中肯、准确且深刻。到了 20 世纪 30 年代，西方马克思主义理论和实践之间最终脱离联系。正因如此，西方马克思主义及所重建的马克思主义哲学体系，只能作为思想博物馆的标本陈列于世，而不能兴盛于世了。

从马克思主义哲学的发展历史看，中国马克思主义者对马克思主义哲学体系的反思与重建始于 20 世纪 80 年代。1985 年，高清海主编的《马克思主义哲学基础》出版，这标志着中国马克思主义者开始反思和重建马克思主义哲学体系及历史唯物主义理论。《马克思主义哲学基础》提出，"马克思主义哲学就是辩证唯物主义"④，但这里所说的辩证唯物主义不同于苏联马克思主义哲学体系中的辩证唯物主义，而是力图"把实践的观点提到首要和基本观点的地位"，并"把这一原则彻底贯彻到哲学全

---

① 参见杨耕主编《马克思主义哲学体系研究：历史演变与基本问题》（上），四川人民出版社，2019，第 5~6 页。
② 〔英〕佩里·安德森：《西方马克思主义探讨》，高铦、文贯中、魏章玲译，人民出版社，1981，第 44 页。
③ 〔英〕佩里·安德森：《西方马克思主义探讨》，高铦、文贯中、魏章玲译，人民出版社，1981，第 41 页。
④ 高清海主编《马克思主义哲学基础》上册，人民出版社，1985，第 2 页。

部内容之中"① 的辩证唯物主义。换言之,《马克思主义哲学基础》力图以"实践"为建构原则重建马克思主义哲学体系,也就是实现实践基础上的客体规定性和主体规定性的统一,即主客体统一的规定性——人的自由。显然,这种哲学体系在总体框架上突破了辩证唯物主义与历史唯物主义"二分结构"体系。

《马克思主义哲学基础》在建构马克思主义哲学体系时,向我们展示了一个新的思想地平线,但同时它突然又退后了一步,即把辩证唯物主义仍然作为马克思主义哲学的"基础理论",把历史唯物主义定性为辩证唯物主义"应用"于历史领域的"中介性理论",是体现在历史观上的辩证唯物主义。正因如此,在《马克思主义哲学基础》所建构的马克思主义哲学体系中,辩证法仍然游离于实践观点之外,实践的本体论意义仍然是处于被遗忘的状态。实际上,在马克思主义哲学体系中,并不存在一个独立的、作为"基础理论"的辩证唯物主义,也不存在一个独立的、仅仅具有"应用"性质的历史唯物主义。按照马克思的本意,历史唯物主义本身就是"唯物主义世界观",是内含着辩证法的"真正批判的世界观"②。

1988 年,国内召开了两个对重建马克思主义哲学体系具有重要意义的会议:一是"哲学体系改革研讨会",会议形成共识,即实践唯物主义应是重建马克思主义哲学体系的方向;二是"全国实践唯物主义讨论会",就实践唯物主义的内容进行了深入而全面的研讨。此后,以"实践唯物主义"精神建构马克思主义哲学体系逐渐成为国内哲学界的主流。其中,辛敬良于 1991 年出版的《马克思主义哲学导论——实践的唯物主义》和肖前于 1994 年出版的《马克思主义哲学原理》具有代表性。

《马克思主义哲学导论——实践的唯物主义》以"实践唯物主义"重建马克思主义哲学体系,认为实践是主体与客体分化和统一的基础,社会是"以实践为中介的自然过程",是"以实践为基础的意识和认识过

---

① 高清海主编《马克思主义哲学基础》上册,人民出版社,1985,第 107 页。
② 《马克思恩格斯全集》第 3 卷,人民出版社,1960,第 261 页。

程"，是"历史的自然和自然的历史"，即"以实践为本质的社会历史过程"。其建构了一个把世界作为人类实践活动的对象和对象化存在来思考和把握的哲学体系；更重要的是，它把"物质"、辩证法纳入实践活动中去考察，纳入主体与客体相互作用的关系中考察，明确提出事物的"辩证本性"是"由实践活动赋予的性质，而不是与人无关的'自然界的辩证法'"①。《马克思主义哲学导论——实践的唯物主义》为我们从"实践"出发重新理解唯物主义和辩证法之间的关系以及唯物主义自然观和唯物主义历史观之间的关系，建构彻底贯彻"实践唯物主义"精神的马克思主义哲学体系，指出了新方向，但是没有具体阐述实践活动是如何"赋予"事物以"辩证本性"的。

《马克思主义哲学原理》提出了两个极具启发、极其重要的观点。一是马克思主义哲学是实践唯物主义，实践范畴是"马克思主义哲学最为核心、最为基础的范畴，只是在实践范畴的基础上，马克思主义哲学才超越了以往的全部哲学，构成了一个唯物论与辩证法相统一、自然观与历史观相统一、本体论与认识论相统一的完整严密的理论体系"②。二是"马克思主义哲学对于社会历史的唯物主义理解，并不是脱离开对于自然的唯物主义理解的"，同时，"马克思主义哲学对于自然的唯物主义理解也不是脱离开对社会历史的唯物主义理解的"，相反，它"把历史的观念带进了自然领域"，于是实践概念"不仅是唯物主义历史观的基础，也应是唯物主义自然观的基础"。③ 这表明，《马克思主义哲学原理》已经走进了马克思主义哲学的深处。

当然，中国马克思主义者重建马克思主义哲学体系，是以当代世界的新变化，尤其是科技信息化、经济全球化和国际政治格局多极化为基础的，具有鲜明的时代性；同时也是以当代中国改革开放和现代化建设，尤其是以社会主义市场经济的实践为基础的，具有鲜明的"中国

---

① 辛敬良主编《马克思主义哲学导论——实践的唯物主义》，复旦大学出版社，1991，第588页。

② 肖前主编《马克思主义哲学原理》上册，中国人民大学出版社，1994，第56页。

③ 肖前主编《马克思主义哲学原理》上册，中国人民大学出版社，1994，第54~55页。

元素"；是以马克思的实践观为基础，并力图以实践范畴为起点范畴和建构原则，以实现实践唯物主义、辩证唯物主义、历史唯物主义的高度统一、融为一体为方向的。因此，中国马克思主义者就为重建"符合马克思哲学的本质特征和本真精神的马克思主义哲学体系开辟了新的天和地"①。

中国马克思主义者重新审视了苏联马克思主义体系的形成与特征，明确指出这一体系是以一种脱离了人的活动和社会历史的"抽象的物质"为起点范畴，进而演绎出辩证唯物主义与历史唯物主义"二分结构"的体系；因此需要重建，并提出这一重建的根本特征就在于，力图以"实践"为起点范畴和建构原则，以实现实践唯物主义、辩证唯物主义和历史唯物主义的统一；重新审视东欧、苏联马克思主义者对马克思主义哲学体系的反思与重建，并明确指出《哲学导论》的出版标志着辩证唯物主义与历史唯物主义"二分结构"体系的终结，同时，也标志着苏联马克思主义哲学体系的结束。②《哲学导论》的出版，标志着苏联辩证唯物主义与历史唯物主义"二分结构"体系的终结，同时，标志着30多年来艰难演进的苏联马克思主义哲学的人道化得到了官方的肯定和学界的认可，成为苏联哲学的主流。但是，1991年，随着苏共解散、苏联解体，《哲学导论》的主导地位不复存在，所构建的人道主义的马克思主义哲学体系也寿终正寝，只能作为思想博物馆的标本。在这个意义上，《哲学导论》又是苏联马克思主义哲学体系终结的标志。

二 重建的方法各异

我们可以用列宁的话来评价历史唯物主义的"重建"行为，即"马克思主义是非常深刻的和多方面的学说。因此，在那些背弃马克思主义的人提出的理由中，随时可以看到引自马克思著作的只言片语（特别是

---

① 杨耕主编《马克思主义哲学体系研究：历史演变与基本问题》（上），四川人民出版社，2019，第9页。
② 参见〔苏〕弗罗洛夫主编《哲学导论》上卷，贾泽林等译，北京师范大学出版社，2011，第3页。

引证得不对头的时候），这是不足为奇的"①。历史唯物主义发展史证明，用马克思的话来歪曲马克思，用恩格斯的话来肢解马克思，用时代演变来作为"重建"理论的动因，诸如此类的"借口"在历史唯物主义"重建"思潮中轮番上场。那么，我们该如何理解"重建"这个术语呢？

历史唯物主义的"重建"主要关涉两个方面：一是认为历史唯物主义的基本原则无法跟上时代需要的步伐，整体修改不可避免；二是认为历史唯物主义还有一定的价值空间，在一定范围内依然可以指导经济、政治、社会、文化等领域的工作。因此，在实践中"重建"主要包括理论已过时必须重建，发现新的历史规律必须重建，理论无法解释新问题必须重建，以及文本中存在被忽视、被遮蔽的重要原理必须重建。这些情况不能一概而论。

基于各自理论的核心旨趣不同而形成了对历史唯物主义的不同理解。历史唯物主义重建史在各种重建历史唯物主义理论纷纷亮相的过程中慢慢形成，由卢卡奇、葛兰西、卡尔·柯尔施等人发动，历经乔治·莱尔因、吉登斯（Anthony Giddens）、戴维·哈维（David Harvey）、分析学马克思主义者 G. A. 柯亨以及安德森、汤普森（Edward Palmer Thompson），还有生态学马克思主义者詹姆斯·奥康纳、本·阿格尔以及后马克思主义者等，正是西方学界的诸多学者站在各自立场和理论视角传递着反思、改良、修正、重构和重建历史唯物主义的旗帜，才构成了一股声势浩大的历史唯物主义重建浪潮。② 对马克思哲学尤其是其历史观的多维解读也就成为西方马克思主义学者孜孜不倦地进行思想探求的重要构成，进而衍生出不同版本的重建模式。自保尔·巴尔特（Ernst Emile Paul Barth）用"经济唯物主义"来曲解历史唯物主义以来，在重释、重构、重建历史唯物主义的思想史中留下了一串串名字，其中不乏思想大家。这种重建现象在以卢卡奇为开创者的西方马克思主义群体中表现得尤为明显，

① 《列宁全集》第32卷，人民出版社，1985，第407页。
② 参见沈江平《历史唯物主义"重建"思潮的评判与展望》，《山西师大学报》（社会科学版）2021年第3期。

他们从不同视角对历史唯物主义进行前仆后继的重建活动。在这股重建思潮中，卢卡奇所开启的历史主义倾向和阿尔都塞所构建的结构主义路径是传统西方马克思主义中具有代表性的重建历史唯物主义的两种方法论选择。随着自然科学的发展和对哲学社会科学的渗透，在20世纪70年代的英美等国兴起的分析学马克思主义，在反思和批判历史主义和结构主义路径的基础上，着力开辟重建历史唯物主义的方法论路径，在学界产生了较大影响。应该说对历史唯物主义诘难和冲击最大的莫过于从哈贝马斯开始的重建历史唯物主义思潮。

实事求是地讲，"重建"思潮或多或少在一些层面表征了一定的时代问题，比如说在全球化时代突出的可交往性、学习机制的重要性、对生态环境危机的重视、对多元价值的倡导和社会发展的复杂性的审视、对文化生产和无产阶级革命意识的重视、对民族国家问题的考量，而重建者的相关理论阐释也直接或间接地丰富了历史唯物主义的内容和视角，凸显了理论的时代问题认知和方法论构建，客观上是对学界存在的马克思主义"危机论""过时论""失效论"的回应和批驳，进而在一定程度上对历史唯物主义的理论地位和作用给予了重新确立。重建者对理论视域的拓展和对理论价值的确认行为我们必须予以肯定。但其深层次的工具实用主义的价值导向，流于自身理论爱好和社会理论现象对历史唯物主义重新定义，顾此失彼，在确认某方面的同时无形否弃其他视域，没有抓住理论的实质和核心旨趣，这种行为注定是行不通的。

可以肯定，对于历史唯物主义的新思考在一定程度上无疑有助于人们对理论问题和现实问题的思考。自历史唯物主义诞生以来，它就不断面临各种各样的理论和现实问题的挑战。正是在解决这些新的理论问题和现实问题的过程中，历史唯物主义获得了新的理解，继而得到不断丰富和发展。比如，在经济文化落后的国家为何会发生社会主义革命并取得成功呢？处于发达资本主义国家的无产阶级能否实现"和平进入社会主义"？卢卡奇基于无产阶级意识的偏重提出所谓的总体性观念是否正确？生态环境危机是否构成当代资本主义社会最深层次的危机？抛掉历史唯物主义的宏观规律，西方马克思主义碎片化切入资本主义批判能否有效？人类社会历史总体上是向前发展的，同时也会伴随一些新问题和新现象的产生。当传统理论在诠释新问题、新现象出现困难时，理论上的调整或者对传统理论的重新理解往往就成为学者所采用的方式。因此，西方马克思主义者所展开的重建行为也就不难理解了。某种学说形象的变换，在思想史上并不鲜见。但跟历史唯物主义一样产生这般深远的、持续性的、聚群性的关注和争论，还是较为少见的。

三 重建的目标不同

历史唯物主义发展的前提是要为其自身正名，回归历史唯物主义理论本身。重新解读，甚至所谓的"重建"历史唯物主义并不单纯是出于学理上的需要，更多是为了在当代条件下不放弃马克思主义哲学的真理价值，以便自觉地把针对世界原理的批判导向针对世界本身的批判，即对当下现实的批判。

对待西方理论界所进行的重建历史唯物主义的行为也不能绝对化视之，我们既要驳斥其中一些学者简单化、庸俗化、机械化对待历史唯物主义，乃至粗暴否弃和简单置换的行为，也要看到学者在重建过程中所凸显出来的问题意识、时代意识和方法意识及其带给我们的启迪。

我们反对像哈贝马斯那样用所谓新理论去替换历史唯物主义的重建方式，践行这种重建方式只能导致新的"历史唯物主义"处于困顿中而失去现实观照能力。历史唯物主义当然要发展且必须发展。历史唯物主义实现了人类社会发展规律认知的革命性变革，但这种变革还远未终结，将伴随着整个人类进程。历史唯物主义和整个马克思主义一样，都是在时代行进中不断实现发展，永不停歇。历史唯物主义的停滞，也就意味着理论生命的终止。

历史唯物主义是兼具历史目的论和主体信仰的学说。历史唯物主义的诞生是人类历史观领域的一场伟大革命和划时代的哲学创造。马克思主义的继承者通常认为马克思主义哲学的主体就是历史唯物主义。从这个意义上说，历史唯物主义不仅在历史观层面实现了对唯心主义历史观的革命性超越，对唯心主义本体论进行了批判，而且对唯物主义本体论实现了变革，即在实践关系中把握物质与精神的辩证统一，进而把握具有世界观和历史观意蕴的理论。作为人类社会发展一般规律的科学探究的结晶，历史唯物主义不仅被用来进行历史诠释，还被看作对一个普遍承认的历史目的（共产主义）的寻析。因而，马克思主义哲学革命性的本性是每一个马克思主义者所必须面临的问题。共产主义革命的到来恰恰是对现存世界的一种否定，这是一位真正马克思主义者都必须予以承认和接受的。历史唯物主义是对"历史将终结于资本主义"的彻底否定，即使遭遇了衰退的历史实践，它仍以穿越历史的深刻洞察力开启和展示着超越现代的未来方向。历史唯物主义不是西方哲学意义上的"终结论"，而是科学揭示出人类社会发展的一般规律，与此同时也是人类对未来走向的一种共同价值取向和信仰，是"对人们希望的东西的某种信赖"①。

在实践方面，人们唯有在科学解读历史中契合历史唯物主义的革命目的论，才能推进历史唯物主义的不断创新发展。历史是由无数具有主体性的人的实践所建构出来的历史，特别是在生存处境的异化状态更为严重的当下，人类自我担当的主体性精神和对历史目的的高度信仰就显得尤为重要。也就是说，我们更应该在整体把握历史规律的基础上，将历史唯物主义视为一种全面超越资本主义通向人类美好生活的期待和信仰。

阐释历史唯物主义必须以承认历史唯物主义的科学性为前提。历史唯物主义的"重建"史可谓波澜壮阔。我们并不否认历史唯物主义理解的多样性和差异性。但对于科学揭示人类发展规律的历史唯物主义而言，其内容构成与人们的主观看法无关，而是由其科学本性所决定。

海尔布隆纳（Robert L. Heilbroner）将唯物主义历史观即历史唯物主义作为判断一种客观的马克思主义的一个重要因素。② 纵观整个历史唯物主义的重建历史，从根本上讲，结果都并非一种真正的创新和发展。否

---

① 〔德〕卡尔·洛维特：《世界历史与救赎历史：历史哲学的神学前提》，李秋零、田薇译，生活·读书·新知三联书店，2002，第53页。

② 参见〔美〕罗伯特·L.海尔布隆纳《马克思主义：赞成与反对》，马林梅译，东方出版社，2016，第39~40页。

弃历史唯物主义的科学性即其对历史规律的科学揭示，在这个前提下的重建、重构都会与历史唯物主义相背离。西方学者不愿在遵循历史唯物主义有关社会历史规律的阐述下展开形形色色的重建、重构，原因非常简单，即历史唯物主义有关社会历史规律的阐述与科学社会主义具有内在一致性。那些不以彻底变革资本主义生产方式为前提的历史唯物主义的重建、重构注定无法以这个历史规律为理论建构的前提。他们的改良主义实质在历史唯物主义所揭示的历史规律面前终究是无处遁形。

从发展的角度来审视理论，也是科学对待历史唯物主义的应有之义。离开历史唯物主义核心观点来进行所谓的解读，不是真正的发展。历史唯物主义必须坚持但又必须发展。坚持和发展历史唯物主义应该是辩证统一的。唯有坚持历史唯物主义，在理论的科学指导下，沿着历史唯物主义揭示的历史规律前进，才能实现历史唯物主义的发展。离开了发展的坚持，必定是僵死的教条主义。只有创造性地发展历史唯物主义，并不断契合新的实际，总结新的经验，解决新的问题，才能彻底坚持历史唯物主义。离开了坚持的发展，必然是偏离轨道的虚无主义。真正的发展，其中就必定包含坚持。在不同时间、地点、条件下，面对不同的问题，持之以恒地秉持理论原则，离不开创造性地处理现实这个前提。真正的创造性发展，其间必然包含坚持，也就是对理论中的基本原理的认同和应用。包括历史唯物主义在内的理论的科学发展路径应该是：出现问题——解答问题——发展理论。历史唯物主义实质上是在对资本主义肯定基础上的否定，并指明人类命运最终走向。这是历史唯物主义理论的终极价值的映射。

所谓的重建者往往以资本主义社会发生变化为理由，意图从根子上来否认历史唯物主义的观照现实的合法性和予以解答的科学性，继而对其进行重建。以哈贝马斯为代表的重建者认为创立于自由资本主义时期的历史唯物主义，已经无法适用晚期资本主义，因而需要用交往理论来重塑原有理论。这个理由是不成立的。历史唯物主义的创立者从不否认资本主义自身的变化，从来都是将资本主义社会看作活的有机体，强调其变异性。"生产的不断变革，一切社会状况不停的动荡，永远的不安定和变动，这就是资产阶级时代不同于过去一切时代的地方。"① 存在于 19 世纪的马克思和恩格斯，当然无法经历他们身后的变化，但不能据此推论，历史唯物主义对作为社会形态的资本主义社会的规律性解读已然失效。深刻解读生产社会化与生产资料私有制这个资本主义基本矛盾，揭示其运行机制和最终灭亡的命运走向，是历史唯物主义批判资本主义社会的核心视域。无论是科技的发展，还是无产阶级生活条件的相对改善，并不能从根本上消除其基本矛盾。后来人们赋予资本主义不同发展阶段的各种称谓，主要是科学技术带给资本主义的在技术形态上的变化表现，而不是社会关系的根本变革。正像美国学者海尔布隆纳警示人们："只要资本主义存在着，我就不相信我能在任何时候宣布他关于资本主义内在本性的分析有任何错误。"② 历史唯物主义关于资本主义的理论必须发展，应该从实际状况出发，深入发掘现代资本主义发展的新特征和社会存在的新问题，从中得出新的、符合实际的正确认知。在马克思和恩格斯等经典作家谢世以后，全球化带给资本主义许多未曾预料到的变化。我们必须对资本主义社会的经济、政治、文化、社会结构以及资本主义转向社会主义的方式、条件和特点等进行深入考察、研究。但离开历史唯物主义这个根本立足点对资本主义社会基本矛盾和本质进行分析，对资本主义社会进行再认识，对历史唯物主义展开重建都会自觉或不自觉地偏离历史唯物主义的轨道。

在 21 世纪，历史唯物主义理应向前发展。21 世纪的社会境况对于历史唯物主义而言不是一种"试金石"，即绝非充当那种证实理论正确性的角色，而是使历史唯物主义更具现实感和解释力的"磨刀石"。西方学界出现的种种重建行为无疑是另一种意义上的"磨刀石"。当代社会发展进步，既验证了历史唯物主义的理论解释力，也成为历史唯物主义不断发展的动因。这样看来，学界对历史唯物主义的重建在一定程度上也成为

---

① 《马克思恩格斯文集》第 2 卷，人民出版社，2009，第 34 页。
② 〔美〕罗伯特·L. 海尔布隆纳：《马克思主义：赞成与反对》，马林梅译，东方出版社，2016，第 65 页。

推动历史唯物主义发展的力量。当代现实确实提出了许多马克思和恩格斯创建历史唯物主义时从未遇到过的问题，包括人与自然关系的当代呈现问题，科技在社会发展中逐渐凸显的功用和角色问题，人工智能与人的关系问题，经济全球化与逆全球化中的国际政治经济文化发展问题；当代人类社会中的"西方之乱"与"中国之治"现象，资本主义僵而不死和社会主义蓬勃发展的对比，全球治理中的中国智慧与角色担当问题，人类命运共同体建构问题，阶级分析范式与阶级斗争理论是否有效等，诸如此类的问题都摆在历史唯物主义面前。除此之外，随着对经典作家文本的研究以及西方开启的基于 MEGA$_2$ 的文献学研究，可能发现以往没有关注甚至忽略的重要思想和具有现实意义的问题。理论和实践中存在的诸多问题都要求人们科学合理地对待历史唯物主义，与时俱进，以开放性创造性态度审视历史唯物主义。由于经典理论自身内在的开放态度，所以"关于自然和历史的无所不包的、最终完成的认识体系，是同辩证思维的基本规律相矛盾的"[①]。就理论与客观世界的关系来说，它不是自我陶醉，而是实事求是地审视现实并与现实世界亲密互动，形成理论作用场。不仅在历史唯物主义生成时是这样，在整个历史唯物主义的发展史中也莫不如此，历史唯物主义的发展史是理论与实践有机契合的过程史。现实是历史唯物主义永远关注的焦点，现实中最紧要最具代表性的问题永远是其根本指向。质言之，历史唯物主义的基本原理和核心观点一以贯之地敞开胸襟，接受现实问题的拷问和检验，并力求在科学有效的解答中获得丰富和发展。历史唯物主义之所以能够与时代同行，保持永不枯竭的理论解释力，成为各个时代的精华，就在于历史唯物主义自觉地根植于现实实践中，随着现实的发展而发展。根植于社会现实场域中的历史唯物主义，富有开放性和创造性，因此每个时代都有它杰出的代表人物。但这种开放性和创造性与各种各样打着"创新"的旗号进行种种重建的行为无关。两者不能简单类比。历史唯物主义的后继者沿着它开辟的真理道路前行，它越接近真理，历史上和现实中的重建者则越

[①]　《马克思恩格斯文集》第 3 卷，人民出版社，2009，第 543 页。

是远离客观真理。

立足于当前世界和中国新的社会实践不断推进历史唯物主义的发展。在其开启的历史唯物主义重建进程中，西方马克思主义立足于西方社会发展，在不同程度上对一些错误思潮进行了反思和批驳，如经济决定论、实证主义、过时论等，以生活实践为基础，提出了一些富有创见的理论，如意识形态理论、生活世界理论、人的全面异化学说、公共领域理论、生态帝国主义理论、"时空压缩"理论、世界体系理论等，使历史唯物主义在广度和深度上都得到了一定的拓展。即使这些理论本身还存在诸多局限和不足，但其富有的批判精神和顽强的探索精神，对于当代中国的理论和实践具有重要的启迪作用。"哲学家们只是用不同的方式解释世界，问题在于改变世界。"① 从马克思将自身哲学的目标定义为有效改变世界来说，除了源于价值理想的社会批判功能外，始于科学考察的社会建构功能就镌刻在历史唯物主义这面旗帜上。历史唯物主义所关注的问题既有最宏观的人类社会形态更替史、人类文明演进史，也包括特定历史阶段和历史时期中的时代性问题以及与人的自由全面发展密切相关的具体领域的问题，但无论是宏观问题、中观问题还是微观问题，都需要将历史唯物主义与人类历史实践的发展进程以及当代人类文明进步关联起来。当今世界，复杂多变。自然资源占有与人类发展关系问题、人性善恶与现代社会制度治理问题、国家角色与现代化发展问题，全球化与全球治理变局问题，人类文明演进形态复杂多样和不确定性问题，逆全球化和反全球化问题，人类发展失衡问题等，这一系列世界性问题既对历史唯物主义的创造性发展提出了深层挑战，也是激活历史唯物主义理论解释力和推进其发展的现实动力。创造性发展历史唯物主义，尤其是在中国走在中国式现代化道路上并为全球治理贡献中国智慧，积极倡导构建人类命运共同体的关键时刻，我们更要以海纳百川的胸襟吸收借鉴、取长补短，推进历史唯物主义创造性发展，极大满足现实对理论的需求；历史唯物主义需要从中国和世界的实践出发，需要结合不断变化的社会

---

① 《马克思恩格斯文集》第1卷，人民出版社，2009，第502页。

发展实际进行自我调整、自我更新，才能更好地解释社会发展现实和推动社会发展实践。

对历史唯物主义的拓展与重建是西方马克思主义关注的重点理论问题之一，既表明了历史唯物主义自身的魅力和影响力，也是社会主体在不同实践境况下对理论的必然回应，迫切需要我们作出全面、准确界定。"它们绝不提供可以适用于各个历史时代的药方或公式。相反，只是在人们着手考察和整理资料——不管是有关过去时代的还是有关当代的资料——的时候，在实际阐述资料的时候，困难才开始出现。这些困难的排除受到种种前提的制约，这些前提在这里是根本不可能提供出来的，而只能从对每个时代的个人的现实生活过程和活动的研究中产生。"① 各种重建、重构路径从不同视角为我们理解马克思主义、历史唯物主义和相应时代提供了视窗，这点必须予以肯定，应辩证地看待这股思潮的弊端和有益借鉴。② "重建"思潮对历史唯物主义的"否定"实质和理论阐释开启新视角的积极意义共存。

---

① 《马克思恩格斯文集》第 1 卷，人民出版社，2009，第 526 页。
② 参见沈江平《历史唯物主义"重建"思潮略考》，《理论视野》2017 年第 8 期。

第三章　历史唯物主义与生态学

生态学马克思主义学派是通过开启历史唯物主义的生态视域开始的，力图以马克思主义理论为指导将当代的西方生态运动引向激进的生态社会主义变革，这就意味着解决历史唯物主义同生态学之间的关系问题是他们首先必须面对的。也就是说，历史唯物主义是否具有现代生态学的意蕴，是建构生态学马克思主义理论的逻辑出发点。有人认为历史唯物主义不能或者不足以解释生态问题；有人主张对历史唯物主义进行生态学重建，例如美国的詹姆斯·奥康纳、加拿大的本·阿格尔和威廉·莱斯等认为历史唯物主义在生态思想上有"理论空场"，因此他们认为应该将生态思想"补充"进历史唯物主义之中。也有人认为历史唯物主义本身就有生态学意蕴，比如美国的约翰·贝拉米·福斯特和英国的戴维·佩珀认为历史唯物主义本身就具有生态维度。无论如何，历史唯物主义都是人们在面临危机时想要寻求解决方法的地方，这对于历史唯物主义来说是一种价值证明，对其发展是具有借鉴意义的，对历史唯物主义的当代创新也具有非常重要的启示意义。

第一节　所谓的"历史唯物主义不具有生态学思想"

西方新"左派"、深生态学、主流绿色认为马克思和恩格斯的著述中很少有或几乎没有生态思想，他们指责历史唯物主义反生态学，认为马克思是人类中心主义者、反自然主义者，否认自然具有内在价值和权利，将"自然"视为一个社会历史概念，鼓励人类对自然进行控制和支配，认为马克思是经济决定论者、技术至上的普罗米修斯主义者（技术中心主义者）。

一　所谓的"历史唯物主义与生态学的对立"

近代西方生态学派对历史唯物主义是否具有生态思想持怀疑态度。他们认为历史唯物主义的关注点更多的是促进社会生产力发展，并将其视为衡量社会进步与否的标准，认为社会发展的动力过多地依赖于技术等物质手段，指出历史唯物主义认为资本主义社会就是过多地依赖技术手段进行技术发展，这种技术手段发展到极致就会引起社会主义革命和建设，在生产力和技术发展的基础上就会走向丰裕的共产主义。这种"唯生产力论"或者是"唯技术论"使部分学者将历史唯物主义解读为"生产（技术）决定论"的理论，将马克思对生产力的定义与人类控制自然联系起来，认为生产力是社会进步的决定性力量，它体现了人对自然的改造和控制能力。他们认为从这个角度看，历史唯物主义是反生态学的。此外，马克思所设想的共产主义是一个物质财富极为丰裕的社会形态，这内含着自然界可以取之不竭的假设，从对未来社会构想方面来看历史唯物主义也是反生态的。

早期的生态学马克思主义者由于受到西方绿色主义思潮和法兰克福学派的影响，把历史唯物主义同生态学对立起来，直截了当地指出马克思著作中没有明显的生态论述，尤其指责将"生产力"简单地等同于"技术"，把自然当作斗争对手，当作更加合理地发展生产力的场所，认为马克思强调生产力的作用是缺乏生态意识的表现。泰德·本顿认为历史唯物主义存在"技术乐观主义"倾向，"马克思对劳动过程中我们不能操纵的自然条件只是轻描淡写，而对人有意识的改变自然的力量则过分强调"[1]，并认为劳动、技术可以不断地"超越"自然的界限。他们认为历史唯物主义从其价值立场上看秉承的是人类中心主义的价值观，从其理论内容看坚持的是技术决定论和生产主义，因而历史唯物主义不具有

---

[1]　Ted Benton, "Marxism and Natural Limitss: An Ecological Critique and Reconstruction,"*New Left Review*, No. 178, 1989.

生态学思想，并与其相对立，认为马克思的思想缺乏生态维度，存在"生态学的理论空场"。

有些学者认为，马克思主要围绕商品生产、资本逻辑展开对资本主义的经济批判与社会批判，生态问题尚未进入其理论视域。马克思主义不能为缓解当今人与自然的关系提供理论指南。"在达尔文和马克思生活的时代，生态问题远未像今天这样如此严峻，当时主要的问题是经济危机，'思考自然'还处在'一个相对较早的时代'，很多科学技术尚未取得进步。"[①]

美国生态问题专家卡德（Maarten de Kadt）和马洛（S. E. Mauro）认为，部分生态学马克思主义者在挖掘马克思主义的生态思想时犯了先入为主的错误，在没有深刻理解马克思主义的自然观和生态思想的前提下，盲目地将马克思以现代生态思想家的面貌呈现，这样做是不严谨的；认为马克思的原始文本中根本就不存在所谓的"生态自然观"，因为产生于19世纪中期的马克思主义自然观是建立在自然动力系统具有均衡性和承载极限的假设的基础上的，这种理论基础与20世纪之后出现的具有线性变化和非均衡性的自然观有着巨大差异，而新时代的生态学理论却是新自然观的产物。例如，马克思不可能预知核子时代和现代化学对自然产生的严重污染。[②]

生态主义思潮从"地球优先论"价值立场出发，认为生态危机的根源在于近代以来的人类中心主义价值观，它不仅使得人类丧失了对自然的敬畏，而且使人类把自然看作满足人的需要的工具，人类和自然的关系由此被归结为控制和被控制、利用和被利用的关系，科学技术则是人类控制和利用自然的中介。因此，他们强调要解决生态危机就必须破除人类中心主义价值观，确立"自然价值论""自然权利论"。戴维·佩珀认为："优先考虑非人类自然或至少把它放在与人类同等地位的'生物道

---

① 〔美〕布雷特·克拉克、约翰·贝拉米·福斯特：《二十一世纪的马克思生态学》，孙要良译，《马克思主义与现实》2010年第3期。

② 参见 Maarten de Kadt, S. E. Mauro, "Failed Promise," *Capitalism Nature Socialism*, Vol. 12, 2001, pp. 50-54。

德'是生态中心主义的核心方面。"① 基于以上原因，他们最终得出反科学技术、反经济增长的结论。同时，他们把历史唯物主义所说的"共产主义社会"理解成科学技术和生产力高度发达，完全实现人类对自然的控制的社会。在这种情况下，他们把历史唯物主义同生态学对立起来就是理所当然的事情了。

本·阿格尔认为，现代资本主义通过大量生产和大量消费，创造了一个单纯满足商品需求的异化的消费社会，认为虽然经过自身的调整已经解决了资本主义固有的经济危机，但也导致了资本主义社会严重的生态危机。马克思没有预料到当代资本主义强大的自我更新和调节能力，因此不可能预见目前人类面临的生态危机，所以本·阿格尔认为马克思没有自己的生态思想。在本·阿格尔看来，在垄断资本主义时期经济危机已经基本得到克服，生态危机已经取代经济危机成为主要的危机形式。

本·阿格尔强调，马克思从异化劳动理论和需求不足理论出发，无法预见当代资本主义的新变化，无法对异化消费作出合理的解答。本·阿格尔认为，"社会变革的动力就根植于人的需求与商品的相互作用的过程中，而这种过程是由有限的生态系统确定的"②。也就是说，资本主义为了获取更大的利润和实现资本增殖，以及夸大工人商品满足的虚假意识，就必须生产出更多的商品，大量生产和大量消费造成了过度浪费、环境污染以及自然资源的破坏，从而造成了资本主义严重的生态问题。这样，在本·阿格尔看来，生态危机代替了经济危机，这是马克思没有预见到的。

很明显，本·阿格尔作为早期生态学马克思主义思想家，虽然已经自觉涉及马克思思想与生态学之间的联系，却得出马克思思想是反生态的结论。究其原因，主要是本·阿格尔受到了当时绿色运动的影响，认为工业革命以来的科技发展和资本主义的增殖本质是生态危机产生的主

---

① 〔美〕戴维·佩珀：《生态社会主义：从深生态学到社会正义》，刘颖译，山东大学出版社，2005，第48页。
② 〔加〕本·阿格尔：《西方马克思主义概论》，慎之等译，中国人民大学出版社，1991，第494页。

要原因，而马克思生活在资本主义发展的初期，对资本主义社会的科技发展保持一种乐观的态度。本·阿格尔强调，虽然马克思理论的具体内容没有体现生态学的思想和原则，但是有必要寻求马克思的生态方法，把马克思的辩证法和当代生态学结合在一起，实现相互补充和彼此嫁接。

这样，一种新的生态学马克思主义认识到，资本主义社会的资本积累、扩大再生产和异化消费是当前生态危机产生的最主要原因；同时主张把人和自然从异化消费和异化劳动中解放出来，认为未来的社会主义必须克服资本主义过度生产和过度消费的问题。可以看出，本·阿格尔主要用生态危机替代经济危机、用异化消费替代异化劳动、用生态革命替代无产阶级暴力革命。这虽然在一定程度上揭示了资本主义与生态危机的内在关联，但歪曲了马克思理论，试图用生态学的理论去嫁接和补充马克思理论，从而没有真正领会马克思思想的生态学意义。

二 历史唯物主义与生态学间的"裂缝"

在生态危机和环境问题日益突出的背景下，每一个生态学马克思主义者首先要面对的问题是如何充分发挥马克思主义解决社会现实问题的效力。

受 19 世纪自发的工业主义意识形态的影响，泰德·本顿提出发展生产力是资本主义的历史任务和资本存在的合法性的条件，片面夸大人在人与自然关系之中的改造潜能，追求人成为自然的支配者和自然真正有意识的主人。

在此基础上，泰德·本顿进一步将马克思主义与生态学联系起来。从生态学的角度而言，生态学是一种系统研究动植物种群及其与无机环境之间相互作用的现代生命科学，而历史唯物主义是一种关于人类社会发展一般规律的历史理论。因此，从理论上，可以将生态学研究拓展到人类种群与其生存环境之间的关系研究，衍生出一种人类物种的生态学，从而使历史唯物主义成为生态学的一个科学分支。

泰德·本顿指出，与其他物种相比，人类特别适应他们生存的环境条件，并拥有使他们的变革力量一代代积累扩大的能力。这些特征决定了人类生态学的独特性，也决定了人类环境中存在的大量因果关系的重要性，以及对其他物种生存环境所施加的影响，更为重要的是，它能够在自己的视野范围内有效利用一般概念分析每一物种与环境相互作用的特征。[1] 也就是说，历史唯物主义的基本观念应该能够被看作一种关于理解人类本质和历史的生态方法。

泰德·本顿通过分析马克思主义与生态政治学之间的关系，从生态视角重新解读马克思主义，发现一大批已经被遗忘的真知灼见，证明历史唯物主义仍然具有潜在的理论价值。为了充分发挥历史唯物主义对绿色生态运动的积极作用，进一步解释马克思主义与生态运动之间的关系，泰德·本顿指出马克思理论存在一个"裂缝"（hiatus）。它存在于马克思和恩格斯的历史唯物主义和政治经济学，即其哲学和历史理论的唯物主义前提与其经济理论的一些基本概念之中，是内在于马克思成熟时期的著作中的一种理论上的"裂缝"。[2]

泰德·本顿进一步分析这一"裂缝"产生的原因，而且从生态学视域对历史唯物主义进行了解读。泰德·本顿认为历史唯物主义对自然持有一种人类中心主义和工具主义的态度，对资本主义生产的历史进步作用和科学技术持一种乐观态度；把参与价值生产的自然条件排除在外，过分关注生产理性，完全无视环境理性；认为马克思过高地估计了人类改造自然的能力。

泰德·本顿指出，"资本主义经济理论的某些关键概念包含着一系列相关的合并、不精确和空隙，这些合并、不精确和空隙使得这一理论不能充分概念化人类满足需要与自然相互作用的生态条件和限制"[3]。因此，泰德·本顿决定对马克思主义进行理论探索，其目的是建设性的，即使

---

[1]　参见 Ted Benton, "Marxism and Natural Limits: An Ecological Critique and Reconstruction," *New Left Review*, No. 178, 1989, pp. 51-86。

[2]　参见 Ted Benton, "Marxism and Natural Limits: An Ecological Critique and Reconstruction," *New Left Review*, No. 178, 1989, pp. 51-86。

[3]　Ted Benton, "Marxism and Natural Limits: An Ecological Critique and Reconstruction," *New Left Review*, No. 178, 1989, pp. 51-86.

用马克思的思想观点作为概念的原材料，构建一种生态充分的历史唯物主义理论，使历史唯物主义的主体与生态的观点得以兼容。也就是说，泰德·本顿的整个意图是一种建构性的，是去探讨和理解在马克思经济理论中那些妨碍历史唯物主义发展为一种分析和解决生态危机的理论的缺陷，并通过一系列概念的修正解决问题，使得经过修正之后的经济理论的基本概念实现向历史唯物主义重新回归，更好地发挥历史唯物主义分析和解决资本主义生态危机的工具价值，实现对资本主义生产的全面彻底批判。

第二节　对历史唯物主义进行生态学辩护

随着绿色社会运动和生态学马克思主义的进一步发展，生态学马克思主义不再简单粗暴地直接否定马克思具有生态思想，而是努力挖掘马克思理论中的生态思想，认为马克思的伟大功绩就是实现了对资本主义制度的生态批判，进而自觉运用马克思理论来分析当代资本主义的生态危机，对马克思有无生态思想进行了理论辩护。"如果生态学是一种系统研究动植物种群及其与无机环境之间相互作用的现代生命科学，历史唯物主义是一种研究人类社会的方法，那么，可以推导出历史唯物主义能够成为生态学之内的一个科学分支——人类物种生态学，历史唯物主义的基本观念可以被看作一种关于理解人类本质和历史的生态方法。"[1] 历史唯物主义的学理视角和方法论旨趣在马克思主义理论中处于决定性的地位，这使得生态学马克思主义理论家面临的首要问题就是如何揭示马克思主义与生态学之间的内在关联，并在此基础上诠释与重构历史唯物主义的生态观。约翰·贝拉米·福斯特、戴维·佩珀、乔纳森·休斯、霍华德·帕森斯和瑞尼尔·格伦德曼等直接阐发历史唯物主义内在地包含了生态学思维方式，甚至断言历史唯物主义本质上就是生态唯物主义。

---

① Ted Benton, "Marxism and Natural Limits: An Ecological Critique and Reconstruction," *New Left Review*, No. 178, 1989, pp. 51-86.

瑞尼尔·格伦德曼指出历史唯物主义可以分析生态问题的根源，对解决生态问题起指导和借鉴作用，尤其历史唯物主义所具有的鲜明特点，即将唯物主义引入社会历史领域，用阶级分析的方法研究资本主义社会，可以用于解决日益严重的生态问题，因此不需要重建。历史唯物主义与生态运动的结合必然极大地促进人类历史向"真正历史"（人道主义与自然主义）转变。

一　对马克思主义的生态学构建

英国生态学马克思主义者主张积极将历史唯物主义的各种分析方法应用于现代生态问题。英国以人类中心主义价值观为基础的生态学马克思主义者乔纳森·休斯在分析了《1844 年经济学哲学手稿》《德意志意识形态》《资本论》等一系列马克思和恩格斯的著作后认为，这些著作并不存在与生态学的割裂，反而是符合生态依赖原则的。他不但坚信历史唯物主义有生态思想，还认为历史唯物主义与生态思维具有一致性。例如，乔纳森·休斯明确指出仅从马克思恩格斯对马尔萨斯的批判中，并不能推断出他们不承认自然的极限。相反，他认为马克思恩格斯承认自然的极限，并在历史唯物主义中始终贯彻人对自然依赖的生态依赖原则。

乔纳森·休斯认为，"得到恰当诠释的历史唯物主义可以为针对威胁和危害当今社会的环境问题所提出的政治发展对策提供一个解释性和规范性的思考框架"①。因此，他重新解读了历史唯物主义的基本概念，坚持用马克思主义的基本原理和方法，对历史唯物主义及其与生态学之间的关系进行了梳理和重释，阐发历史唯物主义的生态内涵，并从历史唯物主义视角对环境和生态问题进行分析和研究，认为生态环境问题能够在历史唯物主义框架内解决，指出马克思主义（历史唯物主义）本身就具有生态意蕴，或者就是生态历史唯物主义。

在对待生态问题上，有人认为"人类中心主义"是生态问题产生的

---

① 〔英〕乔纳森·休斯：《生态与历史唯物主义》，张晓琼、侯晓滨译，江苏人民出版社，2011，第 1 页。

主要原因，人类应该坚持非人类中心主义的伦理价值。历史唯物主义注重从宏观（历史唯物主义）和微观（劳动过程的概念）两个方面分析生态问题，从宏观上揭示了生产力与生产关系、经济基础和上层建筑的矛盾运动规律促成的人、自然与社会的互动关系，造成了自然的变动不居的态势。从微观上来看，从劳动的异化、技术的发展、人的需要等方面揭示了它们对自然的深刻影响。

乔纳森·休斯在定义"生态问题"之前讨论了"生态"与"环境"的异同。"生态"与"环境"这两个词也确有不同的联系，"生态"更加注重"生物与环境之间关系的整体或系统方面"[①]；"环境"更注重"人类与自然之间的关系问题"[②]。"生态问题"就是"人类和自然环境之间的问题"[③]。因此，乔纳森·休斯将"交互使用'生态问题'和'环境问题'的表述来认识这样一个事实，即既然人类是生物体，那么他们与环境的关系则属于上面所说的生态学的合理范围"[④]。历史唯物主义与生态学之间的相关性在于，历史唯物主义主张在自然中定位社会，强调人类社会依赖于自然条件并为其所塑造，把社会存在置于自然之中，这充分说明了其生态学立场。他认为，生态问题的实质是人化自然对人的限制，自然限制具有相对性，人与自然间的双向互动关系，生产力的良性发展是社会进行变革的基础，自我实现的需要符合生态界限。

马克思认为人类对自然的改造并不与生态依赖相矛盾，强调了自然环境对人类社会的重要性；生态问题既包括人对生态环境的依赖，也包括人对生态环境的改造。乔纳森·休斯认为，历史唯物主义的生态评估需要准确地分析自然、社会和技术之间的相互作用。因为"自然限制"

---

① 〔英〕乔纳森·休斯：《生态与历史唯物主义》，张晓琼、侯晓滨译，江苏人民出版社，2011，第10页。

② 〔英〕乔纳森·休斯：《生态与历史唯物主义》，张晓琼、侯晓滨译，江苏人民出版社，2011，第15页。

③ 〔英〕乔纳森·休斯：《生态与历史唯物主义》，张晓琼、侯晓滨译，江苏人民出版社，2011，第14页。

④ 〔英〕乔纳森·休斯：《生态与历史唯物主义》，张晓琼、侯晓滨译，江苏人民出版社，2011，第10页。

是人类与自然相互作用的结果，"绝对限制"只在抽象中，人类需求也是社会造成的。对生态限制的综合理解应该是包括自然、社会和技术在内，不能只关注自然因素。进而乔纳森·休斯强调马克思在历史唯物主义中对发展生产力和技术的强调，不但不必然导致生态问题，还是满足人的基本需要和实现人的自由全面发展的前提。因此，不能因为历史唯物主义强调人对自然的改造，而认为它的基本原则是与生态学相对立的。

乔纳森·休斯指出，"'广义的'人类中心主义就是将非感知自然的价值建立在对人类生命价值所作贡献基础之上的，但它不同于狭义的人类中心主义，即不单单从工具性方面看待这种贡献"①。如果人类认识到自然不是人类的工具而是人类的发展的基础，认识到发展的目的是人以及人与自然的和谐就会消除控制自然的观念，最终会消除掠夺自然的观念，实现人类的价值和自然的价值的统一。

历史唯物主义认为人类和自然是统一于历史和人类实践中的，人类和自然的关系是双向的，人类与自然是互为因果的。"在改变自然的进程中，人类也改变了自己。"② 人依赖自然界，人是自然界的一部分。自然界不断地为人类提供自身生产和物质生产所必需的资源，人类又不断通过劳动改造着自然界，维持着自然界的发展，人类与自然界正是在这种双向互动中持续发展。"自然界，就它自身不是人的身体而言，是人的无机的身体。人靠自然界生活。"③ 马克思和恩格斯的著作中存在大量关于人类、社会和自然之间关系的论述，历史唯物主义内在地包含生态学的要素和内容。

此外，乔纳森·休斯还坚信马克思在对共产主义社会的设想中确立的按需分配原则，也不与生态方式产生冲突。这主要是基于，马克思所追求的按需分配，这个"需"是基于人的真实需要，而不是为了实现资本增殖

---

① 〔英〕乔纳森·休斯：《生态与历史唯物主义》，张晓琼、侯晓滨译，江苏人民出版社，2011，第44页。
② 〔英〕乔纳森·休斯：《生态与历史唯物主义》，张晓琼、侯晓滨译，江苏人民出版社，2011，第133页。
③ 马克思：《1844年经济学哲学手稿》，人民出版社，2000，第56页。

而制造的虚假需要，所以能协调好人的真实需要与生态可持续性的关系。

乔纳森·休斯通过对历史唯物主义基本原理与方法论进行分析，系统阐释了历史唯物主义的生态意蕴。乔纳森·休斯的思想，从理论来源上看，是受结构主义的影响，力图研究造成生态危机的深层结构，并以建设性的态度来发展马克思主义。这可被视为对在当代语境下的历史唯物主义给生态学带来的挑战的积极回应。但只是从人与自然的关系以及人的需要等方面进行阐释，并没有完整挖掘历史唯物主义的生态内容，这同约翰·贝拉米·福斯特和詹姆斯·奥康纳等人已经较为完整深刻挖掘马克思主义的生态学内涵和建构得较为完整的理论体系相比还有很大差距。

二 马克思的生态学

西方绿色思潮认为，历史唯物主义和人类中心主义、技术决定论联系在一起，没有考虑自然限制的问题，进而断定"以历史唯物主义为基础的生态文明理论是不可能的"①。与之不同，约翰·贝拉米·福斯特认为，"马克思的世界观是一种深刻的、真正系统的生态世界观，而且这种生态观是来源于他的唯物主义的"②，历史唯物主义以历史观和自然观的辩证统一为基础，蕴含着丰富的、系统且深刻的生态思想。我们当前并不需要对历史唯物主义进行某种修正或补充，重点应该做的是深入马克思恩格斯的经典文本。由此，约翰·贝拉米·福斯特从分析唯物主义开始，用雄辩的事实恢复了马克思作为生态学家的本来面目，首次提出"马克思的生态学"概念，开启历史唯物主义的生态视阈，试图建立起马克思主义与现代生态学之间的内在联结。

（一）对历史唯物主义的理解：生态唯物主义

约翰·贝拉米·福斯特通过分析马克思、恩格斯的经典文本，从马克思早期的《博士论文》开始，通过深入分析和研究马克思各个时期的

①　王雨辰：《以历史唯物主义为基础的生态文明理论何以可能？——从生态学马克思主义的视角看》，《哲学研究》2010年第12期。

②　〔美〕约翰·贝拉米·福斯特：《马克思的生态学——唯物主义与自然》，刘仁胜、肖峰译，高等教育出版社，2006，前言第Ⅲ页。

经典著作，认为历史唯物主义本身就是一种"绿色"理论，提出"生态唯物主义"的概念，认为其核心是唯物主义和生态学相互包含，彻底的唯物主义内在地包含生态思想，科学的生态学要求彻底的唯物主义，认为辩证唯物主义的核心，不仅包括马克思的唯物主义自然观，还包括他的唯物主义历史观。

唯物主义作为一种关于万物本质的理论起源于最初的古希腊哲学。约翰·贝拉米·福斯特指出马克思通过考察伊壁鸠鲁的原子论，提出了非决定论的唯物主义自然观。马克思去世后，将马克思的想象力推向前进的重任落在了恩格斯的肩上。马克思认为伊壁鸠鲁是第一个发现了通过宗教植入人类心灵的自然的异化。黑格尔第一个发现劳动的异化，但仅仅是以作为观念异化的唯心主义的方式。然而，约翰·贝拉米·福斯特认为，恩格斯是在最后几年才开始认识到马克思的《博士论文》的重要性，以及它同唯物辩证法的发展之间的关系。恩格斯曾经托人转告格·瓦·普列汉诺夫：辩证地进入唯物主义（即唯物主义自然观）的基础正是在这里而不是在对法国机械唯物主义者的研究中被发现的。遗憾的是，普列汉诺夫并不认同恩格斯的看法。

《1844 年经济学哲学手稿》体现了马克思的生态唯物主义自然观。约翰·贝拉米·福斯特指出马克思关于自然异化概念的本质并不比其劳动异化概念更加抽象，这两种异化都基于马克思对资本主义社会中政治经济问题的理解。

约翰·贝拉米·福斯特指出，马克思和恩格斯虽然没有直接使用"生态"这个概念来表达，但他们所涉及的研究对象和范围也间接表达了"生态"概念。例如马克思和恩格斯在其著述中提出了人类社会的诸多重大生态问题，如城乡分离、工业污染、城市畸形发展、土壤贫瘠、圈地、农村的贫困和孤立、工人健康状况的下降、有毒物质、滥伐森林、人为洪水、荒漠化、水源短缺、区域气候变化、自然资源（包括煤炭）的枯竭、能量守恒、熵、工业废弃物再生利用的必要性、物种与其环境之间的相互关联、人口过剩的历史条件问题、饥荒的原因，以及科学和技术的合理利用问题。① 这些显然就是当今我们称为 "生态" 的内容。这种生态理解源自深刻的唯物主义自然观——马克思基础理论中的一个本质性组成部分。

（二）建构新陈代谢断裂理论

约翰·贝拉米·福斯特认为，马克思的唯物主义建立在对人类和世界的客观认识的基础上，建立在他对相互联系的自然历史和人类历史认识的基础上。在《马克思的生态学——唯物主义与自然》一书中，约翰·贝拉米·福斯特通过对马克思经典文本进行深度挖掘，指出马克思的唯物主义哲学在本质上是以实践为特征，是以探讨人和自然关系与 "新陈代谢" 为主要内容的生态哲学世界观。约翰·贝拉米·福斯特认为 "新陈代谢断裂" 的概念是马克思生态唯物主义自然观的集中表达，构成了马克思生态学的核心内容。

在中文版的马克思经典著作中，德语 "Stoffwechsel" 往往被译为 "新陈代谢"，但在英语中被译为 "Metabolism"②，在约翰·贝拉米·福斯特的文章中，我们也把 "Metabolism" 翻译为 "新陈代谢"。马克思在《资本论》中将唯物主义自然观和唯物主义历史观完整地结合在一起。马克思采用了 "Stoffwechsel/Metabolism"（新陈代谢）这一概念来定义劳动过程 "是人和自然之间的过程，是人以自身的活动来引起、调整和控制人和自然之间的新陈代谢的过程"③。在讨论土壤危机问题时，马克思提出了关于自然与社会之间的 "新陈代谢断裂"（metabolic rift）理论。约翰·贝拉米·福斯特认为，新陈代谢断裂理论构成了马克思生态学的核心内容。

---

① 参见 John Bellamy Foster, *The Ecological Revolution: Making Peace with the Planet*, New-York: Monthly Review Press, 2009, p. 266。

② "新陈代谢"（德语是 Stoffwechsel, 英语是 Metabolism）一词在中文版的《马克思恩格斯全集》中被译为 "新陈代谢" 和 "物质交换"；在福斯特的《马克思的生态学——唯物主义与自然》中则统译为 "新陈代谢"。我们沿用这一译法，即统译为 "新陈代谢"。同时，将 "metabolic rift" 统译为 "新陈代谢的断裂"。在马克思的分析中，"物质交换" 经常是与 "经济循环" 联系在一起。对于引用中文版的《马克思恩格斯全集》相关论述时，则遵照原文，不论是被译为 "新陈代谢" 还是 "物质交换" 都不作改动。

③ 〔美〕约翰·贝拉米·福斯特：《马克思的生态学——唯物主义与自然》，刘仁胜、肖峰译，高等教育出版社，2006，第 158 页。

1830 年至 1870 年，土壤养分流失造成的土地自然肥力的损耗是欧洲和北美资本主义社会所关心的生态问题。研究土地肥力危机问题的中心人物是德国化学家尤斯图斯·冯·李比希（Justus von Liebig），但对其更广泛的社会含义剖析得最为深刻的人当属卡尔·马克思。对于马克思来说，资本主义制度下的"社会新陈代谢"是一种特定的"自然和社会的新陈代谢"的异化形式，发生在"自然的普遍的新陈代谢"之中，在某些情况下，它构成了"新陈代谢交互"过程的"断裂"形式。在分析人和自然之间代谢断裂的时候，马克思和恩格斯并没有停留在土壤养分的循环或城乡之间的关系上，他们还通过不同的现实问题来阐明这种新陈代谢断裂，如森林砍伐、土地沙漠化、气候变化、森林中的鹿群消失等问题，以及物种商品化、工业污染、循环利用、煤炭资源耗竭、疾病扩散、人口过剩和物种进化等问题，在《资本论》中都有前后一贯、首尾一致的大量论述。马克思使用了"新陈代谢断裂"的概念来描述在资本主义社会中，人类与自然之间，由于人类介入作为生产基础的自然而出现的异化现象。马克思在《资本论》中还着力描绘了社会与自然的关系，这同样是现代生态学所关注的重点，即如何缓解自然与社会之间存在的紧张关系。

马克思在通过关注尤斯图斯·冯·李比希，运用"新陈代谢断裂"概念对社会和自然之间关系恶化的现象所进行的分析，实际上不失为现代意义上生态学分析。约翰·贝拉米·福斯特认为，马克思正是认识到了自然与社会之间的新陈代谢断裂，才把注意力转向了深入细致的生态学研究。马克思将原始积累和新陈代谢断裂均作为从根本上理解资本主义这种世界性社会制度的发展所体现出来的全球性意蕴。约翰·贝拉米·福斯特从自然生态的理论视角深刻剖析了资本主义反自然生态的本性，揭示了资本主义制度下自然资本化的病症以及技术革命和道德革命的虚妄性，尖锐地指出资本主义制度乃是导致人与自然新陈代谢断裂的"罪魁祸首"，因而呼吁通过社会变革构建人与自然的新型关系。

马克思的"新陈代谢断裂"概念具体来说是在德国和英国、法国和美国的农业化学家和农学家发出警告的背景下提出来的。向城市输送食物和纤维导致土壤养分诸如氮、磷和钾的流失。这些必要的养分，没有像在传统农业生产中一样回到土壤中，而是被运送到数百甚至是数千米之外，最终变成污染城市的垃圾。此外，土壤养分的废弃物在城市当中就变成污染物和垃圾。①

总之，马克思的"新陈代谢断裂"概念是其生态批判思想的核心内容。约翰·贝拉米·福斯特认为，这种新陈代谢过程中的断裂完全是对"人类生活的永恒的自然条件"的破坏。在马克思看来，资本主义制度的本性决定了人类与自然之间的新陈代谢断裂将愈加扩大，因此资本主义必将是不可持续的。

三 马克思生态思想的自然主义辩护

霍华德·帕森斯是美国生态学马克思主义的重要奠基人、代表人物和集大成者。英国的瑞尼尔·格伦德曼和美国的约翰·贝拉米·福斯特、保罗·伯克特（Paul Burkett）和詹姆斯·奥康纳都从不同视角借鉴和继承了霍华德·帕森斯的生态学马克思主义的思想和方法，都强调了人与自然之间的辩证关系，并用重新解释过的历史唯物主义分析了人与自然的关系。瑞尼尔·格伦德曼在《马克思主义和生态学》中以自然的支配的角度论述了霍华德·帕森斯的生态学马克思主义思想，而且其中的"控制自然"的观念以及对历史唯物主义的重构就源自霍华德·帕森斯的思想。詹姆斯·奥康纳吸纳了霍华德·帕森斯关于人与自然辩证关系的思想，从历史唯物主义的视角分析了资本主义生态危机。约翰·贝拉米·福斯特和保罗·伯克特继承了霍华德·帕森斯的思路，仔细研究了马克思的各种文本，为马克思丰富的生态思想做了辩护，并各自建立起自成一家的生态学马克思主义理论体系。其中，约翰·贝拉米·福斯特继承了霍华德·帕森斯的致思路径，继续挖掘马克思文本中的生态思想，成为美国生态学马克思主义的集大成者；保罗·伯克特则进一步发展了

① 参见 John Bellamy Foster, *The Ecological Revolution: Making Peace with the Planet*, NewYork: Monthly Review Press, 2009, p.236。

马克思关于生态危机与自然、社会及其关系的思想。

（一）人与自然辩证统一的历史关系

霍华德·帕森斯在 1977 年出版的《马克思和恩格斯论生态学》一书中坚定地认为马克思和恩格斯具有非常明显的生态思想，并进行了系统的总结和阐发，全书几乎一半的篇幅在列举马克思和恩格斯有关生态问题的论述。霍华德·帕森斯对马克思生态思想中的自然主义进行辩护，并关注自然在历史发展中的地位和作用，试图从生态学的角度重新解释马克思主义历史观，并将生态思想融入价值理论，以解决人类对自然的掠夺问题。从历史发展的视角，霍华德·帕森斯论述了马克思恩格斯关于人与自然的关系："马克思认为，在人类行动之前，自然以生存手段和劳动工具的形式为人类提供了财富，自然的物理条件也束缚着人类。"① 人和自然具有天然的辩证统一的关系。霍华德·帕森斯认为，马克思和恩格斯关于社会与自然的辩证关系的观点，即通过劳动与技术实现人与自然的物质转换，表明他们已经有了自己明确的生态学思想，并指出，在生态学概念提出和"生态危机"和"能源危机"发生之前，马克思和恩格斯就已经理解了生态学的方法。

马克思认为："自然界，就它本身不是人的身体而言，是人的无机的身体。"② 同时马克思也认为，劳动并不是财富的唯一来源，在劳动所生产的使用价值上自然也具有重要的地位。这样，霍华德·帕森斯根据自然在马克思思想中的重要地位和多维意义对马克思的生态思想进行自然主义的辩护，认为这主要体现在马克思唯物主义的科学立场上。

霍华德·帕森斯认为，在原始时代，自然"自发地"或"主动地"为人类提供资源，人类只需要很低的成本就可以获取，这使人类在思想上容易脱离与环境的联系，形成人控制自然的思维模式；而在封建时代，由于生产力水平较低，人只能被动地接受自然环境。这两个时代都未能在思想上建立人与自然的恰当联系。在资本主义时代，伴随着机器的出

---

① Howard L. Parsons, *Marx and Engels on Ecology*, London：Greenwood Press, 1977, p. 11.
② 《马克思恩格斯全集》第 42 卷，人民出版社，1979，第 95 页。

现，人类从自然中获取资源的能力大大提升，强化了自然的"自发性"和"主动性"，降低了人类的劳动成本，使人类控制自然的思维惯性也大大增强。资本主义时代对于自然的征服态度表现为一种绝对的支配。马克思恩格斯身处资本主义时代，能够深切地感受到这种态度。在霍华德·帕森斯看来，马克思和恩格斯在对资本主义的批判中，能够清晰地看到环境对人的自由全面发展的制约，必然不会在这样的时代背景下认同资本主义的人与自然关系。

霍华德·帕森斯认为，资本主义对自然的支配强调的是征服，"马克思恩格斯认为资本主义的'策略'是'征服'自然以满足人类的需求"①，征服强调的是人对自然单方面的获取，将负面的影响全盘抛给自然。而马克思恩格斯更强调的是一种合理的控制。自然与社会的关系辩证统一地贯穿在马克思对劳动、阶级斗争和社会演变规律的分析中。这种辩证统一关系的核心就是合理地控制自然。霍华德·帕森斯认为，这种合理的控制，与"征服"的本质区别就在于控制的目的和方式不同。马克思所言"对自然的支配"，不等同于剥削、干涉，而是关注自然对人类的影响。

人类对自然的主要控制方式就是劳动。马克思在《资本论》中指出，物质变换过程就是新陈代谢的过程，代表了人与自然的交互。在霍华德·帕森斯看来，这种交互机制既有按自然规律合理地利用自然的路径，也有克服不合理的生产关系这一路径。从目的来说，自然的作用在于满足所有人的需要，而资本主义生产方式过多地满足了资本家的片面需求，由此导致的生态危机却需要人类共同承担。马克思恩格斯谋求的是人类对自然的"共同控制"。霍华德·帕森斯还提到，人的创造力是负熵，而自然界的运动是一个熵增的过程，即一个混乱程度逐步增加的过程，人也身处熵增的自然界运动之中。人的创造力的根本作用在于减少这种混乱，实现自然界的和谐，其中包括人与自然的和谐。

---

① Howard L. Parsons, *Marx and Engels on Ecology*, London: Greenwood Press, 1977, p. 67.

（二）构建新型的人类中心主义

非人类中心主义者在不完全考虑人类的利益情况下遵循关注生态的道德律令和自发愿景，将生态环境作为理论和实践的追求。

霍华德·帕森斯编写了《马克思和恩格斯论环境保护》，通过引述马克思和恩格斯在生态、环境、自然及对资本主义的批判等方面的言论来证明马克思思想的生态性。马克思的生态思想主要表现在自然界对人及其劳动的第一性和优先性、人合理地运用科学技术改造自然、自然界本身是辩证发展的、人与自然通过劳动实践实现相互转化等方面。霍华德·帕森斯指出："马克思和恩格斯有确定的（尽管不是充分详尽的）生态学观点，对他们来说，政治生态学和政治经济学是不可分割的。既然劳动人民和自然都受到阶级统治剥削，所以它们都将解放于阶级统治而获得自由。"[1] 于是，以人类中心主义价值观为基础的生态学马克思主义对这些挑战作出了积极回应，提出历史唯物主义足够阐释当代生态问题和提供解决的办法。

霍华德·帕森斯认为，马克思和恩格斯是非人类中心主义者而不是生态中心主义者，他们对环境污染等生态危机的界定转向了人类社会内部，"环境污染是整个系统的内在结果，所有从事生产和分配的人们也从事着污染"[2]。由此可见，马克思恩格斯所崇尚的既不是人类中心主义也不是生态中心主义，而是一种中立主义或超自然主义。

霍华德·帕森斯对马克思和恩格斯是非人类中心主义者的认识还源于对马克思劳动理论的解构。马克思认为，人的劳动本质上是根据人的目的调控的新陈代谢过程，包括有目的的活动或劳动者、劳动对象和劳动材料。从人的目的的角度来分析，马克思劳动理论的确呈现了人类中心主义的色彩，人类向自然注入目的、具有支配自然的意愿，从而进一步使自然屈从于人的意志。但霍华德·帕森斯另辟蹊径，深刻把握新陈代谢过程的意义，认为新陈代谢具有同化外部物质和将获得的物质异化

---

[1] Howard L. Parsons, *Max and Engels on Ecology*, London：Greenwood Press, 1977, p. 76.

[2] Howard L. Parsons, *Max and Engels on Ecology*, London：Greenwood Press, 1977, P. 13.

到外部两条路径。从人的方面来看，劳动对象只能是外在的、暂时的、偶然的；从自然质料的方面来看，自然质料虽然要进入人类社会、被赋予人的属性，但并不会因此被消解，向原初自然回归的运动始终在进行。霍华德·帕森斯套用马克思提出的中性"产品"概念，认为产品在第一条路径中被制造出来，在第二条路径中被分解消失，但自然质料始终存在，通过第二条路径成为"自由体"，认为人类在对自然的现实支配过程中不能实现自己的中心地位。在具体的劳动实践中，人类虽然可以克服劳动目的中主客体的不平衡性，但在第一条路径上还远未达到绝对支配的程度，在第二条路径上也缺乏实践性。这充分说明认为马克思和恩格斯是人类中心主义者是一种误读。霍华德·帕森斯认为马克思主义一直存在自然主义或非人类中心主义的因素，但他并未由此延续下去。关于物质新陈代谢的生态思想在约翰·贝拉米·福斯特那里得到了进一步的发展。

马克思和恩格斯否定将人的内在价值作为自然价值，将道德关怀的对象扩大到人之外的自然界，并赋予自然界所有生物相等的自然权利。生态中心主义强调地球生态系统的整体性和优先性，主张建立生物与人平等的伦理道德，认为人类中心主义主导的伦理道德体系根本就不能解决生态问题，应当建立"自然价值"和"自然权利"。此外，生态中心主义缺乏对技术的信任，认为人类中心主义主导的科学技术是造成生态危机的根源。霍华德·帕森斯认为，马克思和恩格斯是非人类中心主义者但不是生态中心主义者，并与生态中心主义者完全不同；马克思和恩格斯的生态思想仍然处于历史唯物主义的分析框架下，虽尊重自然但未抑制人的地位和价值，也从未表达过人与生物或生态完全平等或臣服于生态系统的观点，不赞同人类与生态的对立关系；马克思和恩格斯在对自然的认识中，没有舍弃提升生产力的观点，反而认为提升生产力是历史发展的基础，人类不应该放弃科技而退居到乌托邦式的田园生活中去。霍华德·帕森斯坚持认为，马克思和恩格斯的思想并不存在"人学空场"，也不认同生态中心主义关于人类、科技与自然的对立关系，而是认为生态危机的根源是未能尊重人的基本价值观的资本主义制度。他指出："在资本主义制度下，人与自然的原始统一、制造业与农业的统一被破坏，人类在不可预见和有害的后果中突然改变自然。资本家的浪费，土壤枯竭，砍伐森林，破坏自然的物质循环，对自然贪婪的政策，忽视人类的福利，对自然和人类都是具有毁灭性的。"①霍华德·帕森斯对马克思和恩格斯的非人类中心主义和人类基本价值的阐释，有力地驳斥了对马克思恩格斯和马克思主义的批评。

霍华德·帕森斯认为马克思和恩格斯不是人类中心主义者而是超自然主义者，超自然主义是正确的本体论和科学的人类学，资本家是剥削劳动者和自然的"寄生虫"，资本主义对自然的征服是环境遭到破坏的原因。他主张用重新解释过的历史唯物主义分析人与自然的辩证关系，用社会制度解决现实的生态问题，通过生态解放与政治斗争的结合、人类合作以及国际合作三种途径来实现从资本主义到生态社会主义的转变。霍华德·帕森斯详细分析了历史上每一种生产方式所体现的人与自然相处的模式，并根据马克思主义的观点提出未来社会人与自然相处的模式，为我们呈现出人类历史与自然历史发展的具体图景。

霍华德·帕森斯深度挖掘马克思和恩格斯经典著作中的生态思想，从两个维度发展了马克思主义的生态思想。一方面，霍华德·帕森斯深入探讨了马克思主义所认同的人与自然的关系，认为马克思主义所倡导的人与自然的关系并非"人与自然"单向度的征服型对抗性关系，而是一种和谐的关系，追求的目标是人类合理地控制自然。另一方面，霍华德·帕森斯系统地描述了马克思恩格斯的生态学立场并非人类中心主义而应从属于超自然主义，揭示了马克思和恩格斯对生态危机的预测是从自然视角出发指向人类社会内部，指出了马克思和恩格斯对劳动关注的重点是从人的意志向新陈代谢偏移，认为这种与自然的互动过程重现了人与自然的平等关系。由此通过生态解放和政治斗争相结合、构建全社会的生态联盟以及开展有效的国际合作来优化"人、社会、自然"三位一体的协调关系，谋求全人类对自然的共同的"合理控制"。

---

① Howard L. Parsons, *Max and Engels on Ecology*, London: Greenwood Press, 1977, pp. 169-170.

四 马克思生态思想的人道主义辩护

透过生态学马克思主义的理论建构工作，我们可以看到，生态学马克思主义继承了西方人道主义马克思主义哲学传统，即文化和历史走向。一是反对自然本体论，坚持在人的文化、历史层面上建构意识形态理论。为了论证文化的意识形态的首要性，西方人道主义马克思主义否定外部自然的哲学意义，竭力从马克思主义哲学中删除非人化的自然。生态学马克思主义把这一思想运用于对人与自然关系的说明，强调人与自然之间的文化、历史联系，以此建立人与自然关系的非决定论。这一思路，在詹姆斯·奥康纳那里，是以论证生产力与生产关系之间的技术和文化价值的有机统一性实现的，在福斯特那里，则是以论证自然异化实现的。二是紧密联系对资本主义社会形态的批判来阐发历史唯物主义的基本原理。①

以戴维·佩珀为代表的生态学马克思主义为马克思生态思想作了人道主义辩护，指出马克思主义是一种着眼于人类整体利益的人类中心主义，系统地阐发了历史唯物主义的生态意蕴。戴维·佩珀在其代表作《生态社会主义：从深生态学到社会正义》中强调，马克思的生态思想本身就是人类中心主义的，"它的确是人类中心论的，因为它对'自然'状态的关系不仅被视为主要是在社会中形成的，还是由传统的社会主义的人文主义关切引起的。因此，除了人类的需要外，它不认为有'自然的需要'，而且，正像它认为从本质上说共产主义社会不可能是在生态上不健全的社会一样，它宣称，一个适当的生态社会在本质上不能支持社会不公正。当发生利益冲突时，它也总是使人类的需要优于非人需要"②。

"人类不可能不是人类中心论的，人类只能从人类意识的视角去观察自然。因此，为了现实政治目的，生物平等论者的立场必须变得更加人类中

---

① 参见郭剑仁《生态地批判——福斯特的生态学马克思主义思想研究》，人民出版社，2008，序第3~4页。

② 〔英〕戴维·佩珀：《生态社会主义：从深生态学到社会正义》，山东大学出版社，2005，第340页。

心主义——尽管这是一种有益于自然的‘弱’人类中心主义，而不是一种把非人世界仅仅作为实现目标的手段的、可避免的‘强’人类中心主义。"① 面对生态问题以及处理人与自然的关系，人类的认识和处理方式只能是人类中心主义的，也就是说，人类只能而且必须从人类生存的角度去认识自然和改造自然，但这并不一定意味着人类对自然的杀戮和征服。马克思的生态思想是一种有益于自然的"弱"人类中心主义。"弱的含义上的人类中心主义是人类生存状态下的一种不可避免的特征。"②

戴维·佩珀强调人类中心主义的社会实践性。现代社会实践的人类中心主义旨在使人成为认识和行动的主体和客体，开发地球和人类实际能够达到的宇宙部分的自然界，以便发展自己的创造力和科学技术可能性，保证人类社会和自然界和谐发展的条件。戴维·佩珀认为避开人类的权利去奢谈自然的权利是毫无意义的，人与自然并不冲突，而现实中的人对自然的侵略和破坏并不是人的理性本性，而是资本主义制度造成的。③ 戴维·佩珀认为，人同自然的分离就是人同自身的一部分的分离，"我们不应该在试图超越自然限制和规律的意义上支配或剥削自然，但是，为了集体的利益，我们应该集体地支配（即计划和控制）我们与自然的关系"④。要构建人与自然的"合理关系"，就要通过重新建立一种新的集体控制的方式来处理人与自然的关系，这只能通过建立生产资料公有制来实现。因为生产资料即使不是我们与自然的关系的全部，也是我们和自然的关系中心。

戴维·佩珀认为要通过社会正义来实现人与自然的和谐。生态社会主义的人类中心主义是在不超越自然的限制和规律的前提下，通过建立集体控制的方式，有意识地调整人与自然之间的关系，其目的是保护集体利益，

---

① 〔英〕戴维·佩珀：《生态社会主义：从深生态学到社会正义》，山东大学出版社，2005，第50页。
② 〔英〕安德鲁·多布森：《绿色政治思想》，郇庆治译，山东大学出版社，2012，第51页。
③ 参见曾文婷等《"生态学马克思主义"与马克思主义比较研究》，社会科学文献出版社，2015，第66~67页。
④ 〔英〕戴维·佩珀：《生态社会主义：从深生态学到社会正义》，山东大学出版社，2005，第355页。

维护人类的整体利益和长远利益。而资本主义的人类中心主义是通过技术最大限度地控制和利用自然，实质上是一种技术中心主义，即表面上把人而实际上是把技术放在中心位置，其目的是保证资本家的个人利益。

"生态社会主义的人类中心主义是一种长期的集体的人类中心主义，而不是新古典经济学的短期的个人主义的人类中心主义。因而，它将致力于实现可持续的发展，既是由于现实的物质原因，也是因为它希望用非物质的方式评价自然。但从根本上说，后者将是为了人类的精神福利。"①

生态学马克思主义对马克思生态思想所作出的自然主义和人本主义的辩护，确实挖掘并彰显了马克思思想的生态意义，具有很大的合理性，但由于把马克思的自然概念和社会概念分割开来进行研究，就片面地理解了马克思的生态理论。马克思认为："这种共产主义，作为完成了的自然主义＝人道主义，而作为完成了的人道主义＝自然主义，它是人和自然界之间、人和人之间的矛盾的真正解决，是存在和本质、对象化和自我确证、自由和必然、个体和类之间的斗争的真正解决。它是历史之谜的解答，而且知道自己就是这种解答。"② 因此，马克思的生态思想是在社会与自然的辩证关系中理解自然的优先性地位，着眼于人类长远和整体利益，展开对资本主义的生态批判。

生态学马克思主义继承了西方人道主义马克思主义反对苏俄马克思主义把马克思主义哲学抽象为一般原理和方法的思想，强调马克思主义哲学是资本主义时代的批判理论。生态学马克思主义继而把这一思想运用于考察资本主义的消费社会，并指出，生态问题的实质，就是资本主义为了追求无止境的价值增长而鼓吹消费主义的结果。因为，消费主义必然引起过度消费、滥用资源，其结果，一方面是人的文化的异化，另一方面是自然的异化。由此可见，生态危机根源于资本主义生产本身，人类只有根除了资本主义制度，才能真正解决生态问题。从这一观点出

---

① 〔英〕戴维·佩珀：《生态社会主义：从深生态学到社会正义》，山东大学出版社，2005，第340页。

② 马克思：《1844年经济学哲学手稿》，人民出版社，2000，第81页。

发，生态学马克思主义就把生态问题作为资本主义社会的特有现象而纳入历史唯物主义的课题之中。

生态学马克思主义在继承的同时又说明外部自然的异化，扬弃了西方人道主义马克思主义的封闭的历史唯物主义模式。在生态学马克思主义看来，西方人道主义马克思主义在以实践否定外部自然存在的同时，也以实践阻塞了人对外部自然的开放，把人的活动封闭于社会历史领域。这一缺陷注定他们的理论只能说明人与社会的异化现象，而不能作为生态学的理论，去说明自然的异化现象。生态学马克思主义理论就是对西方人道主义马克思主义理论的这一缺陷的克服。

第三节　历史唯物主义的生态学重建

以威廉·莱斯、本·阿格尔、詹姆斯·奥康纳和泰德·本顿等为代表的生态学马克思主义，认为历史唯物主义的确缺乏对生态维度的关注。尽管生态问题并不是历史唯物主义的核心问题，但是历史唯物主义和生态学并不矛盾，生态学马克思主义可以通过改造历史唯物主义开启其生态维度，对历史唯物主义进行批判性重建，同时，也可以根据新的历史条件拓展历史唯物主义理论视域，使之与生态学相适应。"由于马克思主义早于生态危机成熟一个世纪出现，我们相信它对生态的认识是有缺陷的，对我们社会的指导是不全面的。因此我们需要把马克思主义变得更充分，更完整地发挥它指导自然和人性的潜能。"①

一　开启历史唯物主义的生态研究范式

威廉·莱斯和本·阿格尔从历史唯物主义视野基于人与自然关系考察人的生存方式，以对现代工业社会人的生存方式的批判与重构，即以消费异化补充劳动异化、以新的需求结构修补马克思需求理论、用生态

---

① 〔美〕乔尔·科威尔：《自然的敌人：资本主义的终结还是世界的毁灭？》，杨燕飞、冯春涌译，中国人民大学出版社，2015，第7页。

危机取代经济危机，促进了北美马克思主义和社会主义变革，开启了生态学马克思主义新的研究范式，试图将马克思主义理论绿色化，对马克思主义进行生态学重建。

（一）以生态危机取代经济危机

经典马克思主义认为资本主义的主要危机是生产领域中的经济危机，认为资本主义基本矛盾，即生产社会化与生产资料资本主义私有制之间的矛盾，最终决定了资本主义个别企业生产的有组织性和整个社会生产的无政府状态的矛盾，以及生产无限扩大的趋势与劳动人民购买力相对缩小的矛盾。随着资本积累和再生产规模的不断扩大，这两种矛盾不断激化，将必然引发经济危机，造成产品的相对过剩、劳动者的赤贫和资本主义生产的停滞，极大破坏了资本主义的生产力和生产关系，最终必然引发无产阶级革命。

威廉·莱斯对西方资本主义社会"控制自然的意识形态"进行了重点批判，将科学技术对生态环境的负面作用归为资本主义意识形态对科学技术的利用，并从此将马克思主义作为资本主义意识形态的对立物，开始运用生态学理论补充马克思主义理论，试图运用补充和修正之后的马克思主义理论分析和解决资本主义社会的生态环境问题，并在西方发达资本主义国家中创立了生态学马克思主义，实现了从科学技术批判到资本主义制度批判的生态学批判转向。

20世纪70年代末，本·阿格尔在第一次系统重建马克思主义时，认为马克思所说的经济危机已经转化为当下的生态危机。本·阿格尔重建了马克思的危机理论，提出了"生态学马克思主义"理论，重启了马克思主义的生态视域。我们可以把他对马克思主义的第一次重建视为其整个生态学马克思主义思想的正式呈现。这次重建也是本·阿格尔首次系统地提出自己的马克思主义观和社会主义观。他在提出其"生态学马克思主义"理论时，持有强烈的乐观主义，但随着时代变迁以及他本人思想的发展，他再次感到马克思主义，尤其是作为马克思主义或历史唯物主义的法兰克福学派批判理论，还需要进一步回应那些源于马克思主义内部与外部的各种理论挑战。

在坚持马克思的辩证方法与法兰克福理论家的批判理论框架的基础上，本·阿格尔于20世纪90年代初又着重吸收了后现代主义与女权主义等理论的积极因素，把法兰克福学派的批判理论又重建为女权主义后现代批判理论。这次重建是他对马克思主义的第二次系统重建。本·阿格尔在这次重建马克思主义的过程中，整合了法兰克福学派的批判理论、后现代主义与女权主义，推进了批判理论的发展，延续并深化了其早期的生态学马克思主义思想。本·阿格尔认为，马克思主义的危机理论不仅要关注生产中利润率趋于下降而导致的经济危机，还要关注生产导致的人与自然关系异化的生态危机。他认为："马克思主义并不是决定论。因为它主张用致力于社会主义阶级激进主义的工人的自由意志去把握深刻的经济危机并把资本主义转变为社会主义。"①

威廉·莱斯和本·阿格尔虽然不承认马克思主义具有生态学思想，但是都保持了马克思主义对资本主义的批判精神和批判方法。威廉·莱斯和本·阿格尔的生态危机理论就是建立在马克思的资本主义危机理论的分析方法之上的，是对马克思的资本主义危机理论的"补充"。威廉·莱斯和本·阿格尔认为，必须根据资本主义发展过程中的新危机对资本主义进行批判，而这种新危机就是超越了个人或者阶级利益的生态危机。在资本主义基本矛盾日趋缓和的情况下，资本家受资本积累的利益驱动，不断采用先进的科学技术加强对自然界和无产阶级的开发和掠夺；同时，为了维护资本主义的扩大再生产，资本主义在改善无产阶级的福利待遇之外，还通过消费贷款、广告等多种形式鼓励和刺激无产阶级进行消费，提高无产阶级的购买能力和欲望，由此，资产阶级的生产和无产阶级的消费同时形成不断扩张的趋势。资本主义国家的合法性就这样通过不断提供消费品而得以存在和维持，而这些消费品对于广大的无产阶级来说多数属于奢侈品，无产阶级通过消费具有等级标志的奢侈品来补偿自己艰辛的劳动，使自己的心理得到满足。由于新科学技术革命的出现，资

---

① 〔加〕本·阿格尔：《西方马克思主义概论》，慎之等译，中国人民大学出版社，1991，第2页。

本主义生产能力的飞速发展和奢侈品的持续提供，虽然挽救了资本主义暂时灭亡的命运，但是对整个人类的生存环境造成了严重破坏。资本主义成为消费品的代名词，而这些消费品或者奢侈品是以不可再生资源的枯竭、动植物的灭绝、土地的沙漠化、环境污染、气候变暖等生态灾难为代价的。因此，本·阿格尔总结道，资本主义危机已经从生产领域转移到消费领域，经济危机在可预期内不可能发生，但是，资本主义高生产和高消费导致的生态危机严重地威胁着整个人类自身的生存，生态学马克思主义"把矛盾置于资本主义生产与整个生态系统之间的基本矛盾这一高度加以认识"①，生态危机已经取代经济危机。

（二）消费异化直接导致生态危机

本·阿格尔的生态学马克思主义理论源于对马克思辩证法中的异化理论、内在矛盾理论、危机理论与赫伯特·马尔库塞的技术批判理论以及威廉·莱斯自然的解放和人性的解放思想的深度反思，是当代资本主义经济条件下危机深重与西方生态运动和绿色政治发展的时代产物。本·阿格尔提出以生态危机理论替代经济危机理论来补充和丰富历史唯物主义。

本·阿格尔通过对资本主义危机理论进行重新审视，提出"异化消费"和"期望破灭了的辩证法"两个核心概念，进而发展出相应的辩证法理论并对生态社会主义的经济、政治及其实现形式等进行重新建构。

面对资本主义的生态危机，生态学马克思主义认为，资本积累固然是生态危机的最终原因，但是，无产阶级的消费观念和消费方式也负有不可推卸的责任。因为，当今无产阶级的消费不再是马克思所认为的维持其生命和生活的需要，而是一种病态的奢侈品消费，正是无产阶级对奢侈品的病态消费维持了资本主义的扩大再生产，才使资本主义经济危机被生态危机所代替。为了解释和解决这种病态的消费方式，生态学马克思主义者根据马克思的异化劳动理论，构造出异化消费理论的概念，为生态危机寻找直接的原因。

---

① 〔加〕本·阿格尔：《西方马克思主义概论》，慎之等译，中国人民大学出版社，1991，第421页。

　　在生态危机理论中，威廉·莱斯和本·阿格尔认为资本主义危机已经由生产领域转移到消费领域，因此，参照马克思的异化劳动理论，他们构造出当今资本主义的异化消费理论。异化消费就是指：无产阶级通过消费奢侈品以补偿异化劳动过程中的艰辛和痛苦，追求所谓的自由和幸福；资产阶级在控制无产阶级整个消费的过程中也被消费所控制，因此整个资本主义社会被消费品异化。在资本主义社会中，科学技术的进步、福利制度的完善和消费贷款等货币政策的改善并没有改变无产阶级的雇佣劳动本质，劳动的破碎化、被动化和外在化等属性仍然存在，劳动对于无产阶级来说仍然是单调、乏味和无聊的过程，是缺乏自由和创造力的出卖自己的过程。因此，无产阶级便从生产领域转向消费领域，在消费领域获得创造性和自由，因为在当今资本主义社会中，只有消费而不是劳动才能体现无产阶级的主体性，只有在消费中而不是在劳动中无产阶级才能够体会到幸福，无论消费是否需要，消费都成为无产阶级的避难所。对于资产阶级而言，只有不断地提供各种奢侈品，资产阶级的资本积累和扩大再生产才能够维持下去；也只有不断提供各种奢侈品，才能加强对无产阶级的政治控制。因此，资产阶级通过控制科学技术使之服务于奢侈品的生产，通过广告和媒体刺激引导无产阶级消费奢侈品。通过向社会提供奢侈品而不是满足人类生活的必需品，资产阶级获得对生产和消费的控制，消除了经济危机，资本主义暂时获得政治上的合法性。但是，异化消费引起的生态危机比经济危机具有更大的破坏性。由于生态系统的有限性和资本主义生产能力的无限性之间存在不可调和的矛盾，如果任其发展，必将使生态系统和资本主义的生产能力同时遭到致命打击，威胁到整个人类自身的存在。

　　危机的趋势已经转移到了消费领域，出现所谓的"异化消费"，即"为补偿自己那种单调乏味的、非创造性的且常常是报酬不足的劳动而致力于获得商品的一种现象"①。

---

　　① 〔加〕本·阿格尔：《西方马克思主义概论》，慎之等译，中国人民大学出版社，1991，第 486 页。

本·阿格尔能够在继承和坚持马克思主义理论特质的基础上，富于创造性地运用马克思主义的范畴，但是在随后的发展过程中，本·阿格尔的生态学马克思主义理论逐渐背离了历史唯物主义的基本原则。他回避资本主义社会的基本矛盾，将人的解放问题首先归结为改变资本主义的生产形式和消除生产过程与消费过程中的异化，而不直接涉及资本主义生产关系尤其是生产资料所有制的革新问题。此外，他又将革命动力建立在具有浓厚主观色彩的个体需求结构及"期望破灭了的辩证法"的需求变化上，而不是建立在工人阶级的革命实践的基础上，由此本·阿格尔在社会变革主体的现实力量问题上注定会走入理论困境。

本·阿格尔尽管在迄今的学术历程中多次试图重建马克思主义，但是他始终认为马克思主义不是教条，而是一种方法。本·阿格尔也强调马克思主义的目的在于追求人与自然的全面解放，是一种理论与实践相统一的范式，是一种全面批判资本主义社会中各种不平等和非正义现象的社会理论。马克思主义仍然是当今时代的思想，是可以用来解释资本主义、殖民主义、种族主义、性别歧视、支配自然等社会问题的唯一最具生命力的哲学。马克思主义的理论特质，也决定了它分析资本主义生态问题的适切性。

总体上来说，生态学马克思主义者都强调历史唯物主义和生态学之间不构成矛盾冲突关系，但他们在理论观点上也存在差异。詹姆斯·奥康纳和本·阿格尔等强调历史唯物主义只存在潜在的生态学视域，缺乏系统的生态学理论，但可以根据历史唯物主义的理论与实践相统一的辩证法，对历史唯物主义进行修正和重构，开启其生态视阈。"劳动中缺乏自我表达的自由和意图，就会使人逐渐变得越来越柔弱并依附于消费行为。"①

二 重构历史唯物主义的生态视域

"马克思主义的政治经济学（就像马克思主义的一般理论一样）并不

---

① 〔加〕本·阿格尔：《西方马克思主义概论》，慎之等译，中国人民大学出版社，1991，第493页。

具有明显的生态思维的痕迹。"① 有学者提出，马克思对生产方式的阐述特别是对生产力和生产关系的概念解释缺失"自然"和"文化"维度，导致历史唯物主义存在一定的"生态空场"。正是基于对历史唯物主义存在"生态空场"的判断，詹姆斯·奥康纳开启了一条重构具有生态维度的历史唯物主义的理论探索之路。

（一）自然维度的缺失

在生态问题出现的理论根源上，詹姆斯·奥康纳认为在传统的历史唯物主义理论体系中"自然"没有应有的位置，相反，历史唯物主义在"自然"问题上有双重缺陷：一方面是"自然"观念本身有着重大的缺陷；另一方面是"只给自然系统保留了极少的理论空间"。

在历史唯物主义的经典阐述中，关注物质生产方式、生产力与生产关系，主要是生产方式，或者说是对劳动者的剥削方式决定物质生产和自然界关系。因此詹姆斯·奥康纳认为历史唯物主义的传统解释强调的是人类怎样改变自然，怎样战胜自然，更加凸显自然的人化，相较之下轻视了自然对人类的影响以及人类历史的自然化方式，因此造成"丰富的生态感受性在马克思主义思想中的缺失"②，使自然在其中没有获得应有的地位。"历史唯物主义事实上只给自然系统保留了极少的理论空间，而把主要的内容放在了人类系统上面"③，尤其是，自然界的自主运作性这一既能有助于又能限制人类活动的力量却越来越被遗忘或者被置于边缘位置。因而，用生态学观点对传统历史唯物主义重建是必要的趋势。

在詹姆斯·奥康纳看来，"自然"在资本主义启蒙思想家眼中就是"物质世界的整体"，一种事物的集合体，可以随意拆分的商品。对"自然"的这种界定在欧洲漫长的发展中逐渐取得主导地位，从而使

---

① 〔美〕詹姆斯·奥康纳：《自然的理由——生态学马克思主义研究》，唐正东、臧佩洪译，南京大学出版社，2003，第193页。

② 〔美〕詹姆斯·奥康纳：《自然的理由——生态学马克思主义研究》，唐正东、臧佩洪译，南京大学出版社，2003，第6页。

③ 〔美〕詹姆斯·奥康纳：《自然的理由——生态学马克思主义研究》，唐正东、臧佩洪译，南京大学出版社，2003，第7页。

"自然"被理解为被动的、惰性事物的堆积。关于"自然"概念的另一种含义是"人的初始状态"和"自然景观"。这是对工具启蒙主义阐释的反驳，主要流行于 19 世纪，并成为浪漫主义运动的核心概念。现代自然观的极端形式是"荒野的""原始"概念，其标志着自然的彻底被动性。

詹姆斯·奥康纳认为应该把"自然概念"的变革与资本主义社会日常生活客观实践方面的革命性转变放在一起考虑，且"自然"概念还应具有"条件"和"环境"的含义，应被理解为作为前提而存在的必需之物，"人类是依赖于对生命构成影响的外在'条件'，即环境或'自然'的"①。在历史唯物主义的经典阐述中，决定物质生产和自然界关系的，主要是生产方式，或者说是对劳动者的剥削方式，而不是自然环境的状况和生态的发展过程。

詹姆斯·奥康纳认为自然具有两个重要特征，一是"自然界之本真的自主运作性"②；二是"自然的终极目的性"。对这两个特征的忽视或否定，导致传统历史唯物主义理论体系"自然"地位的缺失。

所谓的"自然界之本真的自主运作性"，是说"在人类通过劳动活动改造自然界的同时，自然界本身也在改变和重构自己"。自然界的这一特征，使得人类社会历史就是"一个在生产过程中人类的力量和自然界本身的力量相互统一在一起的发展过程"③。詹姆斯·奥康纳认为，历史唯物主义没有（或只在很弱的意义上）建立在劳动过程中生态的和自然界之自主过程（或"自然系统"）的自然理论。

所谓的"自然的终极目的性"，就是说自然界本身的存在就是它自身的最终目的，这一目的具有无条件的至上性。由于缺少"自然的终极目

---

① 〔美〕詹姆斯·奥康纳：《自然的理由——生态学马克思主义研究》，唐正东、臧佩洪译，南京大学出版社，2003，第 39 页。

② 〔美〕詹姆斯·奥康纳：《自然的理由——生态学马克思主义研究》，唐正东、臧佩洪译，南京大学出版社，2003，第 7 页。

③ 〔美〕詹姆斯·奥康纳：《自然的理由——生态学马克思主义研究》，唐正东、臧佩洪译，南京大学出版社，2003，第 63 页。

的性"观念，传统历史唯物主义只把自然当作生产、生活随意攫取的资源和驯化的对象。因此詹姆斯·奥康纳认为，经典历史唯物主义理论突出了"人化自然"，却未强调人类历史的自然化方式以及自然界的自我转型问题。否定"自然的终极目的性"的最为典型的当数亨利·列斐伏尔（Henri Lefebvre），他一方面说自然界是"自为"的，另一方面又说它是"无动于衷"的，在他眼里，"自然界只不过是人的行为的对象"。自然界自身目的性的否定性确证，可以用威廉·莱斯的"外部自然的反抗"[①] 来理解。基于上述思想，詹姆斯·奥康纳对历史唯物主义重建的方向做了明确规定，即"探寻一种能将文化和自然的主题与传统马克思主义的劳动或物质生产的范畴融合在一起的方法论模式"[②]。沿着这一方向，詹姆斯·奥康纳对生产力和生产关系做了重新解读。

（二）文化维度的引入

生产力与生产关系除了是自然的之外也是文化的，詹姆斯·奥康纳认为，传统马克思主义理论把文化只归为上层建筑，然而文化与经济基础是密切相关的，如果仅从劳动工具、技术和机械等因素来规定生产力和生产关系，必然导致"技术决定论"。

詹姆斯·奥康纳提出了重建历史唯物主义的任务，试图通过重建传统历史唯物主义来建立历史唯物主义与生态学的内在联系，以此来构建其生态学马克思主义的理论体系。詹姆斯·奥康纳指出，需要将历史唯物主义内涵进行延伸和扩展。一方面，历史唯物主义的内涵需要向外扩展到物质自然界之中。因为，人类的历史是以自然为前提的，自然界不管是"第一自然"还是"第二自然"的历史，都将会对人类历史产生影响。但反过来，自然也要受到人类历史的影响，这取决于具体的时代和环境的因素。因而，不能以气候或环境决定论或者种族主义来解释历史的变迁。另一方面，历史唯物主义还需要将其内涵向内浸润。因为，人

[①] 〔加〕威廉·莱斯：《自然的控制》，岳长岭、李建华译，重庆出版社，2007，第146页。
[②] 〔美〕詹姆斯·奥康纳：《自然的理由——生态学马克思主义研究》，唐正东、臧佩洪译，南京大学出版社，2003，第59页。

类在生物学维度上的变化以及社会化了的人类自身的再生产过程，不管在多大程度上被社会所调节和建构，都将对人类历史和自然界的历史产生影响。当然这也是依赖于不同的时代和环境背景的。但同时，也要警惕和避免生物决定论和性别主义的解释模式。

因而，历史唯物主义与生态学的结合不仅是必要的，还是可能的。为了重构马克思的生态学，詹姆斯·奥康纳提出生态危机与经济危机"双重危机"理论，生产力与生产关系的矛盾以及生产力和生产关系与生产条件的"二重矛盾"理论。詹姆斯·奥康纳从建构历史唯物主义与生态学之间的内在联系出发，反对那种对历史唯物主义的决定论式的解释，把"自然"维度和"文化"维度引入历史唯物主义的框架中，为马克思主义走向对资本主义的生态批判奠定了理论基础。基于上述思想，詹姆斯·奥康纳对历史唯物主义重建的方向做了明确规定，即探寻一种能将文化和自然的主题与传统马克思主义的劳动或物质生产的范畴融合在一起的方法论模式。沿着这一方向，他对"自然"和"协作"概念做了重新理解，对生产力和生产关系做了重新解读，并进一步厘清了自然、文化与社会劳动之间的辩证关系，从而建构了劳动、文化、自然三位一体的生态学马克思主义的历史观。

总之，詹姆斯·奥康纳认为，马克思是存在生态学思想萌芽的，应该重新树立对马克思主义的信仰，不应把马克思主义"当作一种有致命缺陷的理论、一次失败的思想努力、一种类似于前苏联的那种并非真实存在的社会主义那样的东西"①。在詹姆斯·奥康纳看来，历史唯物主义仅蕴含潜在的生态思想，存在一定的生态空场。正是基于对历史唯物主义存在生态空场的判断，詹姆斯·奥康纳开启了一条生态重构历史唯物主义的理论探索之路。就生态重构历史唯物主义的具体路径而言，詹姆斯·奥康纳以构建自然、劳动、文化三位一体理论为生态重构的基点；以提出资本主义的第二重矛盾，进而展开资本主义生态批判为生态重构

----

① 〔美〕詹姆斯·奥康纳：《自然的理由——生态学马克思主义研究》，唐正东、臧佩洪译，南京大学出版社，2003，第1页。

的核心；而生态重构的落脚点是实现以生产性正义为导向的生态社会主义。应当说，詹姆斯·奥康纳的重构工作凸显了自然和文化因素在历史唯物主义中的地位，提出的资本主义第二重矛盾为分析生态问题提供了一个新的理论框架，并由此拓展对资本主义批判的广度。在马克思主义受到质疑的背景下，詹姆斯·奥康纳也没有背弃马克思主义，而是坚守马克思主义的理论价值，并坚信社会主义制度在克服生态危机上的优越性，认为值得对其充分肯定。然而必须指出，詹姆斯·奥康纳因未能完整和准确理解马克思的自然概念，故贬低了其在分析和解决生态问题中的重要价值。其由于强调多元因素决定论，进而犯了主次不分的错误。过分夸大资本主义第二重矛盾的作用，从而将主要矛盾与基本矛盾混为一谈，偏离历史唯物主义的基本观点。在对生态社会主义的构建中，仍停留于浅层次的思考，既未真正触及资本主义生产资料私有制，也未提出切实可行的行动方案，离马克思所强调的批判性和实践性相差甚远。

三 对历史唯物主义的绿色"构建"

以生态中心主义价值观为基础的生态学马克思主义针对历史唯物主义与生态学的相关性、人类中心主义、"控制自然"的观念、自然极限的思想等问题向历史唯物主义提出了生态学挑战，力图对历史唯物主义进行"绿色的"补充和修正。生态中心主义的价值立场的代表人物泰德·本顿认为历史唯物主义与生态学之间存在断裂，必须"绿化"历史唯物主义，建构一种具有生态维度的历史唯物主义，以便充分发挥其分析和解决生态问题的有效性。

泰德·本顿认为，历史唯物主义从根本上说忽视了生产力的质的维度，片面地把生产力的本质理解为量的增长即生产率的提高，这实质是一种反生态的工业主义，在实践中会导致对自然资源的掠夺性使用和环境污染从而破坏生态。泰德·本顿也不赞成对自然概念的还原主义的生态化理解，指出那种返璞归真的田园生活实际上是一种生产力水平比较低的部落群体生活。我们始终无法解决我们应该回到哪一个时代的自然，我们回到的自然是否为一个正确的自然等问题，所以自然的问题不能简单地运用重返自然的方式加以解决。泰德·本顿更反对主客二元思维模式下形成的"支配自然"的观念，因为居于主导地位的一方被看作"社会政治解释中的终极原因"或者"不证自明的理论前提"，而处于弱势地位的一方却会被忽视。因此以这种不对等的关系看待人与自然的关系，势必会形成人对自然的支配与控制、统治与被统治的观念和局面。

泰德·本顿详细地研究了自然，并对自然进行了二维划分，一个是表层次自然，另一个是深层次自然。表层次自然是我们周围可以观察到的世界，我们可以体验到的生态系统的特征，在这一层面上，像森林、湖泊和雷雨霜雪等各种实体的存在不仅能给我们带来感官上的审美和愉悦，还可以通过我们有目的、有意识的活动对其进行改造和保护。深层次自然是我们无法直接观察到的和进行改造的自然，在我们身体内部和我们周围的非人世界之中存在许多诸如水溶解和能量辐射的过程，有些过程可能是我们的肉眼无法观察到的，有些过程可能是我们凭借任何工具和手段永远也无法观察到的。除此之外，还有一些自然过程之中的规则和机制也是根本无法观察到的，这些看不到的实体、过程、规则和机制直接决定我们对自然施加干预的限度和可行性。

这种划分方法具有很大的辩证性，既承认人类改造自然能力的客观性，即它体现在对表层次自然的认知和改造上，又没有片面夸大人的改造能力，看到了人类改造能力的有限性，即它会受到深层次自然的限制，受到控制自然过程中不可见的规则和机制的约束。正是通过对自然的划分，泰德·本顿才对马克思抽象的劳动过程概念进行了分析，强调了不可操控的自然条件对生产改造型劳动过程的制约。但是，这并不意味着马克思主义理论已经过时，不意味着它无法适用于对现代生态问题的根源揭示和具体路径阐释。泰德·本顿根据马克思和恩格斯原有的生态思想，着手从生态学维度对其进行建构，倡导建立一种具有生态可持续性的历史唯物主义。马克思和恩格斯著作中所体现的生态思想为这种建构提供了可能性。泰德·本顿以马克思恩格斯著作中的一些生态观点为原材料对历史唯物主义进行生态维度的建构。

恩格斯指出："我们每走一步都要记住：我们决不像征服者统治异族人那样支配自然界，决不像站在自然界之外的人似的去支配自然界——相反，我们连同我们的肉、血和头脑都是属于自然界和存在于自然界之中的；我们对自然界的整个支配作用，就在于我们比其他一切生物强，能够认识和正确运用自然规律。"① 恩格斯在批判达尔文主义时，就使用了一个比泰德·本顿批判的改造型生产概念更广泛的一个生产概念，并且他进一步将采集和生产加以对比，把生产设想成人类准备自然本身没有提供的生活资料的一切活动。

这一做法与自然和社会的相互作用相适应，与调节型模式和支配的、控制的和改造的模式相一致。马克思在《资本论》中也有相关的论述："这个自然必然性的王国会随着人的发展而扩大，因为需要会扩大；但是，满足这种需要的生产力同时也会扩大。这个领域内的自由只能是：社会化的人，联合起来的生产者，将合理地调节他们和自然之间的物质变换，把它置于他们的共同控制之下，而不让它作为一种盲目的力量来统治自己；靠消耗最小的力量，在最无愧于和最适合于他们的人类本性的条件下来进行这种物质变换。"② 泰德·本顿指出，马克思的这段论述可以进行双重解读：一方面，它有努力征服和控制自然的倾向；另一方面，它强调了自然之间进行物质交换的必要性，把自然置于人类的共同控制之下，并非为了彰显人对自然的绝对无限的统治权，而是为了避免自然的盲目性，这就和将生态上的自我调节纳入其意向性结构的、与自然相互作用的形式的思想非常一致。马克思关于资本主义农业对土壤肥力产生有害影响的论述也充分证明了这一点："资本主义生产通过破坏这种物质变换的纯粹自发形成的状况，同时强制地把这种物质变换作为调节社会生产的规律，并在一种同人的充分发展相适合的形式上系统地建立起来。"③

---

① 《马克思恩格斯文集》第9卷，人民出版社，2009，第560页。
② 《马克思恩格斯文集》第7卷，人民出版社，2009，第928~929页。
③ 《马克思恩格斯文集》第5卷，人民出版社，2009，第579页。

通过上述马克思和恩格斯的论述，泰德·本顿认为，马克思和恩格斯确实都认识到了自人类社会产生以来，自然给定的条件和他们的社会活动面临限制的超历史的必然性。① 他认为，马克思和恩格斯有的作品提到了将生态可持续性作为支配社会主义农业的、调节社会生产的规律，需要用一种面向自然的态度，将人的生命活动看作内在审美的、知识的和精神的完美源泉，以此来取代资本主义社会中人与自然条件、背景、对象之间的表面的工具主义的关系。

总之，泰德·本顿以马克思主义的生态思想为基本的原材料，深刻剖析了历史唯物主义与生态学的相关性，对人与自然的关系进行深刻反思。透过泰德·本顿对历史唯物主义的绿色建构，我们始终无法分清其所坚持的唯物主义是不是马克思始终坚持的历史唯物主义。一定意义上讲，他坚持的唯物主义有自然主义之嫌，甚至不自觉地滑向了他自己反对的还原论的自然主义。这种"自然主义"的唯物主义是在割裂自然与社会的基础上对历史唯物主义的片面解读，因而，它从根本上偏离了历史唯物主义的本真含义。美国生态学马克思主义者保罗·伯克特在《马克思和自然》中指责泰德·本顿对马克思劳动过程概念的不合理区分，将马克思术语使用的偏好误认为是概念的吸收，忽视了马克思在资本主义地租的分析中对生态调节型劳动过程的论述。在全球面临生态问题和环境问题的背景下，他不仅以马克思主义的批判精神和方法论为指导，补充和发展了马克思主义的基本概念，而且实现了历史唯物主义的生态建构。这既为生态运动和生态文明建设指明了马克思主义的理论导向，摆脱了对历史唯物主义的教条化理解；又成为推动马克思主义理论创新的重要尝试，激活了历史唯物主义的当代生命力。

① 参见 Ted Benton, "Marxism and Natural Limits: An Ecological Critique and Reconstruction," *New Left Review*, No.178, 1989, pp82-83。

第四章 历史唯物主义中"自然观"的批判与重建

从某种意义上来说,历史唯物主义重建意味着对社会—历史的重新定位,这种定位的预设内在地包含着对"自然"概念的重新理解,即如何理解自然、人和社会之间的关系。西方马克思主义者认为历史唯物主义更强调的是人的实践(劳动),而自然是非批判的。这种否定"自然"在历史唯物主义中是批判对象的思想激发了生态学马克思主义对自然与人类社会关系的思考,这种思考指出"自然"在历史唯物主义中没有得到它应有的位置与重视,尤其提出了什么是自然,自然与人的活动、与人类社会之间有什么关系,马克思到底有没有现代生态学意义上的自然观,如何解释当代社会面临的生态危机,历史唯物主义是否承认自然的极限等问题。这就要求历史唯物主义的理论视野必须拓展到对自然系统与人类系统之间的辩证关系的合理说明和完整阐释上,同时应当有效寻找"自然"的历史唯物主义理论空间。

第一节 自然概念的理解史

"自然"概念是生态学马克思主义的一个核心概念,对"自然"概念的理解直接影响人们对待、利用自然的不同态度和方式。围绕自然与人类社会的关系这一主线,生态学马克思主义者从对自然观念的批判反思开始,逐渐深入,对历史唯物主义中的劳动、生产力与生产关系以及异化理论和危机理论等进行了生态维度的阐释,其目的就是阐发历史唯物主义的生态内涵,并以此为理论依据解释并解决当前生态危机这个最大的现实困境。

一 哲学史上各种各样的自然概念

自然（nature），来源于拉丁文"nasci"，源于词根 gene，是希腊语 physis 的翻译，意为生育、出生、生长、生产，表示事物的变化生长过程。广义指自然界和人类社会的活动，狭义指自然界。[①] "自然"一词，是指事物自己生长、发展、变化的状态，也指事物"本来如此""天然如此"的一种状态。

古希腊的前苏格拉底的哲学家都致力于发现一种"始基"用以解释万事万物的生成与变化，其中有一种可贵的直觉，即感知到自然界是一个有着自身生命的、渗透着神性的、处于不断生长过程之中的有机体，世界中的万事万物都是从这一个有机体中生长出来的。中国古代的"自然"的原始含义主要是"自然而然"，没有什么比生命的诞生、成长更为自然的了，不需要理由。在朦胧混沌之中人与自然浑然一体。自然概念的含义具有多重性，主要有：包括人与社会在内的一切存在物即物质世界本身；区别于人类并与人类处于对象性关系之中的自然物体；作为"人的无机身体"的自然环境。

希腊思想家把自然中心灵的存在看作自然界规则（regularity）或秩序（orderliness）的源泉，而规则或秩序的存在使自然的科学成为可能。自然界不仅是一个运动不息从而充满活力的世界，而且是有秩序和有规则运动的世界，因此，他们认为，自然界不仅是活的而且是有理智的（intelligent）；不仅是一个自身有"灵魂"或生命的巨大动物，而且是一个自身有"心灵"的理性动物。[②]

柏拉图（Plato）把自然看作由永恒的理念世界所建立的变化的王国，有时也以自然指一个事物的生长，这就成为这个词以后做本性解释时的来源。亚里士多德（Aristotle）认为自然有五个特征：不是人工的创造

---

① 参见冯契、徐孝通主编《外国哲学大辞典》，上海辞书出版社，2000，第303~304 页。
② 参见〔英〕柯林武德《自然的观念》，吴国盛译，北京大学出版社，2006，第4 页。

物；不是永恒不变的；包含质料和潜能；具有内在的运动原则；具有形式和本质。这五个特征包括了柏拉图的两种意义在内。斯多亚学派认为自然是包括人与神的体系，没有东西是在自然以外的。亚里士多德首次将自然的含义由"本质""基质"扩展为过程的规律和趋势。

中世纪的爱留根纳（Johannes Scotus Eriugena）认为，自然是创造的部分与被创造的部分；神是创造者，也是最后的归宿，并采纳了新柏拉图主义的理念在创造中的作用的学说。中世纪对自然的了解来源于亚里士多德。亚里士多德提出的自然事物和理性事物的区分在中世纪被扩大使用，前者指自然界的事物，后者则指心灵中的东西，由此形成托马斯·阿奎那（Thomas Aquinas）所强调的自然物与超自然物。自然物是"第一原因"决定的一些次要原因的层次。奥卡姆（Ockham）强调自然层次完全依赖于上帝的意志。

自然界不再是一个有机体，而是一架机器：一架按字面意义和严格意义来理解的机器，一个被在它之外的理智心灵，为着一个明确的目的设计出来并组装在一起的躯体各部分的排列。文艺复兴的思想家像希腊思想家一样，把自然界的秩序看作理智的一个表现，只不过对希腊思想家来说，这个理智就是自然本身的理智，而对文艺复兴思想家来讲，它是自然之外的某种东西——神性创造者和自然的统治者——的理智。这个区别是希腊和文艺复兴自然科学之间一切主要的差异。①

后来到15世纪至18世纪，在工业资本主义在欧洲的转型中，笛卡尔（René Descartes）、培根（Francis Bacon）、霍布斯（Thomas Hobbes）、洛克（John Locke）还有亚当·斯密等人带来了自然观念的革命。法国的笛卡尔认为，自然是占有空间的广延的物体，而有限的灵魂与上帝则在自然之外。荷兰的斯宾诺莎（Benedictus Spinoza）继承了斯多亚学派的把人与神都看作自然的观点，认为实体自然界和神是统一的，并以能生的自然和派生的自然的观点说明自然的运动变化。英国的洛克把自然看作实体的经验的对象，是独立存在的，但已有不可知的因素。贝克莱（George

———————

① 参见〔英〕柯林武德《自然的观念》，吴国盛译，北京大学出版社，2006，第6页。

Berkeley）把自然看成由上帝印在人们头脑中的一连串的观念，开创了把自然看成观念的理论。英国的休谟（David Hume）从其观念的联想理论出发，认为自然由我们认识中的观念材料形成，有一定的秩序，具有规律。但认为奇迹与观念规律不相符合，它是不可能的。德国的康德（Immanuel Kant）用自然指现象世界，认为自然由因果必然性的秩序表示，因果必然性构成现象界，自然不属于自在之物。但认为人的生命以超感觉的本体界为基础。黑格尔（Hegel）把自然界看成绝对观念的外化，是绝对精神的外壳与束缚。绝对精神是第一性的，而自然是派生的。在黑格尔那里，自然是绝对理念的外在化，即自然不是在其自身中自我规定的存在，而是呈抽象的一般形式的理念为复归其作为纯粹精神的自我所必须经过的外在化阶段。

法国唯物主义者与德国的费尔巴哈（Feuerbach）都把自然看成客观的物质的自然界，前者大多把自然与社会看成相互联系的体系，后者把自然界与人看作其体系的主要研究对象。费尔巴哈把观念论的唯心主义自然观颠倒为唯物主义的，强调自然是自身的原因，是一切科学的基础，是作为整体的非历史的匀质的基质。更重要的是，费尔巴哈把人视为一种经验的自然存在，不但以自然的质的多样性而且以作为感性的客观存在的人为课题。但遗憾的是，费尔巴哈的自然只是一种感性的直观物，具有纯粹自然性质的人也不是能动地、实践地而是被动地、直观地同自然的客观性相对立，人与自然的统一只与"人是自然所孕育"的有关，他没有看到自然界"不过是人的对象"，因而其自然观只是一种基于"纯粹自然"的朴素实在论，对人的人本主义强调也是抽象的，不足以解释社会历史的发展。

自然是"我们通过感官在感知中所观察的东西。在这种感觉—知觉中，我们意识到某种非思想的并对思想来说是自我包含的东西。这意味着，自然可以被认为是一个封闭的系统，其间的相互关系不需要'它们是被想到的'这一事实的表达。因此自然在某种意义上是独立于思想的"①。

---

① 〔英〕阿尔弗雷德·诺思·怀特海：《自然的概念》，张桂权译，译林出版社，2014，第2页。

于是怀特海（Alfred North Whitehead）说我们正在"同质地"想到自然。在现代欧洲语言中，"自然"一词总的来说是更经常地在集合（collective）的意义上用于自然事物的总和或汇集。当然，这不是这个词常常用于现代语言的唯一意义。①

二　马克思主义理论的自然范畴

马克思的"自然"概念有广义和狭义之分。广义的"自然"指的是整个物质世界，即整个宇宙中的一切存在物，大至宏观星系，小至微观粒子，包括自然界的事物与社会的存在，包括人的自然和人以外的自然，是客观存在物的总和。在进行比较狭义的理解时则专指没有进入人的实践活动之中的自在的自然，是作为纯粹的客观对象的具有独立实在性的实体，也称为第一自然。

狭义的"自然"是指与人类社会相对应的外部存在物，是人类实践活动所指向的对象，即与人相对（但不是对立）的自然界，即自为的自然，是进入人的实践活动之中，被人类活动加以改造的自然，也称为第二自然或人化自然，具有实践性、辩证性、现实性和批判性等基本特征。"人化的自然"又称为社会的自然，马克思用"人类学的自然""历史的自然"表达人对自然的认识，即被人类的实践活动所认识和改造的那部分自然。在狭义上使用时，自然与物质概念意义相近，恩格斯认为物质本身是纯粹的思想创造物和纯粹的抽象，当我们把各种有形存在的事物概括在物质这个概念下时，就把质的差异撇开了，就与特定的实存的个别事物不同。

只有在人与自然的辩证关系中理解"自然"范畴，才能真正地触及马克思哲学的核心问题和重要内涵。在《博士论文》、《1844 年经济学哲学手稿》、《德意志意识形态》、《资本论》、《哥达纲领批判》和《政治经济学批判大纲》中，马克思恩格斯对人与自然的辩证关系进行了深入的阐述。在《1844 年经济学哲学手稿》中，马克思指出了自然是人的一部

---

① 参见〔英〕柯林武德《自然的观念》，吴国盛译，北京大学出版社，2006，第 44 页。

分，同时人也是自然界的一部分，不仅外部自然作为人类社会存在发展的物质基础而存在，而且人类及其社会也作为自然界的一个子系统而存在，通过人类的劳动实践，人的自然和外部自然连接起来。在《德意志意识形态》中，马克思恩格斯认为，自然不仅仅是劳动的对象，也是精神生活的对象，人与自然是统一的。在《资本论》中，他提出新陈代谢的概念，认为劳动是人和自然之间新陈代谢过程。

从历史发展的进程来看，自然史的进程在时间上要先于人类史的进程，自然的存在对于人类的存在具有优先性。恩格斯认为，"人本身是自然界的产物，是在自己所处的环境中并且和这个环境一起发展起来的"①。自然界是客观存在的，是不以人的意识为转移的。它是人类产生的外部条件，如果没有外部自然环境，人类的产生是无法想象的。人类的产生是自然界发展到一定历史阶段的产物，是地球环境不断演化的结果。人的肉体是完全属于自然界的，人类是整个自然界物质循环系统的一个有机组成部分。"没有自然界，没有感性的外部世界，工人什么也不能创造。自然界是工人的劳动得以实现、工人的劳动在其中活动、工人的劳动从中生产出和借以生产出自己的产品的材料。"②人的生存与发展对自然具有依赖性。自然为人的生存提供了基本物质资料和生活资料，为人的发展提供了丰富的精神食粮。马克思指出，"人作为自然存在物，而且作为有生命的自然存在物，一方面具有自然力、生命力，是能动的自然存在物；这些力量作为天赋和才能、作为欲望存在于人身上；另一方面，人作为自然的、肉体的、感性的、对象性的存在物，和动植物一样，是受动的、受制约的和受限制的存在物"③。也就是说，人作为自然的产物，要受到自然界客观规律的约束，必须在自然规则的制约下获得自身的生存与发展，离开自然的供给，人类是无法生存的。"人（和动物一样）靠无机界生活，而人比动物越有普遍性，人赖以生活的无机界的范围就越

① 《马克思恩格斯文集》第9卷，人民出版社，2009，第38~39页。
② 《马克思恩格斯文集》第1卷，人民出版社，2009，第158页。
③ 《马克思恩格斯全集》第42卷，人民出版社，1979，第167~168页。

广阔……人在肉体上只有靠这些自然产品才能生活，不管这些产品是以食物、燃料、衣着的形式还是以住房等等的形式表现出来。"① 人类的生产能力、创造能力和实践能力必须在自然界优先存在的条件下才能发展。自然所赋予的各种地理条件、气候条件、地质条件都给人的活动设置了一定的界限，人必须在这些条件许可的范围内进行各项活动，即人类是依赖于自然界的。人对自然的这种依赖性体现为人与自然之间需要不断进行物质代谢与能量转换。"人靠自然界生活。这就是说，自然界是人为了不致死亡而必须与之不断交往的、人的身体。所谓人的肉体生活和精神生活同自然界相联系，也就等于说自然界同自身相联系，因为人是自然界的一部分。"② 可见，人对自然的依赖性与自然对人的制约性是紧密联系在一起的。

自然的被动性与人的能动性。自然的存在对于人类来说是不可或缺的，但它并不能孤立地存在，完全脱离人类存在的自然是没有任何意义的。在人与自然进行物质交换的过程中，自然作为一个客观存在物是引起人们需要的对象，是确证和表现的人的本质力量的对象。自然作为一个客体具有被动性，它是人们认识、利用、改造甚至是掠夺的对象，自然的存在必须和人的存在不可分割地联系在一起。自然的价值只有通过人类的作用才得以体现。"被抽象地孤立地理解的、被固定为与人分离的自然界，对人说来也是无。"③ 自然对象性意义的存在决定了它首先要以人的活动来确立它的工具价值，并在人的活动中进一步实现自己的内在价值和工具价值。

人不仅是自然存在物，更是社会存在物，人与动物的最大区别就是人具有理性。在理性力量支配下，人在自然面前并不是无能为力的，而是积极能动的。为了维持基本的生存，人类要同自然界进行竞争，以便获得更多的生产资料和生活资料。为了获得更好的发展，人类并不是被

---

① 《马克思恩格斯全集》第 42 卷，人民出版社，1979，第 95 页。
② 《马克思恩格斯全集》第 42 卷，人民出版社，1979，第 95 页。
③ 《马克思恩格斯全集》第 42 卷，人民出版社，1979，第 178 页。

动地受制于自然界的客观规律，而是要充分发挥自身的主观能动性，认识自然、改造自然，实现自己的利益，利用自然为自身谋求更多的幸福。人类的能动性体现在两个方面：首先，人类要占有自然；其次，人类要改造和利用自然。占有自然是改造和利用自然的前提，只有把自然纳入人类的社会生产活动之中，人类才能实现对它的改造和利用。改造和利用自然是占有自然的最终目的，人类对自然的占有是以它的有用性为前提的，通过对自然的占有来实现对自然的利用和改造，真正地支配自然，确证和增强人的本质力量。在马克思看来，人不仅能"通过自己的劳动占有外部自然、感性自然界"①，也能"通过自己的劳动使自然界受自己支配"②。他甚至提出了"再生产整个自然界"的口号。人的生产是一种不同于动物片面生产的全面生产，并非在肉体需求的支配下进行生产，而是按照一定的规则和尺度来对自然界进行再生产，并在再生产的过程中把这种规则和尺度运用到自然中。这一规则和尺度不仅包括自然的内在要求，还包括人的目的和意图，再生产过程的实现既是自然内在价值的实现，也是人意图结构的实现。马克思认为，人的能动性的充分发挥是以尊重自然的客观规律为前提的，人类的能动性所体现的改造自然的能力并不是不受限制的，必须在尊重自然客观规律的基础上实现对自然的改造和利用。"我们不要过分陶醉于我们人类对自然界的胜利……我们决不像征服者统治异族人那样支配自然界，决不像站在自然界之外的人似的去支配自然界——相反，我们连同我们的肉、血和头脑都是属于自然界和存在于自然界之中的；我们对自然界的整个支配作用，就在于我们比其他一切生物强，能够认识和正确运用自然规律。"③

在劳动实践的基础上实现人与自然的辩证统一。一方面，自然对于人类具有优先性，人类对于自然具有依赖性；另一方面，自然对于人类具有被动性，人类对于自然具有能动性，人与自然处于相互作用、相互

① 《马克思恩格斯全集》第42卷，人民出版社，1979，第92页。
② 《马克思恩格斯全集》第42卷，人民出版社，1979，第98~99页。
③ 《马克思恩格斯文集》第9卷，人民出版社，2009，第559~560页。

联系的辩证统一关系中，人与自然是被动性与能动性的统一。以劳动为基本表现形式的实践是实现人与自然辩证统一关系的中介和基础。马克思以劳动为维度分析人与自然的关系，提出在劳动实践的基础上实现人与自然的辩证统一。他指出，"劳动作为使用价值的创造者，作为有用劳动，是不以一切社会形式为转移的人类生存条件，是人和自然之间的物质变换即人类生活得以实现的永恒的自然必然性"①。

马克思主义强调自然与社会具有内在一致性，它们都统一于人的本质之中，社会与自然不是相互分离的，而是内在统一的综合体。"自然界的人的本质只有对社会的人来说才是存在的；因为只有在社会中，自然界对人来说才是人与人联系的纽带，才是他为别人的存在和别人为他的存在，只有在社会中，自然界才是人自己的人的存在的基础，才是人的现实的生活要素。只有在社会中，人的自然的存在对他来说才是自己的人的存在，并且自然界对他来说才成为人。因此，社会是人同自然界的完成了的本质的统一，是自然界的真正复活，是人的实现了的自然主义和自然界的实现了的人道主义。"②

人与自然之间的关系不是直接的，只有通过劳动实践，作为自然存在物的人才能与自然发生关联。劳动过程是人与自然之间相互作用的过程。人在劳动过程中通过有目的、有意识的活动作用于自然界，引起自然条件的一系列变化，以实现对自然的利用、改造和支配。这是人的劳动与动物的劳动的最大区别，动物的劳动实践仅仅是通过自身的存在来引起自然的变化，而人的劳动实践却要通过自身的活动实现自己的利益。

在马克思看来，最为重要的是人通过劳动实践实现了自然的变身，即从自在自然转向自为自然。自在自然又称第一自然，它是独立于人存在的对象，是由各种自然要素构成的一个有层次、有结构的生态系统，为人类的生存和发展提供生存空间和物质基础。自在自然对于人类具有优先性、客观性和被动性，它独立于人的活动领域之外，存在于人类尚

---

① 《马克思恩格斯全集》第 44 卷，人民出版社，2001，第 56 页。
② 马克思：《1844 年经济学哲学手稿》，人民出版社，2000，第 83 页。

未认知的自然领域，是自在的、发展着的自然。自为自然又称第二自然，它是人类劳动实践的产物，是带有人类认识活动和实践活动烙印的自然，它因人的活动而获得新的意义。

马克思对第二自然作出了详细的区分。他指出，"整个所谓世界历史不外是人通过人的劳动而诞生的过程，是自然界对人说来的生成过程……因为人和自然界的实在性，即人对人说来作为自然界的存在以及自然界对人说来作为人的存在，已经变成实践的、可以通过感觉直观的"①。也就是说，一方面，人类通过自身的活动对人与自然之间的物质代谢实施调控，在这一过程中，既实现了自身的能动性存在，又实现了自然的对象性存在，达到了人与自然的辩证统一。另一方面，自然以自身的内在规律制约人的劳动实践。人在劳动实践中，必须尊重自然，遵循客观规律。伴随着实践的深入，人类必定会不断地探索自然，认识到自然的客观规律，不断反思自身的活动，逐步实现人与自然和谐统一。

詹姆斯·奥康纳借用黑格尔的名言"密涅瓦的猫头鹰在黄昏时飞行"暗喻马克思主义的当代性。詹姆斯·奥康纳指出"当今世界经济的主要轮廓几乎可以从马克思的经典文本所凸显出来的理论视域中被解读出来"②。因此，在苏东剧变之后，马克思主义依然是令人相信的，从而也就指认了马克思的经典文本是生态学马克思主义的重要思想来源之一。

三　国外马克思主义理论中的自然范畴

西方马克思主义理论家曾对自然概念作出独到的理解和阐释。卢卡奇在《历史与阶级意识——关于马克思主义辩证法的研究》中驳斥了对马克思主义的实证主义和科学主义解释，恢复了马克思主义自然观的本质。他指出，"自然是一个社会历史范畴"，开辟了西方马克思主义自然观的先河，也成为西方马克思主义自然观的理论前提。"在社会发展的一

---

① 《马克思恩格斯全集》第 42 卷，人民出版社，1979，第 131 页。
② 〔美〕詹姆斯·奥康纳：《自然的理由——生态学马克思主义研究》，唐正东、臧佩洪译，南京大学出版社，2003，第 4 页。

定阶段上什么被看做自然，自然与人的关系是怎样的，人对自然是以什么形式进行阐述的，自然按照形式与内容，范围与对象性应意味着什么，这一切始终都是受到社会制约的。"① 也就是说，在任何特定的历史发展阶段，所有被认为是自然的东西都是与人相关的，自然的客观性、范围、形式、内容总是被社会所决定，是受到社会关系制约的，是受到人与自然关系的制约的。因此，无论是自然还是社会都可以用社会哲学来加以解释，人们对任何历史时期自然的考察都是基于一定社会经济结构的，只能到历史唯物主义中去寻找关于自然的考察。可以看出，卢卡奇凸显了自然的历史性与社会性的基本特征，他认为自然与历史和社会是不可分割的，自然是在社会历史中形成和变化的。卢卡奇区分了第一自然和第二自然，提出劳动是人与自然的相互关系的观点。在卢卡奇看来，存在可以分为三种类型：无机自然、有机自然和社会。② 其中无机自然和有机自然合称为自然存在，也叫第一自然，社会称为社会存在，也叫第二自然，"自然存在是社会存在的产生、发展的基础上讲，自然存在是前史"③。从发生学的逻辑看，从无机自然的发展中产生出有机自然，再从有机自然的发展中产生出人类社会。卢卡奇认为，从本体论上考察就会发现，第二自然是人类对第一自然进行改造的产物，两者的区别在于，第一自然不是人类创造的，而"整个第二自然乃是人类自己完成的对第一自然的改造"④，第二自然依赖于第一自然，这形象地说明了作为自然存在的第一自然与作为社会存在的第二自然之间的区别。在此基础上，卢卡奇还指出，随着人类对自然改造的深入，自然存在的社会化程度会不断深化，但是自然存在不会消失，自然存在对社会存在的限

---

① 〔匈〕卢卡奇：《历史与阶级意识——关于马克思主义辩证法的研究》，杜章智、任立、燕宏远译，商务印书馆，1996，第197页。

② 参见〔匈〕卢卡奇《关于社会存在的本体论·上卷——社会存在本体论引论》，白锡堃等译，重庆出版社，1993，第17页。

③ 〔匈〕卢卡奇：《关于社会存在的本体论·上卷——社会存在本体论引论》，白锡堃等译，重庆出版社，1993，第18页。

④ 〔匈〕卢卡奇：《关于社会存在的本体论·下卷——若干最重要的综合问题》，白锡堃等译，重庆出版社，1993，第249页。

制也不会消失。卡尔·柯尔施在《卡尔·马克思——马克思主义的理论和阶级运动》中指出："自然在成为'社会的'的过程中，在不同的时代具有不同的历史特征。"①

阿尔弗雷德·施密特（Alfred Schmidt），法兰克福学派的第二代"正宗"继承人，《马克思的自然概念》是他的代表作品，其中提到在人与自然关系中，劳动实践扮演着天然的中介角色，由此可见自然观引入劳动概念后产生了历史性和实践性，这对马克思主义自然观具有实践意义，把握住了马克思主义关于人与自然关系的本意。施密特认为，马克思则把"一切自然存在"都看作已被人的劳动加工过的、滤过的，是社会劳动的产物，强调人与自然的以实践为中介的高度统一，因而马克思的自然概念具有"社会的历史的性质"。自然是"社会范畴"，反过来，社会也是"自然范畴"，自然和人、自然和历史是"不可分离的"。②"把马克思的自然概念从一开始同其他种种自然观区别开来的东西，是马克思自然概念的社会——历史性质。"③施密特通过解读马克思的自然概念，对历史唯物主义理论进行了重建，形成了一种不同于第二国际和早期西方马克思主义的实践唯物主义理论。其对马克思的自然概念进行深入分析，强调了自然概念是使唯物主义历史观与一般哲学唯物主义既相联系又相区别的关键因素，指出马克思主义自然观与其他各种自然观的明显区别，即它的社会—历史特征。在他看来，马克思主义自然观的社会历史特征主要表现在，马克思把自然看作一切劳动工具和劳动对象的首要来源，自然是被社会所中介的自然，必须在与人类活动的相关性上来理解和看待自然。施密特指出："自然不仅像亨利·列斐伏尔所论述的那样，总是已被加工过的东西，而且尚未纳入人类生产的自然领域，也总是只能用

---

① 柯尔施：《卡尔·马克思——马克思主义的理论和阶级运动》，熊子云、翁延真译，重庆出版社，1993，第112页。
② 〔联邦德国〕A. 施密特：《马克思的自然概念》，欧力同、吴仲昉译，商务印书馆，1988，中译本序第 ii 页。
③ 〔联邦德国〕A. 施密特：《马克思的自然概念》，欧力同、吴仲昉译，商务印书馆，1988，第 2 页。

关于已被占有的自然范畴才可以加以直观和理解。在马克思那里，还未被社会作用过的自然，只有在将来能予以加工的观点之下，才是具有重要意义的东西。"① 也就是说，根本不存在完全不受历史影响的纯粹自然，作为合规律的、一般领域的自然，无论是就其范围还是性质而言，都是同一定的社会历史结构的目标相联系。除此之外，我们也应该看到，施密特在强调马克思主义自然观是一种自然历史理论的同时，并不否认自然对人类和社会的优先性，从而避免把其理解成一种唯心主义。他指出，无论是原始的自然还是人化的自然，都是独立于人的意识的客观存在，人类的劳动实践创造的人化世界具有客观性，"人类生产力作为知识的以及实践的东西，由于给自然物质打上自己的烙印，因而与其说否定了不依赖于意识的自然物质的存在，不如说完全确证了它的存在。被人加工过的自然物质，依然是感性世界的构成要素"②。

第二节 "自然"之历史唯物主义重建

一 "自然"的理论空场与地位缺失

传统理性主义"宣扬主体性意识，突出人的能动性，将人看作自然的中心，却导致了人类对自然的掠夺和破坏"③。要实现人与自然的和谐，必须在公有制的基础上调整人与人的关系，同时调整人与自然的关系，从而实现人类的解放与自然的完整。"人们世界观、价值观的深刻变革与人类文明的进步，必然随着人们对自然的态度的变化以及人与自然关系的重大调适而出现。"④

---

① 转引自俞吾金、陈学明《国外马克思主义哲学流派新编·西方马克思主义卷》下册，复旦大学出版社，2002，第64页。

② 〔联邦德国〕A. 施密特：《马克思的自然概念》，欧力同、吴仲昉译，商务印书馆，1988，第63页。

③ 薛勇民：《走向生态价值的深处：后现代环境伦理学的当代诠释》，山西科学技术出版社，2006，第45页。

④ Arne Neass, *Self-Realization: An Ecological Approach to Being in the World*, Philadelphia: New Society Publishers, 1998, pp. 19-20.

詹姆斯·奥康纳对自然概念作出了独特的解读，通过梳理哲学史上自然概念的发展演变，考察了各种有缺陷的自然观与资本主义制度的共生性，在此基础上提出了自己的自然观，并对历史唯物主义中自然的地位重构。詹姆斯·奥康纳认为传统的历史唯物主义中的自然观本身就有"重大缺陷"，且他还认为马克思主义在一定程度上缺乏"生态感受性"，在生态学上存在一定的"理论空场"，认为"历史唯物主义事实上只给自然系统保留了极少的理论空间，而把主要的内容放在了人类系统上面"①。因此，詹姆斯·奥康纳认为，必须将"自然"补充进历史唯物主义之中。

詹姆斯·奥康纳通过对传统的历史唯物主义进行重构，凸显了在传统历史唯物主义中地位被边缘化的"自然"，寻求社会劳动的自然维度和文化维度，从而建立了人类社会和自然界的生态联系。如果没有正确的"自然"观念，就无法解释社会历史发展过程的内在机制。为了将自然理念"补充"进历史唯物主义，詹姆斯·奥康纳认为首先应该明确一个基本问题，即自然是什么。詹姆斯·奥康纳梳理了从亚里士多德到康德再到青年卢卡奇的"自然"概念，并对"自然"概念做了独特的理解，他研究了《韦伯斯特新世界词典》中的"自然"，其来源于拉丁文"nasci"，本义为"出生"。在该词典中，"自然"具有五种含义：一个事物的基本性质或本质；一个人或一个过程的内在发展趋势（亚里士多德）；种类或类型；物质世界的整体；人的初始状态和自然景观。

詹姆斯·奥康纳分别分析了这五种自然概念存在的缺陷，第一种前亚里士多德式的定义具有逻辑上的缺陷，容易导致"自然的本质是自然"的同义语反复。亚里士多德定义把自然看作一种可能性，看作导致事物变化的内在性东西。第三、第四种定义是处于近代资产阶级的科学和启蒙维度之上的自然概念，将自然看作一种事物的集合体，像商品一样可以被拆分和组合。最后一种定义是19世纪流行的浪漫主义运动的核心概念。在此基础上，他进一步指出，随着资本主义的发展，自然概念的内

---

① 〔美〕詹姆斯·奥康纳：《自然的理由——生态学马克思主义研究》，唐正东、臧佩洪译，南京大学出版社，2003，第7页。

涵逐渐发生改变，成为一种科学主义的自然观。自然被视为一种机械性的结构体，被二重化为外在自然和人化自然，自然与社会、历史、文化等元素成为二元性的存在，并且伴随着科学的发展，出现了自然的资本主义重构，即自然商品化和资本化的趋势。

亚里士多德首次将自然的含义由"本质""基质"扩展为过程的规律、趋势。亚里士多德将自然定义为导致事物变化的某种内在的东西，即依自身之外的原因而存在的事物。康德将自然描述为人类感知的产物，认为人的理智应该为自然界立法。资本主义启蒙思想认为"自然"是一种事物的集合体、一种可以随意拆分的商品，"自然"常常被理解为一个被动的、惰性的概念，被理解为"事物的堆积"，在这种工具主义思路的支配下，自然仅仅被视为某种为人类的利益而存在的东西。青年卢卡奇认为自然是"人的初始状态"和"自然景观"。

"人的初始状态"和"自然景观"——这种自然概念作为浪漫主义运动的核心出现并流行于19世纪，我们可视之为对自然的工具主义理解的理论反驳。詹姆斯·奥康纳并不满足以上对自然的诸种理解，他认为应该把自然概念的变革与资本主义社会日常生活客观实践方面的革命性转变放在一起考虑。从这里我们可以看出，詹姆斯·奥康纳是想从自然生态学的角度对资本主义社会进行批判，并试图导引出某种批判的革命张力。他认为自然概念应具有"条件"和"环境"的含义，应被理解为作为前提而存在的必需之物，"人类是依赖于'对生命构成影响的外在条件'，即环境或者'自然'的"①。

因此，詹姆斯·奥康纳指出，在历史唯物主义中马克思尽管也强调自然，但他总是围绕人类物质生产活动进行，而没有意识到人类对自然的改造本身也可能成为人类自身发展的障碍，没有意识到自然已经越来越成为制约生产力发展的重要因素之一。因此，"历史唯物主义理论的确需要将自己的内涵向外扩展到物质自然界之中去，因为，自然界，不管

---

① 〔美〕詹姆斯·奥康纳：《自然的理由——生态学马克思主义研究》，唐正东、臧佩洪译，南京大学出版社，2003，第39页。

是'第一'自然还是'第二'自然的历史，都将对人类历史产生影响，反之亦然，这取决于具体的时代和环境的因素"①。

基于此，詹姆斯·奥康纳认为"自然"具有"自然界之本真的自主运作性"和"自然的终极目的性"两个重要特征。他认为，正是对"自然"这两个特征的忽视或否定，导致传统历史唯物主义中"自然"地位的缺失。詹姆斯·奥康纳指出："历史唯物主义的确没有一种或只在很弱的意义上具体研究劳动过程中的生态和自然界之自主过程（自然系统）的自然理论。"②

在詹姆斯·奥康纳看来，传统历史唯物主义更加关注的是社会系统及其内在建构等问题，这一理论特质存在将"自然"边缘化的倾向。所谓"自然界之本真的自主运作性"，是指人类在通过自身的劳动活动改造自然界的同时，自然界也在改变和重构自己。自然界的这一特征使人类社会历史成为一个在生产过程中人类的力量和自然界本身的力量相互统一在一起的发展过程。而"自然的终极目的性"则是指自然界本身的存在就是它自身的最终目的，并且这一目的具有无条件的至上性。"经典历史唯物主义理论凸显了自然界的人化问题，却没有强调人类历史的自然化方式以及自然界的自我转型问题。"③ 正如他所说："自然界之本真的自主运作性，作为一种既能有助又能限制人类活动的力量，在该理论中却越来越被遗忘或者被置于边缘的地位。"④ 这说明"自然"在历史唯物主义中没有取得应有的位置，其理论空场要求历史唯物主义的核心视域必须拓展到对自然系统与人类系统之辩证关系的合理说明与完整阐释上，同时应当有效寻找"自然"的历史唯物主义理论空间。

---

① 〔美〕詹姆斯·奥康纳：《自然的理由——生态学马克思主义研究》，唐正东、臧佩洪译，南京大学出版社，2003，导言第9页。
② 〔美〕詹姆斯·奥康纳：《自然的理由——生态学马克思主义研究》，唐正东、臧佩洪译，南京大学出版社，2003，第62~63页。
③ 〔美〕詹姆斯·奥康纳：《自然的理由——生态学马克思主义研究》，唐正东、臧佩洪译，南京大学出版社，2003，第8页。
④ 〔美〕詹姆斯·奥康纳：《自然的理由——生态学马克思主义研究》，唐正东、臧佩洪译，南京大学出版社，2003，第7页。

詹姆斯·奥康纳指出，由于"自然界之本真的自主运作性"被遗忘了，传统历史唯物主义虽然成功地论证了自然界在不同的社会生产方式中遭遇不同的社会性建构，但自然界总是消极被动的，似乎人类社会历史过程的延续、变迁和转型丝毫不受自然界的主动影响，有的只是人主动地利用和改造自然。因此，詹姆斯·奥康纳认为传统历史唯物主义突出的是社会关系与物质技术关系之间的紧张关系，虽然成功论证了在不同生产方式中，自然界遭遇了不同的社会性建构，但自然界之本真的自主运作"边缘化"了，传统历史唯物主义突出了"人化自然"，却未强调人类历史的自然化方式以及自然界的自我转型问题。

二 对自然理念的反思

生态学马克思主义是以阐释当代社会的生态危机根源、探寻解决生态危机的途径为主要理论旨趣的，因而他们主要关心的就是如何协调人类社会和自然界之间的关系，寻求自然生存和人类发展之间的可行之路，从而保证生态的和谐与人类社会的可持续发展。基于这种考察目的，人与自然的关系理所当然地就是他们关注的首要对象。在马克思和恩格斯那里，这个关系也是历史唯物主义首先需要阐明的。在西方马克思主义那里，他们也考察了自然，但是他们认为自然只是人化自然，他们否定了非人化自然存在的哲学意义。生态学马克思主义将自然放在批判的位置上，对自然作为历史中的因素进行批判，第一次把自然作为核心问题纳入历史唯物主义哲学的系统之中。

"如果不了解马克思的唯物主义自然观及其与唯物主义历史观之间的关系，就不能全面地理解马克思的著作。换句话说，马克思的社会思想是与生态世界观不可分割地联系在一起的。"① 为了论证此论点，约翰·贝拉米·福斯特从马克思的著作文本中挖掘"自然"理念，这主要包括两个方面。首先，约翰·贝拉米·福斯特把历史唯物主义中的自然思想

① 〔美〕约翰·贝拉米·福斯特：《马克思的生态学——唯物主义与自然》，刘仁胜、肖峰译，高等教育出版社，2006，第24页。

渊源追溯到马克思对古希腊哲学家的研究中，认为马克思是受了伊壁鸠鲁哲学的影响，从而在其博士论文中形成了以反目的论为核心观念的唯物主义意向，即任何东西都来源于地球的进化，不可能由虚无的神力所创造。由此神学目的论被从自然中驱逐出去。接着，他还考察了马克思是如何比较伊壁鸠鲁哲学体系和德谟克利特哲学体系的。在伊壁鸠鲁哲学中，关于感觉无法感知的原子世界和感性实在的知识是源于体现在抽象个别性和自由中的人类理性的内在必然性，因此，在伊壁鸠鲁那里，德谟克利特的单一决定论被超越了。因为，对德谟克利特来讲，必然性是一切，但是伊壁鸠鲁除此之外还认识到了偶然、偶然性和自由的存在。因此，马克思在伊壁鸠鲁的哲学中发现了个人理性，发现了个别的自我意识，从而，马克思肯定了伊壁鸠鲁的唯物主义中所包含的自由和能动性的思想在拒斥宗教神学上的巨大成就。于是，约翰·贝拉米·福斯特指出，马克思在1841年完成博士论文时，已在一定程度上获得了辩证的唯物主义自然观，即对人类和人类所处的世界的认识只能建立在对自然的认识的基础上。其次，约翰·贝拉米·福斯特通过研究黑格尔的辩证法和费尔巴哈的人本主义历史观与历史唯物主义的关系建构马克思的本体论的唯物主义自然观。约翰·贝拉米·福斯特认为，费尔巴哈提出的以自然和人的感觉为基础的人本学唯物主义影响了马克思，同时，黑格尔的辩证法又使马克思不致陷入机械唯物主义的路径当中，"马克思新的、实践的唯物主义的一个后果就是：唯物主义思想的关注点从自然转向历史——没有否定前者在本体论意义上的先在性。马克思确实把他的唯物主义历史观看作是建立在唯物主义自然观的基础之上的，并且它们共同构建了自然历史（在它所具有的培根哲学的意义上，自然历史也包括人类生产）的王国。然而，在他的社会批判中，他强调的重点却几乎都是人类的历史发展，而不是自然本身更加广泛的进化过程"①。也就是说，在唯物主义自然观上，马克思并没有忽视外在的非人化自然。换言之，马克思和恩

_____

① 〔美〕约翰·贝拉米·福斯特：《马克思的生态学——唯物主义与自然》，刘仁胜、肖峰译，高等教育出版社，2006，第126页。

格斯肯定了自然和物质世界是人类社会存在和发展的前提，并且强调在人类实践中形成的人与自然之间的辩证关系。"人类同自然的关系不仅可以通过生产来调节，而且可以通过更加直接的生产工具（它本身也是人类通过生产活动改造自然的产物）来调节——这使得人类能够通过各种方式改造自然。……根据这种观点，人类在很大程度上是通过生活资料的生产而产生了与自然的历史性联系。自然因此而对人类呈现出实践的意义，因为自然作为一种生命活动的结果，也是生活资料的一种结果。"①为了强调马克思在阐述人与自然的关系时凸显了自然的历史性，约翰·贝拉米·福斯特列举了马克思在《关于费尔巴哈的提纲》中的观点，并阐述："从自然转向历史——没有否定前者在本体论上的优先性。马克思确实把他的唯物主义历史观看作是建立在唯物主义自然观的基础之上的，并且他们共同构成自然历史的王国。然而，在他的社会批判中，他强调的重点却几乎全都是人类的历史发展，而不是自然本身更加广泛的进化过程。"②基于此，约翰·贝拉米·福斯特认为马克思的新陈代谢理论是关于人和自然之间是一种不断进化的新陈代谢的关系的理论，即人是自然界的一部分，而人作为一种能动的主体，为了维持生存必须对自然进行生产性开发。这就形成了人与自然之间的新陈代谢，这种变换如果被人肆意滥用，则会造成断裂。也就是说，马克思和恩格斯在肯定自然（包括非人化自然和人化自然）和物质世界是人类社会存在和发展的前提的基础上，主张人与自然是辩证统一的关系。

可见，生态学马克思主义在承认第一自然的先在性的基础上，肯定了自然规律对人的制约，自然对人有价值，也强调人在这些价值关系上的主体地位。他们对自然的观点是批判的，对人与自然的关系的论证是辩证的，是对历史唯物主义的继承。在本体论上，他们既反对将自然作为不能被考察、批判的对象的绝对自然本体论，也反对西方马克思主义

① 〔美〕约翰·贝拉米·福斯特：《马克思的生态学——唯物主义与自然》，刘仁胜、肖峰译，高等教育出版社，2006，第 82 页。
② 〔美〕约翰·贝拉米·福斯特：《马克思的生态学——唯物主义与自然》，刘仁胜、肖峰译，高等教育出版社，2006，第 140 页。

的实践本体论。

第三节　控制自然与控制人及其关系

20 世纪 70 年代，随着全球生态危机与"绿色革命"的出现，生态学马克思主义应运而生。生态学马克思主义结合当代全球生态问题，对现代工业社会在人与自然关系上的种种失误及其背后的深层根源进行了批判和反思，并提出了一系列有价值的见解和对策。威廉·莱斯在《自然的控制》中明确指出"控制自然"的观念起了一种意识形态的作用，这种意识形态所设定的目标是把全部自然当作满足人的永不知足的欲望的材料来占有，从而导致生产无限扩大，最终导致生态危机、人的自我毁灭。而关于控制自然的概念和态度是怎么兴起和发展的，威廉·莱斯和泰德·本顿明确提出马克思是主张"控制自然"的，威廉·莱斯进而还提出控制人与自然的关系。

一　重新评价"控制自然"的现代观念

生态学马克思主义理论自身呈现出对现代性生态危机的批判性功能，威廉·莱斯认为千百年来厚厚地积淀在人们头脑中的"控制自然"的观念是生态危机最深层的根源，提出重释"控制自然"的观念。威廉·莱斯对"控制自然"观念的历史、哲学和社会意义展开了广泛而深入的研究，围绕控制自然与控制人两个方面的内在逻辑关系，"开启了生态学马克思主义自然观的先河"[1]。

（一）"控制自然"观念发展史

威廉·莱斯为了揭示"控制自然"观念的内在矛盾，追溯了"控制自然"观念的产生和演变的历史，并对其哲学和社会意义进行了广泛而深入的探讨，并且认为马克思延续了西方文化传统中的"控制自然"的

---

[1]　莫放春：《马克思的生态学与生态学马克思主义研究》，人民出版社，2018，第 138 页。

观念，因为"整个西方文明的发展史就是一部控制自然的历史"①。

　　早在古代神话、宗教和文艺复兴的炼金术中就有了"控制自然"观念的萌芽。古代神话故事体现了当时的人们对工具既渴望又恐惧的矛盾心理。在制造金属工具的过程中人们产生了优越于自然的心态，在实践活动中感受到了自己的力量与"伟大"，同时人们又认为自己缺乏驾驭这些有灵性工具的能力，于是总是通过宗教仪式来安慰自己。因此，当时的科学技术被巫术的光环所笼罩。

　　西方基督教传统认为，人类有灵魂并高于无灵魂的动物，是受上帝之托来统治自然。"上帝进行创造的故事宣布了上帝对宇宙的统治权以及人对地球上具有生命的创造物的派生统治权"②，人成为仅次于至高无上的宇宙的主人——上帝，人敬畏上帝，但不用敬畏自然。人之所以比其他动物优越，"不是靠力量优势而是因为其理性和知识"③。因此，"人立于自然之外并且公平地行使一种对自然统治权的思想就成了统治西方文明伦理意识学说的一个突出特征。对于控制自然的思想来说，没有比这更重要的根源了"④。这种宗教意识渗透到西方文化中并为"控制自然"观念的形成提供了深厚的文化土壤。

　　文艺复兴时期的思想家继承了基督教的这一传统，并使"控制自然"的观念在当时的炼金术、宇宙学、占星术等自然巫术和哲学理论中得到长足发展。而且西方近代的启蒙运动开启了非神学的控制自然的观念，威廉·莱斯认为，弗朗西斯·培根在这一过程中起到了决定性作用，他的伟大成就"在于他比以往任何人都清楚地阐述了人类控制自然的观念，并且在人们的心目之中确立了它的突出地位"⑤。"要支配自然就须服从自然；人类知识和人类权力归于一，因为凡不知原因时即不能产生结果；

---

① 转引自吴宁编著《生态学马克思主义思想简论》上册，中国环境出版社，2015，第42页。
② 〔加〕威廉·莱斯：《自然的控制》，岳长岭、李建华译，重庆出版社，2007，第27页。
③ 〔加〕威廉·莱斯：《自然的控制》，岳长岭、李建华译，重庆出版社，2007，第28页。
④ 〔加〕威廉·莱斯：《自然的控制》，岳长岭、李建华译，重庆出版社，2007，第28页。
⑤ 〔加〕威廉·莱斯：《自然的控制》，岳长岭、李建华译，重庆出版社，2007，第44页。

而凡在思辨中为原因者在动作中则为法则。"① "人类要对万物建立自己的帝国，那就全靠方术和科学了。因为我们若不服从自然，我们就不能支配自然。"② 科学进步大大增强了人类征服自然的信心，而弗朗西斯·培根又为人类"征服自然"提供了思想武器。自此，"控制自然"的观念明确地获得了其现代形式，从根本上促成了现代"控制自然"观念的内涵。一种保持着权威性而至今稳固不变的形式，使这条弗朗西斯·培根指出的崎岖小径很快变成了康庄大道。"控制自然"的现代观念越来越成为合理的和可能的。

19世纪法国三大空想社会主义者之一的克劳德·昂利·圣西门（Comte de Saint-Simon）是现代化的培根的观点的最热情积极的推动者，把"控制自然"观念推到了新高度，认为开发自然将成为人类唯一目标，工业化将给人类带来美好的未来。"人剥削人，这是过去人们之间相互关系的一种景象；人与他人结成劳动组合开发自然界，这是属于未来的一幅图画。"③ "学者分管知识和宗教；实业家负责地球的开发工作。"④ 圣西门认为在现代工业和技术的条件下，开发自然可以从根本上改变人类历史的进程。

威廉·莱斯认为马克思主义自然观就其本身而言可以看作圣西门观点的深化和进一步的发展，并把马克思主义自然观归纳为"自然是全部人类活动的'应用场所'"⑤。自然是人类劳动能够进行的前提，人在活动中改变了自然界，也改变着自身，并且随着工业的发展，机器将逐渐把人从无穷无尽的劳苦中解放出来，不断更新机械化方式的生产将会产生新型的人对自然的控制。而马克思的高明之处就在于把人与自然关系同人与人的关系紧密地联系起来。马克思认为，不同阶级在控制自然中

---

① 〔英〕培根：《新工具》，许宝骙译，商务印书馆，2005，第8页。
② 〔英〕培根：《新工具》，许宝骙译，商务印书馆，2005，第113页。
③ 〔法〕巴札尔等：《圣西门学说释义》，王永江、黄鸿森、李昭时译，商务印书馆，2011，第104页。
④ 〔法〕巴札尔等：《圣西门学说释义》，王永江、黄鸿森、李昭时译，商务印书馆，2011，第18页。
⑤ 〔加〕威廉·莱斯：《自然的控制》，岳长岭、李建华译，重庆出版社，2007，第75页。

所获得的物质利益也是不同的，于是无论这种人类对自然的控制达到什么程度，某种阶级分化的内部冲突都会使人类的生产系统（控制自然是它的一个部分）不可能处于他们的控制之下。但是马克思相信在未来无阶级的社会中，社会化的人，联合起来的生产者将合理地调节他们与自然的物质交换，把它置于他们的共同控制之下，而不让自然作为一种盲目的力量来统治人类自己。

威廉·莱斯将人类"控制自然"的观念看作生态问题最为深切的根源。他的生态批判理论以独特的视角开辟了生态学马克思主义研究的新领域，具有视域广阔、方法科学的特征，在理论与实践中呈现出鲜明的时代特色与价值。在威廉·莱斯看来，现代的"控制自然"的观念导致人们对自然缺乏敬畏，并借助科学技术利用自然来满足人的需求，导致对自然的滥用。

（二）"控制自然"观念是生态危机的真正根源

威廉·莱斯认为，"控制自然"是近代社会以来具有长久影响力的一种意识形态，它以普遍形式遮蔽着控制自然和控制人之间的联系。"人类掌控自然的权利是贯穿'现时代'集体意识的一个隐秘的主题。"[①] 所谓的"现时代"，是指西欧社会自文艺复兴以来的历史阶段。人类通过科学技术掌控自然来满足自身的需要成为现代社会的基本诉求。自文艺复兴以来，"控制自然"的观念逐渐成为一种意识形态，以个人自由与权利平等的普遍形式遮蔽了控制自然和控制人之间不可分割的联系。"启蒙运动控制并操纵自然以改善所有人命运的许诺，现在看来已然造成了大规模的战争、暴力与压迫，核威胁与环境危机，以及普通民众感到他们无法加以解释与控制的众多技术。"[②]

威廉·莱斯认为，在历史的发展中"控制自然"的观念最终发展为一种基本的意识形态，人类控制自然的观念成为一种社会制度起源于资

---

① 〔加〕威廉·莱斯：《自然的控制》，岳长岭、李建华译，重庆出版社，2007，再版序言第7页。
② 〔英〕戴维·佩珀：《现代环境主义导论》，宋玉波、朱丹琼译，格致出版社、上海人民出版社，2011，第7页。

本主义社会，但是又不仅限于资本主义社会。"人类控制自然的观念成为一种社会制度（或是作为整体考虑的人类社会发展的一个阶段）的基本意识形态，这种社会自觉地同过去作彻底的决裂，奋力追求推翻一切'自然主义'思维和行为方式，并把为了满足人类的物质需要而发展生产力作为自己的首要任务。在文明历史出现这些趋势的第一个社会制度就是西方的资本主义。"①

"控制自然"的观念自相矛盾，既是其进步性也是其退步性的根源。17世纪"控制自然"的观念鼓舞着当时的人们对过时的科学教条、哲学教条进行批判，并且帮助引起了理解自然、满足人的需要的质的变化。这一观念持久的积极作用就是打破对人的技术可能性的绝望，并且鼓舞人们相信人可以根本地、彻底地改变生存的物质条件。消极作用是它只看到现代科学技术是控制自然的工具，掩盖了科学技术发展与持续的社会冲突和政治统治两者之间的联系。这种消极作用在17世纪还只是一种潜在的可能性，而到了20世纪却变成了社会发展的真正的障碍。"曾经是创造性的和进步的意识形态已经转变为贫乏的、神秘的教条。"② 威廉·莱斯通过分析马克斯·舍勒（Max Scheler）关于控制自然的论述来阐述自己的科学技术生态效应观。马克斯·舍勒在他的《知识的诸形式和社会》中旗帜鲜明地指出："知识有三种本质类型：拯救的知识（宗教）、本质的知识（形而上学）以及控制自然的知识（科学）。"③ 科学知识就是为了控制。"科学知识根源于为增强对自然的控制而获取有关每一行动、每种劳动的知识的积极渴望。"④ 也就是说，在每一个历史时期，人与自然的斗争都服从于实用的目的，即维持自我生存，为使环境服从人的目的而发展出来各种技术。在马克斯·舍勒看来，如果说中世纪的控制对象

---

① 〔加〕威廉·莱斯：《自然的控制》，岳长岭、李建华译，重庆出版社，2007，第157页。
② 〔加〕威廉·莱斯：《自然的控制》，岳长岭、李建华译，重庆出版社，2007，中译者序第14页。
③ 转引自〔美〕曼弗雷德·S.弗林斯《舍勒的心灵》，张任之等译，上海三联书店，2006，第197页。
④ 转引自〔美〕曼弗雷德·S.弗林斯《舍勒的心灵》，张任之等译，上海三联书店，2006，第208页。

是人,那么现代社会的控制对象就是物;如果说中世纪控制的手段是政治权力,那么现代社会控制的手段是科学技术。科学技术通过数学语言这一基本手段,有选择性地观察自然,把那些具有相似性的事物选择出来,而对特例则视而不见,对终极原因视而不见,对价值视而不见,仅仅把事物看成中性的存在。人们通过科学技术,把所有可以控制的事物纳入其中,任何事物都成为可以量化的东西而尽在人的掌控之中。

威廉·莱斯认为,科学技术不是资本主义生态危机的根源,生态危机的根源在于人类控制自然的观念,并且这种观念已经上升为一种意识形态,而科学技术仅仅是人类控制自然这种意识形态的工具。只有深入理解人类控制自然的这种意识形态内部的矛盾,才能够找到解决资本主义生态危机的根本出路。莱斯因而进一步分析了控制自然的意识形态内部的矛盾,认为通过科学技术对自然进行控制的同时也加强了对人类自身的控制,控制自然和控制人之间存在不可分割的联系,既呈现出历史进步性也包含着历史倒退的根源。控制自然的意识形态将整个自然作为满足人类无法满足的欲望的材料加以占有和利用,使生产机构无限制地扩张,生产出远远超出人类需求的商品,然后通过各种形式强制人们进行消费,使人类失去了自由,并完全否定了人类从外部自然的强制力量中获得解放的努力,最终导致人类和控制自然的意识形态的自我毁灭。

(三)从控制自然到控制人

威廉·莱斯在马克斯·舍勒那里获得很大启发,但有一点他不同意,即现代社会的控制对象并非物,而是通过控制物以控制人,人类控制自然的根本目的是在相互斗争中控制人。"如果控制自然的观念有任何意义的话,那就是通过这些手段,即通过具有优越的技术能力——一些人企图统治和控制他人。"[1] 在这个意义上,控制自然的观念是一种意识形态,它通过为全人类利益而控制自然这一幌子遮盖了一部分人利用科学技术控制和奴役另外一部分人的真实目的。

威廉·莱斯认为控制自然的观念是近代社会以来在西方世界影响最

---

① 〔加〕威廉·莱斯:《自然的控制》,岳长岭、李建华译,重庆出版社,2007,第109页。

长久的一种意识形态，这种意识形态以普遍的形式遮蔽着控制自然与控制人之间的联系。这种意识形态只看到现代科学技术是控制自然的工具，而无视科学技术发展与持续的社会冲突和政治统治之间的内在联系。由于社会冲突的存在，一部分人利用控制自然来控制另一部分人，反过来对人控制程度的加深，又重新导致社会冲突加剧和更大范围内对自然的控制，二者是互为因果的，而且这个循环将无止境地进行下去。这样，"控制自然"观念这一曾经创造性的和进步性的意识形态就变成了贫乏的神秘的教条，成为社会发展的真正的绊脚石。

"随着对于宇宙的认识能力的向前发展和越来越完善，人也获得了对于他的实践的周围世界的越来越完善的支配，这个周围世界能在无限的进步中扩展。在这里也包括对属于真实的周围世界的人类的支配，因此也包括对自己本身和别人的支配。这是支配他的命运的越来越强大的力量。"①

"控制自然"中的"控制"的真正对象是人而不是自然。就像黑格尔在《精神现象学》中阐述的一样，他认为，"控制"的一个基本特征是为承认主人的权威而斗争，控制的必然相关物就是那些必须服从他人意志的服从意识，因此恰当地说，只有人才可能是控制的对象。

威廉·莱斯认为控制自然和控制人之间存在紧密的联系，人类在加强对自然的控制的同时也加强了对人际关系的控制。正是控制自然的意识形态存在这三种基本矛盾，才使得"人类利用自然力的性质的转变已经带来了两个相互联系的灾难性后果：广泛威胁着一切有机生命的供养基础，生物圈的生态平衡，以及不断扩大的人类对于一个统一的全球环境的激烈斗争。每个灾难或两者都会造成这个星球现在形成的一切生物生命的毁灭或剧烈的变化"②。

在资本主义社会，"控制自然"的意识形态遮蔽了"控制自然"与

---

① 〔德〕胡塞尔：《欧洲科学的危机与超越论的现象学》，王炳文译，商务印书馆，2017，第88页。

② 〔加〕威廉·莱斯：《自然的控制》，岳长岭、李建华译，重庆出版社，2007，第6~7页。

"控制人"二者之间的内在联系。从人类社会发展进程来看，尤其是近代以来的工业化，"人类的活动已成为自然环境中很重要的一个部分，以至于控制自然和控制人成为同一过程的两个方面"①。威廉·莱斯认为，"控制自然"造成了两个灾难性后果，一是破坏生态平衡，导致严重的环境危机；二是造成了人类社会内部的不同国家、不同民族、不同阶级之间以及个人之间的相互斗争。这些灾难性后果之间的联系源于"控制自然"与"控制人"之间的关系。

"控制自然"的观念必然带来对人的控制，对自然的控制与对人的控制是不可分割地紧密地联系在一起的。人对自然的控制不是以孤立的、个人的方式进行的，而是以一定的社会结合的方式展开的。控制自然"意味着由个人或社会集团完全支配一特殊范围的现有资源，并且部分或全部排除其他个人或社会集团的利益（和必要的生存）"②。

威廉·莱斯认为无论是从历史发展的现实层面来看还是从理论逻辑的层面来看，"控制自然"与"控制人"之间都存在内在的、不可分割的联系，但人类对自然的控制常常掩盖或遮蔽了人对人的控制，"控制自然似乎不是人类的伟大事业，而是维护特殊统治集团利益的手段"③。在经济上占据统治地位的阶级或其他利益集团，总是利用人类所达到的生产力水平和科学技术条件来维护和实现自己的利益，把人类对自然的控制转变为对人的统治手段，使人对自然的控制实际上成为少数人和一些利益集团剥削和压迫其他阶级的工具。"由于对自然的技术控制而加剧的冲突又陷入追求新的技术以进行人与人之间的政治控制。"④ 实际上，被用来控制自然的科学技术预先以一定的方式达到了对人自身的自然的控制，即对人的本能的控制；正是在控制人的本能欲望的基础上，人才能以有组织的方式集合人的力量实现对外部自然的控制。毫无疑问，人对自然的控制已经使得自然中的一切仅仅作为满足人的需要的纯粹对象而存在，

① 〔加〕威廉·莱斯：《自然的控制》，岳长岭、李建华译，重庆出版社，2007，第15页。
② 〔加〕威廉·莱斯：《自然的控制》，岳长岭、李建华译，重庆出版社，2007，第122页。
③ 〔加〕威廉·莱斯：《自然的控制》，岳长岭、李建华译，重庆出版社，2007，第150页。
④ 〔加〕威廉·莱斯：《自然的控制》，岳长岭、李建华译，重庆出版社，2007，第141页。

自然仅仅处于工具或手段的地位，这样就遮蔽了自然的价值性质和对人来说的道德意义。与控制自然紧密相连的对人的控制，必然使得一部分人支配和统治另一部分人，造成人与人之间的不平等。"由于企图征服自然，人与自然环境以及人与人之间为满足他们的需要而进行的斗争趋向于从局部地区向全球范围转变。"①

二　批评控制自然思想

泰德·本顿从生态中心主义的角度阐述马克思控制自然思想，认为马克思早期著作都是自然主义的，具有"支配自然"的观念。

在非还原论的自然主义的基础上，泰德·本顿着手分析资本主义社会生态危机的成因。在他看来，自然界是人赖以生存和发展的外部环境，必须具有一种先在性，这是一个先决条件，因此，人首先表现为一个自然存在物，在自然中生活，受到客观自然规律的制约。但是，人又不仅仅是一个自然存在物，还是一个社会存在物，具有理性，能够自由选择，会使用语言进行交流，带有各种文化特征。这完全不同于还原论的自然主义仅仅将人看作一个自私自利的存在物，以实现个人利益为自身社会活动的出发点。泰德·本顿在承认人的自然属性的基础上，更加强调人的社会文化特征，但是他的观点又是不彻底的。因为，在他看来具有文化特征的人仍然是自私自利的，这种私欲进而表现为一种对人之外的他物的占有、支配和控制，也就表现为对自然的控制和支配。

当人类面对自然的时候，这种支配和控制的欲望油然而生，人类把自然仅仅视为一种工具，忽视自然的内在价值，以一种工具主义的态度利用和改造自然。并在这一过程中无限扩大人的能力，高扬人的内在价值，以一种世界主宰者的态度自居，逐步演化成一种人类中心主义的立场，以是否有利于人的活动来衡量人之外所有事物的价值，以是否对人有用来取舍事物。这种态度在社会理性化进程中曾经一度发挥了重要的作用，使人从自然的蒙昧中摆脱出来，成为真正意义上的理性人，但是

①　〔加〕威廉·莱斯：《自然的控制》，岳长岭、李建华译，重庆出版社，2007，第140页。

随着这一进程的推进，对自然的工具主义态度和人类中心主义的立场被无限放大，进而成为一种最高的标准，导致工业文明社会的灾难接踵而至。人类无限制地生产和消费，造成了大量资源的浪费、能源的枯竭和环境污染的加剧，引发了各种各样的环境问题——全球气候变暖、土地沙化、生物多样性减少等，同时，人口数量的急剧膨胀，使得地球的承载力下降，自然的极限被突破，最终导致生态危机爆发。

显然，按照泰德·本顿的思想逻辑，生态危机产生的直接原因是观念，即根深蒂固的支配自然的观念。实际上支配自然的观念由来已久，这一分析并非泰德·本顿的独创，在他之前的生态学马克思主义理论家威廉·莱斯在其《自然的控制》一书中就追溯了这一观念的历史发展。这一观念最早可以追溯到古希腊神话，许多神话故事展现了人们试图通过制造工具和使用工具来实现对自然的支配和控制，这种对自然的控制是与对自然的崇拜混杂在一起的。在中世纪基督教神学时期，支配自然的观念有着宗教神学的根源。《旧约·创世纪》讲述了上帝创世的故事，这一创世过程确立了上帝对整个宇宙的至高无上的统治权，而人类则成为上帝在地球上实施统治的代言人，人类由于分享了上帝的绝对统治权而成为地球的主人，其中包含着对自然的控制权、支配权、统治权、管理权和征服权。基督教神学确立的这种对自然的权力一直流传至今。随着文艺复兴时期自然巫术理论的发展，支配自然的观念也获得了更加明确的内涵。以炼金术、占卜术为代表的自然巫术使人们自由地深入自然的内部探寻自然的奥秘，挖掘自然蕴含的神秘力量。巫师将神话、宗教与哲学交织在一起，借助科学技术的发展，展现人类征服自然的无穷潜力。近代培根的自然观奠定了现代支配自然观念的哲学基础。他把自己的哲学任务界定为研究自然、发现自然固有的规律，以便征服自然，为人类谋福利。他还通过一种非宗教的形式为科学技术辩护，试图把宗教和科学结合起来，用科学技术恢复人对创造物的真正意义上的统治，实现支配自然观念的世俗化，使人们广泛接受新的支配自然的观念。马克思吸纳培根的现代支配自然思想，通过对资本主义社会进行深入研究，把在劳动过程中形成的人与自然的关系规定为研究的主要内容，力图揭示两者之间的辩证统一关系。瑞尼尔·格伦德曼依据威廉·莱斯对支配自然观念的历史发展梳理，从人类中心主义的视角解读了马克思支配自然观念的含义，并将这一观念与生态问题的分析和解决联系起来。

控制自然的观念支配着人的行为，导致人的生产和消费行为无视自然的内在价值和自然的有限性，将自然资源看作取之不尽、用之不竭的宝库，忽略了自然带给我们的审美、道德和情感的因素。当人的行为超越了自然所能承受的限度时，自然就开始对人类进行报复，以生态危机回馈人类。

泰德·本顿认为："历史唯物主义可以被当作以生态的方法理解人类自然和历史的方法。"[1] 马克思说："自然界是人为了不致死亡而必须与之处于持续不断的交互作用过程的、人的身体。所谓人的肉体生活和精神生活同自然界相联系，不外是说自然界同自身相联系，因为人是自然界的一部分。"[2] 但是马克思主义者为什么总是受到批评和攻击呢？泰德·本顿认为马克思恩格斯的哲学和政治经济学之间存在"裂缝"。历史唯物主义强调人类生产生活对自然条件的依赖，承认自然的限制，而政治经济学却不愿意承认这种限制。泰德·本顿认为马克思恩格斯的政治经济学中控制自然的观点主要体现在对马尔萨斯人口论的批判和对古典经济学的继承上。马克思认为人口过剩是资本主义生产方式造成的，共产主义社会因为科学技术高度发展和物质财富极大丰富不会再有人口过剩的问题。泰德·本顿认为马克思恩格斯生活在人口问题还没有充分显现出来，而科学技术进步的作用还没有充分发挥的时代，这样的主张是可以理解的。他认为，马克思采用阶级分析方法，更多地关注人口过剩所体现出来的人与人之间的关系问题，也就是说更多关注资本积累及其所造成的竞争关系，却忽视了不断增加的人口数量与自然有限的承载能力之间的关系。

---

[1] Ted Benton, "Marxism and Natural Limits: An Ecological Critique and Reconstruction," *New Left Review*, No. 178, 1989, pp70-107.

[2] 马克思：《1844年经济学哲学手稿》，人民出版社，2000年，第56~57页。

三 为马克思"控制自然"辩护

20 世纪 90 年代，以瑞尼尔·格伦德曼和戴维·佩珀为代表的新一代生态学马克思主义者认识到人对自然的控制不是生态危机产生的根本原因，认为生态危机是人类对待自然的特殊方式，即资本主义方式引起的。人类在反对生态危机，重新检讨自身对自然界的态度时，不应放弃"人类尺度"而应该以全人类的利益为价值尺度。

（一）"控制自然"的积极意义

瑞尼尔·格伦德曼在认为马克思确实主张对自然的控制的基础上，赋予了"控制自然"积极意义，认为"控制自然"和"人类靠自然"与人类对自然的保护并不相悖。整个自然界是涵盖人类社会在内的统一的系统，其根本利益与人类的根本利益具有一致性，人类保护自然与维护自己的生存权并无二致。因此，瑞尼尔·格伦德曼认为马克思关于人类改造自然的人类中心主义观点是正确的。

无论是弗朗西斯·培根还是笛卡尔都成了生态文学里的替罪羊，因为他们促成了"控制自然"世界观的建立，马克思也被当今的生态主义者所批判。瑞尼尔·格伦德曼认为，马克思不仅追随了启蒙思想家弗朗西斯·培根的"自然是贮藏物质的宝库"或黑格尔的"把自然看作并无内在目的的存在"的观点，而且发展了一种独特的关于自然的现代性观点，即将自然看作具有某种功用性的物体，它可供人类利用以满足人类的需要和欲求。[①] "更高形式的物质代谢要求使用特定的技艺，为了标示人类'驾驭'人之外的自然界的能力这种特殊属性，马克思使用'控制自然'一词。"[②] "人在自然中生存和人控制自然是可以协调一致的，人生活在自然中又控制着自然。"[③]

瑞尼尔·格伦德曼认为，马克思确实采取了人类中心主义的世界观，

---

① 参见刘英《生态学马克思主义对历史唯物主义的辩护研究》，安徽大学出版社，2022，第 25 页。

② Reiner Grundmann, *Marxism and Ecology*, Oxford：Oxford University Press, 1991, p. 60.

③ Reiner Grundmann, *Marxism and Ecology*, Oxford：Oxford University Press, 1991, p. 23.

但这并不会产生研究生态问题的道德障碍。在物质世界中，人类为了生存一定会影响和控制一切自然和社会的过程，因为这种控制，马克思将人对自然的利用分为两种，一种是直接从自然中获得，另一种是从对自然的改造或者控制中获得。对待自然的现代方法并不等同于对自然的侵犯和掠夺。现代性只是把自然看成一个具有效用的客体，认为自然能满足人类的需要和欲望。马克思根据培根的"利用自然就要服从自然规律"这一论断，将人与自然的关系分为两种。第一种关系就是自然只是被人占有，例如在捕猎和采集时代就是这样一种关系。第二种关系是自然不只是被使用，而且是被改变。人类试图从自然那里获得自然原本没有的东西，或者试图在某种程度上控制自然，这就预先假定了生产者怀有超越食物和住所需求的某些目的，从而预先假定了具体技术的使用。为了阐述人类的这一特点，马克思使用了"控制自然"这个术语。在马克思那里，自然本身并没有目的，是人将目的赋予自然的。重要的是，控制的结果应该服务于控制者的利益，如果危害到控制者的利益，我们就不能说他控制着某物。

瑞尼尔·格伦德曼从人类中心主义出发认为，"控制自然"并不必然导致环境的破坏，即所谓的生态危机，相反，生态危机应当是人类对待自然所导致的后果，在于对待自然的特定方式，而不是人类控制自然所导致的后果。马克思本人也没有从"控制自然"的观念中引出对自然的破坏，在这一点上，瑞尼尔·格伦德曼是赞同马克思的。

马克思认为："社会地控制自然力，从而节约地利用自然力，用人力兴建大规模的工程占有或驯服自然力，——这种必要性在产业史上起着最有决定性的作用。"① 瑞尼尔·格伦德曼认为，如果我们承认科学技术的发展已经使人与自然之间的关系发生了改变，那么试图退回到原始阶段是不可能的，因此，马克思的"控制自然"是符合历史进步潮流的。

瑞尼尔·格伦德曼认为马克思的"控制自然"是和预先假定的目的

---

① 《马克思恩格斯文集》第 5 卷，人民出版社，2009，第 587~588 页。

联系在一起的。在马克思看来，自然本身并没有目的性，是人按照自己的目的性对待自然，并且控制的结果应该服务于控制者的利益，如果危害到控制者的利益，就不能说其控制了事物。因此在这个意义上，"控制自然"就是在尊重自然规律的前提下利用自然。

因此瑞尼尔·格伦德曼说，我们不应该仅仅停留在马克思有没有"控制自然"的思想，而是要分析它的具体内容。从这个意义上来理解"控制自然"，它并不意味着对自然采取随意的态度，而是对自然规律的尊重。因此，马克思的"控制自然"并不意味着对自然的侵犯，即人类在改变自然的过程中不能专横地利用或操控自然。"我们不必忌讳谈论控制自然，'控制自然'不应对生态危机负责，事实上恰恰相反，生态危机的出现证明了这种控制的缺失。"[1] 瑞尼尔·格伦德曼把理解"控制自然"的着力点落在"控制"上，认为只有那些成功地维护人类利益的利用自然才算控制，"对马克思来说，控制观念涉及利益和需要"[2]。

乔纳森·休斯也同意瑞尼尔·格伦德曼把"控制"理解为"有意识、有目的、积极适度地控制"，这种控制是以实现人与自然统一为前提的，而不是指代人类无节制地掠夺与勒索自然。"支配自然意味着人类利益的成功追求，是以一种服务于人类利益的方式使用自然。"[3]

戴维·佩珀支持瑞尼尔·格伦德曼对"控制自然"的解读，认为马克思受启蒙主义的影响，主张通过人与自然之间的协作来实现经济社会的发展，从而满足人类发展的需求。但是资本主义的工业化生产对自然造成了极大的破坏，把自然转变为不利于人类生存发展的客观对象来"控制"。戴维·佩珀指出："格伦德曼宣称，马克思的'支配'不会引起生态难题，而是解决它们的起点。'自然的支配'不应对生态难题负责，事实上恰恰相反，生态难题的出现证明了这种支配的缺乏。这里，

---

① Reiner Grundmann, *Marxism and Ecology*, Oxford：Oxford University Press, 1991, p. 15.

② Reiner Grundmann, *Marxism and Ecology*, Oxford：Oxford University Press, 1991, p. 92.

③ Jonathan Hughes, *Ecology and Historical Materialism*, Cambridge：Cambridge University Press, 2000, p. 33.

'支配'意味着人类对他们与自然关系的集体有意识的控制。其中隐含着一种管理关系而不是破坏关系。它也蕴含着社会主义的理性和人本主义，承认在创造有害的和不舒适的环境中的愚蠢与不公正。"① 环境问题的出现恰恰是"控制自然"的缺失，因此，解决问题的出路在于重新获得对自然的控制。这成为瑞尼尔·格伦德曼重构历史唯物主义的出发点。

（二）重返人类中心主义的自然反思

"重返人类中心主义"是20世纪90年代以来的生态学马克思主义所提出的响亮口号。它最先是由瑞尼尔·格伦德曼提出的，主张人类在反对生态危机、检讨自身对待自然界的态度时，坚持"人类尺度"，并且，只有采取人类中心主义的立场，把人类作为生态危机的参照点，才能为生态危机确立一个清晰的尺度。戴维·佩珀对此作出了积极回应，并成为这一思想的主要倡导者和阐发者。

戴维·佩珀致力于构建一种人类中心主义的生态学马克思主义。戴维·佩珀指出，人类只能从人类的视角去观察自然，以一种人类中心主义的立场来谈论自然。他反对离开人来谈论自然的内在价值，也反对离开人的权利来谈论自然的权利。因为，在他看来，离开了人的自然内在价值来谈论自然只是一种理论抽象；没有人类的权利，自然的权利则没有任何意义。自然虽然限制社会，但限制并非决定，人是可以自由地改造世界的。因而，他反对任何基于所谓自然的"内在价值"而不是它对于人的价值去保护和尊重自然。

基于此，戴维·佩珀对在生态问题上坚持人类中心主义的原因作了进一步的解释。他指出，如果不是把人而是把自然置于中心地位，这就会颠倒人与自然的关系，把人与自然的关系神秘化，从而带来各种反人道主义的体制。在他看来，生态危机的根本原因不在于人类中心主义，而在于现行经济制度，因为，人的本性是理性的，人目前在对待自然时

---

① 〔英〕戴维·佩珀：《生态社会主义：从深生态学到社会正义》，刘颖译，山东大学出版社，2005，第339页。

所表现出来的贪婪与疯狂是现行的社会经济制度带来的。只要改变了现行的社会经济制度，人就能克服其贪婪性与疯狂性，并以理性的方式合理地、有计划地利用自然资源。这既满足了人的物质需要，又与自然形成新的和谐关系，从而真正实现自然主义和人道主义的高度统一。并且，正是从人类中心主义的立场出发，人类才应当为生态危机负责，也只有人类中心主义能把人类的利益和自然的利益统一起来，为人类改造自然界确立合理的限度。

可见，戴维·佩珀不仅主张人类中心主义，还把它看作解决生态危机的基点。当然，戴维·佩珀这里说的人类中心主义不是狭隘的人类中心主义或者说是人类沙文主义，而是以人的合理需要和利益为出发点的人类中心主义。它要求按照有利于人类整体在自然界中持久生存和发展的目标来处理人与自然的关系，反对对待自然的狂妄自大态度和肆意掠夺行为。这种人类中心主义既强调人类利益的整体性和长远性，又重视自然对于人的价值和意义。在戴维·佩珀看来，如果人们真正坚持以人类的利益为中心，真正站在有利于人类整体持久生存和发展的角度来认识和处理人与自然的关系，他们就不会凭主观意志来掠夺自然，反而会尊重生态规律，对自然采取科学慎重的态度。这样，就会使当前的生态危机得到逐步解决。正是在对人类中心主义这一理解基础上，戴维·佩珀指出，生态学马克思主义就是"人类中心主义（当然不是资本主义技术中心意义上的）和人道主义"。他认为，生态学马克思主义虽然"强调人类精神的重要性，强调这种精神的满足部分地依赖于与其他自然物的非物质性交往，但它拒绝生物道德论和自然神秘论以及由它们所可能产生的任何反人道主义"，"我们所观察到的自然是社会的被观察到的和产生的。另外，人所做的一切都是自然的"。①

戴维·佩珀以人类的整体利益和长远利益为基点，主张重返人类中心主义，充分显示了他比一般的环保主义者和生态中心主义者更为进步

---

① 〔英〕戴维·佩珀：《生态社会主义：从深生态学到社会正义》，刘颖译，山东大学出版社，2005，第282页。

和广阔的理论视野。生态中心主义主张人类的一切行为顺应自然法则，反对工业生产力的增长，这实际上是一种生态乌托邦的幻想，对于我们解决当前的生态危机缺乏现实意义。而戴维·佩珀的"人类中心主义"把人置于与自然关系的中心地位，把人类的整体利益和长远利益作为人类行为的根本出发点和终极价值尺度，这为我们解决当前的生态危机提供了一条较为现实的思路。

（三）控制自然与尊重自然是可以相容的

约翰·贝拉米·福斯特认为马克思"生态思想空场论"的观点根源于对马克思唯物主义的误读，他极力地辩护了马克思主义自然观并且论证了马克思主义自然观本身所包含的生态意蕴，并且批判了各种把马克思归属于"普罗米修斯主义者"的奇谈怪论。约翰·贝拉米·福斯特指出尽管马克思理论中有"控制"、"支配"、"统治"或者"征服"自然的提法，但是马克思反对人对自然的绝对统治力，把尊重自然作为人类生存和改造自然活动的前提。只有从哲学基础上重新阐释马克思唯物主义，才能展现马克思思想的生态学向度，也才能弥补生态伦理学在哲学基础上的不足。约翰·贝拉米·福斯特认为马克思不是普罗米修斯主义者，而是构建了完整生态学理论的生态学家。

人类不应该被动地适应自然，而是要积极主动地利用、改造自然。约翰·贝拉米·福斯特认为马克思把人视为自然本身的一部分，但并没有把人同其他自然物相提并论，而是特别地强调了人在自然面前的自觉能动性。约翰·贝拉米·福斯特认为马克思不是一个宿命论者或者悲观论者，相反他在承认人类活动受限的同时，提倡积极能动地改造世界。尽管外在的世界是客观的、必然的，但是人并不是必然性的奴隶，人可以发挥主观能动性，使客观世界朝着有利于人的方向、趋势发展。

"控制"和"支配"自然的前提是顺应、尊重自然规律。马克思理论中有"控制"和"支配"的内容，但是同时也包含着遵从自然的客观性和必然性、顺应自然的内容。约翰·贝拉米·福斯特认为，"人类支配自然的观念，虽然具有人类中心主义的倾向，但那并不必然是对自然或自然规律的极端漠视"①。马克思认为资本主义"征服自然力"的积极作用只是相对于封建社会的停滞、相对于为社会主义社会提供物质基础来说的，并且他意识到了这种"征服自然力"是不可持续的。马克思在他的时代就已经看到了"这个曾经仿佛用法术创造了如此庞大的生产资料和交换手段的现代资产阶级社会，现在像一个魔法师一样不能再支配自己用法术呼唤出来的魔鬼了"②。马克思所设想的"由联合起来的生产者所控制的社会，其特征为自由时间的延长和集体而民主的社会组织，以及因此而以非工具主义的方式对待自然和社会"③。

约翰·贝拉米·福斯特否定了认为马克思是"普罗米修斯主义者"的观点，并进一步强调马克思理论中的生态思想。唯物主义和辩证法是认识和解决生态危机的基本方法。生态学是一门建立在自然界对于人类的"优先地位"和世界普遍联系的认识上的科学。约翰·贝拉米·福斯特认为在资本主义社会革命兴起时期，正是基于这种思维方式生态学才出现的。他认为19世纪生态学思想发展的最大成果是唯物主义自然观的出现，人类在生态学方面取得的进展同步于人类在哲学上取得的唯物主义和辩证法的成就。

马克思的"人是自然界的组成部分，自然是人的无机身体"的思想意味着人要保护自然。马克思认为人是自然界的一部分，是自然界长期发展的产物，人作为一种自然存在物的生存和发展必须依赖外在的自然，人没有理由伤害自己的"无机身体"。人类与整个地球的物质进化过程的相互依存关系决定了人永远不能站在自然之上任意支配自然。

用益权思想和可持续发展理念相一致。马克思曾以用益权概念说明土地保护的必要性与重要性。用益权人享有使用权和收益权，但是对他人所有物，应视为自己所有，并负有保护好该物的义务。马克思认为人

---

① 〔美〕约翰·贝拉米·福斯特：《马克思的生态学——唯物主义与自然》，刘仁胜、肖峰译，高等教育出版社，2006，第14页。
② 《马克思恩格斯文集》第2卷，人民出版社，2009，第37页。
③ 〔美〕约翰·贝拉米·福斯特：《生态革命——与地球和平相处》，刘仁胜、李晶、董慧译，人民出版社，2015，第204页。

类不是土地的所有者，"从一个较高级的经济的社会形态的角度来看，个别人对土地的私有权，和一个人对另一个人的私有权一样，是十分荒谬的。甚至整个社会，一个民族，以至一切同时存在的社会加在一起，都不是土地的所有者。他们只是土地的占有者，土地的受益者，并且他们应当作为好家长把经过改良的土地传给后代"①。

"新陈代谢"理论包含着丰富的生态思想。马克思借用德国化学家尤斯图斯·冯·李比希等人的"新陈代谢"概念，认为资本主义使人口向城市集中。城市人口一方面聚集着社会历史的动力，另一方面破坏着人与土地之间的物质交换，使人以衣食形式消费掉的土地的组成部分不能再回到土地，从而破坏土地的持久肥力的永恒的自然条件，也就说造成了新陈代谢的断裂。"资本主义农业的任何进步，都不仅是掠夺劳动者的技巧的进步，而且是掠夺土地的技巧的进步，在一定时期内提高土地肥力的任何进步，同时也是破坏土地肥力持久源泉的进步。"② 约翰·贝拉米·福斯特认为"新陈代谢"理论在马克思理论中居于核心位置，"马克思的世界观是一种深刻的、真正系统的生态世界观，而且这种生态观来源于他的唯物主义"③。

第四节　自然的限制与解放

马尔萨斯的人口理论指出了人口的数量、经济的增长、自然资源和能源的匮乏以及污染问题对人类的活动具有不可逾越的限制，肯定了"自然极限"的存在，而马克思和恩格斯对马尔萨斯的批判实际上表明了他们对"自然极限"的态度。由此可见，关于是否存在"自然极限"是一个备受争议的问题，不同的生态学马克思主义理论家也存在不同的看法。有的学者根据热力学的基本法则肯定了绝对的自然极限的存在；还

---

① 《马克思恩格斯文集》第 7 卷，人民出版社，2009，第 878 页。
② 《马克思恩格斯文集》第 5 卷，人民出版社，2009，第 579~580 页。
③ 〔美〕约翰·贝拉米·福斯特：《生态革命——与地球和平相处》，刘仁胜、李晶、董慧译，人民出版社，2015，第 3 页。

有的学者从生态中心主义的立场出发，强调了自然的内在价值给予人类活动的道德限制。

一　"自然极限"的提出

在环境问题日益严峻的形势下，如何准确地定位自然极限与社会发展之间的关系是一个不容忽视的问题。马尔萨斯的《人口原理》提出了一种具有浓郁悲观主义色彩的社会发展观，通过人口的制约原理、增殖原理和均衡原理提出了自然极限。人口的增长要受到生活资料的制约，人口与生活资料之间存在某种比例关系；生活资料的增加必然伴随着人口的增加；"占优势的人口增殖力若不产生贫困与罪恶便不会受到抑制"[①]，即人口的数量按照几何级数增长，物质生活资料按照算术级数增长，这是一个人口的自然规律，这实际上指出了社会发展的"自然极限"，强调了在一个长期的历史过程中，人口的增长对于社会发展的限制和阻碍作用。要使人类社会不走向灾难，必须实现人口的增长与生活资料的增长之间的均衡，但是这种均衡并不是自然发展的结果，而是施加各种限制的结果。马尔萨斯指出："人类究竟是从此会以加速度不断前进，前景远大得不可想象呢，抑或注定要永远在幸福与灾难之间徘徊，作出种种努力后，仍然距离想要达到的目标无限遥远。"[②]

这种悲观主义的论调也反映了自然极限对社会发展的限制，马尔萨斯独具慧眼地看到了这一点，给陶醉在自我实现理想中的人们注射了一支清醒剂。自然的限制不仅是客观存在，还是不容忽视的，它是社会发展过程中一个不可小觑的因素。这些思想反复重申了一个核心观点，即社会的发展存在自然极限。

肇始于马尔萨斯的自然极限理论在 20 世纪六七十年代得以复活，形成了以埃尔利希（P. R. Ehrlich）的"人口爆炸"理论、人类生态学教授

---

① 〔英〕马尔萨斯：《人口原理》，朱泱、胡企林、朱和中译，商务印书馆，1996，第 16 页。
② 〔英〕马尔萨斯：《人口原理》，朱泱、胡企林、朱和中译，商务印书馆，1996，第 3 页。

加勒特·哈丁（Garrett Hardin）的 "公地的悲剧"① 理论以及罗马俱乐部的 "增长的极限" 理论为代表的新马尔萨斯主义（Neo-Malthusianism），其是对传统马尔萨斯主义的发展，"它们不再认为人口增长是导致环境问题的唯一一个或占主导地位的原因，而是认为人口增长是诸多原因之一"②。这种观点看似与马尔萨斯的观点相距很远，但实际上扩大了马尔萨斯的影响力，因为它们不仅都认为人口增长及人类无限需求必然会导致资源的有限供给的矛盾，而且将这个原因 "扩展到" 所有的生态危机中。丹尼斯·米都斯（Dennis Meadows）警示 "只要人口增长和经济增长的正反馈回路继续产生更多的人和更高的人均资源需求，这个系统就会被推向它的极限——耗尽地球上不可再生的资源"③。新马尔萨斯主义关注了人类未来的全球性问题，从量的角度分析人口增长、经济发展、粮食生产、能源枯竭和环境污染之间的相关性，关心的是如何限制不断增加的人口，而不是如何增加生活资料，推动生产力的发展，实现合理持久的均衡发展。因此，新马尔萨斯主义出现了两个主要变化：一是从关注人口增长引起的食物短缺发展到人类需求导致的各种资源的短缺；二是从严格控制人口增长到适度限制的增长。

泰德·本顿基于回顾马尔萨斯的人口原理和新马尔萨斯主义的理论，突出了 "自然极限" 在社会发展过程中的地位和发挥的重要作用，尤其强调了 "自然极限" 的不可忽视性和不可超越性。泰德·本顿承认 "自然极限" 的客观性。在马克思看来，马尔萨斯作为一个真正的认知保守主义者，主张建立一个新的和公正的社会秩序，但也看到在通往未来幸福的征途中存在大量巨大的、不可克服的困难。这一不可克服的困难简化为一个基本的规则，即关于人口数量几何级数增长与食物供

---

① "指对任何人和每个人开放使用的环境部分，没有一个人为它的利益负责"，即 "以公众利益为代价而获取私人利益"。参见〔美〕尤金·P. 奥德姆《生态学——科学与社会之间的桥梁》，何文珊译，高等教育出版社，2017，第 239 页。

② 〔英〕乔纳森·休斯：《生态与历史唯物主义》，张晓琼、侯晓滨译，江苏人民出版社，2011，第 59 页。

③ 〔美〕丹尼斯·米都斯等：《增长的极限——罗马俱乐部关于人类困境的报告》，李宝恒译，吉林大学出版社，1997，第 38 页。

应算术级数增长之间的一种反向关系。因此，人类生存条件中这种不可避免的困难足以摧毁任何平等合作共同体的远大理想，来自生活资料供应的人口压力所产生的贫困与罪恶势必会大大影响人类成为未来改革者的美好愿望。

泰德·本顿认为，马克思恩格斯在对马尔萨斯的理论进行批判时，在关于"自然极限"的认识上有一种保守主义论调。但值得肯定的是，他们坚持把马尔萨斯的规律相对化，使之成为特定历史时期或者特定社会形态的规律，这是值得赞许的。这表明马克思恩格斯是用历史和社会的相对性来暗示某种社会建构主义的形式。在泰德·本顿看来，我们需要的正是这样一种认识：每一种形式的社会经济生活，都有它自身的特殊形式，而且都以它自身特殊的背景条件、资源材料、能源物质以及自然介入的非意向性结果为前提，任何形式的社会经济生活所遇到的生态问题，都必须通过自然和社会的衔接这种特殊结构的产物在理论上得以解释。也就是说，马克思认识到每一种社会经济生活的形式都有与其自身的背景条件相互作用的动力模式，这些背景条件的限制具有相对性：在某一社会形态的某一阶段这些复杂的背景条件和资源机制构成了发展的极限，但随着社会的进步与发展，另一社会的某一时期就能突破和克服这些背景条件设置的界限。在历史发展的进程中，这种相对性的限制始终存在，并且表现为旧的限制的克服与超越，新的限制的产生与发展，每一种社会经济生活形式在克服旧限制、又为新限制所限制的循环中获得持续性的发展。泰德·本顿明确指出："按照这种方法，自然的限制被理论化为具体社会实践和具体自然条件、资源和机制联合在一起的一种函数，那么它只能成为某种自然与社会连接体的一种真正的自然限制，而不可能成为另一种自然与社会连接体的限制，即社会与外部自然相互作用的形式与动力机制的根本重组会对它超越先前给予的占有自然的模式和真正的自然限制产生影响。"①也就是说，一个社会与外部自然的内在关

---

① Ted Benton, "Marxism and Natural Limits: An Ecological Critique and Reconstruction," *New Left Review*, No. 178, 1989, p83.

系的形式与动力的重新组合也许会产生超越自然限制的一种效用。例如，我们把不能再更新的资源看作一种自然限制，而社会将会改变它的资源基础，或者在劳动过程的意向性结构中建立起资源的再循环，使它可能会有效地超越它先前所面对的限制。

二　关于"自然极限"的不同主张

泰德·本顿认为，马克思和恩格斯对马尔萨斯的人口理论进行批判，主要是否定"自然极限"，但潜在地承认历史和社会所施加的短暂的相对限制。与泰德·本顿的观点相反，乔尔·克沃尔则认为，马克思和恩格斯本人确实认识到了"自然极限"的存在，但是他们的追随者为了对资本主义的环境问题作出简单解释而忽视了这一立场。英国生态学马克思主义者乔纳森·休斯也认为，虽然马克思和恩格斯批判马尔萨斯，但并不能直接推导出他们否认"自然极限"存在的结论。他认为对于"自然极限"的认同受制于多种因素，例如自然价值的道德事实，或者是我们控制自然的非道德事实，这些都不是决定性的因素，关键在于要以人类的评价、利益和活动为依据。在此基础上，乔纳森·休斯从多个维度考察了马克思和恩格斯对"自然极限"的理解。

第一，自然极限的社会性。乔纳森·休斯指出，我们不能简单地肯定或者否定增长，而是要根据增长的时间、地点和意义过程等要素，对增长进行科学合理的界定，对无差别的增长和有机的增长加以区分。无差别的增长是一种整体数量上的增加，即量的增长；有机增长是整体的部分或组织的增长，即质的增长。这种区分对理解马克思对自然极限的态度十分重要，其增长观是一种质的增长观，是基于生产力与人的需要之间的关系来界定的增长。鉴于此，马克思和恩格斯在特定的社会历史条件下考察自然的极限，他们认为一方面自然确实存在一定限制，这是毋庸置疑的；另一方面这种限制是与特定的社会关系和人类生活方式密切相关的，即自然意义上的自然极限与社会历史意义中的自然极限综合构成了自然极限的具体边界。

第二，自然极限的辩证性。世界上没有一成不变的东西，自然极限也是如此，它本身具有相对性和变化性，这就要求我们用辩证的发展的眼光看待自然极限及其发展。乔纳森·休斯认为，马克思和恩格斯生活在19世纪，自然极限的制约作用还没有发挥的"土壤"，所以不是不存在自然极限，而是人口的增长仍然在地球土壤肥力的允许范围内，即人口的增长在自然限制的范围之内。因此，突破自然限制造成的灾难性后果没有凸显出来。乔纳森·休斯认为，"如果马克思和恩格斯真的否认了自然极限对人口增长和资源消耗所施加的任何限制，这无疑是站不住脚的，这与他们把人看作有物质需要的包容性存在的历史唯物主义理论是彼此冲突的"①。自然极限的存在应该是一个不争的事实，关键是自然极限发生作用的时限和条件。

第三，自然极限的技术性。乔纳森·休斯认为，马克思并不是孤立地考察自然因素产生的自然极限，而是不仅看到自然与社会、自然与人之间的相互作用，还认识到技术革新对自然极限具有重要意义。科学技术在提高人的能力和满足人的需要中发挥着重要作用，是人类同自然发生关系的中介，因此确立自然极限是不能忽视技术因素的。

三　自然极限与人类解放的冲突

戴维·佩珀认为那种断言马克思没有考虑自然的有限性以及资源的可耗尽性是站不住脚的，认为马克思所说的全人类解放不是绝对的解放，而是必须承认最终的自然的有限性。我们也不能脱离具体的历史环境而完全按照自己的意愿行事。马克思主义追求解放，但不是唯心主义的、完全的自由意志。它依赖于生产力的物质状态（自然特征与资源、可利用的技术和人们的生产技能）。人们想做什么和做什么不可能是完全开放的，而是会受到无知的历史环境的限制。②

马克思恩格斯对资本主义进行了系统的道德批判，对变化无常的自

---

① Jonathan Hughes, *Ecology and Historical Materialism*, Cambridge：Cambridge University Press, 2000, p. 46.

② 参见〔英〕戴维·佩珀《生态社会主义：从深生态学到社会正义》，刘颖译，山东大学出版社，2005，第172页。

然进行了分析，但是他们对其历史作用持乐观的态度，把资本主义高度发达的生产力看作人类未来解放的准备条件。泰德·本顿指出，资本主义加速生产发展使得向一个自由与物质产品极大丰富的王国转变具有真正的历史可能性，他认为社会生产力的发展是资本的历史任务和正当理由，也是一种不自觉地创建更高生产力模式需求的方式。由资本主义经济关系培植的现代化工业生产是建立共产主义社会的前提条件，资本主义的历史任务是超越和自然相互作用的早期形式的有限性。马克思全部历史过程理论的本质要素是强调在资本主义工业化劳动过程中人类劳动的强大改造能力。

马克思和恩格斯对未来共产主义的描述不仅给予共同占有自然的解放潜能以重要的位置，而且预先假定了对前资本主义历史的高度发达的生产力的继承。恩格斯在《社会主义从空想到科学的发展》中指出："人们周围的、至今统治着人们的生活条件，现在受人们的支配和控制，人们第一次成为自然界的自觉的和真正的主人，因为他们已经成为自身的社会结合的主人了。人们自己的社会行动的规律，这些一直作为异己的、支配着人们的自然规律而同人们相对立的规律，那时就将被人们熟练地运用，因而将听从人们的支配。"①

泰德·本顿认为，解放的观念内含在马克思和恩格斯的论述之中。在历史的早期阶段，人类缺乏自主性，导致他们的改造能力在发展中被限制，他们处于外部自然力量的支配和统治之下。但是这种被叠加的统治根源在于社会自身，是作为第二自然而经历的。伴随着自然社会的历史发展，出现了一种推翻压迫的可能性，即人类自身能够获得对社会生活的控制，并由此实现对自然的控制。他进一步指出，如果人类自主性的获得预先假设了控制自然，那么就意味着人类的目的和自然之间有一种根本的、潜在的对立：要么我们控制自然，要么自然控制我们。这种与自然的对抗关系体现了一种自然所施加的限制的观念。马克思继承了黑格尔的观点，承认生产力获得进步在某种程度上就是我们把先前所面

---

① 《马克思恩格斯文集》第3卷，人民出版社，2009，第564页。

对的外部自然吸收到人类自主控制的领域，他在其他地方也承认为了生活必需品而与自然进行抗争是不可避免的，在将这种斗争的实践降低到最低限度的过程中给出了解放的内容。因此，在泰德·本顿看来，无论通过哪一种方式，人类解放的可能性都必须以生产改造能力的潜能为前提，这种能力与人类超越自然限制，并拓宽人类意向性活动的领域密切相关，这也就注定了自然施加的限制与人类解放之间的冲突是不可避免的。

如何冲破束缚实现解放是每一个马克思主义理论家必须直面的问题，他们建构起各种解放战略对这种挑战进行回应，其中，最具代表性的是乌托邦主义的解放战略和现实主义的解放战略。乌托邦主义的解放，它明确地或者含蓄地否认由认知的保守主义认同的极限来源的独立实在性，否认这些受压制的结构呈现一种独立的表象，认为这些限制只能在我们采取实在性表象的范围内压制我们。现实主义的解放宣称或者承认限制人类欲求的结构、力量或者机制的目的的独立现实性，解放的希望被大量限制的源泉所维持，并为了人类目的的实现使它们至少被部分地获得，解放的希望成为真实的，甚至成为自然的，并非不可改变的。

乌托邦主义的解放与现实主义的解放的主要区别在于对待自然极限的不同态度。前者否认自然限制的独立实在性，只是将其作为一种潜在的压抑性结构，只有当它由潜在的状态转化为现实的状态时，才能真正对我们产生限制和约束。后者认识到了自然限制的独立实在性，承认通过人类有目的、有意识的活动可以克服限制，甚至超越约束。马克思的解放战略明显具有两面性，既有乌托邦主义的成分，也有现实主义的成分，这意味着他既否认自然限制的独立实在性，又积极地通过人类实践改变自然限制。

乔纳森·休斯指出，人口增长过快、粮食危机等都可以纳入生态问题。乔纳森·休斯批评马尔萨斯关于人口与资源关系的观点。马尔萨斯认为正是人口增长过快导致食物供应出现短缺，人们生活资料的短缺必然招致灾难，而任何试图改变这种状况的努力都是徒劳的，包括任何经济的和法律的手段，因此，必须提早对人口与生活资料进行规划和管控，维持长久的平衡。

乔纳森·休斯认为马克思和恩格斯全面揭示了马尔萨斯观点的谬误。马克思和恩格斯对马尔萨斯的批判主要包括：第一，马尔萨斯的理论具有保守主义的色彩，无法找到一条克服人口增长和资源短缺之间矛盾的道路；第二，马尔萨斯的人口论夸大了人口增长对资源和环境的影响；第三，马尔萨斯忽视了生活资料的短缺问题可以通过发展技术、改变社会生产关系来解决。马克思指出，人类的贫困不必然是自然环境导致的，更多的是社会环境造成的，具体来说，是具体的生产方式和社会制度导致的。"自然极限"是一个相对的量，资源的极限更取决于人类利用资源的能力以及人类社会的组织行为方式。

乔纳森·休斯指出，马克思主义对人与自然关系的揭示有助于认识自然的限制，即人类与自然本来就是统一的关系，"人类活动必然借助于自然法则并且在自然法则之下展开"①。人类必须消除控制自然的错误观点，否则会遭到自然界的报复。人类的发展虽然受到自然的限制，但更多的是受到技术和社会组织的限制。自然、技术和社会是相互影响的，在相互影响中，资源的丰富、生产力的发展、社会财富的增加等都可以实现。

乔纳森·休斯指出，历史唯物主义为我们超越自然的限制提供了重要理论根据和方法论指导。在揭示自然的限制之后，乔纳森·休斯进一步指出，形而上学生态学和还原主义虽然对于我们从某个学科的角度认识生态问题具有重要的指导意义，但是"追求还原解释，即使原则上是可能的，也不总是处理生态问题最富有成效的解决办法"②。

只有历史唯物主义的方法能为我们正确认识和分析生态问题、超越自然的限制提供重要的方法论启示。乔纳森·休斯指出，历史唯物主义的方法与环保主义者坚持的方法不同，前者强调自然界中的一切事物都

① 〔英〕乔纳森·休斯：《生态与历史唯物主义》，张晓琼、侯晓滨译，江苏人民出版社，2011，第88页。

② 〔英〕乔纳森·休斯：《生态与历史唯物主义》，张晓琼、侯晓滨译，江苏人民出版社，2011，第103页。

是互相联系的，这种联系是历史性和动态的，后者只关注简单的因果关系，武断地认为历史唯物主义坚持的是经济基础—上层建筑的僵化模型，坚持技术决定论和经济决定论，否定上层建筑的反作用。历史唯物主义强调整体性地认识普遍联系的一切事物，反对僵化孤立地认识自然和社会。"对马克思和恩格斯来说，这种分析是克服整体的不透明性的一个必要条件，但不是充分条件，因为整体必须通过了解各部分之间关系的方式在思想上加以明晰地重建。"① 因此，不管是形而上学生态学家关于事物是相互依存和相互联系的观点，还是还原主义者的还原解释都不是最完美的，都无法彰显自然科学和社会科学之间的统一性。

瑞尼尔·格伦德曼强烈批判资本主义制度下人与自然关系的异化，即资产阶级的利益满足是以破坏自然、造成生态问题为代价的，并指出"控制自然"观念是在对资本主义社会进行批判、解构和对共产主义社会进行推崇与建构中生成的。瑞尼尔·格伦德曼将马克思"控制自然"的观念与实现共产主义的方案联系在一起，致力于实现人类整体利益，实现对人的异化状态的扬弃。瑞尼尔·格伦德曼认为共产主义社会与追求人类解放是一致的，其中，共产主义是解决生态问题的制度基础，而实现全人类解放是控制自然的终极目标。瑞尼尔·格伦德曼根据马克思的观点指出，尽管自然活动是无异化的活动，但不能算作自由活动。对马克思而言，自由活动只能通过人类在自由国度中的客体化来实现，由必然王国过渡到自由王国，人类也就从桎梏中释放出来，达到共产主义，即"只有当一个社会能够控制住它的自然环境时，它才能被称为共产主义社会"②。

四　自然的解放与人类的解放

控制自然与控制人之间存在不可分割的联系，因而人的解放与自然

---

① 〔英〕乔纳森·休斯：《生态与历史唯物主义》，张晓琼、侯晓滨译，江苏人民出版社，2011，第115页。

② Reiner Grundmann, *Marxism and Ecology*, Oxford：Oxford University Press, 1991, p. 11.

的解放也必定是相关的，追求人的解放则必须以自然的解放为基础，从而最终实现人与自然的共同解放、协同发展。马克思最早在《1844 年经济学哲学手稿》中论述了实现人与自然共同解放的思想。赫伯特·马尔库塞则进一步发展了马克思的这一思想，把自然的解放与人的解放问题现实地联系起来，视自然的解放为人的解放的物质前提，把自然问题与社会问题合并起来考虑。赫伯特·马尔库塞主张人们按照"美的原则"塑造自然，确立符合生态学要求的生产模式，引导科学技术发展的趋向，使自然界成为人类的伙伴和朋友。在继承马克思与法兰克福学派关于人的解放思想的基础上，从威廉·莱斯、本·阿格尔到戴维·佩珀等生态学马克思主义者都坚持认为，自然的解放与人的解放具有相关性，提出了通过解放自然而使人获得解放的新路径。

（一）人的解放与自然的解放密切相关

一直以来，人们坚定地认为，征服了自然就意味着人的解放。然而事实上，当人类把自然作为征服对象的时候，人与自然的关系就发生了质的变化，改造自然的力量就可能会变成破坏自然的力量。当今时代出现的生态危机、环境污染以及人类面临的各种生存困境，都有力地证明了人类非理性地支配和控制自然会产生破坏性后果。生态学马克思主义面对当代资本主义生态危机中的人与自然的对立，继承了马克思和法兰克福学派的自然理论，认为在新的时代背景下人的解放与自然的解放有着紧密的关系。

赫伯特·马尔库塞认为，技术对自然的宰制与理性对人性爱欲的压抑，属于互为因果的同一行为的两个方面，因而"解放自然"具有社会革命的意义。赫伯特·马尔库塞指出："当前发生的事情是发现（或者主要是重新发现）自然在反对剥削社会的斗争中是一个同盟者，在剥削社会中，自然受到的侵害加剧了人受到的侵害。自然的解放力量及其在建设一个自由社会时的重要作用的发现将成为推动社会变化的一支新力量。自然的解放乃是人的解放的手段。"①

---

① 〔美〕H. 马尔库塞等：《工业社会和新左派》，任立编译，商务印书馆，1982，第 127 页。

　　威廉·莱斯接受了赫伯特·马尔库塞的这一思想，在他看来，滥用科技造成的生态危机，根源于支配科技行为的"控制自然"观念，而控制自然与控制人具有相互包孕的关系，控制的真正对象是人而不是自然。威廉·莱斯认为，人对自然的统治主要是通过科学技术的手段实现的，在资本主义社会中，对自然的统治逐渐演变为一种意识形态，掩盖了科学技术发展同持久的社会冲突和政治统治这两者之间的联系。一些思想家喋喋不休地到处宣扬环境生态问题的根源在于科学技术本身，强调科学技术是可以诅咒的东西，对这些虚假的神顶礼膜拜是生态危机乃至一切灾难的根源。威廉·莱斯激烈地批判了把科学同控制自然紧密联系在一起的观点。例如，舍勒的科学控制论就把科学的本质看作一种关于控制的知识，科学知识必然排除价值判断，进而贬低那些对人支配物没起到帮助的东西，并且坚持优先认识自然现象中那些适合控制目的的东西，于是科学自身就蕴含着对自然的控制。威廉·莱斯认为，这种关于科学对世界的控制是一项实用事业的观点是错误的，没有对人的目标和目的范围进行分析。这也说明在一种操作的结构之内对自然的科学实验与研究以及技术应用是不够的。而问题的关键是，在任何特殊的社会背景下科学都是操作性的吗？

　　威廉·莱斯认为不能撇开特殊的历史背景，只是单纯地在操作层面讨论科学对自然的控制，这并没有真正地揭示科学在控制自然的过程中相互冲突的各种各样的构成部分，于是这样根本无法找出追求控制的真正的历史动因。因此威廉·莱斯指出，如果"控制"一词的含义没有被阐释清楚，那么我们就不可能领会作为对自然进行控制的工具的科学技术的意义。人征服自然是通过科学技术手段实现的，这是数千年来思想家们的一个共同观点。威廉·莱斯认为，只有认真地揭示出这一观念的真实含义，才有可能揭示出人控制自然的全部意图已经被它遮蔽的现实。在现实的社会中，科学技术履行着控制自然的功能，威廉·莱斯认为这仅仅是个现象，在现象的背后还有更为深刻的东西。

　　既然控制自然的意识形态是资本主义生态危机产生的主要原因，那么，莱斯就把解决生态危机的注意力集中到控制自然的意识形态上来。

莱斯认为，控制自然的意识形态首先出现在西方资本主义社会，也是资本主义社会最基本的意识形态，这种意识形态的历史进步性表现为对陈旧的科学和哲学教条的批判，鼓励人们发展科学技术以便于更加有效地控制自然，从而根本改变整个人类生存的物质条件，它把为了满足人类的物质需要而发展生产力作为自己的第一目标。控制自然的意识形态同时也具有历史局限性，它只把科学技术看作人类控制自然的工具，而没有觉察到科学技术发展的同时也加强了对人的控制。从17世纪到20世纪，这种历史局限性逐渐从潜在的控制发展成现实的对人的全面控制。"征服自然被看作人对自然权力的扩张，科学和技术是作为这种趋势的工具，目的是满足物质需要。这样实行的结果，对自然的控制不可避免地转变为对人的控制以及社会冲突的加剧。这样便产生了恶性循环，把科学和技术束缚在日益增长的控制和日益增长的冲突的致命的辩证法中。主宰自然的诱人前景——社会和平、物质充盈——仍未实现。真正的危险，即控制所带来的破坏将转到控制工具本身（科学和技术），是决不能低估的。科学和技术在螺旋式上升的对内部和外部自然的控制中作为主要的因素是受非理性动力支配的，这种非理性动力会毁掉它们本身文明合理性的成果。"① 控制自然"普遍性的意义不再引起同样热烈的反应，征服自然和征服人之间的错综复杂的矛盾对于许多个人来说越发显得凶多吉少"②，人们越来越发现"控制自然似乎不是人类的伟大事业，而是维护特殊统治集团利益的手段"；更加危险的是，如果控制自然的历史进步性和历史局限性不可分离地交织在一起，并且历史局限性"变得无法容忍，那就会产生一种危险，即整个事业转变为憎恨的对象。因为按照通常表述的名义，控制自然不可能满足它所带来的期望，终有一天它会成为指望一条达到幸福的不同道路的反意识形态的牺牲品。在这样的情况下它的积极方面和消极方面都会遭到拒绝"③。

---

① 〔加〕威廉·莱斯：《自然的控制》，岳长岭、李建华译，重庆出版社，2007，第169页。
② 〔加〕威廉·莱斯：《自然的控制》，岳长岭、李建华译，重庆出版社，2007，第150页。
③ 〔加〕威廉·莱斯：《自然的控制》，岳长岭、李建华译，重庆出版社，2007，第151页。

在思考解决控制自然的意识形态所产生的历史局限性问题的过程中，威廉·莱斯也批判了两种与控制自然的意识形态相对立的意识形态，一种为"自然的解放"的思想，一种为"回到自然"的思想。

威廉·莱斯将"自然的解放"与"回到自然"都归为"反意识形态"。在批判了这两种"反意识形态"之后，他提出了自己的见解，即既不是对自然的控制，也不是对人的控制，而是对人类与自然之间的关系加以控制。威廉·莱斯认为，从人类伦理和道德方面对人类非理性和破坏性的欲望加以控制，从而控制人类与自然之间的关系，不仅能够实现自然的解放，也能够实现人类自身的解放。"控制自然的任务应当理解为把人的欲望的非理性和破坏性的方面置于控制之下。这种努力的成功将是自然的解放——即人性的解放；人类在和平中自由享受它的丰富智慧的成果。"[1] 在保持控制自然所具有的历史进步作用的前提下，从伦理和道德的角度对人类和自然的关系加以控制，将使控制自然的进步同时也是解放自然的进步，"控制自然的观念必须以这样一种方式重新解释，即它的主旨在于伦理的或道德的发展，而不是科学和技术的革新。从这个角度来看，控制自然中的进步将同时是解放自然中的进步"[2]，"停止把科学和技术作为控制自然的主导力量，这不仅对科学技术是必要的一步，而且对控制自然的观念本身也是必要的一步"[3]。威廉·莱斯进一步指出，从伦理和道德上对人类的非理性和破坏性加以控制，就要求发展一种新型的社会制度。"把科学和技术"从人类的非理性"动力中解放出来，是一项首先与社会制度改造交织在一起的任务"[4]，这种社会制度能够促使人类负责任地使用科学技术，而不是利用科学技术对自然不负责任地控制和利用，因为"伦理的进步和科学技术的进步不是完全对立的。每一方的价值在某种程度上依赖于另一方的成就。科学合理性的发展……是

---

[1]　〔加〕威廉·莱斯：《自然的控制》，岳长岭、李建华译，重庆出版社，2007，第15页。
[2]　〔加〕威廉·莱斯：《自然的控制》，岳长岭、李建华译，重庆出版社，2007，第168页。
[3]　〔加〕威廉·莱斯：《自然的控制》，岳长岭、李建华译，重庆出版社，2007，第169页。
[4]　〔加〕威廉·莱斯：《自然的控制》，岳长岭、李建华译，重庆出版社，2007，第169页。

任何伦理进步的一个重要前提"①。"当科学和技术不再具有控制自然的主要力量地位的时候"②，在新的社会主义制度中，科学和技术仍然起着非常重要的作用，为人类"提高生活的能力"。

总之，威廉·莱斯希望通过控制人类的欲望，在伦理和道德层面构建一个负责任的社会制度，限制人类欲望中的非理性和破坏性对科学技术的滥用，从而对人类和自然的关系加以控制，实现自然和人类的双重解放，以解决人类和自然之间的矛盾。

本·阿格尔则通过分析马克思辩证法揭示了人的解放与自然的解放之间的联系，他指出，马克思辩证法的两个基本内容"异化的理论和批判以及关于资本主义'内在矛盾'的理论，是他的世界观中发展的最系统的两个方面"③。"异化的理论和批判"表述了马克思关于在共产主义条件下人的解放的思想。本·阿格尔指出，在《1844年经济学哲学手稿》中，马克思从哲学思辨的高度考察了资本主义条件下的异化劳动，概括地指出了异化劳动的四个特征，提出解决异化问题的方法是实现共产主义。马克思认为共产主义是"人和自然之间、人和人之间的矛盾的真正解决"。共产主义将实现人的类生活和他的特殊个体的统一，人的存在本身和人的活动的统一。此外，马克思还认为，共产主义将解放人的感觉，根本改变人与自然界的关系，使人的本质的目的和意图外化。本·阿格尔指出，在马克思看来，在通过解放人的感觉而改变人与自然界的关系中，"自然界不再是仅仅对人有用的存在，它还具有美学的甚至精神的特征。'人化的自然界'将同人的劳动一起获得解放，而人化的自然界将反映和促进'同人的本质相适应的感觉'，使人类能够恢复他们与自然界的创造性的、自我创造的关系"④。马克思的这些思想表明，马克思的异化

---

① 〔加〕威廉·莱斯：《自然的控制》，岳长岭、李建华译，重庆出版社，2007，第168页。
② 〔加〕威廉·莱斯：《自然的控制》，岳长岭、李建华译，重庆出版社，2007，第169页。
③ 〔加〕本·阿格尔：《西方马克思主义概论》，慎之等译，中国人民大学出版社，1991，第8页。
④ 〔加〕本·阿格尔：《西方马克思主义概论》，慎之等译，中国人民大学出版社，1991，第25~26页。

理论和异化批判是直接与共产主义理论，进而同人的解放理论相联系的。为了追求人的解放，马克思以实践为基础看待自然，把自然区分为自在自然和人化自然，而把生产活动看作自在自然向人化自然转化的途径。本·阿格尔指出："马克思也没有认为在人的需要与非人的自然界之间必然存在着永久不变的矛盾。马克思发现，'主体'和'客体'的区分——人与非人的自然界之间的区分在哲学上相应表述应是人为的，不是社会的必然组成部分。"[①] 本·阿格尔认为，马克思分析了人和自然之间应有的关系和私有制条件下的异化劳动，即人与人以及人与自然之间关系的异化。那么，如何实现人与人以及人与自然之间的真正关系的复归、实现人的自由解放，是马克思自然概念的主要内容。

威廉·莱斯、本·阿格尔等生态学马克思主义者超越了生态运动的技术主义路径，指出了实现自然的解放和人的解放的正确方向。在他们看来，当代资本主义社会仍然是一个异化社会，是一个"自然异化"与"人的异化"并存的"病态社会"。在对人与自然关系的异化进行批判性反思中，他们指出，当代资本主义异化出现了许多新形式、新特点，并且在资本主义社会中"自然异化"与"人的异化"具有极大的相关性，因而自然的解放与人的解放也就具有更为紧密的关系。他们认为，当今时代，异化已经超出了劳动生产领域，扩展到了消费领域，导致以追求物质享受和占有更多的物质资源为目的的消费异化的产生。这种新的异化形式，不仅加剧了"自然异化"（生态危机），而且造成了"人的异化"（人格扭曲）。在这个过程中，人控制自然并对自然资源进行掠夺，实际上是通过利益分配进行的人对人的控制和掠夺。因此，"自然异化"是"人的异化"的基础。既然"人的异化"依赖于"自然异化"，那么，人的解放就有赖于自然的解放，自然的解放是人的解放的前提，而自然的解放和人的解放的前途只能是共产主义。

（二）通过解放自然来解放人类

威廉·莱斯等人还进一步探讨了通过自然的解放来实现人的解放的

---

① 〔加〕本·阿格尔：《西方马克思主义概论》，慎之等译，中国人民大学出版社，1991，第25~26页。

现实途径。在他们看来，自然的解放不仅包括外部自然（人的生存环境）的解放，而且包括属人自然（作为人的理性基础的人的自然本性和自由个性）的解放。正是在这个意义上，自然的解放是人的解放的前提，没有自然的解放，人的解放就是个谎言。通过自然的解放来真正实现人的解放，是威廉·莱斯等生态学马克思主义者的价值追求的最高境界。

通过分析控制自然观念的积极意义和消极意义，威廉·莱斯指出，控制自然观念的消极方面在 17 世纪只是一种潜在的可能性，但在 20 世纪已经成为社会发展的障碍。随着控制自然观念内在矛盾的日益暴露，人们对它的信仰也发生了动摇。人们感到控制自然似乎不是人类的伟大事业，而是维护统治集团利益的手段。威廉·莱斯指出："曾经是创造性和进步性的意识形态的自然权力和控制自然，已经转变为贫乏的、神秘的教条。"① 威廉·莱斯认为，没有正确理解和克服其内在矛盾，导致整个事业转变成憎恨的对象，成为各种反意识形态的牺牲品。他指出："只要这种实践被广泛地遵循，自然的统治和它的明显对立面，自然的解放，就将继续迷惑而不是澄清现实，自然的统治及其代理者已经成为现代社会强有力的意识形态的标记，这一过程不仅影响对它的理解，而且会歪曲自然解放的意义。"② 因此，威廉·莱斯认为，必须重新解释控制自然观念的内涵，以实现对自然解放意义的正确理解和自然的最终解放。威廉·莱斯指出："控制自然的观念必须以这样一种方式重新解释，即它的主旨在于伦理的或道德的发展，而不是科学和技术的革新。从这个角度来看，控制自然中的进步将同时是解放自然中的进步。后者和前者一样，是人类思想的一个合理的观念、概念、成就；因此，从控制到解放的翻转或转化关涉到对人性的逐步自我理解和自我训导。'解放'作为合理的观念只能应用于作为自然的一个方面的人类意识，而不是作用于全体的自然。控制自然的任务应当理解为把人的欲望的非理性和破坏性的方面

---

① 〔加〕威廉·莱斯：《自然的控制》，岳长岭、李建华译，重庆出版社，2007，第 156 页。
② 〔加〕威廉·莱斯：《自然的控制》，岳长岭、李建华译，重庆出版社，2007，第 147 页。

置于控制之下。这种努力的成功将是自然的解放——人性的解放。"① 威廉·莱斯认为，伦理的进步和科学技术的进步并非完全对立，一方的价值在某种程度上依赖于另一方的成就。一方面，科学合理性的发展是伦理进步的重要前提，科学技术可以防止人把不合理的结构投射到外部自然上，并受那些投射物的压制。另一方面，伦理进步能够防止科学技术走向自我毁灭，是科学和技术革新的前提。威廉·莱斯强调指出："现在我们必须恢复两者之间的必要平衡。"② 我们应该把科学和技术从非理性动力中解放出来，首先要对社会制度进行改造。针对那种主张将科学作为控制自然的工具，将宗教看作支配个人行为准则的观点，他指出，在当前社会行为日益世俗化的世界中，宗教已经失去了对实践活动的控制，因此这种解决方式是无力的，只有建立一种公民广泛地享有权利和履行义务，并鼓励发挥人们的批判能力的新型社会制度，使控制自然的工作不再掌握在少数人手中，使自然不再被看作权力的来源，这时候控制自然才会转变成幸福的源泉。

因此，控制自然不能够仅仅理解为防御自然灾害或利用自然资源为人类生存服务，同时还应当理解为控制人的破坏性欲望。其成功的控制是对自然的解放，也是对人性的解放。从这个角度上看，控制自然的进步同时也就是解放自然的进步。我们不应该把人类技术的本质看作统治自然的能力，相反我们应该把它看作调节和控制自然与人类之间关系的能力。威廉·莱斯指出："对自然和人类之间关系的控制（这种控制不再与产生于社会统治结构的压迫性需求相联系）能够实现在统治自然的原始概念中所蕴含的进步希望。"③ 控制自然的观念一旦摆脱已经成为时代错误的历史关系，就将获得新的意义。从道德进步上考虑，它将更有力地表明，人类所面临的最迫切的挑战，不是征服外部自然或外部空间，而是能够负责任地使用现成的科技来提高每一个人的生活能力，

① 〔加〕威廉·莱斯：《自然的控制》，岳长岭、李建华译，重庆出版社，2007，第168页。
② 〔加〕威廉·莱斯：《自然的控制》，岳长岭、李建华译，重庆出版社，2007，第169页。
③ 〔加〕威廉·莱斯：《自然的控制》，岳长岭、李建华译，重庆出版社，2007，第172页。

以及建立培养和保护这种能力的社会制度。把科学技术的本质和功能转到对自然和人类社会之间关系的控制上。唯有如此，才能够随着技术的进步，随着人对自然的控制能力不断提高、控制范围不断扩展，人变得日益自由。人们能更好地实现对自然必然性的把握和支配，就有更多的时间从事创造性的活动，充分发展自己的个性，从而实现人与社会关系的自由。

泰德·本顿认为自然的极限与人类的解放并不是对立的，而是相互统一的。他从多维度解读自然范畴和解放范畴，通过把自然和社会的连接相对化，以自然极限的相对性和解放战略的兼容性，提出超越自然的限制实现人类的解放，在此基础上把人的解放和自然的解放统一起来。

泰德·本顿在承认自然极限存在的基础上，通过对"解放"进行多维度解读实现两者之间统一，试图建构一种生态历史唯物主义。

第一，泰德·本顿认为，解放是通过生产力的发展实现对自然的改造、对自然极限的超越和突破。这种解放观是马克思和恩格斯所秉承的。他认为，人类目的的实现和自然力量之间存在固有的对抗关系，为了改变这一敌对关系，马克思和恩格斯持技术乐观主义态度，这也是他们看待生产力的历史发展和人的解放的最终实现之间关系的预设，他们认为通过科学技术革新带来的生产力发展能够将自然的限制纳入人类的意向性领域，进而超越限制，实现对自然的支配和控制。

第二，解放是变支配自然为适应自然。泰德·本顿认为，"人类的需要被这些实践满足，人类的目的被这些实践充分实现，社会确立的技术与自然给予的条件之间的联合可以被看作一种解放"。也就是说，解放不仅仅是改造、支配自然和超越自然极限，适应自然或者放弃人类内在的渴望也是一种解放的形式。"因为人是被生态和社会双重包含和双重嵌入的，解放不是一种突破一切限制和摆脱一切束缚的活动，而应该是带有某种限制性计划的活动，生态维度的解放不是逃离人的生态的和社会的被包含性和嵌入性的自由，而是在人的生态和社会的被包含性和嵌入性之中的自由。"①

在泰德·本顿看来，人的解放具有双重维度：社会维度和生态维度。社会维度的解放要实现人的自由全面的发展，实现人的真正本质，并且在社会生活的各个方面都得以切实体现，其中包含着人的主体性和能动性的确立，包含着这种主体性和能动性的体现——对自然的支配和统治。马克思恩格斯仅仅看到了人的解放的社会维度，强调运用人的改造能力实现对自然限制的超越，所以是一种一维的解放。生态维度的解放是一种具有某种制约性的人类活动，它既要充分考虑到自然的极限对人类实践的限制性，又要考虑到作为改造主体的人类对自然的能动性，既要考虑到人类实践对自然极限的依赖性，又要考虑到自然作为改造客体的被动性，在这种依赖性与制约性的双向互动中实现人的解放。它不是要脱离生态的和社会的嵌入性自由，而是存在于生态的和社会的嵌入性自由之中。生态维度的解放不仅要实现人的解放，也要实现自然的解放，在人的解放之中包含着自然的解放，以自然的解放为人的解放的前提和基础。它是从一种生态主义的立场出发，认同自然的价值，承认自然的限制，提出从支配自然转向适应自然，在自然的极限容许的范围内实现人的解放。

泰德·本顿对解放范畴的理解具有一种明确的生态意蕴，他强调人的解放是一种生态维度下的解放，这种解放不仅以个体的人和类的人的解放为目标，还要把自然的解放融入其中。在从自然的解放走向人的解放的过程中，尤其不要忽视诸如气候条件、地质条件、资源的地理布局、生态系统的多样性和基因等构成的一系列不可操控的自然条件对人类解放进程的影响，合理地应对限制，最终实现真正的解放。英国学者约翰·巴里（John Barry）在《马克思主义与生态学：从政治经济学到政治生态学》中指出，马克思的解放是一种包含自我限制的解放，这种自我限制涉及需要的自我定义和自我实现，因此，不能仅仅从物质财富的丰裕方

---

① Ted Benton, "Marxism and Natural Limits: An Ecological Critique and Reconstruction," *New Left Review*, No. 178, 1989, p63.

面来理解解放，而要在自我定义和自我实现需要的语境下理解解放。解放确实意味着对各种剥削的社会关系的摆脱，但是不能脱离我们存在的本性，更不能脱离自然的生态背景。"真正的解放是一种被嵌入且被包含于外在自然之中的，并且与内在的本性相一致的自由，自由是有生态背景的自由，它不是脱离自然的自由，也不是统治自然的自由，而是在自然之中的自由。"①

---

① 〔英〕约翰·巴里：《马克思主义与生态学：从政治经济学到政治生态学》，杨志华译，《马克思主义与现实》2009年第2期。

第五章　历史唯物主义中的
"劳动观"的重构

劳动（实践）是历史唯物主义的理论基石，但是，在当代新的历史境遇中，这一概念遭遇严峻的挑战，也面临新的时代课题。劳动的基础性作用在"后现代"社会受到质疑；晚期资本主义社会的重大变化给马克思的劳动概念提出了新的问题；世界性的生态环境问题给劳动学说带来新的反思；在各种社会思潮的碰撞中，马克思劳动概念的根本性质、基本内涵与价值功能更成为争论的焦点。随着所谓的消费社会、知识经济、后工业社会的到来，西方一些学者对马克思劳动概念的核心地位提出不少质疑。生态学马克思主义从新的视角探讨了劳动概念，运用"劳动"概念解读和分析生态危机是生态学马克思主义理论特色之一。

第一节　历史唯物主义中的劳动

劳动，是历史唯物主义的重要基础范畴，只有正确理解了劳动才能准确理解历史唯物主义的本质内涵。传统马克思主义一直以来都强调劳动创造了人类历史，创造了人类自身，是人类特有的生存生活方式，"全部社会生活在本质上是实践的"[①]。马克思把劳动同实践结合在一起，突破了把实践仅限于理论批判的范围，赋予实践以感性的活动内容，为其理论铺设了一条通过分析人的生产劳动来发现历史发展规律的道路。

---

① 《马克思恩格斯文集》第 1 卷，人民出版社，2009，第 501 页。

一 劳动理论发展史

近代以前，许多西方思想家都不同程度地表述过对劳动的看法，但基本倾向是轻视劳动，没有给劳动在人类生活中乃至社会发展中应有的地位。在古希腊，劳动是会说话的工具即奴隶具有的职能。在贵族、奴隶主看来，劳动者是一个低贱、庸俗的群体。这种对劳动的轻视态度在近代以来开始逐渐转变。

出于资本主义经济发展的需要，国民经济学家特别关注对劳动问题的研究，形成了丰富的、具有开创意义的劳动思想。但是在国民经济学家那里，劳动是作为一个政治经济学概念来使用的，他们认为劳动是创造财富的手段，财富增长是劳动的根本目的；黑格尔把劳动概念由国民经济学的经济学领域的运用提升到了哲学领域，赋予了劳动哲学的内涵，认为劳动是绝对精神在塑造世界时的外化，把劳动看作人的本质，是一种抽象的精神活动。法国空想社会主义者傅立叶（Charles Fourier）则将劳动看作一种"天赋人权"，一种"娱乐活动"，一种比跳舞和看戏更加诱人的事情。汉娜·阿伦特（Hannah Arendt）从生命的意义层面阐释了劳动，认为"劳动是与人身体的生物过程相应的活动，身体自发的生长、新陈代谢和最终的衰亡，都要依靠劳动产出和输入生命过程的生存必需品"[①]。

真正对劳动作出正确理解的是马克思。法国学者罗贝尔·福西耶（Robert Fossier）认为，"大部分思想家仅关心他们那个时代的问题，只有马克思论述了劳动史的演变。从此，这大胆的论述深刻地影响了历史学家的思考"[②]。在对劳动概念的理解上，马克思实现了对黑格尔和国民经济学家劳动概念的超越。在马克思那里，劳动已经不是一个经济学的、人类学的或生物学意义上的概念，而是从哲学层面来加以理解和把握，从人的生命活动、人的存在方式来理解。一是人类学意义上的生产劳动。

---

① 〔美〕汉娜·阿伦特：《人的境况》，王寅丽译，上海人民出版社，2009，第1页。
② 〔法〕罗贝尔·福西耶：《中世纪劳动史》，陈青瑶译，上海人民出版社，2007，第2页。

以"生产劳动"为突破口马克思创立了自己的历史唯物主义学说。二是政治经济学批判意义上的雇佣劳动。在政治经济学批判中马克思分析了异化劳动、雇佣劳动、劳动与价值、劳动与资本等问题，从而实现了对资本主义制度、资本主义生产方式以及资本主义人的存在方式的批判。马克思的劳动学说彰显出自身的独特价值和真实意义。

马克思在批判黑格尔劳动观的时候指出，黑格尔把劳动看作人的本质，看作人的自我确证的本质，这是辩证法的伟大之处，因为他抓住了"劳动的本质，把对象性的人、现实的因而是真正的人理解为他自己的劳动的结果"①。但是他只看到了劳动的积极方面，没有看到劳动的消极方面，从而把外化、异化、对象化看作一个东西，而且他所理解的劳动只是抽象的精神劳动，因此，黑格尔的辩证法是思辨辩证法。

马克思把劳动定义为"人与自然的新陈代谢"，在此过程中自然物质改变了形态以适应人的需要，以至于"劳动使自身与它的主体合而为一"时，马克思清楚地表示他是"从生理学的角度来说的"，劳动和消费不过是周而复始的生物生命循环的两个阶段。

劳动突然从最低级、最卑贱的地位上升到最高级、在所有人类活动中最受尊敬的地位，这种变化始于约翰·洛克（John Locke）发现劳动是一切财产之源，接着亚当·斯密断言劳动是一切财富的源泉，最后在马克思的"劳动体系"中达到了顶点，在那里劳动变成了全部生产力的源泉和人性的真正表现。② 然而约翰·洛克关心的是作为社会根基的私有财产制度，亚当·斯密想要解释和寻求的是财富无限积累的不受阻碍的过程。只有马克思对劳动本身感兴趣，汉娜·阿伦特指出，马克思作为"现代最伟大的劳动理论家，他为这类讨论提供了一种衡量标准"③，"只有马克思以极大的勇气，坚持不懈地认为，劳动是人类创造世界的最高

---

① 马克思：《1844 年经济学哲学手稿》，人民出版社，2000，第 101 页。
② 参见〔美〕汉娜·阿伦特《人的境况》，王寅丽译，上海人民出版社，2009，第 73~74 页。
③ 〔美〕汉娜·阿伦特：《人的境况》，王寅丽译，上海人民出版社，2009，第 68 页。

能力"①。恩格斯曾把马克思和自己称为"在劳动发展史中找到了理解全部社会史的锁钥的新派别"②。

二 历史唯物主义中的劳动理论

马克思的劳动概念是马克思的哲学思想中的核心概念,具有本源性的意义,也是马克思哲学超越理性形而上学,实现哲学革命的存在论范畴。劳动不仅涉及人类社会和人的本质特征的问题,还涉及人与自然的关系问题,因而,劳动范畴是历史唯物主义的核心。对马克思而言,劳动就是整个人类历史的基础,"整个所谓世界历史不外是人通过人的劳动而诞生的过程,是自然界对人来说的生成过程,所以关于他通过自身而诞生、关于他的形成过程,他有直观的、无可辩驳的证明"③,没有劳动就没有人类历史,因此劳动必然构成历史唯物主义的基础范畴。

劳动是人的生命活动,它不仅生产出物质生活资料,还创生出社会关系与人自身。在马克思的理论中劳动是人与动物的本质区别,因为与动物被动地接受自然不同,"劳动首先是人和自然之间的过程,是人以自身的活动来中介、调整和控制人和自然之间的物质变换的过程"④。因此,对马克思而言,劳动不仅使人与动物区别开来,而且使人成为一种类存在物,这种类存在物以劳动为中介实现自然与社会的双向变换。"劳动发展史是理解全部社会发展史的钥匙。"⑤

在马克思看来,历史并非自我意识活动的思辨历史,而是人类从事生产劳动的历史。在《德意志意识形态》中,马克思恩格斯指出:人类史的真正前提是"一些现实的个人,是他们的活动和他们的物质生活条件,包括他们已有的和由他们自己的活动创造出来的物质生活条件"⑥。

① 〔美〕汉娜·阿伦特:《人的境况》,王寅丽译,上海人民出版社,2009,第74页。
② 《马克思恩格斯文集》第4卷,人民出版社,2009,第313页。
③ 马克思:《1844年经济学哲学手稿》,人民出版社,2000,第92页。
④ 《马克思恩格斯文集》第5卷,人民出版社,2009,第207~208页。
⑤ 杜利英:《马克思主义哲学原理与方法:以实践为基础》,人民出版社,2013,第152页。
⑥ 《马克思恩格斯文集》第1卷,人民出版社,2009,第519页。

作为"人的活动"的历史，它是人的存在方式，人是"历史"的存在。"全部人类历史的第一个前提无疑是有生命的个人的存在"①，因此，马克思的"出发点是从事实际活动的人"。马克思指出："人的存在是有机生命所经历的前一个过程的结果。只是在这个过程的一定阶段上，人才成为人。但是一旦人已经存在，人，作为人类历史的经常前提，也是人类历史的经常的产物和结果，而人只有作为自己本身的产物和结果才成为前提。"② 这种"实际劳动是生产使用价值的、以与一定的需要相适应的方式占有自然物质的有目的的活动"③。现实的人的劳动构成人类历史发展的真实基础，劳动也产生出人自身。马克思指出，"实际劳动就是为了满足人的需要而占有自然因素，是中介人和自然间的物质变换的活动"④。人类在发展的过程中，必然与自然进行物质交换，而物质交换必须通过物质生产活动实现，而劳动的本质就是物质生产活动。

马克思又从经济学角度对劳动进行了解释。劳动是马克思政治经济学的核心范畴，是人类创造物质财富的重要因素。"劳动作为使用价值的创造者，作为有用劳动，是不以一切社会形式为转移的人类生存条件，是人和自然之间的物质变换即人类生活得以实现的永恒的自然必然性。"⑤ 也就是说，人类生存、发展，与自然进行物质交换都离不开劳动。

在《1844年经济学哲学手稿》中，马克思提出了"异化劳动"，指出，劳动存在两个概念，即"实然"劳动和"应然"劳动。马克思在手稿中以哲学的视角对劳动进行了阐释，并作了一个哲学定义。从哲学高度看，劳动是主体、客体和意义的内涵集成体。劳动是人类社会生存和发展的基础，主要是指生产物质资料的过程，通常是指能够对外输出劳动量或劳动价值的人类运动，劳动是人维持自我生存和自我发展的唯一手段。

---

① 《马克思恩格斯文集》第1卷，人民出版社，2009，第519页。
② 《马克思恩格斯全集》第26卷第3册，人民出版社，1974，第545页。
③ 《马克思恩格斯全集》第32卷，人民出版社，1998，第60页。
④ 《马克思恩格斯全集》第32卷，人民出版社，1998，第44页。
⑤ 《马克思恩格斯全集》第23卷，人民出版社，1972，第56页。

按照传统的劳动分类理论，劳动可分为脑力劳动和体力劳动两大类。劳动是人类运动的一种特殊形式。在商品生产体系中，劳动是劳动力的支出和使用。马克思给我们下了这样的定义："劳动力的使用就是劳动本身。劳动力的买者消费劳动力，就是叫劳动力的卖者劳动。"① 罗伯特·海尔布鲁诺（Robert L. Heilbroner）在《没落的商业文明》（*Bussiness Civilization in Decline*）中指出，长远地说——在整个 21 世纪中——越来越多的人将经历"商业文明核心的空虚"②。"造成这种空虚的是不带人情味的金钱关系对非金钱关系的普遍替代，以及劳动不再有内在的满足，而退化为单纯的收入保证。"③

马克思对劳动的研究是以商品为起点的。他认为商品的本质属性是价值，商品的自然属性是使用价值，交换价值是价值的表现形式，使用价值是商品能够满足人们需要的物品的有用性。"生产交换价值的劳动是抽象一般的和相同的劳动，而生产使用价值的劳动是具体的和特殊的劳动，它按照形式和材料分为无限多的不同的劳动方式。"④ 在马克思看来，价值和使用价值是同一商品的两个因素，具体劳动和抽象劳动是同一劳动的两重属性，它们代表了同一事物的不同方面或不同属性。商品所具有的使用价值和价值是由劳动二重性（也就是具体劳动和抽象劳动）决定的。马克思在逻辑上推出劳动的物化其实就是价值的创造，而所谓物化劳动就是价值本身，剩余价值也只是对象化的剩余劳动，它是从劳动者身上获得的，是劳动者的剩余劳动创造的。资本就是剩余劳动的"合集"，全部资本就是劳动者的全部剩余劳动，由此造成了资本与劳动的对立，也就是劳动者同自身劳动产品的对立。马克思由此得出结论即生产的秘密就在于劳动力与劳动者分离且劳动力成为商品（前提是对劳动与劳动力进行区分），从而揭露出资本主义生产下的剥削规律。由此可以看出，劳动范畴对于理解政治经济学的核心内容——剩余价值理论具有重要意义。

---

① 《马克思恩格斯文集》第 5 卷，人民出版社，2009，第 207 页。
② Robert L. Heilbroner, *Business Civilization in Decline*, New York：Norton, 1976, p. 113.
③ 〔加〕威廉·莱斯：《满足的限度》，李永学译，商务印书馆，2016，第 V 页。
④ 《马克思恩格斯全集》第 31 卷，人民出版社，1998，第 428 页。

劳动与劳动者不可分离，劳动者的劳动形成了人类对立的两极，一极是劳动者，一极是剥削者。马克思分析了资本主义生产方式，指出剥削者即资产阶级"肆无忌惮"地剥削劳动者的剩余价值，而劳动者只能出卖自己的劳动力，在生产的过程中被无情异化。劳动的发展就是劳动者的发展，劳动者的根本要求就是劳动发展的根本趋势，劳动者的根本利益就是历史前进的方向。科学社会主义指明劳动者的根本利益体现了劳动者的永恒要求，即与生产资料实现直接结合，占有生产资料及产品。科学社会主义揭示了现代劳动者的根本利益，如实地告诉劳动者在现实世界中的地位，劳动者应当怎么看待现实世界，劳动者需要一个什么样的世界，劳动者怎样去改造现实世界，劳动者要争取一个什么样的世界。马克思哲学以劳动为核心范畴论证了只有无产阶级才是社会主义革命的中流砥柱。

第二节　重建劳动与自由

一般说来，劳动包含工作，工作是劳动的主要形式。无论是从概念上还是从实践上看，"工作"都该属于社会历史范畴，它的含义由社会所决定，当然也被历史所确定。安德烈·高兹认为劳动是伴随人类始终的，而"工作"却是工业资本主义的产物，通过对劳动概念进行反思，认为人类的发展应该是在劳动中的自由和个性的发展，人类只有在自由的劳动中，才能享受到劳动的乐趣、发展个体的独特性。

一　现代性条件下的"工作"内涵

科学技术和资本主义的劳动分工所产生的"工作"是一个现代意义上的概念，安德烈·高兹认为这并不是自由自主的活动，而是一种雇佣劳动，是工业资本主义的作品，"不是指那些创造性的和生产性的行为，而指那些给人带来痛苦、困扰和疲劳的活动"[①]。现代意义上"工作"是

---

① André Gorz, *Capitalism*, *Socialism*, *Ecology*, London and New York: Verso Press, 1994, pp. 53-54.

指为了他人的、对他人具有使用价值的、为了获取一定的报酬和补偿的活动。"工作"不同于家庭劳动和人类自身的再生产活动，它是一种"出现在公共领域，表现为可以衡量的、可以交换的、可以相互替换的行为，这样一种行为对他人具有使用价值"①。

一般意义上的"工作"具有三个基本特征。第一，工作必须是在公共领域而非私人领域进行的；第二，工作不是为了私人个体而是社会性的他者；第三，工作必须被承认是有社会效用或价值的，这样工作就可以同一定量的任何种类的其他工作进行相互交换，也就是说可以作为商品而出售。通过商品的形式，工作就转变为一般性的社会劳动、抽象劳动，参与到总体的社会生产过程之中。

安德烈·高兹认为当代资本主义意义上的"工作"是一个有着特定内涵和特定时代内容的概念，它的界限不应被泛化或模糊，不应掉进工业资本主义意识形态的窠臼。安德烈·高兹反对仅仅把"工作"指认为创造性活动，认为如果仅把工作界定为创造性活动，那么非创造性活动如流水线上的工人和大多数从事服务业的员工的劳动就不属于工作的范畴，这样一来自主性的创造性劳动就和他主性的创造性劳动一起被归入"工作"的范畴之中，这就会造成对工作认识的混乱。又如有些学者把工作看作一种黑格尔式的人类本质的外化，即理解为一种实践活动，一种个人实现的方式。安德烈·高兹认为这种工作概念对当代资本主义社会的工人的"工作"来说根本就是不适用的。用这样一种作为"实践"的工作来理解当代资本主义的现实就掉进工业资本主义意识形态的窠臼。安德烈·高兹认为，工作意识形态是与资本主义的消费意识形态一样的，本质就是将主体死死地压制在生产合理性和经济合理性所框定的狭小范围之内，主体被片面化为一种经济合理的、数量合理的，也就是抽象合理的空虚之物，这是一种资本主义的工作的乌托邦：工作就是实践，工作就是生活。它的真实意图就是将被肢解的工作拼接起来，用寓言的形

① André Gorz, *Capitalism*, *Socialism*, *Ecology*, London and New York: Verso Press, 1994, p. 53.

式告诉工人，这就是生活的全部的意义与目的。①

安德烈·高兹认为这些理解的出发点是好的，但最终都没有跳出经济理性的定势，也就不可能以此来解决当代资本主义社会的"工作危机"。当代资本主义的"工作社会"是建立在现代意义上的"工作"基础上的社会，"工作危机"也是存在论意义上的人的全面、自主的生活的危机。总之，安德烈·高兹对现代工作概念的辨析是站在马克思主义和社会主义的立场上的，尽管带有存在主义的人道主义的底色，但还是揭示出工业资本主义社会的"工作"的本质特征，即反人性和非主体性特征，同时安德烈·高兹也表明这样一种工作并不是人类活动的唯一表现形式，从而为剖析"工作危机"和出离"工作社会"奠定了存在论意义上的基础。

安德烈·高兹肯定物质生产作为社会生活基础的必要性，但又声称物质生产起主导、决定性的作用的观点是错误的，主张消除经济的首要地位，建立由经济之外的要求所控制的社会，实现个人的完善。安德烈·高兹强调马克思对资本主义生产方式的批判是对经济理性的批判，马克思主义的经济学是经济理性的批判学，资本主义社会的合理性主要是经济层面上的合理性。

安德烈·高兹倡导"够了就行"，这是文化范畴而非经济范畴，而这种文化范畴的"够了"却被现代经济范畴的"越多越好"所取代。工作的成效不在于是否"够了"，而是要看利润有多少；成功不再是个人的评价，也不看个人的生活品质，而是要看赚取的财富有多少。"在经济理性的驱使之下，生产必然只被看作商品交换所支配的"，经济理性突破了"够了就行"的原则。"量化的方法确立了一种确信无疑的标准和等级森严的尺度，这种标准和尺度现在已经用不着由任何权威、任何规范、任何价值观念来确认。效率就是标准，并且通过这一标准来衡量一个人的水平与德行：更多比更少好，钱挣得多的人要比钱挣得少的人好。"②

----

① 参见孙承叔等《重建历史唯物主义——西方马克思主义基础理论研究》，复旦大学出版社，2015，第 397 页。

② André Gorz, *Capitalism*, *Socialism*, *Ecology*, London and New York：Verso press, 1994, p.113.

二 重建工作

经济理性要求"以更少的时间和成本投入来生产和销售更多的产品，获得尽可能多的利润"①。"计算与核算"、效率至上、"越多越好"是经济理性的基本原则。在经济理性的驱使下，一切皆服从计算，服从如何赚得更多，人的活动取决于核算的功能而无法顾及人的爱好和品位。利润最大化关注的是每个单位产品本身所包含的劳动量，而鲜活的劳动感受、劳动成果的用途、人对劳动成果的情感、审美关系等都被忽视了。

从20世纪80年代以来，"工作"才逐渐变成一个政治话题。关于劳动是否具有内在解放性的问题，马克思在《1844年经济学哲学手稿》中指出，"实践"是人类自我实现的本质形式，是对"类存在物"的证明，并"把类看做自己的本质"②；劳动是人类实践批判的"感性活动"，指出作为实践的劳动具有创造性和革命性。赫伯特·马尔库塞针对"劳动"与"人类自我实现"的关系指出，"劳动是'人的自我创造运动'，也就是这样一种活动，在它之内并通过它，人第一次真正成为符合人的本性的人，因为人在劳动中这种'成为什么'和'是什么'是由自己决定的，所以他就能够按照他所具有的本性来认识和'对待'自己（即人的'自为的生成'）"③。这样，马克思、赫伯特·马尔库塞和安德烈·高兹对"劳动"内在地具有解放性作出了肯定的回答，但是对怎样实现有不同的回答。马克思和赫伯特·马尔库塞认为在劳动中，也就是劳动过程本身就具有解放性，而安德烈·高兹认为首先应该在"工作"中获得解放，而工作本身并不能使人们获得解放。

安德烈·高兹强调，要克服经济理性的侵蚀就必须重建工作，重建私人领域（private sphere），让作为主体的个体生活和工作获得其自主性

---

① 吴宁编著《生态学马克思主义思想简论》下册，中国环境出版社，2015，第336页。
② 《马克思恩格斯文集》第1卷，人民出版社，2009，第162页。
③ 〔美〕赫伯特·马尔库塞：《历史唯物主义的基础》，载复旦大学哲学系现代西方哲学研究室编译《西方学者论〈一八四四年经济学—哲学手稿〉》，复旦大学出版社，1983，第104页。

和自由,即内在解放。因此,就工作和劳动对人的存在论意义而言,它不仅是人得以实现创造性的生命性活动,而且是人得以实现自由和解放的内在路径。"工作的解放意味着人的真正的解放,而工作的解放对于在存在主义的隐性逻辑支撑下的安德烈·高兹而言,与私人领域的解放是同一个过程。"① 然而私人领域的"为自己劳动"和"自主活动"的商业化和经济理性化根本没有解放个体的自由时间,相反,它在更大的范围内创造了社会的不平等。

安德烈·高兹认为私人领域中人的解放的实质和核心在于工作解放,在全面控制的资本主义制度下实现工作解放,当前的重点在于反对工作的性质、内容、必然性和各种模式,以便使自己从工作中解放出来。在资本主义制度下,资本主义合理化成果之一是劳动不再是一种个人的活动,不再受制于基本的必然性,但是也付出了重大代价,即劳动失去了界限,不再是有创造性的了,不再是对普遍的力量的肯定,它使从事劳动的人非人化。安德烈·高兹批判资本主义使劳动者失去人性,使人与人之间的关系变成金钱关系,使人与自然之间的关系变成工具关系。安德烈·高兹认为,当工作服从资本的逻辑时,一切的异化在使人不能忍受的同时也积蓄着巨大的解放力量。"危机时代也就是伟大的自由的时代。"② 因此,在安德烈·高兹的重建工作的经济理性批判思路中,他最终要通过工作达到一个社会主义的目的,即通过对经济理性、私人领域和自治领域的全面侵占的帝国主义逻辑进行批判,重建真正的社会。这个社会就其根本而言是自治的,因而是反官僚体制的。只有超越经济理性的极限,才能为现代人开辟出自由空间。在这一空间中,人们的生活不再完全被工作所占据,不再被工作所迷惑。超越经济理性意味着劳动本身成为一种自主性的行为,也就是不仅要把经济理性从闲暇实践中驱除出去,还要让经济理性在工作时间中无立足之地,不仅要在工作之外

---

① 温晓春:《安德烈·高兹中晚期生态马克思主义思想研究》,上海人民出版社,2014,第169页。

② André Gorz, *Paths to Paradise: On the Liberation from Work*, London:Pluto Press, 1985, p. 1.

寻求个人的自由发展，还要在工作之内寻求个人的自由发展。这里至关重要的是不能使工作仅成为挣工资的手段，如果是这样，工作必然失去其意义。相反，工作应该是劳动者自己组织的，即这种工作是对自我确定的目的的自由追求，这种工作应达到劳动者个人的目的。

乔纳森·休斯指出，马克思认为要实现人的需要和解放，避免生态危机，必须从劳动解放入手，虽然劳动在资本主义社会中出现了异化（劳动者与劳动产品、劳动者与劳动对象、人的类本质和人、人与人的异化），但是随着科技和生产力的发展，特别是随着社会主义社会的建立，各种制约和剥削人的制度被消灭，人的素质得以提高，人们可以减少必要劳动时间，增加自由劳动时间，在这个过程中，逐渐确立劳动是人的第一需要的价值观。只有这样，人类才能摆脱资本的操控和诱惑，最大限度地发挥创造性，遏制虚假需要，消除对自然的无止境的掠夺。

第三节　在自然与文化的矛盾关系中重释劳动

詹姆斯·奥康纳认为，传统马克思主义的劳动观属于历史范畴，而不是生存意义上的生态学范畴，也就是说，未能领悟到马克思的"劳动"所蕴含的"生态觉悟"和"生态智慧"，没能揭示出马克思主义的生态文明建设的意蕴。"历史唯物主义的确没有一种（或只在很弱的意义上具有）研究劳动过程中的生态和自然界之自主过程（或"自然系统"）的自然理论。"① 詹姆斯·奥康纳致力于探寻一种能将文化和自然的主题与传统马克思主义的劳动或物质生产的范畴融合在一起的方法论模式。詹姆斯·奥康纳以"社会劳动"概念为基点补充、丰富马克思主义的相关理论，指出要看到马克思主义中潜在的生态学理论视野，关键在于理解和分析马克思社会劳动概念，提出"社会劳动"是理解马克思理论的关键概念，具有穿透人与自然关系、人与人的社会关系和审视生态问题一体

---

① 〔美〕詹姆斯·奥康纳：《自然的理由——生态学马克思主义研究》，唐正东、臧佩洪译，南京大学出版社，2003，第62~63页。

性的本质力量。

一 重申"社会劳动"内涵

"劳动"范畴在历史唯物主义体系中处于中心位置。詹姆斯·奥康纳认为"劳动"既不是指单纯的"物质生产"活动，也不是仅指劳动者从事的直接的"物质生产过程"，而是指更广泛意义上的"社会劳动"。詹姆斯·奥康纳通过描述人类史与自然史的交互作用过程，认为"社会劳动"在人类历史与自然历史之间起着调节作用。社会劳动是在社会和自然界之间的"一个物质性的临界面"。

按照特殊功能或工作之间的分工，包括脑力劳动与体力劳动、脑力劳动者与体力劳动者之间的分工，劳动被有效地加以组织起来。社会劳动有客观和主观两种功能；组织起来（以及象征性地起调节作用）的社会劳动创造了一个我们用以生活和工作的客观世界；同时，它还有助于我们建构自己的主观意识世界，并以此来对新的和不同种类的人类物质活动的发展可能性产生正反两个方面的影响。从这里可以看出，人类活动对自然界的影响事实上取决于社会劳动的组织方式、它的目的或目标，取决于社会产品的分配和使用方式，取决于人类对自然界的态度和知识水准。

二 自然、文化和社会劳动的辩证统一

詹姆斯·奥康纳将社会劳动范畴与自然要素和文化要素结合起来，构建了一种自然、劳动、文化三位一体的理论，以克服和消除历史唯物主义中单一经济决定论的倾向，建立人类社会与自然界的生态关系。

詹姆斯·奥康纳认为劳动方式是由技术、财产、权力和文化规范"四重因素"所决定的。由此展开的自然、生物、化学的过程都是以具体的、历史的、有条件的方式积淀在特定的协作模式中。"社会劳动"在系列关系中获得自己的特征，既是一种受到自然影响的物质性实践，又是一种受到文化影响的文化实践。

首先，社会劳动被赋予了客观的"自然维度"。詹姆斯·奥康纳说，

社会劳动"不仅建立在阶级权力、维持商品价格稳定的努力以及文化的基础上，而且也建立在自然系统之上"①。社会劳动建立在自然系统基础上，同时，借助自然系统而完成。自然不仅向人类提供丰富多样的原材料，而且为人类的生产劳动提供场所，同时自然的客观规律也在制约着人类的生产劳动。自然系统对劳动具有调节作用，人类的劳动不能无视自然的客观性和规律性。人类的社会劳动通过利用和控制自然系统，不断创造出先前不存在的自然界的新形式和新关系，自然被赋予"人化"特征。

其次，社会劳动被赋予了主观的"文化维度"。这种社会劳动"被赋予了文化的特征，反之亦然。人类的劳动不仅建构在阶级权力和价值规律的基础之上，而且也建构在文化规范和文化实践的基础上，而文化规范与文化实践反过来又被社会劳动的形式所决定。……社会劳动同时也被赋予了自然的特征，反之亦然。人类的劳动不仅建立在阶级权力、维持商品价格稳定的努力以及文化的基础之上，而且也建立在自然系统的基础之上，而自然系统反过来也被社会劳动所调节"②。在商品社会中，商品的使用价值已经不再是物的"自然"有用性，而是商品的"文化"有用性。离开文化，就无法理解商品的价值、使用价值、交换价值。因此，劳动"既是一种物质性的实践，又是一种文化实践"③。劳动产品在生产之前和在出售之时，当然也包括在消费之时，总是被文化中介了的，文化赋予物质产品以意义。詹姆斯·奥康纳指出文化范畴往往内化于生产力和生产关系之中。詹姆斯·奥康纳以19世纪和20世纪早期的工人为例，指出在这些工人的实践中，手工技术和文化技能是完全融合的。他还对比了日本和美国两国在资本占有和工厂管理体制方面的不同，日本人强调责任、秩

---

① 〔美〕詹姆斯·奥康纳：《自然的理由——生态学马克思主义研究》，唐正东、臧佩洪译，南京大学出版社，2003，第77页。

② 〔美〕詹姆斯·奥康纳：《自然的理由——生态学马克思主义研究》，唐正东、臧佩洪译，南京大学出版社，2003，第77页。

③ 〔美〕詹姆斯·奥康纳：《自然的理由——生态学马克思主义研究》，唐正东、臧佩洪译，南京大学出版社，2003，第61页。

序和荣耀的企业文化，而这些概念对大多数美国人来说是比较陌生的。

总之，"社会劳动"的自然特征和文化特征同时表明，社会是自然、文化和社会劳动的多元交互作用系统。社会劳动与文化、自然一起成为生态学马克思主义历史观的理论核心。由此，詹姆斯·奥康纳重新解释了历史唯物主义的劳动范畴，并为它"补充"了生态内涵。詹姆斯·奥康纳认为马克思主义在阐释历史变迁和发展中，忽略或弱化了文化和自然的范畴，不管是协作的文化形式还是自然系统的"协作"内涵，都不在其中占有重要地位。

三 社会劳动的基础作用

以此劳动观为基础，基于对传统历史唯物主义存在的缺陷的理解，詹姆斯·奥康纳提出了重构历史唯物主义的任务。首先，对协作和劳动关系模式与历史的变迁和发展之间的关系进行探讨。詹姆斯·奥康纳所讲的"协作"包括人与自然的协作和人与人的协作。"协作"不是一方对另一方的控制，而是双方对等、彼此尊重独立性、自主性的合作。以此"协作模式"来理解劳动关系，并考察协作、劳动与历史的变迁和发展之间的关系，将会得出与传统历史唯物主义不同的结论。

其次，"建构一种能够阐释文化与自然界对所有者和统治阶级的力量产生影响或起促进作用的方式。所有者或统治阶级的这种力量正是把生产过程中的劳动因素联合起来并对之施加强制作用的力量"[1]。詹姆斯·奥康纳相信，新的社会劳动观将会重写历史，重构出历史唯物主义的全新体系。在这种修正或重构中，"社会劳动仍然保持着它在历史唯物主义中的中心范畴的地位，但作为日常生活之规范和意义的现代人类学维度上的文化范畴，以及作为一种自主（往往是不可预测的）生产力的现代生态学维度上的自然范畴，都对社会劳动范畴进行了质疑并使之丰富"[2]。詹姆斯·奥康纳的

---

① 〔美〕詹姆斯·奥康纳:《自然的理由——生态学马克思主义研究》，唐正东、臧佩洪译，南京大学出版社，2003，第68页。

② 〔美〕詹姆斯·奥康纳:《自然的理由——生态学马克思主义研究》，唐正东、臧佩洪译，南京大学出版社，2003，第66页。

这种新的历史唯物主义体系就是全新的自然观、文化观和劳动观，围绕自然、文化和劳动的关系解释人类社会历史发展，建构社会发展的新模式。

詹姆斯·奥康纳认为传统唯物主义在人与自然、自然与社会关系上有缺陷。他不仅强调自然在历史唯物主义中的重要地位，而且重新考察了生产力、生产关系以及社会劳动等历史唯物主义范畴中的自然和文化因素。在自然观上，传统唯物主义把自然看作生产的资源、人类改造的对象、生存的环境。如果为了坚持"唯物"原则，把复杂的社会关系、社会动力和社会过程归因于经济关系、经济动因和经济过程，那么这种单向的还原论在逻辑上最终会导致对文化的漠视或者忽视。詹姆斯·奥康纳强调不能仅仅立足于经济立场和技术关系来考察生产力、生产关系、协作、社会劳动以及人类社会历史，主张建构自然、劳动、文化三位一体的"以人类社会与自然生态系统的辩证统一为特征的文化历史唯物主义自然观"[1]，从而使历史唯物主义理论的内部结构愈加丰富和复杂，在一定程度上丰富和发展了马克思主义，对我国当前形势下继承、发展马克思主义具有一定的启发意义。从自然与文化的矛盾角度理解劳动，更容易领悟其蕴含的生存意义上的生态思想。"事实上，生产力与生产关系同时都是文化的和自然的。"[2]

第四节　"两种类型的劳动"及其批判

泰德·本顿通过研究马克思哲学和经济理论，深入分析了马克思在《资本论》中的劳动过程概念，论述了劳动过程在资本主义经济关系条件下的不同表现形式，一种是生态约束型的劳动过程，另一种是生产改造型的劳动过程。他认为马克思忽视了这两种劳动过程的类型差异，"马克

---

① 刘英：《生态学马克思主义对历史唯物主义的辩护研究》，安徽大学出版社，2022，第33页。

② 〔美〕詹姆斯·奥康纳：《自然的理由——生态学马克思主义研究》，唐正东、臧佩洪译，南京大学出版社，2003，第68页。

思对不可控的自然条件在劳动过程中的重要性阐释不够，而过多地阐释了人类意向性的转变力量对于自然的作用"①，把作为生产改造型劳动过程特征的"目的性意向结构"过分普遍化。泰德·本顿提出"两种劳动"，试图修正和补充马克思主义，把马克思的劳动过程概念向生态化推进。

一　劳动过程及劳动形式分析

（一）劳动过程分析

马克思在《资本论》中将"劳动过程"定义为"人类生活的永恒的自然条件"，确定了劳动过程的最基本要素——有目的的活动或者劳动本身、劳动对象（原材料）和劳动资料（劳动工具），劳动过程是使这些要素彼此之间形成一种恰当的关系并使其运转起来的活动。其中劳动资料（劳动工具）是"劳动者置于自己和劳动对象之间、用来把自己的活动传导到劳动对象上去的物或物的综合体"②。在劳动过程发生的环境中，哪些要素可以成为劳动工具呢？

泰德·本顿认为，马克思实际上指的是两类劳动工具（劳动资料），一是土地，它给劳动者提供立足之地，给劳动过程提供场所；二是前人的劳动成果，如厂房、河流、道路等，虽然它们没有直接进入劳动过程，但也是劳动过程的条件，也应该纳入广义的劳动工具（劳动资料）的范围。也就是说，在泰德·本顿看来，马克思广义上的劳动工具（劳动资料）包括自然赋予的条件和前人的劳动成果两部分，他分别称为劳动过程的自然条件和人造条件。

泰德·本顿把马克思的劳动过程的原材料中的构成产品的主要实体称为原材料 A；把进入产品的生产过程（如燃料等），但是没有形成产品的主要实体，马克思称为辅助性的原材料称为原材料 B。因此原材料 A 是构成产品的主要实体的材料，原材料 B 是进入产品的生产过程，但没

① 〔英〕本顿主编《生态马克思主义》，曹荣湘、李继龙译，社会科学文献出版社，2013，第 148 页。

② 《马克思恩格斯文集》第 5 卷，人民出版社，2009，第 209 页。

有形成产品的主要实体的材料。①

通过对马克思劳动过程的基本构成要素进行划分，泰德·本顿认为，马克思劳动过程概念的核心是构成产品的主要实体的原材料 A 的概念，它经过人类劳动，发生变形，并形成某种使用价值，在这一形成过程中也包含着通过使用劳动工具和原材料 B 来实现人类的目的，它涉及了一系列确定的材料物质、人类的意向性活动和其他非人类存在物和条件。因此，初级分类将劳动过程分为三种要素——劳动、劳动对象和劳动工具（劳动资料），辅助性的次级分类进一步将劳动对象分为原材料 A 和原材料 B，将劳动工具（劳动资料）分为自然条件和被生产出来的人造条件。泰德·本顿关注的重点不是划分的结果，而是划分的依据。他认为，初级划分和次级划分所依据的不是它们各自的物质特征，而是以它们与劳动过程本身之间的意向性关系为基础，是一种概念性的范畴划分。也就是说，一个相同的术语在不同的时间可能被看作不同劳动过程的产品、工具和原材料，它在任何特殊的情形下所归入的概念或范畴类型都是一种功能，泰德·本顿把这种功能称为劳动过程的"意向性结构"②。

可见，泰德·本顿通过对马克思"劳动过程"概念进行分析，捕捉到了其中蕴含的"意向性结构"，认为这容易导致无限夸大人类改造能力。

（二）劳动形式的意向性结构

泰德·本顿根据人类的"意向性结构"将前工业社会和工业社会存在的劳动形式进行分类，分为直接占有、农业生产、手工业生产和工业生产四种，通过考察这四种不同的劳动形式，区分了不同劳动形式中蕴含的不同"意向性结构"。

第一，直接占有。

直接占有是前工业社会的一种初级劳动过程，是人类社会在其生产

① 参见〔英〕本顿主编《生态马克思主义》，曹荣湘、李继龙译，社会科学文献出版社，2013，第 149 页。
② 〔英〕本顿主编《生态马克思主义》，曹荣湘、李继龙译，社会科学文献出版社，2013，第 102 页。

能力处于最低发展阶段时的基本特征，它在劳动过程中对对象物采取直接占有的形式，如狩猎、采集、伐木、挖矿等，它更类似于一种直接作用于对象或材料的生产。它有两个特点。其一，从劳动对象到产品使用价值的实现。人"为了在对自身生活有用的形式上占有自然物质"①，换句话说劳动过程的"产品是使用价值，是经过形式变化而适合人的需要的自然物质"②。这种转变的实质是对自然环境的要素进行选择、提炼和重新安排，以便能够将它们置于其他实践活动（生产或者消费）的控制之下。其二，这些初级的劳动生产过程是占有自然，但没有发生变形。这些初级的劳动生产过程高度依赖自然给定的背景条件和劳动对象的基本性质，在这些实践中，主要的原材料和可获得的原材料被自然给定的材料或存在物占有了，而后者的位置和可获得性相对地或者绝对地不受"意向性结构"操纵的影响。

第二，农业生产。

农业生产包括播种、耕种、收割农作物以及饲养繁殖牲畜等劳动形式。为了避免对马克思不利，泰德·本顿对农业劳动过程的考察作了"预设条件"，即"这样一种劳动过程是在已经整理并准备好的土地上发生的，使用的种子和栏里的牲畜已经体现了挑选和喂养等过去的劳动"③。农业劳动过程可能在生产的社会关系或者所有权关系中形成，并且众多特殊的农业技术已经被使用或者还有可能被使用。泰德·本顿希望这些预设能从抽象的层面上对其理论的考察具有实质的重要性。

在预设的基础上，泰德·本顿指出，在农业劳动过程中，人类的劳动没有用来在原材料中产生有意图的转变或者改造，没有使种子变成植物，也没有使种畜变成牲畜，其主要目的是用来维持和调整环境条件，以便使种子和牲畜在这些环境条件下生长、发展。"优化和维持有机变化发生的条件，以便于使种子得到最优的机会发芽、生长和高产出，人类

---

① 《马克思恩格斯文集》第 5 卷，人民出版社，2009，第 208 页。
② 《马克思恩格斯文集》第 5 卷，人民出版社，2009，第 211 页。
③ 〔英〕本顿主编《生态马克思主义》，曹荣湘、李继龙译，社会科学文献出版社，2013，第 150 页。

的劳动没有使其发生变形，只是确保种子生长和发展的有机过程的已发生的最佳条件。"① 也就是说，它并非依赖人类的劳动来实现这一调整和维持，而是依赖自然给定的背景条件（气候条件、环境条件、地质条件等），这些背景条件是农业劳动过程的主要劳动对象，它们较少受人类"意向性结构"的操控，甚至在某些方面是绝对不可操控的。为了说明农业劳动过程的这一显著特征，泰德·本顿列举了太阳能辐射和温室效应的例子。他指出，太阳能辐射的发生率是绝对不受操控的，因此，在农业劳动过程中通过农作物的光合作用使其有效地获得其功效，或者用人工能源来补足它。在这一事例中，与能够被人的"意向性结构"调整的因果机制形成鲜明对比的是，不可操控性是相关自然机制发挥作用的结果。在其他情况下，人类的干预达到一定量的积累可能会发生一种质的改变，如气候条件中的"温室效应"，但其与人类的意向性操控不能画上等号，因为认知障碍和规模问题组合在一起，限制了我们对天气系统产生影响的能力，"哪怕它们明显是无意的，并且基本是有害的"②。

针对泰德·本顿的这一界定，有人可能会借助生物技术（用人工激素来干预器官的发展过程、基因工程技术的广泛应用等）的发展来进行反驳，试图通过生物技术的广泛运用来实现农作物和牲畜生长与发展的有机过程。泰德·本顿对此也进行了回应，他认为"最新的生物技术已经在一种唯意志主义和普罗米修斯主义的对话中被出卖了，它们总是阻碍或者推开了人们对于他们在农业系统中的应用所施加的限制和约束，掩盖了它们带来的非意向性后果"③。例如，遗传学家广泛达成共识：出于农业生产的目的，可以提高有机体效用的转基因技术通常会伴随着抵消性的费用，高产出带来的抵抗力的下降，甚至使对抗环境压力的能力减弱，因为有机体不仅是偶然连接，而且是自由操控的基因颗粒的集合表述。

---

① 倪瑞华：《英国生态学马克思主义研究》，人民出版社，2011，第92页。
② 〔英〕本顿主编《生态马克思主义》，曹荣湘、李继龙译，社会科学文献出版社，2013，第152页。
③ 〔英〕本顿主编《生态马克思主义》，曹荣湘、李继龙译，社会科学文献出版社，2013，第152页。

第三，手工业生产。

手工业生产是劳动者运用劳动工具对劳动对象直接进行加工创造的劳动过程，它与直接占有和农业生产相比，更少地受制于自然给定的背景条件，从而体现人与自然之间关系的进一步发展。手工业生产更多的是对原材 A 进行加工和改造，作用于其上的劳动对象既包括自然给予的条件或资源，也包括先前劳动的产物。在泰德·本顿看来，这种劳动形式的"意向性结构"是非常明显的，以木匠活动为例，它很容易被描述为一种具有工具性转变的"意向性结构"。

第四，工业生产。

工业生产是在资本主义生产力高度发展的基础上，由手工业生产过渡而来的一种大机器生产形式。工业生产呈现一种合理化或者理性化的趋势，人们依据严格的计算和核算的原则来组织生产，实现利益的最大化。与手工业生产相比，劳动的社会组织形式发生很大的变化：生产规模无限扩大、生产目的拓展到全社会范围内的普遍需求、生产的组织形式呈现集体化。但各种形式的变化并没有改变劳动过程中蕴含的"意向性结构"，即通过赋形于质的过程，实现对劳动对象的改造，实现产品的使用价值，满足人类的各种需要。

通过对四种劳动具体形式进行考察，泰德·本顿认为，直接占有和农业生产中存在"意向性结构"，手工业生产和工业生产中也存在"意向性结构"，但是这是两种不同的"意向性结构"。

二 生态调节型劳动与生产改造型劳动

泰德·本顿依据四种不同的劳动形式中存在的不同"意向性结构"，将劳动过程划分为生态调节型劳动过程和生产改造型劳动过程，把劳动看作一种按照人的目的和意识对外在客观物质世界进行改造的过程。

（一）生态调节型劳动

生态调节型劳动过程指不改变劳动对象而是维持其得以继续生长条件的劳动过程，把自然的对象和物质条件作为使用价值的原料库，依赖自然既定的条件，不受有意操控的自然条件的影响，如伐木、捕鱼、采矿等第一次获得的"初次性劳动过程",它主要不是把"对象"加以改造变形,而是占有"对象",它的特征是高度依赖劳动对象所处的自然条件,即"自然给定的背景条件"①与劳动对象的各种属性。农业劳动是生态调节型劳动过程,它不改变种子或者牲畜的性质与结构,而是要维持和调节种子或牲畜得以生长与发展的环境条件。

在泰德·本顿看来,我们需要更加重视具有生态关怀的生态调节型劳动过程,把马克思的劳动过程概念向生态学进一步推进。这种劳动过程依赖自然给定的条件和不受人类有意操控的自然条件的影响,以物质对象为实用价值的原材料基地,由自然规定的组织结构或者物理过程对对象进行改造变形。它具有以下特征。

第一,劳动主要适用于使变形的条件有效地进行,它们自身是有机的过程,相对不受意图改变的影响。劳动对象不是原材料 A,它们将变成产品的主要实体,但是,它们只有在这些条件下才能生长和发展。第二,优化有机体生长与发展条件的劳动主要是一种维持、调节和再生产型的劳动,而不是改造型的劳动,如维持土壤的物理结构使其作为一种生长中介,维持和调节水的供给,在合适的时机维持作物适量的营养,减少或者消除同其他有机物种的竞争与掠夺等都属于这种类型的劳动。第三,劳动的时间和空间分配很大程度上由劳动过程的背景条件和有机发展过程的节奏来确定。第四,自然给予的背景条件(如水的供应、气候条件等)被看作劳动过程的条件和劳动对象,它能产生劳动过程的各种要素,并且不被马克思的三分法所同化。这样一来,通过对劳动过程概念的二分,泰德·本顿使得生产过程的背景条件与生态调节型劳动过程的持续性生产之间的连续相关性得以体现,生产过程运转产生的一些自然介入的非意向性后果可能会影响生产过程的背景条件和原材料的持续性和再生产,从而使马克思的劳动过程呈现出生态持续性。

泰德·本顿认为像农业劳动这样的生态调节型的生产实践在很大程

---

① 〔英〕本顿主编《生态马克思主义》,曹荣湘、李继龙译,社会科学文献出版社,2013,第 152 页。

度上是依赖生产条件的，因此要遵从物种的机理，人类不能随意操控。泰德·本顿倡导对劳动过程中的生态调节型劳动加以持续关注，对劳动过程中相对的或绝对的非操控性条件或者要素给予明确的理论确认，以适应性技术取代改造性技术，以此实现由适应自然到支配自然的转变。

（二）生产改造型劳动

生产改造型劳动过程指使用劳动资料和劳动对象发生符合人类需要的改变的劳动过程。对自然物进行改造并改变其形状以适合人的目的，在劳动过程之前就存在一个"目的结构"即劳动目的，它贯穿于劳动过程中并在劳动的结果（产品）上实现，这就如同木工的劳动按照人的目的意识对外在的客观对象加以改造，这个过程是根据人的意图来改变对象的实践。

结合资本主义的生产，泰德·本顿分析了马克思关于生产改造型劳动过程的论述，主要有五个方面。

第一，劳动工具和原材料的物质性质将会对符合人类意向的利用和改造产生诸多限制，清楚地认识到这些限制是人类开展有效实践的一个条件。

第二，劳动工具和原材料尽管可能直接地来源于较早的劳动过程，但是也间接地来自对自然的占有，因此具体生产过程的持续性不仅依赖辅助的生产过程，对自然的占有也是必需的条件。

第三，劳动本身就是劳动过程中一个必不可少的要素。他认为，马克思倾向于将劳动者的生产和再生产吸收到他们的消费资料的生产过程之中，而排除了家务劳动。在《资本论》中，马克思描述的资本主义经济关系范围之外的特殊劳动过程是资本主义劳动市场中的廉价劳动力——工人的出现和再现的先决条件，这种特殊的劳动过程与生产劳动过程具有完全不同的"意向性结构"，在对再生产和发展有机进程的依赖中它们类似于生态调节实践，但是在其有感情和规范的内容中，它们与所有其他劳动过程完全不相似。

第四，自然给予的背景条件根本不能进入劳动过程，只能包含在生产工具的范畴之内。泰德·本顿认为，生产改造型劳动过程对于自然给予的背景条件的依赖性很难在活动者的计算中体现出来，但是人类实践的顺利开展根本离不开这些条件。

第五，劳动过程要素的基本特征是确定"意向性结构"的根据。在泰德·本顿看来，马克思是根据人类活动者为了实现自身的目的而利用这些特征（因果关系的影响力、倾向和趋势）确立了劳动过程的基本要素，在实际的劳动过程之中，其要素的这些特征仅仅是其真正拥有的属性的一个有限子集，其余的特征则构成了一个无限大的剩余范畴。从从事劳动过程的活动者的打算来看，这个剩余范畴对于劳动过程所要实现的直接目的而言，可以是可知的或者不可知的，可以是相关的或者不相关的。

综上所述，泰德·本顿认为马克思没有充分论述劳动过程中不可操纵的自然条件的重要性，夸大了人类相对于自然的意向性改造能力的作用。

三 从"改造型技术"到"适应型技术"

泰德·本顿认为，历史唯物主义的生产理论注重技术理性、生产理性，忽视生态理性。为了克服这一缺陷，他提出"技术革新论"，以"适应型技术"代替"改造型技术"，建构生产理性与生态理性并重的绿色生产理论。

（一）"适应型技术"与"改造型技术"的划分

泰德·本顿将技术分为"适应型技术"和"改造型技术"。"适应型技术"没有超越自然对生产力发展设定的限制，强调了自然条件和因素对于劳动过程的适应性；"改造型技术"超越自然对生产力发展设定的限制，忽视了不可操控的自然条件和因素对于劳动过程的适应性。根据泰德·本顿对马克思劳动过程概念的二分，"适应型技术"对应生态调节型劳动过程，"改造型技术"对应生产改造型劳动过程。生产改造型劳动过程体现人类改造自然的目的性，它遵循着内在的目的结构，通过使用劳动工具，实现劳动对象的变形，在具有实用价值的产品中来体现人们的目的需求。这种变形是改造自然的一种体现，为了实现劳动对象变形，必须突破和超越自然对劳动过程的限制和制约，运用改造型技术。生态调节型劳动过程以自然的既定的条件为界限，试图在自然允许的范围内实现其内在的意图结构，这种生态的调节是一种适应自然条件的表现。由此泰德·本顿提出，以对自然的适应代替对自然的改造，与此相对应，由适应型技术代替改造型技术。

泰德·本顿认为，马克思把劳动过程看作一个超越历史的抽象概念，过分强调生产改造型劳动过程和"改造型技术"，突出人的改造能力，从而使得其理论缺乏生态学的维度。为了构建生态意义上的绿色唯物主义，泰德·本顿把理论重点放在生态调节型劳动过程和"适应型技术"上，并且以"适应型技术"代替"改造型技术"。尤其是一些难以用人工介入的自然因素（地理、地质和气候等），它们是不受人有意识操控的自然条件，对于这样一些背景条件，人类只能适应。这种技术的应用就是适应型技术，它不仅具有一定的持续性，还反映了人类生态学的基本特征。正如他指出的："通过对劳动过程中相对的或绝对的非操控性条件或要素给予明确的理论确认，人们认识到能够超越自然施加的限制的技术与面对自然条件对意向行为的专横而提高适应性的技术之间的区分。……聚焦于提高适应型技术的策略也是一种解放，它比在文明中占主导地位的改造型技术更具有持续性。"[1]

泰德·本顿的这种观点体现了"技术革新"的生态维度。技术是人与自然发生关系的中介，也是人类对自然进行改造的工具。科学技术的进步与革新会带来生产力的极大发展，也会带来人们精神生活质量的提高，但是与此同时，科学技术的不恰当使用会带来严重的环境问题和生态危机。资本主义社会的生态危机就是科学技术不当使用的一个例证。泰德·本顿允分认识到技术的两面性，提出具有生态维度的技术革新观，十分重视各种不可操控的自然条件对劳动过程的制约作用和劳动过程对这些条件的依赖性，提醒人们不要对技术革新带来的经济效益沾沾自喜，

---

[1] Ted Benton, "Marxism and Natural Limits: An Ecological Critique and Reconstruction," *New Left Review*, No. 178, 1989, pp79-80.

而忽视它所造成的毁灭性的生态效应。他认为，技术要明确区分为可欲的技术与可行的技术。可欲的技术充分考虑到了技术革新和使用的各种可能性，既包括可以预测和控制的后果，也包括不可预测和不可控制的后果，在各种可能性中进行利弊权衡，最终付诸实践达到相对而言最为理性的效果。可行的技术是一种无视技术后果的技术，它只考虑技术的可行性，而不考虑这一技术的实施所带来的各种后果，只考虑做与不做的问题，而不考虑应该与不应该的问题，这种可行性技术的使用有可能会演变为人类的一种自我毁灭的恶果。

泰德·本顿认为，人们如果能够认识到超越自然所施加的限制的改造型技术与面对自然条件对意向行为的专横而提高的适应型技术之间的区分，那么就能够从支配自然走向适应自然。与改造型技术不同，适应型技术反映了人类生态学最基本、最明确的特征：建造房屋、缝制衣服和使用人工的交通方式等被看作生物属性的社会文化扩展，它能确保人们在面临一系列恶劣的环境条件时能够幸存和安康。在他看来，聚焦于提高适应型技术的策略也是一种解放，它比在文明中占主导地位的改造型技术更具有可持续性。

（二）构建生产理性与生态理性并重的绿色生产理论

泰德·本顿提出从生态学的角度重新评估自然条件，在此基础上建构生产理性与生态理性并重的绿色生产理论。在他看来，自然力被排除在社会发展的基本动力结构之外，生产所产生的严重生态后果也被忽视。因此，必须从生态学的视角重新评估自然条件，把各种不可操控的自然条件看作一种自然力，充分挖掘其中蕴含的生产潜能，同时把自然力纳入社会发展的基本动力结构之内，不仅通过生产力与生产关系的矛盾运动，而且更要通过生产力、生产关系与自然力的协调发展来推动社会的不断进步。在此基础上，把生态过程整合到生产过程之中，运用生态学的视角解读资本主义生产过程，为生产过程提供各种支持条件和制约条件，建构生产理性与生态理性并重的绿色生产理论，实现资本主义生产与自然的可持续发展过程。

自然过程作为具有生产潜力的生态系统的初始生产力应该服从于一

种统一化的、参与型的、有选择地促使它们提供使用价值的管理。不同质的生产方式的概念作为文化、技术、生态资源和生产关系的特定组合，使得我们将"生态极限"看作最重要的现实因素，因为它同每一种独特的自然使用方式密切关联着。我们试图以此为切入点来分析如何建构生产理性与生态理性并重的绿色生产理论。①

泰德·本顿对生产改造型劳动过程与生态调节型劳动过程的区分、对不可操控的自然条件对生产过程施加影响的强调、对自然极限的解读、对自然内在价值的肯定、对自然解放的关注等思想观点，实质上是对自然的能动性和优先性的强调，这些都源于马克思对人与自然辩证关系的论述。

英国生态学马克思主义者瑞尼尔·格伦德曼在《生态学对马克思主义的挑战》中指责泰德·本顿对生态问题的界定过于简单，对于劳动过程概念的区分过于片面，认为他是 20 世纪后期生态浪漫主义的自发意识形态的受害者，强调由"支配自然"转向"适应自然"。

泰德·本顿以马克思经济学中的基本概念为切入点，重点分析了抽象的劳动过程概念。他依据劳动过程中的目的结构将直接占有、农业生产、手工业生产和工业生产四种劳动形式划分为生态调节型劳动过程和生产改造型劳动过程两种类型。泰德·本顿将生态调节型劳动过程从劳动过程中独立出来，并纳入人们的视野之中，凸显对生态调节型劳动过程的持续关注，把马克思的劳动过程概念向生态学进一步推进。在他看来，这种劳动过程依赖于自然给定的条件和不受人类有意操控的自然条件的影响，以物质对象为实用价值的原材料基地，由自然规定的组织结构或者物理过程对对象进行改造变形。它主要适用于使变形的条件有效地进行，它们自身是有机的过程，相对不受意图改变的影响。劳动的时间和空间的分配在很大程度上依据劳动过程的背景条件和有机发展过程的节奏来确定。因此，泰德·本顿发展了马克思劳动过程概念，使得生产过程的背景条件与生态调节型劳动过程持续性生产的连续相关性得以体现。

----

① 参见 Ted Benton, *The Greening of Marxism*, New York：The Guilford Press, 1996, pp.106-107。

第六章 "生产力发展观"的重构

生产力概念是历史唯物主义最核心的概念。历史唯物主义强调生产力发展是由其理论性质决定的。生态学马克思主义对只注重经济增长而无益于生态的生产力发展模式进行变革，进而提出重构生产力发展模式的理论主张，围绕生产力发展和生态危机、生产力发展和人类解放的关系展开论述，揭示出生产力发展与人的解放、自然的解放之间的内在联系。生态学马克思主义从具体的经济发展模式探索来说呈阶段性发展趋势，如20世纪七八十年代，大多数的生态学马克思主义者反对大规模、集中化的经济发展模式，主张实行小规模、分散化的经济体制，建立零增长的"稳态经济"；20世纪90年代以后的生态学马克思主义者更具有现实性，反对限制经济增长的"稳态经济"，主张经济理性和适度增长，并提出用生态理性代替经济理性的发展模式以及可持续的发展模式。

第一节 生产力发展模式重构

针对历史唯物主义是"生产主义""经济决定论"的指责，生态学马克思主义理论家对此予以积极回应，阐述了马克思唯物主义的非决定论的特质，从哲学的意义上重新解释了生产力发展概念，对历史唯物主义的生产力发展理论作了有力的辩护。

一 稳态经济发展模式

"稳态经济"是指实现经济的"零增长"，以此来保护生态环境，是西方生态运动的一个基本经济纲领。威廉·莱斯认为经济增长和人口增长都需要稳定化的思想，从而为解决当前的生态危机、实现社会变革提供有用的方法。

19世纪英国著名经济学家约翰·穆勒（John Stuart Mill）最早提出"稳态经济"概念。他指出："所谓社会的经济进步通常指的是资本的增加，人口的增长以及生产技术的改进。"① 而"财富的增长并不是无限的，在所谓进步状态的尽头是静止状态，财富的增长只不过是延缓了静止状态的到来，我们每向前迈进一步，便向静止状态逼近一步"②，历史最终要达到这种静止状态。

20世纪七八十年代的生态学马克思主义深受生态中心主义的影响，认为未来社会的"稳态经济是必需的、必然的"，是未来社会的理想。③现代西方社会的生态危机与追求经济无限增长、大规模技术运用和生产高度集中的资本主义经济体制有关，为了克服危机，建立人与自然之间的和谐关系必须实行稳态经济。这种稳态经济模式要求分散技术、缩小工业规模，降低生产率、节制个人消费和工业对自然资源的消费，通过税收和保证收入的制度重新分配财富，以满足个体的需求。

威廉·莱斯赞同穆勒关于稳态经济的理论，认为经济增长和人口增长都需要稳定化的思想，从而为解决当前的生态危机、实现社会变革提供有用的方法。威廉·莱斯认为，工业生产和人口的飞快增长已使人们把关注点转移到生态生存上，目前我们所面临的生态危机迫使我们重新思考以工业化为特征的生活方式，使我们转而采取一种较分散的、放慢增长速度的社会经济组织形式，即稳态经济发展模式。

实行"稳态经济"，可以控制经济发展的速度，将生产规模和经济发

---

① 〔英〕约翰·穆勒：《政治经济学原理及其在社会哲学上的若干应用》下卷，胡企林、朱泱译，商务印书馆，1991，第317页。
② 〔英〕约翰·穆勒：《政治经济学原理及其在社会哲学上的若干应用》下卷，胡企林、朱泱译，商务印书馆，1991，第317页。
③ 〔加〕本·阿格尔：《西方马克思主义概论》，慎之等译，中国人民大学出版社，1991，第474页。

展的速度稳定下来，只有这样，才能保护生态环境，使人与自然建立一种和谐的关系；实行"稳态经济"要求改变资本主义条件下表达需要和满足需要的方式。

当代西方社会，日益扩大的资本主义生产体系源源不断地向人们提供各种各样的商品，并以广告为媒介大力宣扬一种消费主义文化价值观，诱导人们把对需要的满足寄托在无止境的物质消费上，以此获得利润。

威廉·莱斯认为，只根据疯狂的消费活动来确定人的幸福，是一种异化消费，而这种异化消费倡导仅仅根据消费来衡量满足。这种把消费作为人类需要满足的方式势必带来日益严重的生态危机。因此，威廉·莱斯指出，在高集约度市场布局下的人类需要满足的方式同生态系统之间的矛盾，促进人们对需要的合理性以及满足需要的方式进行反思和评估。但是，威廉·莱斯又指出，在稳态的社会主义经济条件下，并不会明显地取消消费，而只是希望尽量用能源消耗少、物质资源需要较低的方法来满足人们的需要。在此基础上，威廉·莱斯进一步提出"人类满足的前景必须植根于创造一个运转良好的共同活动和决策的领域，使各个个人能在其中锻造出满足自己需要的手段"。这就是他所主张的建立一个"较易于生存的社会"。在这个"较易于生存的社会"中，抛弃幸福的量的标准，而采取质的标准。把人均使用能源降到最低限度，降低商品作为满足人的需要的重要性，使技术的发明服从环境保护的需要。

本·阿格尔提出"分散化、非官僚化的生产过程"理论，所谓"分散化"是指在工业生产中运用小规模技术，以此消解装备线生产带来的使工人处于非人性化和无能为力状态的生产过程的破碎化，缓解人和自然之间的紧张关系。"逐渐拆散工业经济的庞大规模体系，尽可能减少个人对这一体系的依附性。"[①] 本·阿格尔认为小规模技术就是那种既能适

---

① 〔加〕本·阿格尔：《西方马克思主义概论》，慎之等译，中国人民大学出版社，1991，第 475 页。

应生态规律，又能尊重人性的"中间技术"或"民主技术"。本·阿格尔认为，在资本主义条件下，小规模技术意味着不仅要改组资本主义工业生产的技术过程，而且要改组那种社会制度的权力关系，在资本主义生产过程中实行"非官僚化"。所谓的"非官僚化"就是在资本主义生产过程中，用工人民主管理的方式取代集权的官僚管理体制，让工人直接参与生产过程中的决策和管理，使工人成为劳动过程的主人，发挥工人创造性，在劳动中表达自己的意愿和实现自身的价值，进而摆脱异化劳动和异化消费，最终解除生态危机。

本·阿格尔强调，单纯的小规模技术的运用并不能引起一场激进的社会变革，只有把"分散化"和"非官僚化"结合起来，才能使工人从资本主义生产过程和资本主义制度下的权力关系中解放出来。本·阿格尔指出，"分散化"和"非官僚化"并非仅仅适用于生产过程，而且适用于社会和政治过程。"通过使现代生活分散化和非官僚化，我们就可以保护环境的不受破坏的完整性，而且在这一过程中可以从性质上改变发达资本主义社会的主要社会、经济、政治制度。"① 也就是说，一方面，分散化的技术和非官僚化的劳动组织使人们摆脱资本主义的异化劳动，并从资本主义的支配制度中解放出来；另一方面，分散化和非官僚化意味着人们将从创造性的、非异化的劳动中获得满足，而不是在以广告为媒介的商品的无止境消费中获得幸福，使人们进行创造性的劳动，会因为商品的匮乏而愿意采取一种规模小、民主组织起来的生产方式以满足基本需要。在此基础上，本·阿格尔提出，要使社会政治经济结构分散化、非官僚化，必须加强生产过程中的工人的自我管理，这不仅有助于工业生产的分散化和现代社会生活的非官僚化和非异化，而且可以彻底改变工人与资本家之间的客观关系。本·阿格尔对南斯拉夫模式和苏联模式进行了比较，指出南斯拉夫的社会主义所有制植根于工人管理，其管理是通过工人委员会的形式进行的，工人拥有生产资料，社会主义所有制

---

① 〔加〕本·阿格尔：《西方马克思主义概论》，慎之等译，中国人民大学出版社，1991，第499~500页。

是高度分散化的；而苏联的国家社会主义制度植根国家控制，国家拥有生产资料，社会主义所有制是高度集中的。本·阿格尔指出，社会主义所有制分散化的程度与非官僚化的程度是成正比的。"社会生活全面非官僚化的可能性在一个分散化的社会主义所有制（工人管理）的制度中要比在一个集中的社会主义所有制（国家控制）的制度中大得多。"① 本·阿格尔就这样对稳态经济模式进行建构，勾勒出一幅未来社会主义发展的图景，以此实现"人类的解放"和"自然的解放"。

综上，威廉·莱斯和本·阿格尔通过重构未来社会的经济发展模式，批判了资本主义生产方式的反生态性，看到了生态危机是资本主义应有的逻辑所致，这对于我们正确认识生态危机的本质、探寻生态危机的根源具有一定的启迪意义。但是，当他们设想通过控制现代技术、限制生产力的发展来解决生态危机时，他们没有真正把握自然的历史变化与人类社会生产方式变革之间的本质联系，因此无法找到切实可行的生态危机的解决方法。

二 生态理性取代经济理性

生态学马克思主义者安德烈·高兹不赞成威廉·莱斯和本·阿格尔所提出的"稳态经济"发展模式。在《作为政治学的生态学》（*Ecology as Politics*）一书中，安德烈·高兹明确指出："零增长或者负增长只会意味着停滞、失业和贫富之间的差距扩大。"② 他论述了经济理性、生态理性与资本主义生产方式、社会主义生产方式之间的关系，并提出了用"生态理性"取代"经济理性"的社会生产力发展模式。

安德烈·高兹认为，经济理性是与资本主义相伴而生的。在前资本主义社会中，人们在劳动和生产中所遵循的原则是"够了就行"，"经济理性"在那个时代根本不适用。而到了资本主义社会，由于物质财富的

---

① 〔加〕本·阿格尔：《西方马克思主义概论》，慎之等译，中国人民大学出版社，1991，第 505~506 页。

② André Gorz, *Ecology as Politics*, Boston：South End Press，1980，p.7.

增加，人们学会了计算和核算，人们的生产并不仅是为了满足自己的物质需要和日常消费，而是为了能够获取更多的市场交换价值，这样"经济理性"就横空出世，在市场交换活动中开始发挥巨大作用。"经济理性"最爱核算和计算经济效益，它提倡社会生活中的一切生产活动都必须以经济效益为核算标准，生产的发展观是指在交换中获取利润。生产越多，获取的利润也就越多。因此，在这种理念的驱使下，人们崇尚"越多越好"的生产原则，抛弃了以往的"够了就行"的原则，倡导生产是为了交换。为了获得更多的利润，生产的产品必然是越多越好。

在"经济理性"的驱使下，人们抛弃了"够了就行"的原则。安德烈·高兹指出，资本主义的经济理性就是资本主义的生产方式，一种以追逐利润为生产动机的理性，虽然这种经济理性能够最大限度地增加企业主的利润，增强企业的市场竞争力，但是这对生态环境而言是一个致命的打击，因为可用来生产的自然资源是有限的，而资本主义追求利润的动机是无限的；生态系统自身的承载能力是有限的，而社会生产是无限的。这种有限性和无限性之间的矛盾充分说明了资本主义的经济理性与生态保护是相冲突的，利润动机与生态环境之间的矛盾在资本主义条件下是无法克服的。因此安德烈·高兹提出，只有先进的真正的社会主义才能实现对生态环境的保护，之所以这样说，是因为先进的社会主义生产不是以获取利润为动机，而是以少量的自然资源生产出较高使用价值的耐用品，满足人们的需要。因此可以说，先进的社会主义生产与资本主义的生产显著不同，其原因在于先进的社会主义生产不是受"经济理性"支配，而是受"生态理性"指导，这种出现在社会主义生产过程中的"生态理性"注重在生产过程中保护环境。

安德烈·高兹强调，能有效地实施生态保护的社会主义是一种先进的社会主义，先进的社会主义在生产过程以及产品的交换和消费过程中应该是彻底地抛弃"经济理性"，用我们所倡导的能够实现对环境保护的"生态理性"取代精于算计的"经济理性"。基于对资本主义生产的"经济理性"和苏联模式的社会主义的批判，安德烈·高兹构想了未来社会主义经济发展的原则，即"更少地生产，更好地生活"，把它作为社会主义的首要特征并与资本主义的"越多越好"的生产原则区别开来。生态危机产生的主要原因是生产体系的日益扩大以及生产能力的过度发展，要解决生态危机，就要构建一种以减少资源和能源消耗、缩减消费规模为主要内容的新的生产方式。这种新的生产方式倡导"更少地生产，更好地生活"原则。

安德烈·高兹认为这种"更少地生产"的未来社会能真正给人们带来"更好地生活"。在安德烈·高兹看来，社会主义生产出人们确实需要的且耐用的无污染的产品，这种生产方式必然使社会劳动大幅度减少，劳动时间也得到相应减少，人们可以获得更多的自由支配的时间，以发展他们的能力，扩展他们的自由选择行为；进而促使人与自然环境的关系因人与人关系的改变而得到改善，人与自然摆脱了对立状态，趋于和谐统一。

安德烈·高兹反对环境主义者所主张的在现存社会的生产方式下可以实行生态理性的理论观点。他认为，在现存的生产方式下，既要满足资本追求利润的最大化，又要合理地满足人们的基本需要，表面上既实现了"经济理性"又实现了"生态理性"，实质上不可能真正使"经济理性"服从"生态理性"。因此，当代资本主义社会实现的生态现代化只是骗人的幌子，"资本家即使从事环保工作，脑子里想的也是赚钱"[①]。资本主义生态现代化非但不能真正解决生态危机，还可能导致生态殖民主义，加剧全球范围内的贫富差距。

安德烈·高兹反对由激进绿党倡导的"非工业"乌托邦。他指出，最激进的绿党否定工业文明，倡导一种小规模的地区性的物质生产，其实这种倒退形式的"现代化"是在开历史的倒车，是绝不可能实现的。

总之，安德烈·高兹既不赞成环境主义者在现存体制内解决环境问题的主张，也不赞成生态主义者彻底否认工业文明的做法，他主张未来社会的经济增长必须是理性的，与生态环境的要求是相容的；主张经济

---

① André Gorz, *Ecology as Politics*, Boston：South End Press，1980，p. 21.

的发展应该摆脱追求利润最大化的束缚，倡导以"生态理性"取代"经济理性"。这充分表明安德烈·高兹在某种意义上坚持了历史唯物主义的基本原则，这不仅对于我们正确认识现代性，而且对于我们积极探索生态危机的解决途径具有重要的启示作用。

三　可持续发展模式

20世纪90年代后的生态学马克思主义者如萨拉·萨卡（Saral Sarkar）、戴维·佩珀和詹姆斯·奥康纳等普遍反对限制经济增长的发展模式，认为经济应该保持适度的增长，而非限制其增长，只有实现经济增长才能消除贫困并最终实现对生态的保护。同样，他们批判了资本主义社会实现经济可持续发展的虚伪性，提出资本主义的可持续发展只能是一种空想，分析了苏联模式的社会主义社会在经济可持续发展问题上存在的弊端，提出了未来生态社会主义社会经济发展应该是理性的和生态的可持续发展模式。

首先，生态学马克思主义认为可持续的资本主义发展只是一种幻想。萨拉·萨卡明确指出在资本主义框架下实现经济的可持续发展是一种幻想，我们不可能同时拥有生态可持续性和资本主义的增长动力。在过去200多年的时间里，资本主义国家的社会财富飞速增长，但并非所有人都富裕了，并且自然环境遭到了严重破坏。不仅如此，资本家往往只是把视野局限在他们这一代，至多去考虑自己儿女的利益，而没有考虑到所有后代人的利益和世界人民的利益，这一点是违背可持续发展原则的。

资本主义增长的动力与环境保护和可持续发展是相冲突的。戴维·佩珀指出，资本主义的危机是其所特有的，它不仅与资本主义的过度生产有关，而且与资本主义的经济增长紧密联系。因为在经济衰退期间，资本主义事实上也是为了国家的"经济利益"而更加明目张胆地抵制和破坏环境保护的规定。同样，它也削弱了工人反对经济和生态剥削的力量，在经济衰退时期，人们可能不再对经济发展以外的议题表示关注。戴维·佩珀也批判了资本主义实现可持续发展的虚伪性。他指出，"可持续的、生态健康的资本主义发展是一个措词矛盾"①。从本质上讲，资本主义的经济增长是依靠在生产过程中对自然的剥削和对人类的剥削来实现的，以至于可以全然不顾生态后果。戴维·佩珀指出，资本主义的增长动力不会向生态保护、社会公正妥协，资本主义的生态矛盾不仅使所谓"资本主义可持续发展"成了一场自欺欺人的骗局，而且使资本主义将生态危机转嫁给发展中国家，从而严重影响了发展中国家的可持续发展。

其次，生态学马克思主义指出苏联模式的社会主义经济发展存在弊端，是不可持续的。在生态学马克思主义看来，只有社会主义取代资本主义，才能解决生态的可持续发展问题，但是生态学马克思主义所推崇的社会主义是生态社会主义。詹姆斯·奥康纳对现实中苏联的社会主义社会进行了考察和分析，认为苏联的社会主义社会存在的环境问题与资本主义社会存在的环境问题具有相似性，同样迅速地耗尽了不可再生资源，对空气、水源和土壤等所造成的污染即使不比资本主义多，至少也同后者一样。詹姆斯·奥康纳认为，社会主义国家都是在相对落后的时期取得革命胜利，都面临西方国家的敌视和包围，因此社会主义国家的经济增长和发展具有优先权。除此之外，经济全球化把社会主义国家带入世界性的资本主义市场中，必然受到世界市场体系的影响，受到资本和市场的制约，因而也会带来生态问题。

然而，苏联社会主义的生态问题与资本主义国家的生态问题在本质上是不同的。詹姆斯·奥康纳强调，要真正理解苏联模式的社会主义国家的环境问题，就必须把其放在 20 世纪早期以来主要西方国家对社会主义国家所发动的政治、经济、军事、意识形态斗争的语境之中，放在第二次世界大战结束以来冷战的语境之中。因此，他认为，"社会主义国家的资源耗费和污染更多是政治而非经济问题；这也就是说，与资本主义的情况不同，大规模的环境退化可能不是内在于社会主义

---

① 〔美〕戴维·佩珀：《生态社会主义：从深生态学到社会正义》，刘颖译，山东大学出版社，2005，第335页。

的本质之中"①。但是，苏联的社会主义毕竟也造成了生态危机，未能处理好经济与生态的协调发展。

再次，生态学马克思主义分析了苏联的社会主义经济体制对环境的双重影响。就社会主义国家的国有制对环境的积极作用而言，计划经济是一种"资源约束型"经济，资源约束型的经济增长在资源耗费和环境污染的速度方面都比较慢。另外，由于国家调控资源分配，企业之间没有了为争夺市场份额而展开的那种资本主义式的斗争，这也意味着企业实施污染的动机比资本主义公司少得多，而后者往往为了在市场中生存下来而不惜外化其成本。但为了赶超西方国家，提高国内经济竞争力，其鼓励进行大规模的不顾生态影响的采矿、建房等活动，也造成了生态环境的破坏。

最后，生态学马克思主义论证了可持续发展是生态社会主义的发展模式。生态学马克思主义普遍寻求生态原则与社会主义的结合，以超越当代资本主义，构建一种以人类为中心的可持续发展的生态社会主义。生态学马克思主义者从不同角度对生态社会主义的可持续发展模式进行了阐述。

戴维·佩珀通过对比生态社会主义与资本主义的发展模式，提出生态社会主义的经济增长必须是理性的、有计划的，是有益于生态的、可持续的。第一，生态社会主义的生产目的是满足人的基本需要，并在此基础上创造出多种多样的满足人的需要的方式，这明显有别于资本主义追逐利润的生产目的。第二，资本主义社会的生产是以资本追求利润为目标的无限扩大生产，它只注重资本的短期收益而加大对自然资源的疯狂掠夺，根本无视地球生态系统的承载能力，可以说资本主义的经济增长是一种非理性的反生态的增长。生态社会主义的经济增长则是有计划的、理性的，它按照生态理性行事，因而是有益于生态的，可以实现人与自然的共同发展。第三，生态社会主义的发展和需要的满足都要受到

---

① 〔美〕詹姆斯·奥康纳：《自然的理由——生态学马克思主义研究》，唐正东、臧佩洪译，南京大学出版社，2003，第418页。

自然条件的限制，人们在自然条件可承受的范围内发展生产力、满足需要。在生态社会主义发展过程中，人们持续地把他们的需要发展到更加复杂的水平，而不违反这一准则。

生态学马克思主义强调，只有通过变革资本主义生产方式，用生态社会主义取代资本主义才能保证每个人合理需要的满足，并创造出多种多样的满足需要的方式。生态社会主义是"一个在艺术上更加丰富的社会，人们可以吃到更加多样化和巧妙精致的食物，使用更加艺术化建构的技术，接受更好的教育，拥有更加多样化的休闲消遣，更多地进行旅游等等"①。具体而言，戴维·佩珀指出，生态社会主义的经济可持续发展在生产资料所有制上，将实行生产资料的共同占有。在社会经济调节方式上，戴维·佩珀强调中央计划经济的重要性。戴维·佩珀指出，只有建立在民主基础上的中央计划经济才能彻底解决市场经济所带来的生态问题。资本主义市场经济体制使生产在价值规律的作用下，通过破坏生态环境使生产成本外在化，而计划经济体制下的生产是建立在有意识地协调的基础之上的生产，是为了满足人类需要的计划性生产。但是生态社会主义的计划经济并不等同于苏联模式社会主义的高度官僚化的中央计划经济。在组织生产和分配资源的原则问题上，戴维·佩珀指出，生态社会主义将根据人们的需要而不是利润进行物质生产和资源分配。

詹姆斯·奥康纳则把生态社会主义的可持续发展建立在生产性正义的基础之上。在詹姆斯·奥康纳看来，资本主义社会的生产忽视了生产性正义，因此，生态社会主义对资本主义的批判从根本上说应该转向"生产性正义"，建立以生产性正义为经济发展基础的生态社会主义经济模式。詹姆斯·奥康纳指出，"生产性正义"是指生产和积累的正面因素和负面因素的生产，使生产过程和劳动产品的消极外化物最小化、积极外化物最大化，突出产品的使用价值，重视现实中的具体劳动，按照工人的自我发展需要组织生产，最终实现对环境的保护。资本主义制度与

---

① 〔美〕戴维·佩珀：《生态社会主义：从深生态学到社会正义》，刘颖译，山东大学出版社，2005，第337页。

生产性正义是水火不相容的。资本主义生产方式唯利是图，其后果是生产的无政府状态和生态危机的产生。与资本主义生产逻辑紧密相连的是异化消费，这种不是为了需要而是为了利润的消费进一步加重了生态危机。基于此，詹姆斯·奥康纳提出，"正义之唯一可行的形式就是生产性正义；而生产性正义的唯一可行的途径就是生态学马克思主义"①。

生态学马克思主义对未来社会生产力发展模式的重构，看到了经济发展的重要性和现实性，符合社会发展的基本规律和历史发展的总趋势；他们对资本主义"唯生产利润论"的批判分析，提供了实现资本主义向社会主义政治转型的新视角；他们对苏联的社会主义强调生产力极大丰富所带来的生态问题的批判分析，肯定了计划经济宏观调控对环境保护的积极作用，这对于我们深化社会主义理论和推进社会主义建设都具有积极意义。

第二节　文化视角的重构

詹姆斯·奥康纳认为，传统历史唯物主义并不是解决今天资本主义生态危机的灵丹妙药，其理论中的生产方式即生产力和生产关系存在"文化"和"自然"这两个基本范畴的缺失，甚至遗漏，这样必然导致"经济决定论""技术决定论"的理论倾向。詹姆斯·奥康纳以"协作"为介入点提出要"重构"历史唯物主义，用自然改造文化观念，用自然和文化改造传统的生产力和生产关系理论，以此为基点，重新理解自然、文化、社会劳动之间的关系，使历史唯物主义真正成为面向人和自然、社会和自然和谐关系的当代哲学。

一　以"协作"为切入口

詹姆斯·奥康纳认为，生态学马克思主义历史观致力于探寻"一种

---

① 〔美〕詹姆斯·奥康纳：《自然的理由——生态学马克思主义研究》，唐正东、臧佩洪译，南京大学出版社，2003，第538页。

能将文化和自然的主题与传统马克思主义的劳动或物质生产的范畴融合在一起的方法论模式"①，而马克思和恩格斯并没有"在任何地方提供对其历史研究方法的系统说明"②。

在马克思那里，人类直接生活的生产和再生产（其中包括人的自然生产和人的物质生活资料的生产）是历史唯物主义的逻辑起点，"人们为了能够'创造历史'，必须能够生活。但是为了生活，首先就需要吃喝住穿以及其他一些东西。因此第一个历史活动就是生产满足这些需要的资料，即生产物质生活本身，而且，这是人们从几千年前直到今天单是为了维持生活就必须每日每时从事的历史活动，是一切历史的基本条件"③。可见，"人类直接生活的生产和再生产"是一个双向运动，正是在这个过程中，萌发了全部复杂的系统社会活动。因此，推动人类发展的主要动力是什么？马克思从唯物主义的基本立场出发，确认物质资料的生产方式即生产力和生产关系的相互关系及其矛盾运动是人类社会存在和发展的主要动力，其中生产力的发展又是最终的动因。生产力的发展推动生产方式的变化，进而推动社会形态从低级向高级进化。

在詹姆斯·奥康纳看来，传统历史唯物主义中"自然"范畴被弱化的主要原因就在于传统历史唯物主义对"协作"（cooperation）范畴做了片面理解和处理，其对"协作"缺乏科学的、全面的理解，例如协作模式往往被归结于技术因素的必然性，而协作的文化形式和自然系统的协作内涵，都未获得应有的重视。"在马克思主义的方法论中，不管是协作的文化形式，还是自然系统的'协作'内涵，都不在其中占重要地位，因而也很难说在马克思主义的理论中有什么文化与自然维度的生产力和生产关系理论。"④詹姆斯·奥康纳认为，要修正、完善和发展历史唯物

① 〔美〕詹姆斯·奥康纳：《自然的理由——生态学马克思主义研究》，唐正东、臧佩洪译，南京大学出版社，2003，第59页。
② 〔美〕詹姆斯·奥康纳：《自然的理由——生态学马克思主义研究》，唐正东、臧佩洪译，南京大学出版社，2003，第50页。
③ 《马克思恩格斯文集》第1卷，人民出版社，2009，第531页。
④ 〔美〕詹姆斯·奥康纳：《自然的理由——生态学马克思主义研究》，唐正东、臧佩洪译，南京大学出版社，2003，第64页。

主义，"协作范畴是一个明显的介入点，从此出发，我们可以深入到对历史唯物主义观念加以修正的计划之中，以此来有效地清理文化、社会劳动与自然界之间的辩证关系"①。

詹姆斯·奥康纳认为传统的历史唯物主义一是忽视或者轻视了"生产力"从本质上来说是社会的，它们包含着人们的协作模式，这些模式深深地植根于特定的文化规范和价值观之中；二是还忽视了生产力除了是社会的，还是自然的。詹姆斯·奥康纳认为协作应或多或少建立在文化规范和生态样式的基础上，即由技术、权力关系、文化和自然"四因素"决定，进而对协作和劳动关系模式与历史的变迁和发展之间的关系进行探讨，由此发现，生产关系的变化引起协作关系进而影响生产力水平的变化。

詹姆斯·奥康纳展开了对"协作"范畴的阐述，主要包括三个方面。第一，协作模式由多重因素决定，具有不确定性。事实上，协作模式不仅由生产工具和技术所决定，还受制于特定的自然和文化等因素。比如说，一定的地理位置、自然资源、社会文化传统、价值规范的特性与历史变迁都会深深地影响协作模式。因而，协作模式虽然是被决定的，但不是由单一的技术因素决定，而是由自然、文化和财产关系等多元因素决定。第二，协作模式既是一种生产力，也是一种生产关系。马克思曾多次阐述社会生产力通过协作不断实现增长，并将协作视为最基本的生产力要素，而在不同的生产关系下，协作方式具有一定的差异性，协作方式的变化也能推进生产关系的变化，进而带动总体生产力水平的变化。第三，协作模式既有量的维度，也有质的维度。所谓量的维度是指协作的规模，比如国际化协作的程度和劳动组织的大小，而质的维度指的是将劳动者组织起来或反抗这种力量的形式。

詹姆斯·奥康纳认为任何一种协作模式既是一种生产力也是一种生产关系。詹姆斯·奥康纳夸大了协作模式的生产关系性质，并将之视为

---

① 〔美〕詹姆斯·奥康纳：《自然的理由——生态学马克思主义研究》，唐正东、臧佩洪译，南京大学出版社，2003，第66页。

与技术同等重要的因素。通过对"协作"范畴进行重新阐述，奥康纳试图弱化历史唯物主义中单一因素决定论的倾向，并在此基础上，他又进一步发展到对历史唯物主义的重要观念如生产力、生产关系和劳动范畴的修正之中，进而厘清自然、劳动、文化三者之间的关系，构建生态学马克思主义的历史观。

二　生产力和生产关系的自然与文化内涵

詹姆斯·奥康纳认为历史唯物主义应该从客观维度和主观维度两个方面来完善，于是提出两对新概念，即客观维度的"自然的生产力""自然的生产关系"和主观维度的"文化的生产力""文化的生产关系"。他认为，"自然的生产力""自然的生产关系"和"文化的生产力""文化的生产关系"在社会发展中具有同样作用，因此，这两对概念在历史唯物主义理论体系中也应具有同样地位。

客观维度的"自然的生产力"，指的是自然系统或自然过程不仅是生产过程的"合作者"，即"由自然界所提供的（或通过劳动从自然界中获得的）生产资料和生产工具以及生产对象所构成的"[1]；而且是"自主的合作者"。詹姆斯·奥康纳认为，"自然系统（或自然过程）的特征是内在于采矿业、农业、渔业等领域中的协作方式之中的"[2]。也就是说，构成自然系统的化学、生物和物理过程是独立于人类系统自主运作的，它们必然会以其内在属性和规律影响人类的生产过程和生产力的发展。

生产力所包含的劳动力、生产资料等本身就具有客观维度，而生产关系的客观性则表现在它的发展规律上。詹姆斯·奥康纳认为，历史唯物主义理论的内涵应向内向外得到扩展，即向外扩展到物质自然界，向内延伸到生物学维度。因此，生产力和生产关系应该具有自然维度，但是，自然系统是生态科学的研究主题，而历史唯物主义产生于生态时代

---

[1]　〔美〕詹姆斯·奥康纳：《自然的理由——生态学马克思主义研究》，唐正东、臧佩洪译，南京大学出版社，2003，第62页。

[2]　〔美〕詹姆斯·奥康纳：《自然的理由——生态学马克思主义研究》，唐正东、臧佩洪译，南京大学出版社，2003，第76页。

之前，因此，在历史唯物主义中，"自然界（自然系统）内部的生态与物质联系以及它们对劳动过程中的协作方式所产生的影响，虽不能说被完全忽略了，但也的确被相对地轻视了"①。

生产关系的自然维度，即"'自然'的生产关系意味着自然条件或自然过程（不管是否受人类活动的影响）的一定形式，与其他任何因素相比，对任何一个既定的社会形态或阶级结构的发展，提供更为多样的可能性"②。自然系统的自主性运作使它成为"自主性的生产力"，任何生产都必须受到自然条件的制约。

生产关系总是建立在自然条件之上。我们知道，马克思始终将自然和历史视为一个辩证统一体，认为两者是密不可分的，而青年卢卡奇却开了将两者割裂开来的先河，他及其后继者都强调历史唯物主义是一种历史理论。对历史的强调本身并没有错，关键在于它造成了这样一种假象，即似乎马克思主义无自然理论。而事实上，历史唯物主义本身就包含自然的概念，因为在马克思那里，两者是同一个过程，没有无自然的历史，也没有无历史的自然。另外，历史唯物主义也不必延伸到生物学领域，不能因为它没有涉及具体的生态学理论，就认为它是不全面的。

所谓生产力和生产关系具有主观性维度，詹姆斯·奥康纳认为，这是因为"它除了包含有总体上的活劳动之外，还包含着劳动力的不同组合和协作方式，而这些方式不仅受技术水平的影响，而且还受到文化实践活动的影响"③。文化是日常生活的经纬线，渗透到劳动过程之中。詹姆斯·奥康纳认为，生产力同文化形式一样是累积性的，自然包括第二自然都是独立的历史性存在，研究历史变迁及发展除了要研究技术、

---

① 〔美〕詹姆斯·奥康纳：《自然的理由——生态学马克思主义研究》，唐正东、臧佩洪译，南京大学出版社，2003，第73页。

② 〔美〕詹姆斯·奥康纳：《自然的理由——生态学马克思主义研究》，唐正东、臧佩洪译，南京大学出版社，2003，第74页。

③ 〔美〕詹姆斯·奥康纳：《自然的理由——生态学马克思主义研究》，唐正东、臧佩洪译，南京大学出版社，2003，第61页。

劳动分工、财产关系和权力关系之外，还要研究具体的、历史的文化和自然形式。

詹姆斯·奥康纳认为，"文化并不是一件只与剩余产品相伴而生的东西，它是日常生活的经纬线"①。由此，詹姆斯·奥康纳提出了"文化的生产力"和"文化的生产关系"概念。所谓"文化的生产力"就是生产力中的文化内容和生产力存在及其作用的文化方式。生产力不仅是由自然界所提供的生产资料和生产工具以及生产对象所构成的，而且生产力的不同组合方式和协作方式还受文化实践活动的影响。而"文化的生产关系"就是生产关系的文化内容及其存在和作用的文化方式。生产关系虽然主要受制于技术进步与技术关系，但是它所内含的利益范畴、具有的剥削方式受制于具体的文化实践活动。因此，在我们的社会中，法律、道德、习俗等意识形态对生产力和生产关系是有重大影响的，在这里，我们可以将詹姆斯·奥康纳的解释理解为他对经济基础和上层建筑的辩证关系的新的阐释。如此一来，詹姆斯·奥康纳给社会劳动既赋予了文化形式，也增加了自然内涵。"生产力和生产关系同时都是文化的和自然的（这是经得起辩论的）。因此，关于历史变迁与发展的历史唯物主义观念就不仅要立足于对工业技术、劳动分工以及权力关系的研究，而且要立足于对具体的、历史的文化和自然形式的研究。"②

詹姆斯·奥康纳强调自然，是为了说明自然和文化一样在历史唯物主义理论体系中具有应有的地位。为此，他提出了"文化的生产力"和"文化的生产关系"概念。文化的生产力就是生产力中的文化内容和生产力存在及其作用的文化方式。文化的生产关系就是生产关系的文化内容及其存在和作用的文化方式。詹姆斯·奥康纳将文化维度的生产力和生产关系理论表述为，"生产力始终是文化力量的一部分。劳动关系是由各种文化实践、技术和工艺水平、生产工具和生产对象的发展水平、维持劳

---

① 〔美〕詹姆斯·奥康纳：《自然的理由——生态学马克思主义研究》，唐正东、臧佩洪译，南京大学出版社，2003，第72页。

② 〔美〕詹姆斯·奥康纳：《自然的理由——生态学马克思主义研究》，唐正东、臧佩洪译，南京大学出版社，2003，第62页。

动力价格稳定的能力、阶级的力量等因素多元决定"①。在他看来，作为生产力和生产关系的协作模式的劳动关系，在一定意义上是一定劳动者群体的文化结果，如果对文化的主导模式、法律体系的作用、管理者控制劳动者的意识形态不甚了解，就根本不能理解生产力和生产关系结合（协作）的具体形式，对生产关系本身也难以获得真切理解。

综上，人类的劳动不仅建构在阶级权力和价值规律之上，还建构在文化规范、文化实践和自然系统之上，劳动、文化和自然是一个有机整体。詹姆斯·奥康纳以"协作"为切入点，认为生产力、生产关系不仅具有自然属性更具有文化属性，他将自然和文化属性与生产劳动结合在一起，突出自然和文化因素在社会发展中的作用。

第三节　生产理性的批判与重建

泰德·本顿认为历史唯物主义的生产理论没有将自然过程（生态过程）整合到生产的一般条件和过程之中，"注重生产理性，忽视环境理性"②，试图对马克思关于资本主义生产过程的概念及理论进行修正。

一　批判一维生产力发展

墨西哥国立自治大学的政治生态学教授恩里克·莱夫（Enrique Leff）的理论深受泰德·本顿的欣赏和支持，并认为其作品尤其是其代表作《绿色生产：走向一种环境理性》（*Green Production：Toward an Environmental Rationality*）"值得我们去捧读"。恩里克·莱夫一直努力研究生物学、地理学和社会历史学等学科的整合问题；以此为基础，构建一种历史唯物主义和生态学的大融合；提倡一种决不能放弃发展，反对"零增长"的新的发展模式。

恩里克·莱夫认为，历史唯物主义在应对环境危机方面有所不足。因

---

① 〔美〕詹姆斯·奥康纳：《自然的理由——生态学马克思主义研究》，唐正东、臧佩洪译，南京大学出版社，2003，第72页。

② Ted Benton, *The Greening of Marxism*, New York：The Guilford Press, 1996, p. 137.

此他认为有必要从环境的视角重述马克思主义，对源于资本积累和生产理性的生态问题进行批判性分析。在这一分析过程中，马克思主义尽管为说明资本主义持续生产的条件和环境可持续发展的条件之间存在冲突提供了理论基础，但是仍然没有建立起一种生产理性和生态可持续性相容的理论框架。

在资本主义生产过程中，随着生产规模的扩大，生产性原材料的消耗会增加，生产废弃物的数量会上升，生产和再生产的节奏会加快。由于没有赋予自然资源以价值，各种不良后果接踵而来，如土壤的肥力降低、不可再生资源的枯竭、环境问题的产生，这些问题都没有反映在资本的价值和自然的使用价值中，却反映在没有被资本涉及的资源破坏中。在泰德·本顿看来，恩里克·莱夫是站在"环境主义"（environ-mentalist）的立场上来批判历史唯物主义，称其是立足于"生产力的一维发展"的。恩里克·莱夫的理论出发点是一种坚定地定位于第三世界的贫困和生态破坏背景下的环境主义。这是理解恩里克·莱夫反对"零增长"，提倡新生产模式的关键所在。决不能放弃发展，但也必须建立一种新的发展模式，将消费水平的提高与生态可持续性、社会平等、民主参与、分权、文化多样性相结合。这种一维的生产力发展观不仅没有将自然的使用价值融入其中，更没有将自然资源的稀缺性实现价值市场化，忽略了自然所提供的地质条件、气候条件以及自然资源的有限性等因素，实际上减少了自然资源的价值在生产成本核算中所占有的比例，无形之中形成了用更少的成本核算去换取更大的交换价值的假象。

二　生产理性与生态理性

恩里克·莱夫提出了"生态技术理性"的概念，将其定义为"文化、生态和技术生产力水平的衔接"①，考虑到了自然资源系统、适当的技术

① Enrique Leff, *Green Production: Toward an Environmental Rationality*, New York: The Guilford Press, 1995, p. xv.

系统、文化价值系统的相互依存性及与经济和政治条件的联系。在此基础上他提倡新的"生产理性"，从地方共同体的目标和要求出发，并借助于地方的、本身是在与地方生态系统的独特性的关系中发展起来的物质文化。其他地方的技术发展可以融入所有此类生态发展战略，但前提是它们必须容纳地方的生态和文化的条件与进程。恩里克·莱夫认为，应转变经典马克思的"生产力"概念，并给它们的"发展"赋予全新内容。一是把生态过程融入生产力，二是把文化资源认可为生产力。自然过程、作为"生产潜力"的生态系统的初始生产力，应该服从于一种统一的、参与型的、有选择地促进它们提供使用价值的管理。

泰德·本顿认为，生产理性或者经济理性主导整个资本主义生产过程，具有一种无可比拟的优先性。但同时"环境不仅仅是生产条件的一种要素，或者经济增长的一种成本。我们必须把它看作生产潜能，看作处于一种不是经济主义的但又属于政治经济学的生产范式当中的社会生产力的一部分，因为生产的环境理性涉及环境管理，而环境管理又包括资源利用方面的社会参与"①。这种环境理性不仅把自然条件纳入生产过程，而且赋予自然环境资源以价值。

安德烈·高兹也曾论述过资本主义生产过程中的经济理性与生态理性之间关系。在《经济理性批判》中，安德烈·高兹把资本主义的生态危机归结为资本主义的利润动机，而利润动机是资本主义经济理性的基本范畴之一，这就将对资本主义生态危机的批判拓展到对资本主义经济理性的批判。安德烈·高兹首先对资本主义的危机进行定性研究，确立了当前的危机是资本主义现代化过程中非理性的动机造成的。安德烈·高兹指出，"我们当前所经历的危机并不是现代性的危机，而是需要对现代化的前提加以现代化；当前的危机也不是理性的危机，而是不合理的动机的危机"②。继而他分析了与资本主义现代化进程紧密联系的"经济

---

①　〔英〕本顿主编《生态马克思主义》，曹荣湘、李继龙译，社会科学文献出版社，2013，第133～134页。

②　André Gorz, *Critique of Economic Reason*, London and New York: Verso Press, 1989, p. 1.

理性"。所谓的"经济理性"是与计算机化和机器人联系在一起的，以有效地运用生产要素的经济欲求为主要特征，通过改进劳动手段而节省劳动时间以生产附加财富。"经济理性的原则是一种计算与核算的原则、效率至上的原则和越多越好的原则。"① 安德烈·高兹认为，这种经济理性并不适用于遵循"够用就行"原则的前资本主义社会，而是资本主义社会的产物，当人们为市场而生产，而不是为消费而生产，并且学会计算与核算时，经济理性就开始发挥作用了。这种经济理性的盛行不仅使人与人、人与自然之间的关系异化，使劳动者丧失人性，使生活世界"殖民化"，更重要的是使当代资本主义出现新"奴隶主义"。鉴于此，安德烈·高兹认为，必须在生产过程中对经济理性进行生态重建，重新调整生态理性和经济理性之间的关系，使经济理性服从生态理性。

泰德·本顿试图根据环境主义构建一种基于生态技术生产力、参与型环境管理、生态可持续发展等原则的具有生态理性的马克思主义生产理论。泰德·本顿承认马克思主义为生态问题的研究提供了一种经济的、社会的和历史的视域，一种可以将生态融入生产过程的理论范型，但与此同时，生态视野也为马克思主义提供了关于生态可持续发展社会的知识，它们之间是相互促进的。基于这样一个目的，他将自然和文化的概念植入生产过程之中，确立一种新的生产理论，这种理论将生态理性作为生产理性的替代，融入生产过程，为生产力的发展提供一个新的方向，即一种整合技术、生态和文化的过程，一种具有可持续性的生产过程。"这种环境主义的视野为社会主义提供了人性的面孔、生态的基础，以及向着新生产理性的民主转变，这种新生产理性以生产性资源的参与式管理原则为基础，通过生产资料的社会化，被理解为涵盖了自然过程和文化资源。"②

---

① 俞吾金、陈学明：《国外马克思主义哲学流派新编·西方马克思主义卷》下册，复旦大学出版社，2002，第99页。

② 〔英〕本顿主编《生态马克思主义》，曹荣湘、李继龙译，社会科学文献出版社，2013，第134页。

三 绿色生产理论

将自然和文化作为生产力纳入生产范式，形成一种以生态理性为主导的、生产理性与生态理性并重的绿色生产理论。

把生态过程融入生产理论，是一系列理论发展的契机和方法论的进步。在泰德·本顿看来，这种做法可能会影响到其学科归属，即决定自然资源形成和生产过程的生态条件的生产理论是历史唯物主义的范畴还是生态学的范畴，或者人们会把生态过程看作生产过程的共同决定因素，使资本主义生产方式和一切可持续发展过程重新组合，或者是实现历史唯物主义与生态学的相互融合。生态学将既对自然资源的生态系统基础的结构和运行方式作出解读，也对生产过程受到的约束和生态支持作出解释。也就是说，这种生产理论的重建不仅将生态理性融入生产的新陈代谢过程之中，而且将具有生产潜能的自然理论融入生产力的发展之中。

在资本主义生产扩大的背景下，需要重新定义一般的生产条件。"一般的生产条件"存在于自然之中，但它不是按照价值形成的过程和市场原则进行生产，而是为资本主义的生产建立必须的条件。需要详细阐述那些资本很难造就的生产条件，那些无法在短期内实现量化的过程，或者无法按照资本的要求予以评价而被生产理性排除在外的过程可以被纳入生产条件之中，如自然基础和生态资源的供给、保存自然条件和自然的再生、长期的生态过程和全球化的代际影响、人类的自然和文化遗产、环境质量和生活质量等，并在此基础上形成一种从中提供生态条件的社会和自然过程的理论。国家要建立一种保护区制度和一个与生产过程相关的生态秩序、工业和家庭废弃物的管理等司法体系，同时，要开展一系列定位于资本和市场领域之外的无污染的生产与消费实践。在绿色生产理论中，生产会依赖于使用价值的生产和增长，而不会依赖于市场和利润最大化所驱动的生产力发展和技术进步，因此这种生产以资源获得的社会化、生产活动的非集中化和生态原则、对人口和社区的环境资源管理为基础，以满足以社会和文化为根据确立的合理需求为目的。显然，在这一生产范式中，自然和文化不再只是中介过程，而成为一种直接的生产力参与到社会劳动过程之中。在此基础上，形成了一种生态生产力、文化生产力和技术生产力三合一的，具有可持续性、统一性和融合性的，并且能够长期管理自然资源的生态技术范型：生态生产力源于生态系统组织、光合过程等自然的潜能，它可以产生一个自然资源系统，其中，自然的使用价值越大，它自身的可持续性就越强；文化生产力能够将文化组织和种族认同的多样性转化为一种生产力和社会力，并将对这些文化组织和种族认同的传统实践进行修复和改进，使其成为具有可持续性的生产实践；技术生产力以复杂的技术系统为基础，能够在不破坏生态可持续性和文化多样性的基础上推动生态生产力和文化生产力不断向前发展。

通过环境主义实现生态可持续发展。泰德·本顿认为，恩里克·莱夫的环境主义视角对于绿色生产理论的建构具有重要理论意义，而且对于实现生态可持续发展具有不可忽视的现实意义。环境主义的议题使得传统的理论范式面临挑战，它提出了很多传统理论范式无法直面和解决的问题。它倡导一种基于自然的生态多样性和人类的文化多样性的选择，这与传统的市场逻辑催生的一体化生产模式和标准化生活方式形成了鲜明对比。它向我们清楚地展示了经济增长在生态上和能源上的非理性倾向，并尖锐地指出了这种倾向的根源——个人利益最大化的推动和短期经济利益的"鼠目寸光"，并试图基于经济的非集中化、生态生产力和政治多元化的发展提供一种政治的、伦理的和生产力的解决方法。因为资本主义经济缺乏用于评价生态系统和自然过程对自然的使用价值贡献的工具，也就无从计算可持续的生态和社会过程给予的价值，而环境主义为了实现生态可持续发展，运用新的概念和工具来评价自然资源的遗产、生态技术的生产力，以期实现一种以使用价值和市场商品的可持续生产为目标的、自我管理式的"生存维持型"经济。

第四节　重释"生产力发展"

生态学马克思主义者通过对"生产力发展"概念进行重新阐释，较好地为马克思的生产力发展理论作出辩护。并在此基础上，进一步提出生产力的发展是满足人类需要和实现人类解放战略的必要条件，并对生产力发展与需要的满足之间的关系进行了详细的论述。瑞尼尔·格伦德曼对广义历史唯物主义和狭义历史唯物主义的区分有力地驳斥了对历史唯物主义作出的"经济决定论""技术决定论""生产力决定论"等片面化的曲解。重新解读"生产力发展"概念，为我们探讨生态问题提供了一个超出"经济"含义，从"哲学"含义上来理解历史唯物主义的视角。

一　自然生产力与社会生产力的区分

瑞尼尔·格伦德曼认为马克思描述的古猿通过劳动转化为人，产生了劳动生产力，也就是劳动产出的能力。因此生产力就是人们实际进行生产活动的能力。马克思恩格斯指出，"一定的生产方式或一定的工业阶段始终是与一定的共同活动方式或一定的社会阶段联系着的，而这种共同活动方式本身就是'生产力'"①。

瑞尼尔·格伦德曼认为马克思的生产力可以分为自然生产力和社会生产力，是自然过程和社会过程、物质生产和精神生产的有机统一，生产力的表现是生产中的主体行为以及这些行为结果的存在，即劳动产物。关于生产力的构成，马克思主义认为生产力主要由自然条件和社会条件构成。所谓的社会条件主要指影响劳动能力改进和提升的生产、资本、技术、劳动分工等因素，特别是技术的进化，逐渐成为人类控制自然的手段和工具，通过技术促使自然服务于社会劳动，但是社会劳动的性质——社会性和协作性也随技术的发明而得以进化式发展。因此生产力体现了人与自然之间的现实关系，说明了在某一特定的历史阶段人对自然的控制和改造能力。

瑞尼尔·格伦德曼认为社会生产力更值得考察和重视，因为人类改造自然的生产力并不是独立于人类社会产生和发展的。自然生产力是社会生产力的前提和基础，而社会生产力要在自然生产力所能承载的范围

---

① 《马克思恩格斯文集》第 1 卷，人民出版社，2009，第 532~533 页。

内发展。瑞尼尔·格伦德曼认为社会生产力的发展具有多种积极意义：一是生产力的发展意味着人类可以花费更少的时间、付出更小的代价而生产更多的商品；二是生产力发展表示人类改造自然能力的增强；三是生产力的发展能积累大量的社会财富，为实现共产主义提供必要的物质条件。社会生产力发展的落脚点就是实现人与自然的和谐统一，我们对生产力的生态维度的阐释遵循了生产力发展的本质，并没有偏离其发展轨道。

二 生产力发展的双重内涵

有人认为，应在生产力和生产关系的框架内解释马克思主义，因为就生产力的本性来看，生产力要求生产关系适应其发展，而正是生产力造成了相当大的生态破坏。瑞尼尔·格伦德曼对此给出了相反的解释。确实，马克思主张发展生产力，并且赞扬资本主义以前所未有的方式发展了生产力，而且生产力的发展还是实现共产主义不可避免的条件。但是，生产力的发展虽然引起对自然控制的增加，但"控制自然"并不一定会引起生态问题，因此不能在发展生产力上指责马克思。

瑞尼尔·格伦德曼对"生产力发展"概念进行了重新解读，认为"生产力发展"具有双重意义。一种是"广义"的或者哲学意义的历史唯物主义上的，表示控制自然的不断增加；另一种是"狭义"的或者"经济"意义的历史唯物主义上的，表示以不断减少的努力或不断提高的效率生产财富（物质商品）。

第一种意义是指人类获得了不断增强控制自然的能力，个体逐渐发展为人类群体，不断扩展对周围世界的控制，并能按照自己的需要和愿望建立一个新物质世界，从而对自然越来越具有主宰地位。

第二种意义主要体现在经济方面，可以用经济效益对生产力的增长作为衡量标准，考虑生产率或资本收入，较高生产率意味着用较少的投入获得相同的产出，或者用相同的投入获得更多的产出。瑞尼尔·格伦德曼认为经济行为的增加并不意味着污染的增多，由于现代技术的特征，即使工业生产没有增长甚至下降，生态问题仍有可能发生，原因就在于污染反映了市场的失灵而不是经济增长的后果，"污染并不是增长的错误，而是资源分配不当的问题"①，因此不赞成对工业发展进行限制。

这种重释是很重要的，因为指责马克思的经常把马克思的"生产力增长"等同于第二种意义，并认为马克思只关注经济层面的增长。瑞尼尔·格伦德曼认为，对马克思来说物质产品的丰富不是财富的唯一表现，主张物质生产必须遵循自然规律，同时把改造自然同个人的幸福联系起来。

我们还可以从生态维度考察生产力。生态维度是"考察当代生产力的新维度"②，其"新"主要是相对于传统的对生产力的"水平维度"和"价值维度"的考察而言的。对生产力生态维度的考察包括两个方面的内容："从生产力发展的过程而言，考察生产力的发展是否遵循了生态系统的运行规律，是否把人类生产系统纳入了生态生产系统之中；从生产力发展的结果来看，考察生产力的发展是否实现了人（社会）与自然的协调发展。"③

三 "生产力发展"的重释

瑞尼尔·格伦德曼认为，历史唯物主义的生态标准是社会历史进步的标准之一，"判断一个成功的生产方式的维度就是看它如何改造自然"④。如果仅仅以经济标准来衡量社会进步，那么资本主义制度无疑不需要被社会主义制度所取代，正是由于马克思意识到了资本主义社会化大生产造成了严重的生态问题，而只有在共产主义社会联合起来的生产者才能把自然置于共同意识的控制之下，才能有利于自然生态的良性发展。

瑞尼尔·格伦德曼指出，"生产力发展"的两种含义在马克思那里是相互关联的，"人类的尊严不仅需要从饥饿中解放出来，还需要摆脱以一

---

① Reiner Grundmann, *Marxism and Ecology*, Oxford ： Oxford University Press, 1991, p. 37.
② 王鲁娜：《生态生产力研究》，河北大学出版社，2010，第61页。
③ 王鲁娜：《生态生产力研究》，河北大学出版社，2010，第85页。
④ 倪瑞华：《英国生态学马克思主义研究》，人民出版社，2011，第63页。

种异己的力量作用于人的敌对的自然"①。因此，瑞尼尔·格伦德曼强调马克思拒绝了两种状况，一种是资本主义现代文明，其以一种非理性的提升效率的形式改造自然，降低了人类整体的幸福和利益。另一种是拒绝退回到前工业文明的状态，不能满足人类幸福的物质层面的原始社会。马克思多次嘲笑各种形式的"减少生产"的要求，甚至退回到"丛林生活"的自然崇拜和伤感主义。瑞尼尔·格伦德曼反对那些对马克思忽视自然环境的经济标准的指控。所谓的经济标准是指生产力或者人均收入，更高的生产率意味着少投入多产出。他认为马克思在考察社会生产力发展的同时，并没有忽视生产力的发展给自然环境和人类带来的负面影响。

瑞尼尔·格伦德曼进一步指出，马克思和恩格斯始终都是从人的角度去审视生产力的，认为生产力就是人们在社会实践（包括物质、精神生产和社会关系的实践）中所体现出来的一种本质力量或者实践能力，如马克思所说，"主要生产力，即人本身"②。《政治经济学批判大纲》认为"真正的财富"是"个体的自我实现过程"。"生产力的发展是自我实现的一个过程。"③ 对于马克思来说，人类在进行物质生产时必须遵循自然规律，而且在改造自然时要同个人的福利联系起来，真正的财富并不仅要用价值或物质商品来表达，还要用整个人类个体的福利来表达。瑞尼尔·格伦德曼将哲学意义上的历史唯物主义界定为人道主义模式的历史唯物主义，这种人道主义模式的历史唯物主义反对仅仅用"经济"标准去理解进步，他认为马克思从经济和精神两个层次定义发展和进步，其中就包括人类对自然进行了合理控制。

瑞尼尔·格伦德曼不是从生产力和生产关系而是从资本主义社会人与自然的关系出发对历史唯物主义进行了视角转换，不是批判资本主义的生产关系束缚生产力的发展而是批判资本主义在提高生产力时带来了

①　Reiner Grundmann, *Marxism and Ecology*, Oxford：Oxford University Press, 1991, p. 5.
②　《马克思恩格斯全集》第 30 卷，人民出版社，1995，第 406 页。
③　刘英：《生态学马克思主义对历史唯物主义的辩护研究》，安徽大学出版社，2022，第51 页。

生态危机。在瑞尼尔·格伦德曼看来，为了使马克思的唯物主义在生态危机的背景下有说服力，就要用马克思的其他理论补充和重释历史唯物主义。

总之，生态学马克思主义对历史唯物主义的生态维度的阐释，正是对现代社会的生产方式的积极思考，因此，对他们的具有生态维度的历史唯物主义理论进行研究，不仅能使我们更清楚生态学马克思主义的理论旨趣，而且对我们正确把握现代社会的整体状况有一定的帮助。

第七章 历史唯物主义革命主体的重构

20世纪，西方马克思主义者曾一度质疑、批判、淡化甚至放弃"无产阶级是革命主体"的观点，但面对轰轰烈烈的生态运动，越来越多的生态学马克思主义者重新审视和探讨"生态革命主体"的理论命题，并对其斗争策略进行了各具特色的畅想和设计。

第一节 寻找生态革命的阶级力量

如何通过"生态革命"对资本主义制度进行社会主义变革是生态学马克思主义一直关注的问题。随着时代的巨大变迁，20世纪中叶以后，资本主义自身进行了适当的调整，"工业无产阶级"同马克思当年所描述的已有了巨大的差异，无论是在物质上还是在精神上都有了较大提升，因此，在寻找"革命主体"上也随之发生了转向。生态学马克思主义虽然在总体上坚持了"生态革命"的"主体力量"是无产阶级这一唯物主义历史观的理论，但是其代表人物所持的观点不尽相同，有的以具有生态意识、善于实践的知识分子为主导，有的依然强调工人阶级，有的以区别于工人阶级的社会遗弃者为主导，有的选择某些发达国家和第三世界国家的边缘化团体，有的则在遭受生态灾难最严重的劳动群众中来寻求答案。资本主义在本质上无限制追求利润的特性必然使资本主义的生产方式存在阶级性，因此"生态革命"不仅依赖非暴力的集体行动，还依赖有必要的阶级斗争甚至社会革命。

一　生态学马克思主义对"革命主体"的认识

生态学马克思主义在用生态学理论"补充"、重构历史唯物主义的过程中，揭示出无产阶级不可能成为新社会的主体，并致力于在生态运动中寻找新的主体和突破口。

"主体是现代社会的一个核心范畴。"① 今天的社会问题需要今天的人来解决，康德说任何历史都是当代史，社会问题需要社会主体解决，以推进社会的发展。"历史是人的真正的自然史。"② 西方马克思主义"重建历史唯物主义"理论看似杂乱无章，实际上表现在寻找主体、发现主体和表达主体的思想运动之中，它们可以被理解为一个逻辑有序的、从简单到复杂的、不断在新的统一体中扬弃前者的环节和中介。在历史唯物主义的理论体系中，历史不再是费尔巴哈眼中的毫无人类活动踪迹的自在自然的"自然史"，而是深刻蕴含着人类的意识和主观能动性，追求美好生活而通向自由全面发展的进程，"全部历史是为了使'人'成为感性意识的对象和使'人作为人'的需要成为需要而作准备的历史（发展的历史）"③。

马克思和恩格斯在运用历史唯物主义基本原理剖析资本主义社会时，分析了无产阶级的历史地位和阶级特点，明确提出它是实现社会革命的主体力量，即"无产阶级"的阶级特性和历史地位决定了"无产阶级"是社会主义革命的主体力量。但是随着现代社会的整体进步以及无产阶级内部结构的变化，无产阶级的社会革命的主体地位也遭到了质疑。

尤其在 20 世纪中叶，随着新能源技术的应用和信息革命的发展，资本主义社会的工人阶级内部结构发生重大调整，中产阶级力量不断壮大。西方马克思主义特别是法兰克福学派基于这些新变化，纷纷从批判无产

---

① 〔德〕彼得·毕尔格：《主体的退隐：从蒙田到巴特间的主体性历史》，陈良梅、夏清译，南京大学出版社，2004，第 4 页。
② 马克思：《1844 年经济学哲学手稿》，人民出版社，2000，第 107 页。
③ 《马克思恩格斯文集》第 1 卷，人民出版社，2009，第 194 页。

阶级的阶级意识入手否定其革命主体地位。霍克海默认为，"无产阶级境况并不是正确知识的保证"，其意识"并未变成一种社会力量"①，因此不能将人类解放的希望寄托于无产阶级身上。赫伯特·马尔库塞则从"单向社会"的角度出发，指出在发达工业社会中工人阶级的物质需要能得到基本满足，生活安定富裕，这使其主观上失去了革命斗志，从资本主义社会的"否定力量"变成了"肯定力量"，"在大多数工人阶级的身上，我们看到的是不革命的，甚至是反革命的意识占统治地位。工人阶级的绝大部分被资本主义社会所同化，这并不是一种表面现象，而是扎根于基础，扎根于垄断资本的政治经济之中的"②。可见，以法兰克福学派为代表的西方马克思主义开始出现淡化甚至放弃无产阶级革命主体理论的趋向。

然而，这一趋向并未持续太久，20 世纪 70 年代，日益严重的生态危机直接导致了人们高度关注生态问题，在此过程中生态学马克思主义者提出了旨在超越资本主义制度的生态革命理论。这场革命到底要借助何种力量去推动？无产阶级仍是革命的主体吗？如果不是，革命主体又是谁？这些问题引发了生态学马克思主义者的研究与探求，"无产阶级是革命主体"的命题再次凸显，其中既有人质疑和否定，也有人肯定和发展。总体来说，生态学马克思主义普遍认可那些具有生态意识的，以中小资产阶级、青年学生和社会知识分子为主体的"中间阶级"作为生态革命的主体，他们对生态革命持有极大的热情，热衷于投身生态社会运动，不仅关注生态问题，而且关心社会主义前途。

约翰·贝拉米·福斯特等人从环境危机的社会现实出发去寻找和重构新的革命主体。关于生态革命新时代的主要历史主体和发起者，约翰·贝拉米·福斯特侧重从第三世界的人民群众中寻找，因为那里是最先遭受生态灾难冲击的地方，而生活在那里的人们也如马克思所说的无

---

① 〔德〕霍克海默：《霍克海默集》，渠东等译，上海远东出版社，1997，第 187 页。
② 上海社会科学院哲学研究所外国哲学研究室编《法兰克福学派论著选辑》上卷，商务印书馆，1998，第 606 页。

产阶级的情形一样，在采取必要的激进措施来避免灾难上没有什么可失去的，因此他们完全能够担当革命主体的角色。① "生态革命必然导致社会革命。"② 在全球范围内发扬社会民主把生产和自然组织起来，才是有意义的希望，世界将体现世世代代的共同利益，而不是仅仅体现短期的个人利益。约翰·贝拉米·福斯特认为，不打破国家政权与资本的伙伴关系，社会正义与可持续发展运动不会发生预期结果。约翰·贝拉米·福斯特在探讨解决生态危机的出路时，毫不犹豫地举起了生态革命和社会主义的旗帜，他多次指出，当今资本主义的发展趋势，它对人类和人类生产条件的破坏表明，除了社会主义，我们已经别无选择。约翰·贝拉米·福斯特在阐明社会主义与生态革命的关系时指出，"真正的生态革命必然是社会主义的，真正的社会主义革命必然是生态革命"③。约翰·贝拉米·福斯特认为，我们深陷其中的真正的全球危机要求跨越一切地理疆界的世界起义。这意味着第三世界的生态与社会革命必须激发全球对抗帝国主义、阻止地球毁灭与遏制资本车轮的起义。④

20世纪90年代以来，随着苏东剧变和西方"中间阶级"力量的普遍右转，生态学马克思主义开始关注工人阶级和工会组织，他们意识到，尽管工人阶级缺乏一定的"生态意识"，但是仍然存在一定的革命潜力，仍然可以成为未来社会变革的主体力量。以戴维·佩珀、詹姆斯·奥康纳等人为代表的生态学马克思主义者仍将工人阶级作为推动社会变革的力量，认为超越阶级的"普世主义的呼吁是乌托邦的"⑤，不坚持工人阶级主体地位的生态革命只是异想天开。他们认为"现行的生产关系是阶级

---

① 参见 John Bellamy Foster, "Why Ecological Revolution?" *Monthly Review*, Vol. 61, No. 8, 2010, p. 14。

② John Bellamy Foster, *The Vulnerable Planet: A Short Economic History of the Environment*, New York: Monthly Review Press, 1999, p. 142.

③ John Bellamy Foster, "Why Ecological Revolution?" *Monthly Review*, Vol. 61, No. 8, 2010, p. 14.

④ 参见康瑞华等《批判 构建 启思：福斯特生态马克思主义思想研究》，中国社会科学出版社，2011，第178页。

⑤ 〔英〕安德鲁·多布森：《绿色政治思想》，郇庆治译，山东大学出版社，2012，第149页。

的关系"①，资本主义追求利润最大化的生产逻辑与自然作为生产条件无法满足资本无限扩展的需要之间的矛盾必定导致其对落后国家和地区的资源的无休止掠夺，这在一定程度上导致世界范围内生态环境的恶化，即所谓的"生态帝国主义"②。这意味着资产阶级是通过阶级剥削的方式并以牺牲社会、后代和第三世界国家的利益为代价肆意掠夺和破坏生态环境的，所以生态革命归根结底离不开阶级斗争。

戴维·佩珀更是明确提出，"潜藏的阶级冲突仍潜在地是一种强大的变革力量"③，极力主张坚持传统社会主义对工人阶级的基本立场，认为工人阶级仍然是生态革命的主体力量。戴维·佩珀认为，生态社会主义社会要通过有工人阶级参与的有组织的运动来对抗资本才能实现，在这场运动中绝对不能放弃工人阶级仍然是生态革命主体力量这一基本立场。"作为集体性生产者，我们有很大的能力去建设我们需要的社会。因此，工人运动一定是社会变革中的一个关键力量"④，"坚持社会变革中工人运动的中心地位"⑤，已经从工会主义、乌托邦社会主义和回归土地运动中得到历史性证实。

詹姆斯·奥康纳也强调如果要真正推进一种生物区域性的并对区域社会结构有敏感性的政治社区的发展，必须把工人阶级问题放在议事日程的显著位置上，"以社会民主形式表现出来的社会主义在自由民主国家的选举过程中，劳动阶级是他们的主要依靠力量"⑥。

生态学马克思主义不仅强调工人阶级是生态革命的主体力量，而且

① 〔美〕戴维·佩珀：《生态社会主义：从深生态学到社会正义》，刘颖译，山东大学出版社，2005，第255页。
② 陈永森、蔡华杰：《人的解放与自然的解放：生态社会主义研究》，学习出版社，2015，第117页。
③ 〔美〕戴维·佩珀：《生态社会主义：从深生态学到社会正义》，刘颖译，山东大学出版社，2005，第284页。
④ 〔美〕戴维·佩珀：《生态社会主义：从深生态学到社会正义》，刘颖译，山东大学出版社，2005，第284页。
⑤ 〔美〕戴维·佩珀：《生态社会主义：从深生态学到社会正义》，刘颖译，山东大学出版社，2005，第261页。
⑥ 〔美〕詹姆斯·奥康纳：《自然的理由——生态学马克思主义研究》，唐正东、臧佩洪译，南京大学出版社，2003，第455页。

提出要促进生态运动和生态革命的积极发展，就应该将主体力量为工人阶级和"中间阶级"的环境运动和"新社会运动"结合起来。工人阶级主体力量作用的发挥离不开工人阶级的支持和参与。工人阶级和"中间阶级"之间的密切关系不仅能够而且必然要建立起来，在从资本主义向社会主义转变的过程中，他们是社会变革的主要力量。

二　重新确立工人阶级的主体力量

马克思主义主张资本主义必然灭亡，社会主义必然胜利。在走向社会主义的过程中，无产阶级是资本主义的掘墓人、终结者，是推翻资本主义、实现社会主义的革命主体力量。然而，随着资本主义社会的发展，资本主义社会的阶级结构出现了很大的变化，无产阶级内部也发生了改变，人们对于无产阶级及其主体力量产生了怀疑。

在日益发展的资本主义社会中，西方马克思主义者根据社会结构的变化和无产阶级的构成及意识的变化，在对马克思主义阶级范畴进行反思的基础上，认为无产阶级不再是实现社会主义的主体力量，反而成为资本主义社会的维护者。随着生态危机的爆发与人类生存困境的出现，资本主义所引发的生态环境问题及资本主义的反生态本质引起了人们的反思与思考，生态学马克思主义者提出了替代资本主义的生态社会主义方案。但是，谁是实现生态社会主义的主体力量呢？这引起了人们对社会革命力量的再次反思。生态学马克思主义者认为必须以生态危机的社会现实为基点去寻求实现生态社会主义的革命主体。

戴维·佩珀试图重塑生态社会主义的人类主体性地位。资本主义已显示出了其不可持续性的发展，但对资本主义的批判不是最终目的，戴维·佩珀的理想是要在未来建立一个绿色的、和谐的生态社会主义社会，在这样的社会中，人必定居于主体性地位。但目前西方流行的生态中心主义的"生物圈平等主义"和"自然界具有内在价值"的观点要求人类善待自然界其他生物并限制人类的发展，对此，戴维·佩珀给予了坚决反驳，认为万事万物均有发展自身的本能，人类也不例外，人类完全能以理性的方式为自身的发展创造有利条件；赋予自然界万物以内在价值是荒唐可笑的，因为价值本身就是人为设定的，它只对人有意义，所以，戴维·佩珀坚持人类中心主义的立场，但这种人类中心主义绝对不同于旧式的被资本主义利用的人类中心主义（技术中心主义）。技术中心主义以野蛮的、自私的、征服自然的方式毁坏了人与自然的正常的物质交换，而戴维·佩珀倡导的人类中心主义是新时代的人类中心主义，是发扬人道主义且关爱世间万物的人类中心主义。戴维·佩珀坚信传统马克思主义的观点，认为"工人阶级是一个有限的整体，无论是否也有任何先锋队，他们都是革命中的主要行动者。今天，这仍是一个共同的社会主义立场，就像对继续存在的国家的被认可的需要一样"①。"作为集体性生产者，我们有很大的能力去建设我们需要的社会。因此，工人运动一定是社会变革中的一个关键力量……潜藏的阶级冲突仍潜在地是一种强大的变革力量，而阶级分析也依然重要。"②

安德烈·高兹认为在反对资本主义生态危机的过程中，可能会产生一个新的社会主体，这些社会主体因自身的社会地位与在社会生产中的地位而具有自身的利益诉求。他认为，"由失业者、偶尔工作者、短期或临时工作者组成的后工业无产阶级是可能的社会主体"③。这种新的社会主体与马克思主义的无产阶级社会主体不同，他们主要反对的是资本主义的生态环境问题，而不是传统无产阶级反对的资本主义的剥削和压迫问题。

约翰·贝拉米·福斯特则认为应该从生态危机的受害者群体中去寻找实现生态社会主义的革命主体力量，而生态危机的最严重的受害者是第三世界的劳动群众，由于生态帝国主义的实行，第三世界的人民群众成为生态危机的直接受害者，因此最具有反对资本主义生态危机的革

---

① 〔美〕戴维·佩珀：《生态社会主义：从深生态学到社会正义》，刘颖译，山东大学出版社，2005，第328页。

② 〔美〕戴维·佩珀：《生态社会主义：从深生态学到社会正义》，刘颖译，山东大学出版社，2005，第357页。

③ André Gorz, *Paths to Paradise: On the Liberation from Work*, London：Pluto Press, 1985, p. 35.

命倾向与力量。约翰·贝拉米·福斯特强调必须始终坚持马克思主义的阶级分析方法，坚持工人阶级的社会主体地位，始终坚持对工人运动的分析和领导。"这将意味着必须摒弃环保主义可以超越阶级斗争的观点。"①

"资本主义社会中的大多数人是工人阶级，如果环境运动完全忽视阶级问题……环境运动就不可能走得很远。"② 生态环境运动如果不依靠广大工人阶级，只会流于表面形式，而不会深入改变资本主义的内在本质。

本·阿格尔立足北美社会的深刻生态危机，在看到工人阶级巨大力量的基础上，希冀复活马克思主义的辩证法与批判立场，进而整合传统产业工人的阶级斗争和以生态运动为主导的新社会运动的力量，在团结工人阶级的运动中实现对资本主义的超越以及人与自然的双重解放。鉴于当代社会运动的现状，本·阿格尔认为，在现代生态运动中，必须有工人阶级，否则就算生态运动会取得一定的成绩，也不能改变资本主义生产关系，最终必然会制约生态运动的发展，"工人与资本家的客观关系依然未受触动。这可能使分散化和非官僚化受到制约"③，这种对于生态主义的制约是资本主义生产关系的内在特征。本·阿格尔认为，只有那些还没有被资本主义的异化消费所毒害、具有强烈的"生态意识"、关心社会主义前途的人，才能充当未来社会革命的领导力量，这些人是以中小资产阶级、知识分子和青年学生为主体的"中间阶级"。

詹姆斯·奥康纳则认为工人阶级仍然是当代社会发展与进步的主要依靠力量，是实现生态社会主义的革命主体力量，不能因阶级结构的变化而否认工人阶级的力量。他认为当前的生态危机的根源是资本主义生产关系与社会制度，本质上是一种人与人之间的关系，而不仅仅是人与

---

① 〔美〕约翰·贝拉米·福斯特：《生态危机与资本主义》，耿建新、宋兴无译，上海译文出版社，2006，第 128 页。

② 陈永森：《超越资本与自然的矛盾——评福斯特的生态社会主义》，《福建师范大学学报》（哲学社会科学版）2009 年第 6 期。

③ 〔加〕本·阿格尔：《西方马克思主义概论》，慎之等译，中国人民大学出版社，1991，第 504 页。

自然环境之间的关系。要推翻这种资本主义生产关系必须进行阶级斗争，而生态社会主义的实现离不开反对资本主义的革命主体即无产阶级的力量，只有依靠广大无产阶级群众推翻了资本主义制度，废除了反生态的资本逻辑，才能真正解决生态危机，在共同所有制的基础上实现生态社会主义。詹姆斯·奥康纳进一步认为，在资本主义生产关系调整后的今天，要实现生态社会主义，不但不能离开无产阶级，而且要大力发挥无产阶级的主体力量，对于生态运动与民主运动，"劳动阶级是他们的主要依靠力量"①。这也说明，在生态学马克思主义内部，尽管关于实现生态社会主义的主体力量存在很大争论，但是并没有彻底否认工人阶级的社会主体地位。北美生态学马克思主义代表人物詹姆斯·奥康纳等人的主张逐渐成为主要的理论方向，他们在生态危机解决的问题上，越来越倾向于认为工人阶级是实现生态社会主义的革命主体力量。

三 建构生态革命的阶级斗争策略

生态学马克思主义者尽管对革命主体的具体界定存在争议，但普遍认为资本主义制度是生态危机的总根源，实现社会变革是根本解决之道，所以在与资产阶级的较量中应该采取哪些有效的斗争策略就成为他们着力思考的问题。

（一）生态政治运动

社会革命问题不仅涉及革命主体问题，而且涉及革命策略问题，生态社会主义的现实运动同样需要斗争策略。生态学马克思主义认为要实现生态社会主义，就需要采取新的斗争策略，将斗争的焦点转移到生态危机方面来。

约翰·贝拉米·福斯特指出："随着西南极洲和格陵兰冰原的快速消融、北极海冰的消失、冻土地带的融化以及喜马拉雅和其他地方冰川的永远消失，生态即可能到达临界点——在气候和生态系统中催生巨大变

---

① 〔美〕詹姆斯·奥康纳：《自然的理由——生态学马克思主义研究》，唐正东、臧佩洪译，南京大学出版社，2003，第34页。

化，将无数人和不计其数的物种置于危险当中。因此，生态革命——人类与自然之间关系的一种大规模的、快速的变革——的必要性现在已经得到广泛认同。"①"世界比以往任何时候都需要包括马克思在内的早期社会主义思想家们的号召：由自由联合起来的生产者，合理地组织人类与自然之间的新陈代谢。资本主义本身就是需要驱除的根本性灾难。"②总而言之，约翰·贝拉米·福斯特认为，"名副其实的全球性生态革命只能作为更大范围的社会革命"③，并坚定认为生态革命是社会主义革命的一部分。这样一种革命，若要产生符合真正"大过渡"的平等、可持续和人类自由的诸多条件，就有必要从全球资本主义等级秩序底层的劳动人口和诸多社区的斗争中获取其主要的推动力。这就需要正如马克思所坚持的那样，联合起来的生产者合理地调节人类与自然之间的新陈代谢关系。它将以完全不同于资本主义社会的方式看待财富和人类发展。

传统工人运动与生态运动相结合的策略。生态学马克思主义者深知要使革命朝有利于生态社会主义社会的方向发展，就不能囿于传统工人运动所关注的领域和内容，如获取基本的政治、经济和文化权利。在当代资本主义社会里，出于对贫困和失业的担心，工人阶级在从事生产劳动、和自然交互的过程中不得不承受环境污染带来的严重伤害，但他们对健康和生态问题的关心和焦虑与日俱增，他们也有保障生态权利和保护生态环境的诉求。生态学马克思主义者正是看到了这一点，才极力主张社会主义与生态原则相统一，致力于将传统工人运动与蓬勃发展的生态运动相结合，使其转化为一场生态政治运动，即以社会主义制度取代资本主义制度的社会变革。他们认为唯有这样才能从根本上解决生态危

---

① 〔美〕约翰·贝拉米·福斯特：《生态革命：与地球和平相处》，刘仁胜、李晶、董慧译，人民出版社，2015，第5页。

② 〔美〕约翰·贝拉米·福斯特：《生态革命：与地球和平相处》，刘仁胜、李晶、董慧译，人民出版社，2015，第226页。

③ 〔美〕约翰·贝拉米·福斯特：《生态革命：与地球和平相处》，刘仁胜、李晶、董慧译，人民出版社，2015，第238页。

机，实现人的解放。为此，约翰·贝拉米·福斯特提出工人阶级必须和环境保护主义者结盟，共同制定一个在努力保护自然环境的同时，也解决工人的物质和社会需要的工人—环境保护主义者政治战略。戴维·佩珀也提倡把社会主义和无政府主义联合起来，加强红色和绿色运动的团结，建立有效的红绿联盟。他建议绿色分子通过放弃那些更接近自由主义和后现代政治中的无政府主义的方面而更好地与红色分子相协调，红色分子则通过某种程度上复兴非集中主义、社会自然辩证法、古典马克思主义中的唯物主义和重新发现我们作为生产者力量而与绿色分子相协调。而詹姆斯·奥康纳曾强调，"劳工、绿色主义者、女权主义者和妇女、受压迫少数民族、穷人以及其他一些人相互间有必要结成一个牢固的联盟，他们应更为密切地关注恢复和重构（从而重新界定）他们的生活世界的事业"[①]。

争取广大第三世界国家工人的支持以实现国际联合的策略。马克思恩格斯历来认为，资本对无产者的剥削和压迫具有国际性，所以各国无产阶级反对资产阶级的斗争不能仅限于一国范围内，而要具有国际性质，这个道理同样适用于当前的生态运动。"生态危机的产生同资本的全球权力关系是紧密联系的，地方性的生态问题不过是全球资本主义的权力关系分工的必然结果"[②]，所以生态革命必须坚持"全球性的行动，全球性的思考"的原则。戴维·佩珀进一步分析，西方跨国公司把受到限制的高能耗、高污染和劳动密集型部门转移到马来西亚、菲律宾等第三世界国家，在这里造成了相当于西方19世纪的环境状况，这将激起第三世界的工人阶级"以19世纪的方式作出反应"，所以推动和完成生态革命并不仅是发达国家工人阶级的任务，它的实现有赖于争取广大第三世界国家工人的支持以实现国际联合。正如萨拉·萨卡所说："世界不同国家的工人阶级不会自动地团结起来。然而，团结是必须的；如果

---

① 〔美〕詹姆斯·奥康纳：《自然的理由——生态学马克思主义研究》，唐正东、臧佩洪译，南京大学出版社，2003，第512页。

② 王雨辰：《生态批判与绿色乌托邦——生态学马克思主义理论研究》，人民出版社，2009，第226页。

我们希望避免生态和人类的大灾难的话，就必须创造团结。"① 对此，约翰·贝拉米·福斯特认为，"第三世界的生态和社会革命必须偕同或者激发全球对抗帝国主义、阻止地球毁灭与遏制资本车轮的起义"②。"联合的行动，至少是各文明国家的联合的行动，是无产阶级获得解放的首要条件之一。"③ 社会主义革命应该是国际的革命运动，生态危机的全球化使得生态学马克思主义认识到，实现生态社会主义必须放眼全世界，加强国际合作，只有实现了国家性的联合，才能在世界范围内产生重大影响。由于生态帝国主义的推进，广大第三世界国家的生态危机以及受到的损害更加严重，他们对于资本主义生产方式及其导致的生态危机的反抗更加激烈，也更加向往生态社会主义，因此，发挥第三世界国家劳动人民的革命积极性对于实现生态社会主义具有重要的意义。这种反抗具有国家性的性质，将会促使生态社会主义运动在全球兴起，最终会促进解放全人类。

（二）非暴力的斗争形式

"非暴力"是绿色运动"新政治学原则"的"四大支柱"之一，也是绿色运动在社会变革的途径和策略问题上的基本原则。大多数绿党认为"非暴力是生态社会的一个基本组成成分"。早期的"生态学马克思主义"深受此影响。这在本·阿格尔所提出的关于社会变革途径的理论中表现得非常明显。

在现今的资本主义条件下，无产阶级对妥协的意愿和对暴力的不喜欢，使生态学马克思主义者仍将"非暴力"作为生态运动的一条基本原则，但由于他们承认阶级斗争的重要性，所以罢工（阶级斗争的重要形式）也被认为在生态革命中具有举足轻重的作用。戴维·佩珀强调"集

---

① 〔印〕萨拉·萨卡：《生态社会主义还是生态资本主义》，张淑兰译，山东大学出版社，2012，第15页。
② 〔美〕约翰·贝拉米·福斯特：《马克思的生态学——唯物主义与自然》，刘仁胜、肖峰译，高等教育出版社，2006，第15页。
③ 〔加〕本·阿格尔：《西方马克思主义概论》，慎之等译，中国人民大学出版社，1991，第65页。

体政治行动的力量","革命很大程度上需要集体力量,尤其是在一场总罢工中,作为生产者,也就是工会要从中撤出劳动力"①,因为"这不仅是一个'人民'的运动,还是人民作为生产者一起收回他们劳动因而将毁灭资本主义制度的运动"②。当然,生态学马克思主义者也不否认在革命的道路上参与体制内政治活动的必要性,尽管早已放弃经过议会改革走向社会主义的"费边路线",但他们仍倾向于接纳国家的议会民主制形式。对生态学马克思主义者而言,人民可以利用投票箱选举出一个有利于自己的政党,将其作为解放的工具,制定和践行推动生态运动发展的政策和纲领。他们坚称"通过投票箱进行的革命是可能的"。这说明,生态学马克思主义者在这一问题上采取了"双重哲学"的立场,既区别于无政府主义拒绝任何政治斗争而是直接诉诸行动,也有异于社会民主主义希望借助议会进程取得革命的胜利,但同时又吸收和借鉴了二者的某些做法。

在当今资本主义社会条件下,工人阶级不但受到资本家的压榨和剥削,还直接受到生态环境污染带来的严重伤害,他们除了要改变资本主义生产关系,还要解决资本主义生态危机,这就将政治诉求与生态诉求统一于工人阶级反抗资本主义的斗争中。鉴于这种社会现实,生态学马克思主义提出实现生态社会主义的策略就是将工人阶级的经济、政治诉求与生态诉求结合起来,实现生态环境原则与社会主义原则的统一,将工人运动与生态运动结合起来,成为一种生态社会主义政治运动,秉持生态理念,以生态社会主义制度代替反生态的资本主义制度,"生态理性"代替"经济理性",实现"人的解放"与"自然的解放",即一个"解决工人的物质和社会需要的工人—环境保护主义者政治战略。"③ 北美生态学马克思主义认为,这种战略就是将无产阶级争取自由解放的诉求与

---

① 〔英〕戴维·佩珀:《现代环境主义导论》,宋玉波、朱丹琼译,上海人民出版社,2011,第29页。

② 〔英〕戴维·佩珀:《生态社会主义:从深生态学到社会正义》,刘颖译,山东大学出版社,2005,第188页。

③ 〔美〕约翰·贝拉米·福斯特:《马克思的生态学——唯物主义与自然》,刘仁胜、肖峰译,高等教育出版社,2006,第15页。

生态运动的诉求联合起来，通过这种联合，才能在推翻资本主义生产方式的基础上，将社会发展的中心转移到环境保护上面来，以实现生态社会主义。

鉴于当前资本主义社会的阶级结构与工人阶级的意识形态发生了变化，生态学马克思主义普遍认为不能采取传统无产阶级革命的暴力原则，而要将非暴力作为实现生态社会主义的一条基本原则。在阶级斗争方面，采取罢工的方式既可以反对资本主义的经济政治压迫，也可以反对资本主义社会生产对生态环境造成的严重破坏。非暴力的另一种斗争形式就是在资本主义国家采取议会民主制形式来反对资本主义社会制度，通过投票选举出有利于生态社会主义的政党与领导人物，推进生态社会主义的进程。生态社会主义运动还要与其他新型社会运动结合起来，团结一切可以团结的力量。

生态学马克思主义认为，我们必须关注整个人类的利益，关注生态危机对于人类总体的影响，才能走出生态危机困境，关注自然环境恶化对作为整体的人类的影响及人类应采取何种措施来应对环境的破坏，从而确保人类现在及将来的生存和福祉。生态学马克思主义强调思考人与自然关系，并将这种关系看作一种人类的责任与道德追求，他认为人不能仅仅为了自身的利益或本集团的利益，而要看到生态环境对于整个人类的影响，作为人必须有这种概念与责任，这就超越了资本主义的个人主义与极端的民族主义。北美生态学马克思主义强烈反对生态帝国主义，认为为了自己国家和地区的发展而将生态危机转嫁到其他国家和地区，既是一种冷漠的狭隘的民族主义，也是一种无视长期后果的短视行为，因为生态危机具有世界性，人类的命运也是相连的，在生态危机前，没有人能独善其身。因此，世界各国应该团结起来，为了人类的存在与发展，共同坚持可持续发展的理念，即"既满足当代人的需求，又不对子孙后代满足其需要的能力构成威胁和危害的发展"[①]。在空间维度上，这

---

① 　世界环境与发展委员会：《我们共同的未来》，王之佳、柯金良译，吉林人民出版社，1997，第52页。

种可持续发展要求尊重所有人的生存与发展的权利，不能剥夺他人获得正当需求的权利，这种需求包括获得健康生存环境的需求；在时间维度上，这种可持续发展要求现在的人们必须具有长远的眼光，既要看到当前需求的现实性，又要看到未来人类需求的正当性，不能侵犯未来人类的权利。因为人类在时间上与空间上都是一个整体，可持续发展的理念要求我们重视人类的整体性，维护自然环境是人类共同的事业，克服生态危机是世界共同的责任与希望。

团结其他社会力量共同形成合力的策略。针对 20 世纪 70 年代以来出现的新的社会矛盾和冲突，"新社会运动"在西方资本主义国家异军突起，它主要包括生态运动、女权运动、和平运动和民权运动等。[①]"新社会运动"的社会基础广泛而复杂，其参加者往往并不局限于特定的阶级或阶层，而是基于在环境、民权、性别、种族等方面的政治共识所组成的各种社会团体，他们已成为西方政治运动的重要力量。生态学马克思主义者虽然并不认同"新社会运动"，指责其"在很大程度上根本背离了马克思主义"，但也看到其在反抗资本压迫、保护地球环境、促进生态问题解决等方面的积极贡献，所以许多学者认同"环境、女权主义、和平和第三世界运动是或应该是反对全球资本主义根本斗争的一部分"[②]，他们认为即使是强大的工人阶级也不能单独行动，必须团结其他社会力量尤其是"新社会运动"的力量才能带来激烈的社会变革。但是有些生态学马克思主义者对革命主体的界定仍存在迷惘、困惑和摇摆不定，这主要归因于他们对阶级划分标准和阶级定位（尤其是中产阶级）的模糊，他们往往根据职业、收入和社会地位来划分阶级，这与马克思主义从生产资料占有关系的角度来划分阶级的做法是不同的，它实际上是一种阶层划分方法。阶层依附于阶级，但不能用阶层分析方法取代阶级分析方法，否则就会本末倒置。

---

① 参见〔英〕戴维·佩珀《生态社会主义：从深生态学到社会正义》，刘颖译，山东大学出版社，2005，第 194 页。

② 〔英〕戴维·佩珀：《生态社会主义：从深生态学到社会正义》，刘颖译，山东大学出版社，2005，第 59 页。

　　"新社会运动"之所以会发展壮大是因为它能代表广大民众的利益，反映他们的意愿和诉求，反对当权政府的不合理政策，并通过游行、集会等多种形式迫使统治集团采取有利于民众的法案和措施。的确，"新社会运动"在当今西方资本主义社会各阶级阶层中具有相当大的号召力和影响力。生态学马克思主义者正是意识到了这一点，才强调在生态革命中不能对"新社会运动"一味地排斥和拒绝，而要积极地联合它以不断扩大革命阵营，增强革命力量。这完全符合马克思的人民群众观，毕竟人民群众才是社会变革的决定力量。

　　把"新社会运动"同无产阶级解放全人类的历史使命协调起来是对马克思主义的深化。当然，这并不表明这种联合的策略是没有缺陷的，因为"新社会运动"无论是在指导思想、阶级立场还是在革命对象、变革道路方面的主张都与工人阶级的运动存在巨大差异，所以双方如何制定一个共同的政治纲领，工人阶级在其中又要如何坚持社会主义的基本原则都是生态学马克思主义者必须面对的挑战和迫切需要解决的问题。

第二节　安德烈·高兹的新工人阶级

　　"阶级"是历史唯物主义理论的核心概念，而"阶级斗争是马克思对社会历史现象进行解释的基本框架"①。在迄今为止的阶级社会中都存在压迫者和被压迫者相互对抗的阶级斗争，这是人类历史的基本内容和内在动力之一。在资本主义社会中，只有工人阶级是真正革命的阶级，这个阶级的利益与社会主义社会具有内在的一致性，这是因为工人阶级是机器大工业的产物，处于资本主义生产结构的核心，但它的阶级利益不能在资本主义体制内得到满足，这就决定了工人阶级必将是资本主义的掘墓人和人类解放的主体。马克思认为工人阶级应当消灭自己的阶级性，恢复人的地位，通过解放自己而解放全人类。

---

① 吴宁：《安德烈·高兹的生态学马克思主义》，九州出版社，2017，第97页。

一 告别工人阶级：传统工人阶级的消解

现代资本主义社会通过各种改革和调整将其统治范围扩展到全世界。安德烈·高兹指出，在现存的资本主义制度框架下，新科技革命给资本主义带来了活力，高速发展的工业社会使得工人阶级在相当大的程度上摆脱了贫困境地，工人的工资水平、生活水平和工作条件都有较大提高，开始成为较为富裕的工人阶级，出现了蓝领工人和白领工人之分，而无产阶级的传统工人也被限制在越来越小的范围内。资本主义统治方式从暴力统治向意识形态统治转换，除了在政治上压迫和经济上剥削工人阶级外，更多是通过控制工人的意识使其认同资本主义统治的文化秩序，从而导致工人政治意识和革命意识的弱化甚至淡化。

随着资本主义的发展、社会矛盾冲突的转移，社会的革命主体和革命能量也相应发生改变，安德烈·高兹认为经典马克思主义时代物质匮乏造成的革命动力和革命能量已经消失了，物质丰裕是当今时代的主要特征，因此革命能量将逐渐消解。尤其受过教育和多技能的并具有革命潜力的工人阶级明显减少。于是，传统的革命主体——工人阶级也分化了，解放的主体由传统工人阶级转变为"非工人的非阶级"。

如果建构社会的主体力量不是马克思意义上的无产阶级，那么又由谁来担当呢？安德烈·高兹认为，新社会运动将成为社会主义变革的承担者，工业无产阶级已经不再是马克思所说的革命性力量，工业无产阶级的作用将由"非工人的非阶级"或者"后工业的新无产阶级"所取代。安德烈·高兹认为由"全体半失业者、失业者、不稳定就业者和非全职就业者"[①]组成的后工业无产阶级是"可能的社会主体"。它与工人阶级的区别在于其成员大多是在体力智力工作中被排挤和被部分雇佣或者没有工作保证的、跨范围的、被社会所遗弃和怨恨的对象。"他们既不能从自身的工作，也不能从自己在社会生产进程中的位置中获得身份

---

① 〔法〕安德烈·高兹：《资本主义，社会主义，生态——迷失与方向》，彭姝祎译，商务印书馆，2018，第88页。

认同。"① 他们没有组织上的延续性和明确的阶级认同感，同时他们也并不"将资产阶级作为准备推翻的主导阶级"，反而是为"工作分享、工时的一般性减少、自动生产扩大带来的付薪工作的逐步废除和面向所有人的生活收入而斗争"②。

安德烈·高兹指出，虽然工人阶级运动曾经冲击了资本主义条件下的生产关系，但在现今的资本主义社会里，这样的冲击力已经消失殆尽，工人阶级通过暴力革命推翻资本主义制度是不可能的。原因在于资本主义社会经济的发展，在一定程度上改善了工人的生活条件，只有少数人处于悲惨的贫穷状态，所以暴力革命失去了其自然基础。阶级冲突之所以被淡化，不仅仅是因为工人阶级的工资水平得到显著提高，更是因为资本主义采取了一种消费策略和补偿性策略，在此种策略下，工人的一切需要都被意识形态所操纵和压制。本·阿格尔也深刻地剖析了消费策略和补偿性策略的本质，指出此策略实际上是资本主义合法性所要求的，目的在于使资本主义国家在资本家阶级和工人阶级之间起仲裁和调停作用。

资本主义剥夺了无产阶级的独立自主性和创造性，使它失去了关于自身使命的阶级意识与对资本主义的批判意识和否定意识。无产阶级已经变成了一个被异化的阶级，与自身劳动相统一的能力的丧失就等于归属于一个阶级的一切意识和感觉的消失。

"工作现在外在于工人，物化为一种非有机的过程，工人遭遇的是业已完成的工作，他们并没有亲自完成这一工作。未被确定的工作性质承载了一种冷漠的态度。最重要的是每周末或每月末的工资袋，尤其是他们从来不问其他人任何问题，没有主动性。他们建造了一个系统，且是其中的一个齿轮，一会儿被齿轮驱动，一会儿又驱动另外一个齿轮，所以没有什么是自由的。遵命行事，以此类推。就这样，每一个工人、雇

---

① 〔法〕安德烈·高兹：《资本主义，社会主义，生态——迷失与方向》，彭姝祎译，商务印书馆，2018，第 88 页。

② André Gorz, *Paths to Paradis: On the Liberation from Work*, London：Pluto Press, 1985, pp. 34-35.

员、公务员机械地追随着等级森严的指令并且使他们的工作与其本应达到的目的相对立，在这个过程中他们享受的是一种卑下的愉悦。"①

工人阶级的异化达到除了工资以外没有其他目的的程度，成为"工作的雇佣阶级"，他们的阶级成员资格成为一种偶然的、无意义的事实被体验着。一个全新的富余的工人阶级必然心满意足地待在家中，而对其自身异化无动于衷。在满足于自身处境的这种意识形态的共识下，工人阶级失去了寻求出路的动力。最终，工人们越来越缺乏政治热情，他们越来越安身立命于其在资本主义社会中所处的地位与境况。正因如此，工人阶级无法团结起来通过暴力革命夺取统治权，实现真正的民主政治。唯有当出路的可能性为他们所认识到，这种共识的牢笼才有可能被打破。

安德烈·高兹明确指出，在当代资本主义社会，"对工人而言，这不再是在工作中将自己解放出来，把自己置于控制工作的地位，或在他们的工作的框架内夺取权力的问题。现在的关键是通过拒斥工作的性质、内容、必要性和形式而使自身从劳动中解放出来。但是拒斥工作也就是拒斥工人阶级运动的传统战略和组织形式。这不再是一个赢得作为工人的权力的问题，而是赢得不再作为功能性工人的权力的问题"②。这里所争论的权力和以前所说的权力并不完全一样。传统的工人阶级已经消解。

二 "非工人的非阶级"：自由的主体性

安德烈·高兹提出，要实现社会主义革命必须"告别工人阶级"，依靠"新工人阶级"，即"非工人的非阶级"（non-class of non-workers），这是创造新社会的希望。他有时也指称为"后工业的新无产阶级"（the post-industrial neo-proletariat）或"后工业无产阶级的非阶级"（the non-class of post-industrial proletarians）。

---

① André Gorz, *Farewell to the Working Class: An Essay on Post-Industrial Socialism*, London: Pluto Press, 1982, pp. 38–39.

② André Gorz, *Farewell to the Working Class: An Essay on Post-Industrial Socialism*, London: Pluto Press, 1982, p. 67.

　　在《劳工战略》时期，安德烈·高兹将技术工人同传统工人都视为工人阶级的组成部分，而且将其看作整个工人阶级的先锋。但是没有想到劳动的技术分工实际上也被资本侵入，造成了工人阶级的碎片化，这种碎片化使革命的动力被消解了。虽然技术工人同样是受剥削者，但是受剥削者并不意味着都可以克服他们的被剥削状态。因此，安德烈·高兹对于技术工人阶级可以领导颠覆资本的统治，消除工人阶级内部的层级分化做出了过于乐观的估计。

　　然而，在《告别工人阶级》中，安德烈·高兹却放弃了把技术专家归入工人阶级之中。他认为这些技术专家反对资本主义既不是作为无产阶级也不是为了无产阶级，而是为了防止自身无产阶级化，这是由于他们的意识形态仍是资本主义的。他进一步指出，技术的进步导致了工人阶级的分裂与解体。工人阶级分化为：被资本收买与其合作的技术精英，他们是雇员中的稳定核心；被边缘化或失去安全感的大量工人，这些工人是作为根据供求波动调节其劳动力的工业储备军服务于工业。前者在职能上具有灵活性，后者在数量上具有灵活性。后者不仅包括在生产中地位日益凸显的白领工人，还包括由专家、学者、新闻记者、工程师、技术人员、教师、学生、雇员、科层管理人员、受过专门训练的白领工人、青年、知识分子和外籍劳工等组成的新中间阶层，安德烈·高兹就把这个阶层称为"新工人阶级"。这种社会分层不同于马克思意义上的阶级分层，其并不反映内在于经济制度职能的规律，经济制度的非个人要求既加于资本的管理者与公司的管理人之上，也加于有酬工人的身上。"这个阶层的根本目的是废除劳动，而不是占有劳动。这表示未来的世界除了这个非阶级之外，不可能存在其他的社会主体对劳动进行废除。"①

　　所谓"非工人"，具有与传统的工人阶级不同的特点。具体而言，是由除被资本主义"驯服"的精英技术人员以外的那些专家、工程师、学者与教师组成，属于全新的中间阶层，他们是当时社会中被"排挤"出

---

① André Gorz, *Farewell to the Working Class: An Essay on Post-Industrial Socialism*, London: Pluto Press, 1982, pp. 7–8.

来的那部分人，即将或者正面临暂时性或者永久性的失业。与马克思根据工人阶级的阶级地位以及其所担负的社会历史使命的定义不同，他们被赋予消除劳动的任务，但又不再承担以革命手段变革社会的使命，他们既不是根据工作来定义自身，也不能根据在社会生产过程中的地位来被定义。所谓"非阶级"，指它与任何特定社会集团、特定生产方式、特定社会利益和特定的历史使命无关，因此从严格意义上说，它不是社会"主体"。它是一个"自由的主体性"，亦可以说是一种"非力量"（non-force）。当然，"非阶级"不是简单地指社会关系和社会组织的缺乏，它用来表示超越经济合理性和外在限制的个人自主范围的社会领域的减少过程（the process of substraction）。

"非工人的非阶级"这一群体是当今社会解体的产物，是现代科技在资本主义社会中运作的产物，它"没有客观的社会重要性，并被排斥在社会之外。由于它在社会生产中不起作用，它把社会的发展视为某种外在的东西，类似于一种景观或一种展示"①。"非工人的非阶级"寻求的不是掌握或者控制当代社会的机械结构（machine-like structure），而是要"占有在社会逻辑之外及与社会逻辑相对立的自主领域，以使与机械结构并行的和在其之上的个体发展顺利实现"②。"它不是一个为其个体成员提供一体化和救赎的'新主体—社会'（subject-society）的先驱者。相反，它使个体意识到需要拯救自己并且确定一个与他们的目标和自主性存在相融合的社会秩序。"③ 也就是说，"非阶级"表明的是对既定社会现实的否定，它本身并非虚无，而是代表一种合理的社会和存在方式。总之，唯一确定的是"他们不认为他们属于工人阶级或任何其他阶级"。无论是在银行、家政或保洁公司，还是在工厂工作，新无产阶级基本上是"非

---

① 温晓春：《资本、生态与自由：安德烈·高兹生态马克思主义思想研究》，博士学位论文，复旦大学，2010，第102页。

② André Gorz, *Farewell to the Working Class: An Essay on Post-Industrial Socialism*, London：Pluto Press, 1982, p.73.

③ André Gorz, *Farewell to the Working Class: An Essay on Post-Industrial Socialism*, London：Pluto Press, 1982, p.11.

工人"临时地做一些对于其自身无任何意义的工作。换言之，新无产阶级对现存社会秩序和再生产过程的正常发展不起任何作用。因为他们已被资本主义的技术和劳动分工剥夺了一切权力，丧失了物质力量。

"非工人的非阶级"是资本主义危机和资本主义生产关系分解的产物，这一分解过程实际上是一个起源于新的生产技术的发展的过程。换句话说，它产生于建立在工作的尊严、价值、社会效益和值得向往的基础上的旧社会解体之中。这个阶层的目的是废除工人和工作，而不是占有工作。废除工作，并且建立一个在时间解放基础之上的社会只能通过其或在其支持下才能实现。

"非工人的非阶级"包括所有那些从生产中被驱逐出来的人，所有那些由于自动化和计算机化，自身能力未能充分加以运用的人。"非工人的非阶级"是当前社会生产中所有多余的那些人，无论是永久性的还是暂时性的，部分的还是全部的失业，但是，他们都潜在地或实际地失业。安德烈·高兹明确指出，"传统的工人阶级现在只不过是有特权的少数，人口的大多数现在属于后工业的新无产阶级，他们没有就业保障或明确的阶级身份，他们填补试用的、临时的、兼职的职业领域，在不远的将来，这样的工作将大部分地被自动化所消除。即使在现在，他们的专业技能也会随着技术的进步而不断改变，他们的要求与学校所传授的知识与技能没什么关系。对其所找到的工作而言，新无产阶级普遍地都能绰绰有余地胜任，他们通常谴责在工作时其能力没有充分发挥，谴责较长时间的失业。任何工作似乎都是偶然的和暂时的，每一种类型的工作纯粹是偶然的。他们感觉不到任何与其职业的统一。劳动不再表示一种活动甚至一种主要的职业，仅是生活边缘的一个空白间隙，他们为挣得那少许的钱而必须被忍受"[1]。

因此，"非工人的非阶级"自身的解放必然要通过斗争才能恢复在工作中的他的肉体、精神、智力和文化的完整性，也就是说，在斗争中重

---

[1]　André Gorz, *Farewell to the Working Class: An Essay on Post-Industrial Socialism*, London: Pluto Press, 1982, pp. 69-70.

新占有劳动过程中自决的权力。

总而言之，对安德烈·高兹而言，"非工人的非阶级"是一个"自由的主体性"（free subjectivity）。他所强调的是"非工人的非阶级"具有的主体意识是自觉的、自由的。"非工人的非阶级"的主体意识是"非工人的非阶级"对自身在现实社会中的境况、地位与存在意义的自觉意识。"自由的主体性"具体表现为"非工人的非阶级"对自身价值的肯定和对自身解放的觉醒。"非工人的非阶级"就是游离于资本主义物质生产过程之外的诸阶层，其"阶级"属性、社会地位和作用，其肩负的社会历史使命等，都与传统的工人阶级不同。这就是安德烈·高兹所谓的新工人阶级。他进一步指出，一个命运被预先注定的阶级如何能解放自身以及其他社会领域？他认为这样的阶级是超验的主体，超验的主体事实上是对真正的主体的极权主义否定。所以，他抽去了传统工人阶级中马克思或马克思主义所赋予工人阶级的神学特性与预言的神圣性。对安德烈·高兹来说，新工人阶级是一个自为的阶级，其革命动力是克服异化和厌倦，追求自身存在的意义和创造性。

科学技术的迅猛发展必然引起阶级内部构成的变化，使"无产阶级"的组成成分及劳动方式发生显著改变，但无论"阶级"构成如何变化，在任何阶级社会中基本的阶级划分应根据其在"社会经济结构"中所处的地位，及"生产资料"的占有状况来确定。从根本上看，无产阶级对于生产资料没有所有权，在社会经济结构中仍处于受剥削的地位，在工人阶级身上仍然蕴藏着革命性，他们仍然是社会革命的主体。马克思主义的阶级分析方法并没有失去其有效性和解释力。无产阶级的"阶级意识"尽管没有成熟到革命意识的程度，但这是现实社会革命条件还不具备和不成熟的表现。新技术革命用自动控制的机器体系代替了一般机器体系，使一部分工人摆脱了繁重的体力劳动和部分脑力劳动，并作为机器的调节者和管理者，参与和管理生产过程，从事科学研究和应用等工作过程。于是，这部分工人就成了精英阶层。但在资本主义社会中，技术精英对于生产资料仍然不具有所有权，仍受制于资本逻辑，因此，它只不过是"无产阶级的知识化，决不是无产阶级的消失，而是无产阶级在素质上的发展和提高。现代知识化的无产阶级，是科学技术和物质生产力在长期发展中创造出来的一个先进的生产者阶级"[1]。可见，安德烈·高兹将精英阶层与工人阶级割裂开来的思想是不符合社会现实的。另外，安德烈·高兹把参与现实资本主义生产的"无产阶级"排除在革命主体之外，寄希望于"非工人的非阶级"这样一个模糊的社会力量，其结果也只能对其能够担负起革命的重任表示怀疑。马克思主义认为，任何社会变革都需要有一种革命的主体，而这种主体本身就是现存生产方式的产物，资本主义生产方式形成了"资产阶级"和"无产阶级"这两大基本阶级，只要形成这两大基本阶级的社会历史条件没有发生根本改变，社会主义革命的主体就依然是"无产阶级"。

第三节 探索生态革命的领导力量

部分生态学马克思主义者已不再把实现生态社会主义的任务委托给工人阶级，而是把希望寄托在新社会运动上。作为绿色运动领导者的绿党走上历史舞台，主张推翻资本主义生产方式，发展绿色经济模式，这具有一定的进步性。

一 绿党及其生态经济理念

第二次世界大战以来，随着科学技术的发展与生产力的进步，资本主义商品经济进一步发展，人民群众生活水平得到很大改善。社会生产的发展与人民消费水平的提高，使得社会商品生产规模越来越大，消耗的资源越来越多，甚至超出了自然环境的承受能力，开始出现能源危机与生态危机。以人为中心的社会生产方式遭到挑战，人与自然关系失衡，人类社会的存在与发展出现问题，这引起人们深刻反思，进而促使绿色组织与绿色运动出现。绿色组织在反思当前生态危机的基础上，对资本主义生产方式进行了深入分析，认为这种不可持续的发展方式是错误的，

---

[1] 钟阳胜：《科学在社会发展中的地位和作用》，湖南人民出版社，1985，第220页。

将导致人类的整体危机。因此，他们主张实行生态经济，建立一种人与自然和谐发展的社会运行模式。

资本主义生产活动的目的就是追求剩余价值，它力图将生产成本最低化，将生态成本虚无化，以便获取更大的利润。可以说，这种生产方式不会考虑生态环境成本问题，只会考虑自然资源的效用问题，其在本质上就是反生态的。为了追求剩余价值，资本主义社会生产不断扩大规模，以低廉的价格从自然中索取大量的资源，对自然环境造成严重破坏。经济利益归资本家所有，而环境破坏所造成的生态成本却要社会大众承担。严重的生态危机给整个人类的生存带来了巨大的威胁。这种生态环境成本社会化的社会发展方式引起了广大人民群众的不满。人民群众发起的绿色运动就是对这种资本主义生产方式的反抗，表达了人民群众对生态环境的关注与对自身存在危机的焦虑。绿色运动提倡保护自然环境，维护生态平衡，限制经济增长的速度，创建一个人与自然和谐发展的环境。随着绿色运动的兴起，生态环境理念逐渐流行，各种生态理论开始出现并对生态绿色运动产生了重大影响。在这种环境下，生态学马克思主义应运而生，并迅速成为影响深远的理论流派。

绿色运动逐渐产生了自己的组织——绿党，这种新型的社会组织区别于传统的社会政治组织，其不是以政治经济诉求为主要目标，而是以生态环境为自己的主要内容。绿党认为自己既不是激进的左派，也不是保守的右派，而是超越了左右之争，关注的不是社会阶级和阶层的利益问题，而是人类生存的自然基础即人类家园与前景。绿党致力于维护生态平衡，尊重自然规律，并将其视为不可违背的东西，力图解决生态危机，甚至可以抛弃现代文明以求得自然环境的和谐与完整。他们认为其代表了整个人类的利益，指出一个生态平衡的自然界对所有人都是有利的，人类在生态问题上具有一致性，因此他们主张用协商、和平的方式解决生态危机，反对采用暴力的形式。他们认为其提升人们的生态环保意识非常重要，只有增强人们的环保意识，人们才会认识到自然环境的重要性以及生态危机的危害性，因此，他们呼吁在学校中进行环保教育，培养人们保护环境的意识。在社会经济制度上，他们认为现代化的大规模企业对生态环境造成了巨大的危害，现代科技的应用对环境的破坏达到了更严重的程度，他们建议废除大规模企业，代之以中小型企业，进行民主化管理，既能满足人们的日常需求，也能更好地保护生态环境。在道德理念上，绿党将道德关系从人与人的角度转移到人与自然之间，主张自然界的各种生物都具有平等的权利，不应该受到他者的侵犯。在日常生活消费方面，他们主张抛弃过度消费的消费异化状态，提倡节约、绿色的生活方式，循环利用生态资源。除此之外，他们还将生态危机与社会制度联系在一起，认为社会制度是生态危机产生的重要原因之一。

　　在西方发达资本主义世界，绿色思潮和绿色运动都比较活跃，各种关于生态环境的作品大量出现，反映了生态危机在人们心中的地位与影响，也说明了人们对这一问题的深入思考。这些思考对于深入认识当今资本主义社会的生态危机具有重要的推动作用，其各种理论观点及对于未来社会的思考对于解决生态危机也具有重大的启示意义。作为一种新兴的政治力量，绿党和绿色组织在西方资本主义世界产生了重要影响，引起了世界的重视与关注。这种政治组织起源于现实的生态环境问题，通过不断联合而扩充为全国性的组织，在全国范围内进行绿色运动，号召人们保护自然生态环境。从绿色运动的参加人员结构可以看出，绿党的成员基本上是青年知识分子，这些人非常重视寻找解决生态危机的方法，对资本主义社会生产政策与国家政策无视生态环境感到愤怒，主张变革社会生产模式以保护生态环境，促进人与自然的协调发展。此外，由于生态危机具有国际化趋势，绿党和绿色组织以及绿色运动也具有全球化的趋势，各个国家与地区之间的绿色组织具有一定的联系，常常就共同关心的生态环境问题进行沟通与探讨。我们也应该看到，尽管绿党与绿色组织成员众多，绿色运动在全球范围内风起云涌，然而绿色组织机构却没有形成统一的纲领与统一的领导机构，处于非常松散的阶段，内部也经常发生矛盾与分歧，没有形成统一的力量，这就减弱了其政治影响力。

　　绿党与绿色组织尽管观点多样且存在冲突，但是有一个共同的话题即绿色运动，这也是我们判断其本质的重要参考因素。这种绿色运动批判了资本主义社会生产导致的生态危机，反映了资本主义生产方式与生态环境的不相容性，在一定程度上揭示了资本主义的反动本质。绿党作为一种植根于社会大众中的政治实体，反映了广大人民群众对生态危机的反应与态度，反映了社会大众对资本家将生态成本推向社会的不满与愤怒，也反映了广大人民群众对资本主义社会制度的失望与无奈。绿党逐渐发展成一种具有一定批判性与颠覆性的政治力量，在反对资本主义生产方式与社会制度方面，具有一定的进步性，代表着社会大众对生态危机的关注与反思，对人与自然和谐发展的期待。

二　红色绿党政治理念

一般而言，作为从事绿色运动、提倡绿色环保理念的新型组织，绿党可以分为两个派别：红色绿党与绿色绿党。所谓"绿色绿党"就是生态运动中以无政府主义为理论基础的、主张生态中心主义的派别，包括生态基要主义者、深绿派、生态无政府主义者和主流绿党等。可以看出，生态中心主义与无政府主义是绿色绿党的主要特征；而"红色绿党"则主张建立一种实行生态主义的政权组织与社会组织。所谓"红色绿党"就是生态运动中以社会主义为理论基础的、主张生态社会主义的派别，包括马克思主义者和社会民主主义者。生态学马克思主义者属于红色绿党，坚持生态主义与社会主义相结合，但对单纯的以保护生态环境而取消人的发展的理念，"红色绿党"与"绿色绿党"既有一致性也有差异性。

只要资本主义的社会性质没变，那么生产社会化与生产资料资本主义私有制之间的矛盾仍然是资本主义社会基本矛盾。在当今西方资本主义世界，生产资料私有制仍然存在并发挥重要作用，因此，资本主义社会基本矛盾没有变化。生态学马克思主义将生态危机视为资本主义最主要的危机，将人与自然环境的矛盾与冲突看作当今资本主义社会的基本矛盾，降低了生产力与生产关系矛盾的重要性，混淆了资本主义社会矛盾的性质与地位。生态学马克思主义既然看到生态危机与资本主义是紧密相连的，背后是资本的逻辑与资本主义生产制度，那就应该看到生态危机是资本主义社会基本矛盾的一种表现形式，是资本主义本质发展的必然表现，也是资本主义社会基本矛盾激化的一种标志。而不是用人与自然的矛盾代替资本主义社会基本矛盾，从而在解读历史唯物主义方面出现了偏差，将科学技术与生产力视为消极的否定的社会因素，没有看到生产力在社会发展过程中的全面作用，也就违背了历史唯物主义的基本原则。

历史唯物主义没有系统论证自然观的理论内容及其地位，也未深入讨论自然与文化的辩证关系，由此，生态学马克思主义者认为文化与自然在传统历史唯物主义中是缺席的，他们将这两种因素纳入历史唯物主义之中，并揭示了它们的重要功能，为解决生态危机提供了新的思路和方法，却过分夸大了其作用，背离了历史唯物主义的基本原则。文化作为一种独特的力量贯穿于社会历史发展的整个过程。文化不仅作为上层建筑的组成部分而存在，而且融入了经济基础之中，赋予生产力与生产关系特定的文化内涵。对马克思主义的这一改造虽然意在反对经济决定论，突出意识的能动作用，却违背了历史唯物主义的基本原则。文化是观念性的存在，是由物质派生出来的，是第二性的，其作为上层建筑的重要组成部分是由经济基础决定的，过度强调文化在社会历史发展中的作用，有倒向唯心主义的倾向。在生态学马克思主义理论新体系中，自然是另一个重要的基础性范畴。自然是永恒运动的物质世界，是人类社会存在的前提和基础。他们运用大量篇幅来论证自然界及其规律对人类社会和人类实践活动的影响，本意旨在维护马克思的唯物主义原则，但和地理环境决定论一样，过度强调自然及其规律的功能，强调自然本体论，主张以自然规律为基础建构理论体系，弱化了社会历史发展中的其他因素的作用。经典马克思主义则认为地理环境即自然虽然是社会产生和发展的必要条件，但只能对社会发展起促进或延缓作用，不能对社会发展起决定作用，只有生产方式才是社会发展的决定性因素。人与自然之间的矛盾不是资本主义社会基本矛盾，尽管人与自然之间的矛盾越来越尖锐化，严重制约了人类的发展。自人类社会形成以来，人与自然之间就不同程度地发生着矛盾，只是在当代资本主义社会的现实条件下，资本与工业尤其是与科学技术的结合，使得人类征服自然的能力大增，导致人类对自然资源索取的无限性与地球生态资源的有限性的矛盾突出，成为当代社会的主要矛盾之一。但是，这种矛盾并不是社会的基本矛盾，而是从属于生产力与生产关系的矛盾。资本主义社会基本矛盾不会随着社会条件的变化而随意发生变化，而是取决于资本主义社会的根本性质及资本主义社会生产方式的根本缺陷。

20世纪七八十年代，在具体考察资本主义社会问题的基础上，生态学马克思主义从事实出发，鉴于资本主义经济制度对生态环境的破坏，提出坚持稳态经济模式，注重经济发展与生态资源以及伦理道德的协调性。随着生态危机的恶化，北美生态学马克思主义逐渐放弃了稳态经济模式，提出以经济合理性为基础的社会主义经济模式，这种经济模式以生产共同体为主要运作方式，这样他们在批判资本主义生产方式的基础上，又对传统社会主义的生产观念即只重视生产力提高与只注重分配合理的经济模式进行了修改，提出了新的社会主义经济模式。但是这种新的经济模式忽略了一个重要问题即所有制问题。

生产资料所有制是生产关系与经济基础的根本性内容，决定着一个国家的阶级属性与本质特征。生态学马克思主义忽视了生产资料所有制问题，注定其理论存在重大缺陷。在生产资料所有权方面，生态学马克思主义设想了一个无阶级内涵的生产共同体，共同所有制将使得资源利用计划化和资源枯竭最小化。那么这个共同体到底代表谁的利益，其社会性质又是怎样的，这些问题生态学马克思主义则没有做出很好的回答。可以说，这种生产共同体在资本主义社会条件下没有多大的现实性。生态学马克思主义提出这种生产共同体的概念，只是批判资本主义生产方式与生产资料私有制的工具，只是为将来的社会形式提供一种生产资料所有制形式，而没有论证这种生产共同体实现的可能性，因此他们在假设了生产共同体的所有制形式之后，便开始重点批判资本主义经济模式的管理问题，认为这是生态危机严重化的重要原因，认为只要改变资本主义的生产方式与经济管理模式，就能够进入一个更加美好的社会模式。

生态学马克思主义没有在严格论证生产资料所有制形式的条件下就

开始畅想未来的社会模式及经济管理模式，以此来批判现实中的资本主义的经济管理模式，将批判的视角聚焦于资本主义社会内部的生态危机及其解决的可能性。同时他们又将生态危机作为社会发展的基础性的问题，认为解决了生态危机就能够进入新的社会形态，实现社会的发展与人类的幸福。因此，生态学马克思主义认为，国家应该是一个生态经济理性的组织，是一个建立在生产资料共有之上的社会大众的联合体，在这种联合体内，不再存在阶级剥削与压迫，而是实现了自然环境的解放与人民的民主，在人与人和谐发展的基础上实现了人与自然的和谐。

生态学马克思主义的这种理论突出了生态危机的严重性以及资本主义经济模式对生态环境的否定性，也看到了资本主义生产资料私有制基础上的生产方式对自然资源的破坏性，在提出走向社会主义社会的同时也看到了社会主义国家存在生态危机。因此，他们想超越资本主义，以生态问题为切入点，探索一种生态环境友好型的社会模式，在生产资料所有制形式方面提出生产共同体，通过改进当前经济管理模式来促进生态危机的解决。这种出发点是好的，但是，他们没有从社会的基本矛盾出发，没有看到生产资料所有制形式的转换是一个客观的漫长的过程，需要社会基本矛盾的发展，也需要通过社会革命的洗礼。因此，他们乐观地认为只要实现生产共同体，改变资本主义生产方式，就能解决生态危机，这无疑是一种美好的想象。

三　生态革命及其乌托邦性

在认识到资本主义制度是生态危机的根源后，生态学马克思主义对资本主义制度进行了分析与批判，并设想生态社会主义作为解决资本主义社会危机的替代方案。这对于揭露资本主义社会的不可持续性与必然灭亡性具有重要的意义，但是生态学马克思主义提出的生态社会主义方案具有诸多缺陷，总体而言，可操作性很小。

生态学马克思主义反对先进科学技术组织下的现代化大规模生产，认为生产技术越先进，生产规模越大，对环境的破坏越大，对人类社会的负面影响就越大。他们主张实行小规模化的社会生产，建立分散化的生产组织，这些简单的生产组织拥有生产的决定权，能够考虑到生产的利弊，尤其是考虑到社会生产与环境保护之间的关系，因而能够采取措施，在满足人们需要的同时保护生态环境。但是在目前生产力水平与科学技术如此发达的社会条件下，这种小规模化的生产方案不具有现实可操作性，现代化的生产需要社会化大生产，将各种资源结合起来实现规模效益，才能更快地促进社会生产力的发展与人类的进步。此外，高科技还可以促进新型能源的开发与利用，寻找出无污染的替代能源，这对于解决生态危机具有重要价值。

生态学马克思主义对资本主义抱有幻想，认为可以在资本主义社会内部进行改良，以实现生态社会主义。他们认为资本主义国家鉴于日益严重的生态危机，会采取措施对生产方式以及生产关系进行协调，促使资本主义国家将生态危机看作当代社会的主要问题，将生态环境视为超越资本与经济之上的最主要的社会发展因素，进而实现生态革命，和平进入生态社会主义。这种观点只是一种空想，资本主义国家是资产阶级进行统治的工具，资本主义生产的目的就是追求剩余价值，生态危机只能让资本家改变统治的方式与发财致富的形式，但是不可能改变他们统治的本质，更不会因为生态危机而放弃资本的逻辑。

生态学马克思主义在生态社会主义主体问题上模糊不定。主体的确定是开展社会运动与实现政治目标的前提，如果主要依靠力量是谁都不清楚，那么对于如何实现自身的目标更没有明显的认知。在实现生态社会主义的问题上，有些生态学马克思主义者认为主体应该是具有生态意识的中产阶级，而不是广大无产阶级，有些则认为是具有生态意识的无产阶级，有些则认为是具有生态意识的知识分子，这种分歧也说明了对于实现生态社会主义的主体，生态学马克思主义处于争论之中。既然没有统一认定的社会主体，那么如何实现生态社会主义呢？在这一点上，生态学马克思主义者没有给出令人信服的答案。

生态学马克思主义混淆了国家的本质及职能，就其本质而言，国家是阶级统治的工具，国家具有阶级统治、公共管理以及防御外敌入侵等职能，但是阶级统治是国家最根本的职能，制约着国家其他职能的实施。

国家是一个阶级镇压另一个阶级的机器。阶级统治就是国家的本质。当然，随着社会的发展与人类文明进步，国家的公共管理与社会服务功能也会更加明显，"随着城市的出现，必然要有行政机关、警察、赋税等等，一句话，必然要有公共机构"①。而这种公共服务的职能并不能代替阶级统治成为国家的根本职能。生产资料所有制是经济基础的主要内容，经济基础决定上层建筑，国家作为上层建筑的表现形式必须维护自己的经济基础，维护其代表的生产资料所有制。资本主义国家维护生产资料私有制与资本家的根本利益，在这种所有制基础上国家形成各种经济管理模式，因此，如果不改变资本主义私有制，不推翻资本主义国家政权，就不能革新经济管理模式，更不能实现生产资料的共同所有制。生态社会主义忽视了国家阶级统治的本质，过分看重资本主义国家的公共管理与公共服务职能，天真地认为国家代表着所有人的利益，为社会大众的利益着想，一定会改变自己的经济模式来解决生态危机，这是对国家本质认识不足的一种表现。

生态学马克思主义认为当前资本主义的主要危机已经从经济领域转移到了生态领域，生产条件与生产方式冲突所导致的生态危机已经远远大于生产力与生产关系冲突所导致的经济危机。垄断资本主义危机的具体表现形式发生了改变，社会生产力的巨大发展使得社会危机形式从产能过剩的危机转化为受地球生态有限性制约的消费领域的危机。生态危机尽管日益严重，但是这并不意味着生态危机超越了资本主义的基本危机形式，达到可取代政治、经济危机的程度，一跃成为资本主义最主要的危机。生态学马克思主义恰恰犯了这样的错误，这种对危机主次的界定使得社会主要矛盾、政治经济斗争方向、阶级斗争的着力点都发生了改变。事实上，资本主义生产方式和经济危机会直接导致生态危机的产生和加剧，生态危机只是资本主义生产方式的一种结果。经济危机才真正与资本主义生产方式密切相关，不应该用生态危机替代经济危机并把它当作资本主义社会的主要危机，这样会混淆资本主义的危机性质，导

①　《马克思恩格斯文集》第 1 卷，人民出版社，2009，第 556 页。

致对资本主义的错误认识，更不应该企图通过生态革命来实现社会主义，这只能是一种空想。生态学马克思主义对生态危机的批判，仅仅是对问题的表现进行了批判，并没有达到对问题本质的批判。这种做法也说明了西方生态学马克思主义在该问题上的局限性。实际上人与自然的关系、人与人的关系不是孤立的，其存在与发展要受到社会发展状况的制约。在资本主义社会，人与自然以及人与人之间的关系处于尖锐的对立状态。要结束这种状态就必须推翻资本主义制度及资本主义生产方式，通过否定之否定，走向人类社会的最高阶段即共产主义社会。

生态革命的主体和依靠力量的问题是实现生态社会主义的重要问题。生态学马克思主义认为，当代西方社会的政治对抗不仅突出地表现为经济领域的斗争，而且更加突出地表现为生态领域的各种斗争。因此，传统的工人阶级是社会主义的主体的观点已经过时，应该加以修正与补充。生态学马克思主义指出，在当今资本主义社会，阶级观点仍是最重要的政治解释之一，工人阶级也仍然是生态运动的主体力量，但是必须与广大绿色运动结合起来，在世界范围内进行斗争。由于对工人阶级存在某种不信任，生态学马克思主义将领导力量赋予绿党，这就混淆了社会主义运动目标与生态运动目标的根本区别，使得其生态社会主义运动具有浓重的乌托邦色彩。

总之，生态学马克思主义关于"革命主体"及其斗争策略的思想是对资本主义进行生态批判并寻求解决方案的逻辑必然，与其他西方绿色政治思潮相比，具有鲜明的理论特色，但也存在一定的局限性。生态学马克思主义者运用历史分析法和阶级分析法探究生态危机的制度根源，认为生态危机本质上反映的是人和人在占有、支配和使用自然资源问题上的矛盾、利益冲突，他们进而充分肯定了"生态革命"的必要性，并致力于寻找革命主体和革命力量，深入分析其范围、性质、特征、地位和作用等，这既是对严峻的全球性生态问题作出的积极的理论回应，也为马克思主义在生态领域的研究提供了新的视角，是对马克思主义的延伸和发展。

马克思和恩格斯历来坚决反对在工人运动中试图割裂本国的斗争

同世界无产阶级革命事业的关联的行径。他们主张"联合的行动，至少是各文明国家的联合的行动，是无产阶级获得解放的首要条件之一"①，要"以各国工人的兄弟联盟来对抗各国资产者的兄弟联盟"②，"无产阶级的解放就是自己的目的"③，"无产阶级的解放只能是国际的事业。如果你们想把它变成只是法国人的事业，那你们就会使它成为做不到的事了"④。生态学马克思主义者遵循了马克思和恩格斯的上述思想，认为在经济全球化背景下，面对生态问题必须具有全球视野，呼吁加强与第三世界国家工人的联合，将生态革命变成一场全球性的政治变革。

然而，他们却将联合的可能寄希望于"工人阶级团结意识的觉醒"。他们承认不同地区（尤其是西方国家与广大第三世界国家）的工人群体之间存在利益竞争，但认为"从竞争到合作或团结心态的转变，是一种文化性的转变。依此，它可以弱化或消除根深蒂固的偏见"⑤，这显然不同于马克思和恩格斯的想法。马克思1847年11月29日在伦敦举行的纪念1830年波兰起义十七周年的国际大会上旗帜鲜明地指出："要使各国真正联合起来，它们就必须有一致的利益。要使它们利益一致，就必须消灭现存的所有制关系，因为现存的所有制关系是一些国家剥削另一些国家的条件；消灭现存的所有制关系只符合工人阶级的利益。"⑥ 所以对世界工人的联合不应依赖于文化的熏陶或者意识的转变，而要落实到制度中来，在当前不具备推翻资本主义制度的条件下，至少必须努力建立国际政治经济新秩序。

为了解决生态危机，生态学马克思主义者提出把环境运动与社会主义革命相结合，既顺应时代发展的要求和世界进步潮流，又充实了马克

---

① 《马克思恩格斯文集》第2卷，人民出版社，2009，第50页。
② 《马克思恩格斯文集》第1卷，人民出版社，2009，第697页。
③ 《马克思恩格斯文集》第2卷，人民出版社，2009，第165页。
④ 《马克思恩格斯文集》第10卷，人民出版社，2009，第656页。
⑤ 郇庆治主编《当代西方绿色左翼政治理论》，北京大学出版社，2011，第124页。
⑥ 《马克思恩格斯文集》第1卷，人民出版社，2009，第694页。

思主义关于工人阶级在生态领域开展革命斗争的相关理论。例如赫伯特·马尔库塞、戴维·佩珀和约翰·贝拉米·福斯特等都有类似的思想，而且戴维·佩珀提出了"红绿联盟"的具体方案。但由于方案"没有构成一个完整的生态社会主义理论"，而且面临着"过分轻易地抛弃一个工人阶级的存在和忽视工人阶级在社会变革中的潜在作用的危险：用资产阶级的新社会运动代替无产阶级的重要历史地位"①，难免给方案蒙上了一层"乌托邦"色彩。有些生态学马克思主义者从"个体主义"角度出发探索人的解放，把个体的解放同社会的解放和人类的解放结合起来，而有些则停留在个体解放的层面，在某种意义上带有乌托邦性质。戴维·佩珀本人也对方案的可行性流露出悲观主义情绪。此外，戴维·佩珀对工人阶级必定会在生态革命中夺取政权也并非充满信心，甚至认为生态社会主义社会到来的"最大催化剂将是资本主义在如下方面的失败：（a）未能为至少一个少数团体生产它所许诺的'商品'；（b）未能创造一个足够宽容以包容不满的其余人的物质的和非物质的环境"②，可见，戴维·佩珀只不过想借助"红绿联盟"走改良主义道路罢了。

---

① 〔英〕戴维·佩珀：《生态社会主义：从深生态学到社会正义》，刘颖译，山东大学出版社，2005，第376页。
② 〔英〕戴维·佩珀：《生态社会主义：从深生态学到社会正义》，刘颖译，山东大学出版社，2005，第357页。

第八章 社会基本矛盾理论的重构

社会基本矛盾理论是建构历史唯物主义的重要理论要素。生态学马克思主义认为，当今资本主义社会基本矛盾已经发生了变化，不再集中体现在生产力与生产关系的矛盾上。生态学马克思主义认为，尽管生产力与生产关系这一矛盾还起着重要作用，但应把资本主义条件下人与自然之间的矛盾上升为社会亟待解决的主要矛盾，把生产方式即生产力和生产关系与生产条件的矛盾作为当代资本主义社会的主要矛盾形式，认为物质生产的无限扩张性与自然资源的有限性方面的冲突导致了发达资本主义社会的主要危机，指出异化消费、资本主义的第二重矛盾与"新陈代谢裂缝"等则是这种矛盾现象的集中表现，这种现象就是导致生态危机的主动力。这些矛盾交织在一起，相互影响，是资本主义发展不可克服的障碍。生态学马克思主义由此揭露了生态危机的制度根源，即资本主义制度，资本主义生产方式与生态危机具有内在一致性，二者是命运共同体，只有消灭资本主义，废除资本主义私有制与资本的统治地位，才能够彻底解决生态危机。

第一节 对马克思的社会基本矛盾理论的发展

以生态问题为切入点，詹姆斯·奥康纳在坚持马克思提出的生产力和生产关系基本矛盾的基础上，提出了资本主义的"双重矛盾"（Double Contradiction）理论，重构资本主义的第二重基本矛盾，即生产力、生产关系与生产条件的矛盾，发展了马克思的社会基本矛盾理论。

一 对马克思的社会基本矛盾的理解

马克思所揭示的资本主义生产力与生产关系之间的矛盾，在詹姆斯·奥康纳看来是资本主义的"第一重矛盾"，它属于资本的生产与周转之间的矛盾，是资本主义制度自身的矛盾。

"第一重矛盾"的特定形式是商品的价值与剩余价值生产和实现之间的矛盾，具体而言是资本对劳动所拥有的社会及政治性的权力，激化的结果是以"生产过剩"为表现形式的经济危机。因为资本主义的生产不仅是商品生产，更是剩余价值的生产，即资本家在生产过程中进行强制性榨取的不只是工人阶级的社会必要劳动，还有他们的剩余劳动所创造的剩余价值。并且资本主义生产对剩余价值的追求是永无止境的，因此剥削工人阶级的剩余劳动的程度必然不断加深。而剩余价值与市场需求之间有着特定的关系：创造任何一种既定数量的剩余价值都会引起市场对商品的需求不足。而一定数量的剩余价值与价值自身的实现难度成正比，这就意味着创造的剩余价值越多，价值和剩余价值自我实现的难度就越大。生产和销售之间的矛盾由此就产生了。资本家通过不断加强对工人的剥削，一方面资本家实现了剩余价值的不断积累，另一方面随着剩余价值剥削率的提高，劳动者购买维持劳动力再生产所需要的商品和服务的能力不断被削弱。这时资本主义经济制度内部又产生了一个基本问题，购买剩余产品所需要的额外的商品需求的支付能力源于何处呢？结果必然是商品市场需求出现不足，资本家获取的利润随之就减少了。资本主义"第一重矛盾"从需求的角度对资本造成了冲击。"第一重矛盾"是在实现危机中以其最纯粹的形式彰显自己，即剩余价值的生产没有任何障碍，问题在于价值和剩余价值在市场中该如何实现，最终引发以生产过剩为特征的经济危机。这种经济危机以资本流通中断的形式呈现出来，是一种资本主义无法克服的实现维度上的危机，即商品的价值和使用价值的实现性危机。

马克思认为，资本生产商品的数量一旦超出商品的有效需求，必然会威胁到剩余价值的积累或者引发经济衰退。经济危机作为资本主义社会的一种强有力的惩戒性机制，会刺激各个企业对自身进行调整，如采用各种方式削减成本、增加灵活性、停产减员、提高劳动生产率来摆脱危机。对于马克思的这一观点，詹姆斯·奥康纳给予了肯定，并强调资本主义危机是"在危机的产生及其不断'化解'的历史过程中不断积累或积聚的"①，这种体制需要这种周期性的危机。

詹姆斯·奥康纳还指明了在资本主义全球化的背景下，资本主义经济危机呈现出新的形式。资本家为了达到资本不断增殖（或摆脱危机）的目标，开始不断开发、探寻新的市场和商品需求，这些额外的商品包括大肆掠夺其他国家的市场、刺激资产阶级消费、鼓励用资本投资来创造新的市场、政府增加在投资和消费方面的财政开支。资本主义社会通过生产和消费额外的商品需求，使商品需求总量保持相对稳定，资本家获取的利润得以持续增加，大大降低了经济危机爆发的可能性。但事实上，这种方法不仅无法从根本上解决资本主义社会存在的商品需求不足问题，还会带来其他类型的潜在问题。比如，资本主义的消费并不是对剩余价值的生产性使用，流通领域的资本商品同其他商品在目的性上基本一致，即通过快速周转获取更多利润。从长远的角度来看，新的资本投资可能会比新的消费需求发展更快，这样会大大增加商品供需比例失调的危机发生的概率。为了刺激消费，我们建立了一种发育良好的信用制度，它可以不受工资增长的影响，独立地扩大商品需求。当然，这种信用制度也存在缺陷，那就是消费信用（或抵押信用）的增长速度远远高于消费需求的增长速度，这除了会使马克思所阐释的资本生产过剩的危机向生产不足的危机转变之外，诸如债务增加、金融投机以及金融机构不稳定等新状况也会随之出现，这无疑会增加引发金融体制危机的风险。与此同时，还可能会出现政治上的不稳定、保护主义乃至战争等。由此可见，詹姆斯·奥康纳对全球化时代出现的经济危机产生了新的认知，认为这种危机不仅包含了传统

① 何畏：《危机的宿命：奥康纳资本主义危机理论研究》，北京师范大学出版社，2018，第9页。

马克思主义所揭示的"生产过剩"的危机，还包含金融危机、国家的财政危机以及社会和政治危机。

在詹姆斯·奥康纳看来，资本主义的"第一重矛盾"理论具有一定的局限性，因为它只从资本主义生产方式内部（从交换价值、抽象劳动、利润和资本主义生产过程的视角）探讨了资本主义的经济危机模式，而未能从资本主义生产方式外部（从使用价值、具体劳动、需求和资本的生产条件的视角）来进一步揭示资本主义的生态危机模式。所以，詹姆斯·奥康纳强调必须修正和补充马克思经济危机理论，建构出一种能够有效解决全球性生态环境问题的理论，这种理论不仅有利于我们对社会性和政治性运动进行客观分析，还有利于我们对经济力量进行系统性分析和深入思考。而资本主义的"第二重矛盾"理论，从资本主义生产方式外部，集中探讨资本主义社会生产与外部自然所能提供的生产条件之间的矛盾，进而实现对资本主义批判视角的转换，即转向了生态危机以及由此引发的"生产不足"的经济危机。

二 资本主义的"第二重矛盾"理论

生产力中的文化因素和生产关系中的自然因素交织，最终使当代资本主义危机形式发生结构性变化。这是詹姆斯·奥康纳分析当代资本主义生态危机的全部逻辑基础（姑且不论这种分析是否合理），于是生产条件概念和资本主义"双重矛盾"又构成了其生态学马克思主义批判范式的基本框架。詹姆斯·奥康纳认为资本主义存在两重危机和矛盾。"第一重矛盾"是马克思主义所理解的生产力和生产关系之间的矛盾。"第二重矛盾"是资本主义生产力与生产关系同资本主义生产条件之间的矛盾。"第一重矛盾"导致资本主义生产过剩的经济危机，"第二重矛盾"导致资本主义生产不足的生态危机，强调了资本主义制度的反生态本性，以及资本主义生产在生态上的不可持续性。

（一）"生产条件"的重构

资本主义的"第二重矛盾"理论较充分地反映了詹姆斯·奥康纳生态学马克思主义理论的本质特征。他是在重构马克思的"生产条件"概念的过程中，发现这一矛盾并依此展开对当代资本主义的生态批判。

詹姆斯·奥康纳以他的生态学马克思主义历史观为基础，运用文化—自然分析方法，重新阐释了马克思的"生产条件"概念。所谓的"生产条件"，即社会生产借以实现的物质基础，指的是包括外部自然界（或环境）、劳动力、城市的基础设施和空间等自然条件在内的各种自然与社会因素，它"既是文化的又是自然的"。詹姆斯·奥康纳对生产条件的考察是放在资本、文化意识形态、经济政治体制和国家机构自然的内在关系中进行讨论的。而作为资本与自然之中介的国家直接影响资本及其生产条件的生产和再生产，也必然直接影响生产条件的生产性能力。这意味着一旦生产条件的生产性能力遭到破坏，后果非常严重，不仅会引发经济危机、生态危机，而且会出现国家的立法危机或政府的政治危机。詹姆斯·奥康纳指出，资本的扩张本性使其注重低成本、短周期的投资，而放弃可持续的投资方式，因而，资本的运行必然漠视须加大成本才能予以解决的长期性的环境问题，从而忽视自身的生产条件与生产方式之间的矛盾，这种矛盾得不到有效解决，必然会带来生态矛盾与环境危机。生态矛盾的恶化将会进一步"强化业已存在的经济危机、政治危机以至于人的生存危机，最终导致资本主义的自我否定"①。

詹姆斯·奥康纳将生态思维放置于生产力与生产关系的辩证关系中，这种突出的结果会增加资本主义"双重危机"爆发的可能性，即经济危机和生态危机，二者是相互渗透的，经济危机导致生态危机，生态危机有可能引发经济危机。"从总体上说，经济危机是与过度竞争、效率迷恋以及成本削减（譬如，剥削率的增强）联系在一起的，由此，也是与对工人的经济上和生理上的压榨的增强、成本外化力度的加大以及由此而来的环境恶化程度的加剧联系在一起的"②，"生态危机所导致的环境运动

---

① 王雨辰：《生态批判与绿色乌托邦——生态学马克思主义理论研究》，人民出版社，2009，第105页。
② 〔美〕詹姆斯·奥康纳：《自然的理由——生态学马克思主义研究》，唐正东、臧佩洪译，南京大学出版社，2003，第293页。

有可能会加重经济危机的程度"①。

也就是说，资本主义生产的本质就是为了获取剩余价值和利润，这不仅会导致传统历史唯物主义所揭示的生产力与生产关系的矛盾，而且会导致对自然资源的掠夺式开采与使用，因而造成生产力和生产关系与生产条件之间的矛盾，这两个矛盾的出现就会引发资本主义社会的经济危机和生态危机。可见，经济危机的加剧会导致生态危机，而生态危机反过来又会由于增加资本运行的成本，进一步加重经济危机。这意味着，资本主义的生产方式与生产条件之间的矛盾凸显着社会总体性矛盾，如果不能解决这一矛盾，将会导致整个资本主义的社会危机，严重威胁到西方资本主义社会的合法性。

（二）资本主义的"第二重矛盾"引发生态危机

詹姆斯·奥康纳的生态学马克思主义理论从生态的角度阐释了唯物主义历史观，为发展唯物主义历史观提供了新的视野。詹姆斯·奥康纳把"生产条件"作为同样重要的范畴补充到传统社会发展理论的生产力和生产关系范畴中去，面对全球危机的严峻现实，他看到了资本主义制度对人与自然的双重损害，认识到资本主义生产方式无法从根本上解决人与自然的对立，进而丰富了生态社会主义关于人与自然和谐发展的理论想象。他试图将文化与自然的内涵融合于历史唯物主义的架构之中，以此纠正人们在技术决定论与经济决定论视野下对唯物主义历史观造成的理解偏狭，通过构建生态学马克思主义理论来化解危机，重新塑造一种将文化、自然和劳动联系起来的生态学马克思主义的历史观。在此基础上，詹姆斯·奥康纳赋予马克思的生产条件范畴主体化和历史文化性等新的内涵，进而提出当代资本主义社会除了生产力与生产关系所构成的"第一重矛盾"之外，还有另外一种特殊矛盾，即由生产方式（生产关系和生产力）与当下生产条件所构成的"第二重矛盾"。但是，他对文化和自然在社会发展中作用的定位及对社会基本矛盾及发展模式的判断

① 〔美〕詹姆斯·奥康纳：《自然的理由——生态学马克思主义研究》，唐正东、臧佩洪译，南京大学出版社，2003，第294页。

存在偏差和失当，对于生态危机的批判，也仅仅是对问题表象的批判，并没有达到对问题本质的批判，甚至出现了倒向唯心主义的倾向。

詹姆斯·奥康纳所言的资本主义的"第二重矛盾"是相对于他的"第一重矛盾"（即资本的生产力与生产关系之间的矛盾）而言的。詹姆斯·奥康纳明确指出，资本主义的"第二重矛盾"发生的直接原因在于资本主义生产方式对自身生产条件"自我摧残性"的利用和使用，而这种使用方式源于资本的本性。无限追求利润的资本由于"在经济的维度上没有严格的限制"①，其运作必然导致对自然的非理性开发和无原则利用。一方面，持续不断的经济增长将会需要越来越多的原材料，为了满足这种需求以获取更大的利润，资本必然要求加大对自然资源的开采、加工和消费力度。另一方面，现代科技的进步促使生产规模越来越大，消耗的资源也越来越多，导致对自然资源消耗总量的增加。以上两个方面大大破坏了资本主义社会的生产条件，导致严重的生态危机与生产危机。

可见，资本逻辑即对最大化利润的追逐最终带来的是资源枯竭和环境污染，破坏着资本自身的生产条件，破坏了人与自然的和谐，使资本主义社会不可持续。这意味着资本主义的"第二重矛盾"与"第一重矛盾"一样，是内在于资本和资本主义的本质规定之中的。由此詹姆斯·奥康纳指出，依其本性，资本是拙于对事物保护的，利润只存在于以较低的成本对或新或旧的产品进行扩张、积累以及市场开拓之中。以资本为主导的资本主义国家及其意识形态也只能是在短期内有限地调节资本及其生产条件之间的紧张关系，而无法从根本上加以消解。因为自然界所能提供的资源在一定时期内是有限的，不能按照资本的无限需求而源源不断地供应。

这样，自然生态系统的有限性规制着资本及其生产条件，资本的扩张逻辑和资本主义的本性势必与自然界自身有限性发生冲突，资本的生

---

① 〔美〕詹姆斯·奥康纳：《自然的理由——生态学马克思主义研究》，唐正东、臧佩洪译，南京大学出版社，2003，第289页。

产条件遭到破坏，由此的必然结局是生态矛盾的激化及生态危机的发生。而生态危机又会导致资本运作各要素成本的提高，影响生产的总量，最终造成生产不足的经济危机，这就造成了经济危机与生态危机共存并且互相促进的恶性循环。这既表现了全球化时代资本主义经济危机的深刻性和复杂性，生态危机的危害性与严重性，也深入说明了生态危机与经济危机的共生性。

人与自然的矛盾在当今社会处于积累与冲突之中，由于资本主义生产方式本身与资本逻辑导致了资本主义的"第二重矛盾"及生态危机，因此，这一矛盾和危机不能在资本主义生产方式之内得到彻底解决，只能是得到某种程度的缓解，要想从根本上解决资本主义的"第二重矛盾"与生态危机，就必须改变资本主义生产方式。

第二节　把自然与文化的矛盾当作人类社会的基本矛盾

生态学马克思主义的历史观"致力于探寻一种能将文化和自然的主题与传统马克思主义的劳动或者物质生产的范畴融合在一起的方法论模式"[①]。以詹姆斯·奥康纳为代表的生态学马克思主义者提出"自然与文化的矛盾"是人类社会的基本矛盾，在反思历史唯物主义的方法构成的时候，更多地关注历史唯物主义中观念和文化的地位。

一　自然和文化的矛盾

詹姆斯·奥康纳将物质生产力在历史唯物主义中的地位进行淡化处理，淡化 20 世纪以来对马克思主义的经济决定论的解释模式，以此为历史唯物主义正名。詹姆斯·奥康纳认为其只是为了解释：为什么资本主义现实政治斗争和物质利益斗争往往是在一些抽象的历史观念和原则的旗号下进行？

---

① 〔美〕詹姆斯·奥康纳：《自然的理由——生态学马克思主义研究》，唐正东、臧佩洪译，南京大学出版社，2003，第 59 页。

历史唯物主义并不相信所谓历史是理念实现自身的过程的成见，因此生态平等和生态权利的观念就其是一种当代历史观念而言，其现实基础仍然是生产力和生产关系的矛盾运动的结果。但是詹姆斯·奥康纳相信马克思历史观的方法使得生态学马克思主义需要探寻一种能够将文化和自然的主体与传统的历史唯物主义的物质劳动范畴结合在一起的方法论范式。

詹姆斯·奥康纳认为自己的逻辑起点是历史唯物主义理论当中的一个历史性"缺陷"，即19世纪的马克思在历史唯物主义中仅仅给予自然一个起始地位，似乎是一种语焉不详的"第一推动力"，当它完成自己的历史使命——使得历史文化系统得以产生——之后，"自然"就退隐了。"自然"在历史唯物主义中的退隐，意味着历史唯物主义缺乏生态敏感性，所以詹姆斯·奥康纳认为："历史唯物主义事实上只给自然系统保留了极少的理论空间，而把主要内容放在了人类系统方面。在历史唯物主义的经典阐述中，决定物质生产和自然界之间关系的，主要是生产方式，或者说是对劳动者的剥削方式，而不是自然环境的状况和生态的发展过程。"① 而在詹姆斯·奥康纳等生态学马克思主义者眼中，20世纪以来自然系统已经不甘于此种隐蔽地位了，工业化和全球化的发展造成的环境退化、资源短缺和生态危机，越来越召唤出自然的另外一个面目：自然的自主运作性。而"自然之本真的自主运作性，作为一种既有助于又能限制人类活动的力量，在该理论中却越来越被遗忘或者被置于边缘的地位"②。因此，虽然生产力与生产关系的矛盾以及经济基础和上层建筑的矛盾是历史唯物主义的基础理论，但是詹姆斯·奥康纳认为这一理论长期对生态问题忽视。

二　过分重视人化自然

历史唯物主义的经典范式将"自然人化"作为"生活世界的一个构

---

① 〔美〕詹姆斯·奥康纳：《自然的理由——生态学马克思主义研究》，唐正东、臧佩洪译，南京大学出版社，2003，第7页。

② 〔美〕詹姆斯·奥康纳：《自然的理由——生态学马克思主义研究》，唐正东、臧佩洪译，南京大学出版社，2003，第7页。

成要素"① 凸显出来，詹姆斯·奥康纳认为，马克思主义一直以来所强调的"自然人化"并不是指生态学视野中的"自然"，而是文化（社会）视野中的"自然"——"人化自然"只是被马克思主义作为一个社会生活的基础（或构成要素）。

尽管当代生态科学的兴起提示历史唯物主义内涵的自我更新是必然的趋势，但是即使是为马克思辩护的生态科学也并没有将自己理论的伦理自律建立在更为广泛的经验型研究之上。资本主义的生产本能是从根本上排斥对资源保护的道德性要求的，因此，以人类负有对自然及物种的伦理责任来要求资本的自我节制，无异于缘木求鱼。资本是无限扩张的，但是自然界无法采取同样的扩展过程，森林资源不可再生，它的生长周期决定它永远无法跟上资本的生产周期，同样矿物燃料和矿石作为不可再生资源在不断萎缩，发生在亚马孙河流域的生态灾难和生态退化成为一个现实的寓言——"资本所带来的灾难"，将由全人类和整个地球生态系来承担。詹姆斯·奥康纳认为，历史唯物主义的生产主义在意识形态上并不反对工业增长对自然的剥削，这使得历史唯物主义似乎陷入了一种生产困境，即历史运动的驱动力源于生产力的发展，但是生产力的无限扩张又越来越受到自然的有限性的制约，历史进化的代价是否能够承受？物质生产力无法自我限制，那么对后马克思主义者来说，则要求更新文化和意识形态对工业和劳动的本质的理解，无论是对左派还是右派来说，保护自己家园的生态诉求和绿色议题似乎能够获得最为广泛的意识形态身份的统一性，如果现实政治斗争的条件和目标不一致，那么生态学马克思主义将会在缺乏目标的过程中消耗掉自己的革命性能力。

詹姆斯·奥康纳认为，关于历史变化发展的唯物主义解读不仅要建立在对工业实践、劳动协作、财产制度以及权力分配关系进行研究的基础之上，还要建立在对具体历史的文化及自然形态进行研究的基础之上。而生态学马克思主义给自己提出的任务则是对此种状态加以改造，其方

---

① 吴苑华：《重思历史唯物主义理论——基于英美学者理论的分析》，社会科学文献出版社，2016，第222页。

式就是对生产力（在马克思那里主要表现为自然系统）的文化维度进行解读和对生产关系（在马克思那里主要表现为社会系统）的自然维度进行解读。

历史唯物主义的自我更新需要面对文化和自然的历史性积累状况之间的关系，正是因为自然和文化这一对因素均有可能内在地包含于社会劳动及其分工之中，所以历史唯物主义就需要研究"社会劳动"如何作用于自然和文化的机制和方式。詹姆斯·奥康纳的历史唯物主义重构首先要求"协作和劳动关系模式与历史的变迁和发展之间的关系进行探讨，然后建构一种能够阐明文化与自然界对所有者或者统治阶级的力量产生影响或者起促进作用方式，所有者或统治阶级的这种力量正是把生产过程中的劳动因素联合起来并对之施加强制作用的力量"[①]。因为詹姆斯·奥康纳认为，历史唯物主义确实有形成某种研究劳动生产过程中的生态和自然的自主过程的自然理论，劳动在改造自然面貌的同时，实际上自然界也在历史地改变和建构劳动的方式。

詹姆斯·奥康纳宣布，历史唯物主义必须经历生态经济学的改造才能获得当代的合法性证明，即全新解读两个基本范畴，按照他的说法就是"文化的生产力和生产关系"或"自然的生产关系和生产力"。而二者的辩证关系在当代被工业实践鲜明地呈现出来，詹姆斯·奥康纳也举例证明道："在生产过程中，一定的文化事件与一定的自然（物理）过程结合起来，却会导致像切尔诺贝利和伯普尔（Bhopal）这样的事件。在这两个事件中，文化实践的结果是物理和化学规律失去控制（可以这么说）。换一个角度来说，物理与化学规律的确呈现了出来，但劳动关系的文化特征却同样也失去了控制。"[②] 切尔诺贝利和印度博普尔事件所造成的后果，需要社会生产系统花费极高的费用加以补救。这样为了阻止对环境的进一步损害以及整修已经造成的生态损害所花费的费用，在整个

---

① 〔美〕詹姆斯·奥康纳：《自然的理由——生态学马克思主义研究》，唐正东、臧佩洪译，南京大学出版社，2003，第68页。

② 〔美〕詹姆斯·奥康纳：《自然的理由——生态学马克思主义研究》，唐正东、臧佩洪译，南京大学出版社，2003，第77~78页。

社会的总产出中占有的比例越来越高，这些非生产性开支的增加，抵消掉新增的社会生产所产生的价值，似乎生产条件破坏，一方面带来了危机，但是另一方面，破坏似乎意味着对更大生产能力的需求，社会生产需要以更大的规模和速度将消耗掉的价值进行补偿，这又从客观上造成了资本积累的进一步加快。这还只是生产条件破坏所带来的经济后果，进一步而言，生态危机导致生产条件的再生产的社会关系方面发生深刻改变，为了减少环境污染和资源浪费，资本主义的政治上层建筑加强对社会秩序的管理和监控，而新社会运动对某些社会体制的反抗，事实上也形成了一种对生产条件的破坏，或者至少是阻力，成为所谓的社会和资本的障碍物。所以詹姆斯·奥康纳认为："在政治性的社会环境运动的任何一种系统性的计划中，都蕴含着某些计划，这些计划阻止资本达及它的自我扩张的最大极限，这与那些处于特定语境中的资本的需要或许是一致的，但或许是不一致的。"① 危机所带来的任何生产条件方面的变化，最终会导致更多的国家和资本利益集团加强控制和管理。当然，资本也会通过流通领域将生产条件的破坏转移到国际上去，市场将污染物和排泄物输出到第三世界国家，造成第三世界国家产生生态平衡的危机。输出型的生态危机是资本主义国家内部的生态政治运动所无法反抗的，它已经超出目前社会运动的斗争高度。因为很不幸的是，生态政治运动还远未达到国际性联合的水平。

詹姆斯·奥康纳认为，无论是人化自然还是先在自然，在本质上都首先服从自然规律的要求。今天的环境问题和生态危机的日益严重化恰恰提醒了人们，自然并不仅是人类生活的基础（或构成要素），在其本质性上，是人类的全部社会生活的载体。詹姆斯·奥康纳认为，马克思主义强调实践创造了人类的全部社会生活，可是，实践必须与自然相联系才能创造人的生活，同时在创造了全部社会生活之后，又必须托付于自然环境承载全部生活，这样，无论是生产力还是生产关系，都与自然

---

① 〔美〕詹姆斯·奥康纳：《自然的理由——生态学马克思主义研究》，唐正东、臧佩洪译，南京大学出版社，2003，第 273 页。

与文化的关系相关联，换言之，"自然与文化的矛盾运动"不仅是生产力与生产关系的共同基础，还是生产力与生产关系的矛盾运动的本质内容。自然与文化的关系是"反思历史唯物主义的传统理论（包括自然论、劳动论、社会基本矛盾理论）着力点"①。

第三节　把自然和资本的矛盾当作资本主义社会的总矛盾

生态学马克思主义从资本主义社会矛盾理论出发，认为自然和资本的矛盾是资本主义社会的总矛盾。资本的无限扩张性和自然界的自身有限性之间是总体性的矛盾关系。资本主义生产方式追求利润的最大化，即资本的无限扩张性，而利润的持续增长依赖于生产资料的保障，这必然导致对自然资源的无节制的消耗，其最终结果就是引发自然资源的枯竭和生态失衡，加剧恶化人与自然的关系，这是资本主义的本质规定性。生态学马克思主义继承了马克思对资本主义社会的批判，他们从分析资本的逻辑入手，认为自然的有限性和资本的无限扩张性之间的矛盾是资本主义社会的总矛盾，即"资本的自我扩张和自然界的自身有限性之间的总体性矛盾"②。

一　资本主义社会总矛盾产生的根源

生态学马克思主义考察了资本逻辑带来的生产和消费的无限扩大或者"钱滚钱"与自然的有限承载之间的矛盾，提出无限追求利润最大化的资本逻辑是资本主义总矛盾产生的根源。

资本因其能够带来巨大的剩余价值而受到资本家的追捧。在资本家的眼里，资本是能够带来剩余价值的价值，而持续下去的秘诀就是拼命

---

① 吴苑华：《重思历史唯物主义理论——基于英美学者理论的分析》，社会科学文献出版社，2016，第222页。

② 〔美〕詹姆斯·奥康纳：《自然的理由——生态学马克思主义研究》，唐正东、臧佩洪译，南京大学出版社，2003，第16页。

地追逐利润最大化，实现价值增殖的最大限度。资本不断追求增殖的趋势导致以资本为中心的资本主义生产具有无限扩张的趋势，而资本的增殖趋势、生产的无限扩张趋势与人们消费的无限扩大趋势是紧密相连的。资本拥有者为了实现资本增殖，就会扩大生产，生产出大量的商品，而这些生产出来的商品如果卖不出去就无法真正实现资本增殖，因此，商品的生产者会穷尽各种手段诱使人们去消费掉那些并非他们真正需要的消费品，并倡导一种在消费中获得快乐的消费主义价值观，人们在这种消费主义价值观的影响下，并不清楚自己的真实需要，为了消费而消费，只是把自己充当一部机器而已。

大量的生产和大量的消费不仅是对人们真实需要的背离，而且会带来严重的社会问题。生态学马克思主义指出，资本增殖逻辑带来的生产的无限扩大必然伴随着消费的无限扩大，大量的生产和大量的消费所带来的后果是，对有限的自然资源无止境地掠夺以及无限制地向自然投放各类垃圾。我们知道，自然界的资源是有限的，许多资源是不可再生的；自然界的自我修复能力是有限的，许多废品和垃圾根本无法在自然界找到收纳空间，这就必然带来资本与自然的矛盾，即资本主义生产和消费的无限性与自然界承载能力的有限性之间的尖锐矛盾，这也是资本主义社会的总矛盾。自然与资本的尖锐矛盾所带来的后果是严重的，它将使整个世界的生存都成问题。

二　资本主义社会总矛盾的必然趋势

生态学马克思主义考察了在资本逻辑的作用下，资本主义经济增长存在"成本外在化"的趋势，这种趋势与资源保护再循环和污染控制是相矛盾的。一个无法逃避的事实是，人类对能源和原材料的消耗目前已经达到了自然平衡的临界点。

大气中人为增添的碳元素已经占到大气与海洋碳元素自然交换的7%。人类目前消耗着整个地球25%光合作用形成的植物和陆地上40%的光合作用产物。使用合成化肥的主要结果是，环境中人为产生的氮已经与自然产量相当。人类活动在规模上不断挑战自然使生态环境问题从局部地区向全球扩散。而且，以往貌似无足轻重的环境影响，如二氧化碳排放的增加，已经成为地球基本生态循环稳定的威胁。"随着地球具有保护作用的臭氧层出现巨大空洞和全球变暖的威胁，甚至干旱、洪水和热浪都会成为人类无意行为的后果。"①

生态学马克思主义者戴维·佩珀指出，在资本逻辑的驱使下，资本家一方面以加大投入力度的方式扩大生产，以维持利润；另一方面想尽一切办法降低成本，他们可以为原材料、劳动力和机器设备等买单，却不愿意为环境污染买单，这些环境污染是他们大量生产造成的，如生产过程中排出的废气和废水等，他们把这部分支出外化于自然环境，如把废气排入大气层，让废水流入江河湖海或者把它转嫁给子孙后代，从而导致"成本外在化"的趋势，让社会整体支付。在资本主义经济发展中，肆意"开采"资源不顾及后果是一种不可抗拒的趋势，最终导致成本外在化部分地将其转嫁给未来：后代不得不为今天的破坏付出代价。②

生态学马克思主义指出，实际上，治理资本生产造成的环境污染是生产者必须承担的社会责任，治理环境污染的费用必须纳入生产者的生产成本当中，但是，资本生产的逻辑提醒我们，没有哪位资本家愿意牺牲利润去治理环境污染，他们想方设法把这部分成本外在化。每年都有无数关于私人公司公开地或者秘密地使社会与环境成本外在化的例子出现。然而，他们很少公开承认这样做了，就像英国新私有化的电力公司在1991年所做的那样。据报道该电力公司决定关闭全国最主要的酸雨研究实验室，尽管政府提前作出了电力私有化不会损害环境工作的保证。但是，该电力公司发言人仍然宣称不再以环境保护为价值标准来判断事情，因为这不是一个商业性公司运作的方式。这种直言不讳的诚实让我们看到了资本主义的本来面目。

---

① 〔美〕约翰·贝拉米·福斯特：《生态危机与资本主义》，耿建新、宋兴无译，上海译文出版社，2006，第60~61页。

② 参见〔英〕戴维·佩珀《生态社会主义：从深生态学到社会正义》，刘颖译，山东大学出版社，2005，第136页。

　　面对成本外在化给自然环境造成的破坏，新古典经济学家提出，应该按照市场原则把自然资源如空气和水私有化，这样就可能避免对环境造成太大的损害。但是也有人反对这样做，因为如果自然资源私有化，自然资源的拥有者并不会真正善待它，而是会把它投入生产以获利或者高价出卖它。如果这些自然资源作为一种公共财产归全体社会成员共有，也许大家会真心实意地保护它，但是又会出现加勒特·哈丁的"公地的悲剧"。此外，随着资本逻辑的不断扩张，这种成本外在化将导致发达国家对发展中国家的生态掠夺，从而加剧世界范围内的生态危机，发展中国家也被卷入自然和资本的总矛盾中，即自然和资本的矛盾也全球化了。

　　总之，生态学马克思主义强调，自然和资本的矛盾是资本主义社会的总矛盾，它们是资本主义的产物，随着资本逻辑的全球化，这种总矛盾也全球化了。在资本主义社会中，只要有资本存在，就会有自然与资本的矛盾出现，资本的增殖逻辑与资本主义经济的增长动力导致资本主义社会不可避免地产生生态危机。

第九章　对历史唯物主义中资本主义危机理论的重建

资本主义社会危机尤其是经济危机是马克思的重要研究对象。马克思主义经典作家都具体地探究过现代社会危机的类型、实质和根源，并尖锐地指出资本主义私有制是资本主义社会危机的总根源，主要着眼于资本主义社会的经济危机、政治危机和文化危机研究，揭示了这些危机是现代人类的生存危机，也是资本主义社会阶级利益冲突的产物。不过，关于生态危机的研究，在马克思主义经典作家的文本中并不多见，虽然马克思和恩格斯当年有所思考，比如对工业化破坏自然而引发的恶劣后果的关注，提醒人们注意这种后果给人类生存与发展带来的不利影响，可是终究没有形成一个明确的、完整的马克思主义生态危机理论。

第一节　资本主义危机的总体化特征

一　对马克思危机理论的辩护与质疑

生态学马克思主义认为，马克思和恩格斯的危机理论蕴含着合理的思想，能启示我们创造性地分析生态危机问题。但问题在于，马克思和恩格斯的危机理论的生态学意义被马克思主义社会危机理论遮蔽了。生态危机理论在传统马克思主义理论中长期缺席，这与其中心议题紧密关联。因为在传统马克思主义语境中，迫切需要解决的社会问题是国家政权问题，即夺取政权和建立新政权，马克思和恩格斯的社会危机理论被解读成阶级利益冲突及阶级斗争理论，甚至被极端地解读成政治利益冲突及政治斗争理论，在这一历史使命面前政治危机、经济危机和文化危机更为突出，因而看不到其对生态危机的关注和思考。

自从马克思去世后，如何解读马克思危机理论的相关论述，构筑一个既能用来解释现实生活中的资本主义危机现象，又能用来指导无产阶级革命的马克思主义危机理论，成为马克思主义理论研究者的一项重要任务。

20世纪后半期，西方资本主义国家在强有力的国家宏观调控和政府干预下，并没有出现大规模的经济危机，反而出现了经济的平稳发展，特别是在20世纪90年代初，经济发展曾经一度出现所谓的"黄金时期"，于是马克思危机理论受到了质疑。例如尤尔根·哈贝马斯提出，"当代资本主义的危机是一种合法性危机，而不是马克思所言的经济危机"[①]。但是，在资本主义经济快速发展的同时，西方工业文明带来了严峻的社会问题，各种抗议和保护社会运动此起彼伏。

资本主义危机问题是马克思和恩格斯早期研究经济理论的一个重要内容。恩格斯从竞争和供求关系的视角去分析经济危机，指出资本主义危机是一种常态性的和系统性的现象，"就像彗星一样定期再现"[②]。马克思从利润率下降趋势、消费不足倾向、生产过剩趋向等不同视角论及资本主义危机，把资本主义危机理论建立在对资本主义基本矛盾的分析的基础上，即生产社会化和生产资料私有制之间的矛盾，是资本主义基本矛盾，具体表现为：资本主义个别资本生产的有组织性和整个社会生产的无政府状态之间的矛盾，以及生产不断扩大的趋势与劳动者购买能力相对缩小之间的矛盾。这些矛盾必然引起经济危机。

但是，随着资本主义对自身生产关系的不断调整，特别是在第二次世界大战以后欧美国家普遍实行凯恩斯主义，即资本主义国家加大对社会经济生活的广泛干预和实行福利政策，以及垄断资本主义经济的出现，无产阶级的生活状况和经济地位在垄断资本主义时期的资本主义国家得

---

① 胡大平等：《资本主义理解史》第5卷，江苏人民出版社，2009，第293页。
② 《马克思恩格斯文集》第1卷，人民出版社，2009，第74页。

到改善。这在一定程度上缓和了资本主义基本矛盾，资本主义也呈现出进一步在全球发展的态势。因此"马克思根据自由资本主义社会前提提出的政治经济学的重要条件消失了"①。面对此种情况，一些西方学者怀疑或否定马克思危机理论，认为马克思危机理论已经过时，应该用新的思维来思考资本主义的危机问题，其中具有代表性的观点是凯恩斯主义者、新自由主义者以及一些生态学马克思主义者对资本主义危机理论的新探索。

凯恩斯主义者和新自由主义者不赞同马克思对资本主义经济危机产生原因和解决途径的分析。凯恩斯主义危机理论注重发挥国家对经济运行的宏观调控作用，主张推行积极有效的国家财政政策和货币政策等一系列措施，以提高社会的有效需求。以弗里德里奇·哈耶克（Friedrich August Hayek）为代表的新自由主义者主张推行市场竞争自由化、减少政府对经济运行的干预甚至不干预。凯恩斯主义和新自由主义尽管分析经济危机的产生原因和解决途径的观点不同，但都从自身资产阶级的属性出发，一致认为可以通过制度改良缓解和避免经济危机，这与马克思主义所主张的观点截然不同，即经济危机是资本主义固有矛盾产生的，只有推翻资本主义制度才能真正解决经济危机。凯恩斯主义者和新自由主义者都认为，当今资本主义经济危机的表象与马克思危机理论对经济危机的描述存在很大差异，特别是资本主义国家实行凯恩斯国家干预政策以来，资本主义基本矛盾得到有效缓解，工人阶级的生活水平得到极大改善，经济危机的破坏力明显变小。

西方马克思主义之后的马克思主义者，包括生态学马克思主义者对资本主义危机进行了进一步的探索。他们从马克思的政治经济学，特别是从马克思的国家理论中寻找根据。他们虽然大多同意马克思关于国家是"管理整个资产阶级的共同事务的委员会"的基本看法，但把危机的场所由经济领域转移到政治领域、意识形态领域和文化领域，这些新的

①　〔德〕尤尔根·哈贝马斯：《作为"意识形态"的技术与科学》，李黎、郭官义译，学林出版社，1999，第58页。

危机形式完全不同于马克思的包括利润率下降和出现庞大产业后备军在内的危机理论。如詹姆斯·奥康纳创立的"国家财政危机理论",尤尔根·哈贝马斯等创立的"合法性危机理论"以及生态学马克思主义者创立的"生态危机理论"。

有的生态学马克思主义者指出马克思危机理论特别是经济危机理论仍然能够解释当今资本主义的现实状况,应该对马克思危机理论进行辩护,不仅如此,他们还提出了与经济危机相结合的生态危机理论,并揭示了资本主义生态危机的根源,以期寻找解决生态危机以及实现人的自由和解放的途径。生态学马克思主义主要的理论目的是将生态科学和马克思主义相结合,"以资本的全球化扩张为背景,从社会和自然关系的维度批判晚期资本主义的生产方式"①,以解决资本主义生态危机。

也有一些生态学马克思主义学者提出以生态危机取代经济危机,只以现代社会中的生态危机为研究对象,重建马克思主义社会危机理论。在他们看来,就像马克思和恩格斯所说的那样,生态危机在现代社会进程中突出地表现出来不是偶然的,而是资本主义长期不合理发展的必然产物,对生态危机的思考必须与批判现代资本主义发展的不合理性结合起来,揭示生态危机的资本主义根源、实质以及探索其社会主义式的解决方案,只有如此,才能重建马克思主义的社会危机理论。

本·阿格尔认为,当代资本主义国家存在的危机和马克思主义产生时代的危机,尽管都是根源于马克思所说的生产社会化和生产资料私有制的资本主义基本矛盾,但是这些社会危机的外在表现形式具有很大的不同。在马克思和恩格斯生活的时代,社会危机主要是生产无限扩大和工人消费不足所导致的经济危机,但是随着垄断资本主义的产生和不断完善,随着垄断资本主义政权调控市场的能力不断提高,新时代的社会危机不再以经济危机的形式表现出来,而是表现为政治合法化危机和财政危机。所谓政治合法化危机,即资本主义社会为了维持经济的正常运

---

① 张一兵等:《资本主义理解史》第6卷,江苏人民出版社,2009,第141页。

转，不被规模不断扩大的经济危机所淹没，转而求助于政府，希望政府对自由经济体系乃至市民社会进行越来越严密的控制，但是这种不断严密的控制又和资本主义公开提倡的自由民主的意识形态相违背。由于公民的自由权利受到政府越来越全面深入的侵害，资本主义统治的合法化正在遭受越来越普遍的怀疑。所谓财政危机，是政治合法化危机的"孪生子"，资产阶级政府大力实施凯恩斯主义，保证整个社会经济运行的有序性，却导致政府财政支出超过了社会经济的承受能力，政府长期保持高额财政赤字，最终导致自由资本主义的持续发展受到威胁。面临政治合法化危机和财政危机的资本家，为了从这种混乱状态中摆脱出来，只能通过大力推行消费社会的策略，来维持全体社会成员对现有社会持续的忠诚度，这又导致了空前严重的生态危机。

詹姆斯·奥康纳在1973年出版的《国家的财政危机》一书中认为，资本主义国家日益被迫征集足够的税收以履行其进行干预的职责，这不仅破坏经济自身的生产能力，而且直接威胁到资本主义国家的政治合法性。"合法性危机理论"认为在垄断资本主义制度中的资本主义国家的干预作用与大多数西方国家依然起作用的自由经营的意识形态之间存在基本不协调的状况。尤尔根·哈贝马斯认为许多雇佣劳动者对企业和政府越来越不抱幻想了，因为他们看到这些大规模的力量既不易于操纵又没有理性；此外，普通的劳动者也不再认为资本主义制度是有希望的了。"国家财政危机理论"和"合法性危机理论"都强调国家干预对资本主义社会造成许多新问题的事实，其实，产生财政危机和合法性危机的原因与马克思所认为的产生经济危机的原因是一样的，都是社会化大生产与私人消费之间没有建立稳定的平衡。但是现在危机的形式不一样了，因而需要新的危机理论，最后需要新的社会变革的战略。

总而言之，随着全球性生态危机的凸显和生态运动的发展，马克思危机理论的当代性受到了西方学者的质疑。基于此，生态学马克思主义断言，马克思危机理论并没有失效，它对解释当今生态危机现象仍然具有鲜活的生命力，如尤尔根·哈贝马斯说，"合法性危机的概念是仿照经济危机的概念而形成的"①。

二　资本主义危机的总体化特征

"资本主义的历史是一连串以不同形式反复出现的危机。"② 20 世纪 80 年代，资本在其全球化的过程中重建了对劳动力的控制力量；新自由主义的重新执政导致了资本主义"黄金时代"开始终结。在这样的现实历史背景下，詹姆斯·奥康纳提出"资本主义的危机是一种历史积累性的危机"③ 的观点，从而建构出一种结合了经济学、社会学、心理学、政治学和政治经济学的跨学科的"总体"的方法论，以及一个关于资本主义危机的"总体化"理论。哈贝马斯也持有类似的观点，认为危机就是系统整合的持续失调，他说，"经济危机源于矛盾的系统命令，并因此威胁着社会整合，同时，经济危机也是一种社会危机，在此危机中，行为集团的利益相互冲突，并且对该社会的社会整合提出了质疑"④。

20 世纪西方世界的理论风云都是在与苏联和东欧的经济决定论的对抗中发展的，对总体意识的强调可以说正是这一对抗的理论表现之一。詹姆斯·奥康纳也不例外，在他看来，对资本主义积累的"内在障碍"形式的说明贯穿了传统的马克思主义危机理论，马克思的"正统"追随者充分继承了这一理论传统并把它极端化了，虽然"正统"马克思主义理论家在经济决定论的前提下又发展出一种"系统理论"。在詹姆斯·奥康纳看来，这在一个经济体系相对难以管理的时代似乎是合理的，然而，随着现代雇佣劳动、大规模资本、国家以及阶级斗争的发展，这种经济系

①　〔德〕尤尔根·哈贝马斯：《合法化危机》，刘北成等译，上海人民出版社，2000，第91页。

②　〔美〕迈克尔·佩雷尔曼：《马克思的危机理论：稀缺性、劳动与金融》，丁晓钦译，上海财经大学出版社，2023，第1页。

③　何畏：《危机的宿命：奥康纳资本主义危机理论研究》，北京师范大学出版社，2018，第84页。

④　〔德〕尤尔根·哈贝马斯：《合法化危机》，刘北成等译，上海人民出版社，2000，第39页。

统理论变得越来越没有说服力。这不仅是因为文化的控制和管理的重要性已经大于经济运行的作用，还因为离开了文化作用的经济运行已经无法单独起作用。更重要的是，随着"完全的资本主义"（full capitalism）的发展，文化的、意识形态的与经济和政治过程的区别正趋向缩小。经济效率、法理和道德规范价值之间相互渗透，实际上废除了传统马克思主义术语中的独立自主的"经济规律"。资本主义正以暧昧不明的方式把资本逻辑、意识形态文化和政治行政手段的不同特征结合起来，在这个意义上资本主义已经成为一个不可分割的"混合体"。与整体的资本主义相应，资本主义的危机也显现出一个整体化的面貌。詹姆斯·奥康纳把"工人阶级、社会和文化运动，以及国家和社会当作一个整体"，认为"它们本身就是现代危机的形式和内容发展的原因"。① 这在当时是美国左派学者的一个普遍共识。著名的美国左派经济学家曼纽尔·卡斯泰尔斯（Manuel Castells）在总结美国 20 世纪 70 年代出现的那场危机时指出："问题不单单是经济。一些过去孤立的经济、政治和思想上的因素，自 1973 年年底以来形成了一个整体，导致人们可能对发达资本主义的经济和社会体制产生疑问。"② 并且，"对于先进资本主义的稳定性来说，更糟的是，这次危机不只是经济上的，而且也是政治上和意识形态上的。由于这三者具有相互关联的特性，这就使得这次危机成为资本主义生产方式的历史扩展中的一次结构性危机"③。然而，马克思的"正统"追随者并没有充分考虑到资本积累可能遇到的"外在障碍"（如自然资源的有限性或者经济和社会再生产的文化意识形态条件对资本积累的限制）。事实上，从 20 世纪 30 年代到 80 年代，很多西方学者认为工人阶级在衰落，但他们都不否认工人的斗争是经济危机产生的原因之一。詹姆斯·奥康

---

① James O'Connor, *The Meaning of Crisis: A Theoretical Introduction*, Oxford: Basil Blackwell, 1987, p. 11.

② 〔美〕曼纽尔·卡斯泰尔斯：《经济危机与美国社会》，晏山枥等译，上海译文出版社，1985，第 2 页。

③ 〔美〕曼纽尔·卡斯泰尔斯：《经济危机与美国社会》，晏山枥等译，上海译文出版社，1985，第 3 页。

纳在这里提出的观点是："资本的重构，工人阶级、国家通过历史的经济危机和传统经济斗争彻底变革了社会和经济再生产的条件，这不仅发生在生产过程中，同样还发生在社会和国家中。"① 所以，对社会斗争以及它与经济和社会危机关系的深入分析应该成为现代危机理论的核心。在这个意义上，詹姆斯·奥康纳提出的"总体化"的危机理论是与传统马克思主义的危机理论形成强烈对比的。

应该说，詹姆斯·奥康纳坚持从危机的积累中解释危机的出发点是好的，但是，由于在一定程度上，他是在第二国际的经济决定论基础之上理解马克思的，这导致他不但误解了马克思，还因此弱化了马克思理论中最深刻的经济批判维度，走上了从个人主义意识形态出发来分析阶级斗争与危机关系的道路，这实质上是一种文化批判模式。但是，仍应该指出，比起只是站在外在乌托邦角度批判资本主义的文化批判模式，詹姆斯·奥康纳在这里展现给我们的文化批判模式是内在于生产与再生产条件中的，这显然要深刻得多。这将是我们在后面阐释的重点。无论如何，我们必须明确，客观地说，"尽管马克思在社会批判理论的建构中的确相对侧重于对经济逻辑之历史效应的论证，但他并没有忘记文化线索的重要性。这不但表现在他对作为意识形态的资产阶级哲学和资产阶级政治经济学的批判上，而且还表现在他对日常生活层面'意识形式'和观念拜物教的批判上。也就是说，马克思并没有像有些西方学者所说的那样，弱化文化批判线索在整个社会批判理论中的重要性，他只不过没有把文化批判和经济批判割裂开来而已，而这正是其社会批判理论在学术史上具有重要价值的原因"②。

资本主义社会已经成为一个不可分割的整体，这使得资本主义危机也不可能表现为单一的经济危机，而是由相生相伴的经济、政治、文化、社会等危机组成的整体危机（whole crisis）、联合危机（joint

---

① James O'Connor, *The Meaning of Crisis: A Theoretical Introduction*, Oxford: Basil Blackwell, 1987, p. 8.

② 唐正东、孙乐强：《资本主义理解史》第 4 卷，江苏人民出版社，2009，第 1 页。

crisis）。詹姆斯·奥康纳主张把资本主义社会当作一个整体或总体来把握。这种坚持总体性的认识方法是符合马克思主义辩证法的思维原则的，是正确的。

詹姆斯·奥康纳对资本主义危机的总体认识。詹姆斯·奥康纳认为资本主义危机的"积累性"有双重性质。一方面，资本积累导致了资本主义危机，即危机的根源在于资本的积累逻辑；另一方面，这种危机本身在资本主义发展过程中也是不断积累的。这种对危机的历史生成性的看法其实是直接建立在詹姆斯·奥康纳对危机根源判断的基础之上的。詹姆斯·奥康纳发现，资本主义每一次危机的"解决"都是表面的假象，事实上，对过去危机的解决只会在接下来的危机中再次成为"问题"，危机非但没有被消除，反而会在不断地转移中逐渐积累更强烈的破坏力。因为，资本主义危机是存在于资本主义生产方式的矛盾中的，所以，只要资本主义生产方式不变，危机就不可能得到真正的解决。因此，我们必须把危机当作一个不断发展的历史过程来研究，这样才能认清资本主义矛盾积累、生长的过程。"历史的研究会更清楚地表明资本主义在西方的发展是一个充满危机的过程。然而，历史的证据并不能证明资本主义在本质上就是一个充满危机或者依赖危机的过程。了解资本主义的危机途径仍是马克思主义危机理论框架内的周期和结构性的'危机要素'（crisis fits）。"①

詹姆斯·奥康纳认为，资本主义生产方式的内在矛盾将促使这一制度发生必然的转变。生产社会化的不断扩大将为这一转变提供有利条件，而矛盾的激化必然促使工人阶级起来斗争。无论如何，只有实现生产方式的根本性变革，才能真正消除危机，因此，社会主义是历史的必然发展趋势。詹姆斯·奥康纳建构的"总体化"的危机理论作出了不容忽视的理论贡献。既没有忽略掉阶级斗争，也没有脱离资本逻辑的背景空洞地描述女权运动、都市运动、环保运动等社会现象，在本质抽象

---

① James O'Connor, *The Meaning of Crisis: A Theoretical Introduction*, Oxford：Basil Blackwell, 1987, p. 26.

和现实具体之间进行有效批判。詹姆斯·奥康纳生活在不同于马克思和恩格斯的历史时代，面对新的历史时期出现的新问题，他并没有放弃马克思主义批判理论的基本思路，而是通过把对意识形态的批判植入对资本逻辑的批判之中，从而在文化研究与经济批判之间搭建了一座理论桥梁；通过把"危机理论"与"工人斗争理论"相结合，在理论与实践之间建立了有机联系；通过把历史研究与理论研究相结合，在本质抽象与现实具体层面达到了一定的理论高度。这不仅推进了文化研究的理论工作，也增强了经济批判理论的"具体"现实感。所以，从这一意义上来说，詹姆斯·奥康纳的"总体化"的危机理论确实给我们以后的社会批判理论指明了一条比较正确的出路。并且，作为马克思主义理论家，仅仅描绘历史客观事实绝不是詹姆斯·奥康纳的目的，透过表面现象致力于解释内在本质才是他的根本任务。所以，他才能得出"资本主义的危机是一种历史积累性的危机"的观点，较之于认为危机是可以调节的法国调节学派，这样的观点无疑是非常深刻的。而略感遗憾的是，在分析矛盾的时候，我们很容易就会发现，虽然他一直怀揣用马克思主义去批判现实的良好愿望，但在实际的理论推演中，他并不擅长从资本逻辑的本质层面对经验进行理论提升。

詹姆斯·奥康纳通过对资本主义危机进行历史性考察，揭示出资本主义危机的积累性特征，建立了一个关于资本主义危机的"总体化"理论。一方面表明资本主义危机是在资本积累中产生的，另一方面表明资本主义危机是在危机的产生及不断"化解"的历史过程中不断积累或积聚的。

第二节　生态危机是一种现代资本主义的社会危机

生态学马克思主义通过分析马克思主义的生态世界观和危机理论特别是经济危机理论，指出资本主义不仅面临经济危机，也遭遇生态危机。所谓的生态危机，乔尔·克沃尔认为"并不仅仅是经济发展所导致的，而且是在人类文明发展进程中产生的一种类似癌症的病态经济模式"①。"目前的历史阶段可以被认为是与人类生产有关的多种因素导致生态系统退化，并最终超出了大自然缓冲的能力范围，因此将引发一连串无法预测，但是相互作用、不断扩大的生态系统的崩溃瓦解。"② 总体而言，生态学马克思主义把生态危机的具体原因划分为五种："控制自然观念导致的生态危机、消费社会所导致的生态危机、资本扩张导致的生态危机、科学技术所导致的生态危机和生态殖民主义导致的生态危机"③。"在生态危机的问题上，马克思主义谱系中的理论要比自由主义以及其他类型的主流经济思想更有发言的机会。这是因为，马克思主义者拥有一种能够对资本主义的矛盾作出阐释的经济危机理论或者，更准确地说，是一些经济危机理论。"④

生态学马克思主义指出资本主义社会与生态环境在本质上是对立的，资本主义在无限制追求利益的驱使下，其生产方式会对自身生产条件造成损害。资本主义的内在矛盾是生态危机产生的内在原因，也就是说，先进的生产力不断促进生产规模的扩大，对生产资料的需求也随之增加，而生产资料增加所带来的产量和利润又刺激生产力的继续发展和生产规模的不断扩大，使得资本主义生产方式陷入恶性循环，其结果将会激化社会各个方面的各种矛盾，从而引发社会危机。

探索资本主义社会危机，是历史唯物主义的重要研究任务。传统历史唯物主义始终着眼于经济危机问题，把它视为资本主义本质性的顽疾，视为资本主义社会宿命的先兆。可是，经济危机在现代资本主义社会已经不再是经常性的危机种类，这是因为现代社会的经济危机持续时间短、

---

① 〔美〕乔尔·科威尔：《马克思与生态学》，武烜、刘东锋译，载刘胜仁主编《生态马克思主义与生态文明》，中国人民大学出版社，2022，第58页。

② 〔美〕乔尔·科威尔：《自然的敌人：资本主义的终结还是世界的毁灭？》，杨燕飞、冯春涌译，中国人民大学出版社，2015，第20页。

③ 刘晓勇：《生态学马克思主义与当代中国可持续发展研究》，中国社会科学出版社，2018，序言第1页。

④ 〔美〕詹姆斯·奥康纳：《自然的理由——生态学马克思主义研究》，唐正东、臧佩洪译，南京大学出版社，2003，第298页。

爆发频率低、影响范围小，因而这种危机已经被现代资本主义发展边缘化了，沦为次要的危机种类。哈贝马斯认为，"合法化危机"是现代资本主义社会的主要危机类型；文化马克思主义学者认为，"文化危机"才是现代社会的主要危机类型；世界体系的马克思主义学者则认为"霸权危机"是现代社会的主要危机类型；等等。其中，生态学马克思主义学者则把"生态危机"视为现代资本主义社会最主要的危机类型。正如詹姆斯·奥康纳所说："与'生态危机'相比，'经济危机'的含义（至少在马克思主义的理论中）是非常明确的。它是指资本的货币、生产或商品的流通过程的中断，或者更一般地说，是指资本总体的再生产与积累的中断或停止。经济危机意味着某种'转折点'，它反映了经济的增长开始转向某种衰退（或者说萧条、滞胀的阶段）。同时，它还有另外一层含义：一个'做决定的时刻'。个体资本在这种时刻会下定决心寻求对生产、技术及市场的重构（过度资本主义化的那些企业和商业部门在20世纪80和90年代就受到了这些问题的困扰），而劳工及社会运动在这种时刻会寻求更为有效的形式来进行有组织的斗争及政治上的干预（这在20世纪80和90年代其实也是很突出的，只是没有资本的重组那样被很多人所知晓）。"① 在这里，詹姆斯·奥康纳明确地肯定了资本主义经济危机是客观存在的，认同马克思主义在这个问题上的理论贡献，同时也认为，经济危机不是现代资本主义社会最危险的危机，至多是资本的积累危机，不会导致资本主义灭亡。所谓"转折点"是指资本积累将从前一种状态转向后一种新的状态，即走向新的生产、技术、市场和资本的重组阶段，而不是指资本主义社会走向灭亡。

在现代资本主义历史进程中，为什么生态危机是最危险的危机？詹姆斯·奥康纳的回答是：这种危机不仅是一种新型的经济危机而且是最深刻的人类的生存危机，更是资本主义发展最新、最深刻的危机。"从理论的角度来看，关键是要找出资本主义积累、经济危机以及生态危机

---

① 〔美〕詹姆斯·奥康纳：《自然的理由——生态学马克思主义研究》，唐正东、臧佩洪译，南京大学出版社，2003，第285~286页。

之间的内在联系"①，这种"内在联系"最终归结为生态资源的"稀缺性"和"有限性"，这一点用20世纪80年代发展中国家的债务危机就足以佐证。

"20世纪80年代的'第三世界'的债务，使南部国家的生态条件变得更糟；不断退化的生态条件扩大和加深了贫困（在一定程度上由于债务的原因，贫困其实已经很普遍了），同时也导致了政治上的反抗。这两者反过来又加深了债务危机。"② 资本主义积累是建立在对剩余价值持续生产和剥削上的，而剩余价值的生产是建立在生产与再生产的可持续状态下的，这种状态的可持续维持又是建立在劳动对象（生态资源）的可持续供给上，资本主义积累不断扩张，其生产所需要的生态资源也随之扩大供应。问题就出在扩大需求与扩大供应之间的不可持续性关系上，一方是资本主义积累的无止境扩张，另一方是生态资源的"稀缺性"和"有限性"，二者之间先天就有一种不可调和的矛盾。因而，当生态资源不能持续供应时，资本主义积累就会停止和中断，最终会导致经济危机的爆发。对此，詹姆斯·奥康纳做了如下描述："不管原料、能源以及其他'不变资本和可变资本因素'的成本是高的且是不断增长的，还是低的且是不断下降的，资本的积累和经济的增长都依赖于第Ⅰ部类（资本货物行业）中的投资的扩大（从质和量两个方面来说）。第Ⅰ部类的增长越快，生产率、利润以及经济总体的平均增长率就越高。反过来，假设其他条件不变，经济增长的速度越快，资源的耗费即衰竭就越高，同时，那些多余的副产品（污染）就越有可能被生产出来。事实上，某种既定的经济增长率也有可能导致比以前更高的耗费率及污染率。"③ 这样，生态危机就成了资本主义积累危机的另一种表现形式。

---

① 〔美〕詹姆斯·奥康纳：《自然的理由——生态学马克思主义研究》，唐正东、臧佩洪译，南京大学出版社，2003，第286页。

② 〔美〕詹姆斯·奥康纳：《自然的理由——生态学马克思主义研究》，唐正东、臧佩洪译，南京大学出版社，2003，第286页。

③ 〔美〕詹姆斯·奥康纳：《自然的理由——生态学马克思主义研究》，唐正东、臧佩洪译，南京大学出版社，2003，第291~292页。

总之，现代社会的生态危机也是现代资本主义发展最深刻的经济危机。其一，"从总体上说，经济危机是与过度竞争、效率迷恋以及成本削减（譬如，剥削率的增强）联系在一起的，由此，也是与对工人的经济上和生理上的压榨的增强、成本外化力度的加大以及由此而来的环境恶化程度的加剧联系在一起的"[1]；其二，"经济危机与成本消减同时还会在刺激那些先前已被禁止的对环境具有危害性的技术（如曾在美国西南部的部分地区使用过的 DDT）复活的同时，刺激那些更新的现代技术的出现，从而导致生态恶化的新的形式（譬如，高科技污染）"[2]；其三，"经济危机还与降低资本流通时间的努力联系在一起，这反过来会使得企业更加不关注工人的健康、所出售商品的环境及卫生影响、城市条件及基础设施的可持续性存在等等"[3]。

生态危机还是现代资本主义最深刻的社会危机。随着生态危机日益加剧，资本主义经济危机乃至其他社会危机必将一波一波地出现，尤其是 20 世纪 70 年代以后出现的石油危机、核危机、政治合法化危机、文化动因危机、恐怖主义袭击、种族冲突、金融危机等，最后都集中于现今的生态危机，因此这种危机才是现代资本主义发展最深刻的危机。

在当代资本主义社会里，仅仅抓住经济危机，是不可能掌握当代资本主义发展的本质特征及趋势的。正如詹姆斯·奥康纳所说："资本主义积累一般而言会导致一定类型的生态危机；经济危机与部分相异、部分相似的生态问题（当然是具有不同厉害程度的）联系在一起；资本的外在性障碍表现在稀缺资源、城市空间、健康及训练有素的雇佣劳动者以及其他一些生产条件方面，它们有可能会使成本增加，从而对利润构成威胁；最后，以保护生活条件、森林、土壤质量、环境的舒适、卫生条

[1] 〔美〕詹姆斯·奥康纳：《自然的理由——生态学马克思主义研究》，唐正东、臧佩洪译，南京大学出版社，2003，第 293 页。

[2] 〔美〕詹姆斯·奥康纳：《自然的理由——生态学马克思主义研究》，唐正东、臧佩洪译，南京大学出版社，2003，第 293 页。

[3] 〔美〕詹姆斯·奥康纳：《自然的理由——生态学马克思主义研究》，唐正东、臧佩洪译，南京大学出版社，2003，第 293 页。

件以及城市空间等等为目的的环境运动及其他社会运动，也有可能提高成本，并使资本缺乏灵活性。因此，资本主义的积累和危机会导致生态问题，而生态问题（包括环境及社会运动对这种问题所作出的反应）反过来又会导致经济问题。"①

生态学马克思主义学者把"生态危机"视为当代资本主义的主要危机种类，以此为基础，确立了一种对现代资本主义的批判性分析视界。客观地讲，这样的研究有积极意义。"在生态危机的问题上，马克思主义谱系中的理论要比自由主义以及其他类型的主流经济思想更有发言的机会。这是因为，马克思主义者拥有一种能够对资本主义的矛盾作出阐释的经济危机理论（或者，更准确地说，是一些经济危机理论）。"②

马克思主义认为资本主义经济危机不可避免，是资本主义社会固有矛盾的产物，在造成巨大破坏性的同时又是资本主义走向灭亡的助推器。经济危机导致的资本主义灭亡是资本运行逻辑的必然结果，这是社会历史发展的客观规律。资本主义诞生之初，就已经为自身的否定性存在准备了否定性的因素。本·阿格尔、约翰·贝拉米·福斯特与詹姆斯·奥康纳指出了生态危机与资本主义之间的内在联系。

生态学马克思主义在借鉴马克思主义批判理论的基础上深入考察了生态危机的表象及背后的根源，对资本主义社会制度进行了深刻的批判，在借鉴唯物主义历史观的基础上，将生态危机的根源定位为资本主义的生产方式与资本的逻辑，指出正是资本主义的资本逻辑造成了当今严重的生态灾难。

一 异化消费与生态危机

本·阿格尔和威廉·莱斯认为异化消费是资本主义生态危机产生的重要原因。20 世纪后半叶，随着科学技术的巨大进步和社会生产力的高

---

① 〔美〕詹姆斯·奥康纳：《自然的理由——生态学马克思主义研究》，唐正东、臧佩洪译，南京大学出版社，2003，第 294 页。

② 〔美〕詹姆斯·奥康纳：《自然的理由——生态学马克思主义研究》，唐正东、臧佩洪译，南京大学出版社，2003，第 298 页。

速发展，西方世界进入了消费社会。同时生态学马克思主义也开启了对资本主义工业社会深刻的"消费异化"批判。所谓的"异化消费"是对消费本性的疏离，是指人类在日常生活与社会实践中从消费自身的所需性、必要性与合理性中异化出去，从而日益远离消费的原本价值和意义的消费行为。

本·阿格尔认为，在当今的社会条件下，这两个理论已经不适合当今具体的社会现实，需要进行修正。马克思的经济危机理论是在资本主义发展不全面的时代或商品经济发展初期提出来的，对于当时的社会现实具有重要价值，但是当代资本主义社会发生了重大变化，商品生产的重要性逐渐被商品消费所取代，将人存在的价值和意义与商品消费挂钩，或"把人的满足几乎完全等同于消费"①，而忽视了人的其他需求，使消费的重要性日益上升，成为资本主义社会里人们的主要存在方式。资本主义的危机也从商品生产领域转移到了商品消费领域，广大人民群众被商品密集包围，加之资本主义的广告宣传攻势，使人们陷入了消费异化的境地。生产力的高度发展与消费异化产生的巨大需求使得资本主义生产开足了马力，这就需要巨量的生产原料，结果造成了自然环境的急剧恶化，导致生态危机日益严重。因此说资本主义的社会危机已经由生产过剩危机转化为生态危机。本·阿格尔由此认为，生态危机应该成为当前资本主义最主要的危机形式。

本·阿格尔直面当代资本主义社会普遍存在的异化消费现实，从马克思的异化劳动和经济危机理论出发，重点探讨了异化消费源于资本主义基本矛盾的问题，揭示了异化消费与生态危机的内在关联，揭示了生态危机的资本主义雇佣劳动制度根源，主张通过激进的社会主义变革克服异化消费及生态危机。

本·阿格尔指出，在当代资本主义条件下，根源于异化劳动的异化消费是引发生态危机的直接原因。在本·阿格尔看来，建立在大规模技

---

① 〔加〕本·阿格尔：《西方马克思主义概论》，慎之等译，中国人民大学出版社，1991，第406页。

术基础上的现代资本主义生产体系借助于先进的机器生产系统控制了广大劳动者，使劳动者成为现代资本主义生产体系中的一个组成部分、一种生产要素，使作为生产主体的他们只是大机器生产的一个环节、一个部件，处于被支配的地位，是异于自身劳动产品的"他者"。当代资本主义社会存在普遍的异化现象，不管是在现代化的流水线中，还是在现代公司的写字楼中，作为一个整体的工作被割裂、被扭曲、被琐碎化的情况随处可见。这种异化不仅存在于产业工人群体之中，还存在于全体社会成员当中。劳动者和自身的劳动产品之间丧失了本真的生命关联，他们在生产过程中遭受磨难和剥削，体验不到"创造性的劳动"带来的自由与愉悦，反而感受的是束缚、压抑与痛苦，体验着非人的存在，消解着人的主体性。劳动的生产活动或劳动不再是人们实现自身幸福和价值的自由自觉的活动，而异化为一种压迫人、奴役人的痛苦的活动形式。既然在劳动过程中体验不到快乐，人们只好选择在劳动时间与空间之外去寻求幸福，即在消费活动中满足自身的生理与心理需求。本·阿格尔指出在生产劳动中，人们得不到自由与幸福，那么他们就会在生产过程之外，尤其是在消费中来确证自身的自由与幸福，将消费误认为自身存在方式，也就是说异化劳动导致了异化消费。在这种异化消费的现实语境中，人们的本质存在不再是生产性实践活动，而是消费性的活动，人们的身体成为消费的载体，消费成为人们存在的主要形式与目的。如此一来，广大劳动人民更加束缚于资本主义商品意识形态之中，人的异化更加严重了。

资本主义社会中，"人们为补偿自己那种单调乏味的、非创造性的且常常是报酬不足的劳动而致力于获得商品"[1]，并通过"个人的高消费来寻求幸福"[2]。本·阿格尔把这种消费称为"异化消费"，这是一种偏离了人类本真需求、受制于资本主义意识形态的、脱离了人本质需要的

---

① 〔加〕本·阿格尔：《西方马克思主义概论》，慎之等译，中国人民大学出版社，1991，第494页。
② 〔加〕本·阿格尔：《西方马克思主义概论》，慎之等译，中国人民大学出版社，1991，第493页。

"虚假需求"。在这种情形下，消费自由只是一种幻象，正如法国后现代理论家让·鲍德里亚（Jean Baudrillard）所言，消费自由并不会产生真正的自由，"承认消费者的自由和主权只是个骗局。这种把个体满足和选择维护得严严实实的神秘主义，就是工业体系的意识本身。整个一个'自由'的文明在这里登峰造极"①。它将会隐瞒资本主义商品经济的本质，阻碍人们思考人生的真正意义。这种意识形态具有很大的欺骗性，在当代发达资本主义社会，身处于消费领域中的人们，如同在生产领域中一样，依然是不自由的。消费活动体现为一种异化活动，这种异化消费不仅刺激人们根据自身的欲望非理性地获取商品，满足"个人自我"的无限感性欲求，而且将满足寄托于造成了"庞大的商品堆积"的资本主义社会，由此，资本主义商品与商品消费意识成为当代资本主义及其意识形态进行社会控制的重要手段。资本主义社会正是通过把人们变成"除了消费之外一无所知"和"甘愿接受资本安置"的失去自我思维的消费者这种手段，才使资本主义制度更加稳固。

在本·阿格尔这里，异化消费就是一种精神鸦片，通过满足人们对商品的非理性（感性）欲求而使人获得一种自我价值实现的心理满足，这种满足消解了人们的反抗意识，为此消解了资本主义生产制度下的异化劳动给人们带来的压抑与痛苦，麻醉人们的自由精神。在此意义上，异化消费与异化劳动共同维护着资本主义生产。海量的消费品被资本主义社会生产出来。置身于商品海洋当中，人们既没有时间也没有意愿去分析商品的真实使用价值而是以附着在商品之上的符号价值来判断商品的价值。资本主义所掀起的消费的狂欢进一步加剧了生态灾难。此外，异化消费使人类产生的排泄物、废弃物难以遏制地累积，大大污染了人类赖以生存的自然环境与社会环境，严重影响了人们的精神状态；同时这种不计后果的消费方式推动了资本主义生产的进一步发展，因而加深了人们的异化劳动与异化消费程度，其后果就是造成自然资源和能源的

---

① 〔法〕让·鲍德里亚：《消费社会》，刘成富、全志钢译，南京大学出版社，2014，第53页。

更大消耗与浪费，导致生态环境进一步恶化，正如本·阿格尔所言，资本主义生产方式与消费方式是生态危机的重要推手，不难看出，当代资本主义社会中，异化劳动与异化消费的"相互成就"形成的持续性恶性循环，给人类社会和自然带来了严重后果，这一后果的现实的具体的体现就是生态危机不断加深与恶化。

在本·阿格尔看来，自然能够向社会提供的生产资源是有限的，但是资本增殖和商品消费的欲望是无限的，无限的消费终将突破自然的界限，造成严重的生态危机。这种生态危机反过来又提高了整个社会的生产成本，毁坏全体社会成员的身体健康，进一步加大政府在治理环境污染方面的花费，最终又反馈到经济发展上，导致了更为严重的生产领域的危机，形成了生态危机和生产危机的恶性循环。

威廉·莱斯系统考察了在当代资本主义高度集约的市场经济下的人类需要问题，激烈批判了工业社会中所产生的那些"将需要的满足完全导向于对商品的消费"的虚假需要对人自身、人类社会和自然环境所造成的严重危害。异化消费不但会导致人的本质的空虚化，也会加重生态危机。异化消费所引发的生态危机源于资本主义物质生产，同时反作用于资本主义物质生产体系，使得这种生产体系由于自然资源的减少而缩小了生产规模和减缓了生产速度，源源不断的商品供应遭遇瓶颈，在物质丰裕时期竟出现了商品供应危机的局面。

二　科技异化与生态危机

在探究资本主义社会生态危机的成因中，威廉·莱斯最早对科学技术的生态效应发表了看法。威廉·莱斯认为，人们对生态危机的原因分析存在两种错误立场：第一种是人类中心主义的乐观主义立场，这种立场坚持认为，通过发展科学技术和彻底运用市场经济原则，当代资本主义社会中严重的生态问题就能够得到解决；第二种是自然中心主义的悲观主义立场，这种立场认定科学技术的发展直接导致了自然环境的毁坏，因此他们否定自然科学和工业文明，认为只有反工业、反科学的东方式宗教神秘主义才是挽救生态危机的不二法门。实际上，这两种认识和解决问题的立场都是错误的，前者错在狭隘的人类中心主义上，它不可能支持人类社会走长期可持续的发展之路；后者错在放弃人类文明上，实质上走的是一条反人类的不归路。

在威廉·莱斯看来，科学技术是中性的，本身并不具有倾向性，科学技术不管是造成生态问题还是挽救生态危机，责任都不在科学技术本身，而在于处于什么样的社会制度当中，让什么样的人来运用科学技术。而资本主义制度及其所鼓励的消费社会倾向于把人和自然分割开来，把人和自然视为控制与被控制的关系而不是共同发展的关系。资本主义社会通过科学技术来控制自然的基本立场，严重破坏了自然，同时也给人类社会带来了无穷的灾难。在控制自然的宏大话语体系中，人们对科学技术寄以过高期望，在科学发展的盛宴中人们忽视了通过科学技术对人的控制这一显而易见的现实，消弭了人们对现实世界的批判能力。

瑞尼尔·格伦德曼将马克思"异化"理论看作对工人与生产资料之间关系的一种描述。为了共同的目的，他们开始联合其他人的劳动，但是在资本主义生产条件下，人与人处于异化之中，实现这种联合的力量就是异化财产，消耗资源与工人无关，只要不是被强迫从经济角度考虑即可。马克思在谈到工人计件工资时，认为资本家对生产和经济因素狂热地坚持，已经达到不能忍受的状态。资本家希望没有任何东西丧失和浪费，生产工具只因生产自身而更新，而这部分地决定于劳动者的智力和技巧，部分地决定于资本家对联合劳动所设定的规则秩序。这些规则秩序将成为社会主义系统中不必要的部分，因为劳动者是为自己而劳动。在这种生产条件下，工人对消耗多少资源并不感兴趣，因为他们只是从自己工作的数量和质量中得到报酬，因此这些决定于工人在一定时间内最大的生产数量所带来的利润。

瑞尼尔·格伦德曼认为资本主义的技术是固定资产，这就决定了工人的工资、技术和机器在发展的过程中是相互加强、相互制约的。瑞尼尔·格伦德曼认为并不是技术控制工人，而是资本和技术相互促进、互为条件，共同控制工人。在资本主义社会中，劳动生产率的提高源于劳动分工而不是工人，这不单单是指资本的生产力，过去机器对劳动的支配不仅包括社会层面更包括技术层面。技术和劳动分工在共产主义社会中是必不可少的。在共产主义社会，无论是技术还是劳动分工都必须对个人发挥最小的奴役影响。总之，这些有利于创造真实的财富，但是并没有完全带来这个财富，而只是带来在敌对形式上的阶级分配、贫穷、经济危机等。

三　资本扩张与生态危机

资本主义在本质上与生态环境具有不相容性。生态危机表征着资本主义在调节人与自然关系方面的彻底失败，在资本的范围内无法解决人与自然之间的矛盾，只会加剧生态危机，因此，只有推翻资本主义制度，改变资本的逻辑，才能彻底解决生态危机。霍华德·帕森斯、詹姆斯·奥康纳与约翰·贝拉米·福斯特在深入反思资本主义生产方式的基础上，分析了资本主义社会的反生态本性，认为生态危机是资本主义生产方式的必然产物。

在社会发展的过程中，自然与社会也处于对立统一的矛盾之中，如果二者相适合，就会促进社会的进步与发展，如果二者存在冲突，则会对社会的存在与发展产生威胁。在资本主义社会中，资本主义或资本关系与自然同样是对立统一的，在整体上二者是相互作用、彼此制约的。在资本主义发展前期，自然资源能够满足资本主义的发展需求，能够承受当时社会生产对自然本身的索取，在资本主义发展的同时也没有爆发生态危机，但是资本的逻辑暗示着二者的冲突，即资本的无限扩张会要求自然环境提供足够的原料来供其生产与消费，一旦资本主义的生产力达到一定程度，自然环境的崩溃是不可避免的。霍华德·帕森斯指出，资本主义的反生态性既破坏了人类的生存环境，也撕裂了人与自然的统一关系，工人所需要的自然、健康的生活被资本主义所破坏，人与自然的统一被资本主义分裂（社会主义将会恢复这种统一），资本的污染是全面性的，因此，消除资本也必须是全面性的。资本主义撕裂了人与自然的统一，所以最终导致生态危机的爆发，严重威胁人类的生存。约翰·贝拉米·福斯特指出：在资本主义生产方式下，要保持社会生产的速度而"不发生整体的生态灾难是不可能的"①。"生态和资本主义是相互对立的两个领域，这种对立不是表现在每一实例之中，而是作为一个整体表现在两者之间的相互作用之中。"② 当代西方发达资本主义国家的生态危机则证明了这一点，即在资本主义商品经济的快速发展过程中，生态危机的爆发是一种必然的结果，只是时间问题而已。资本不会尊重自然界的价值独立性，只会将所有的定性关系分解为定量关系，具体表现在货币或交换价值上，资本只会用货币数字的大小来衡量自然界的价值，只会关注事物的交换价值，不会承认事物存在的独立性，只会将自己的逻辑强加于其他事物之上，按照自身的存在定义他者的存在。资本存在的价值就是追求无尽的剩余价值，不停地积累社会财富，发出"积累啊！积累啊！这就是摩西和先知们！"③ 的感叹。这无穷无尽的物质财富的积累不是凭空建立起来的，而是在社会物质生产的基础上实现的，并且这种物质资料的生产与再生产必须不断地进行下去，这就对自然环境提出了巨大的挑战。自然资源是有限的，它向人类社会提供的生产原料总有一个量的限度，而资本主义生产与对财富的追求是没有限度的，这就决定了资本主义社会生产与自然环境对立的状态，与其说自然环境对资本主义的发展是一种限制，不如说资本主义就是反生态环境的。詹姆斯·奥康纳在考察资本主义反生态本质时指出：资本的节奏与自然的节奏具有非同时性，这将会破坏自然界恢复自身的可能性，"自然界本身发展的节奏和周期却是根本不同于资本运作的节奏和周期的"④。这种不同步性使得自然资源一旦被使用，将很难循环或复原。这种不协调性，进一步破坏了自然资源，造成严重的生态危机。

为了自己的目的，资本要突破对自己的制约，不惜一切代价实现自

① 〔美〕约翰·贝拉米·福斯特：《生态危机与资本主义》，耿建新、宋兴无译，上海译文出版社，2006，第38页。
② 〔美〕约翰·贝拉米·福斯特：《生态危机与资本主义》，耿建新、宋兴无译，上海译文出版社，2006，第1页。
③ 《马克思恩格斯文集》第5卷，人民出版社，2009，第686页。
④ 〔美〕詹姆斯·奥康纳：《自然的理由——生态学马克思主义研究》，唐正东、臧佩洪译，南京大学出版社，2003，第17页。

身的增殖，就算破坏生态环境也在所不惜，"无论是世界大多数人的幸福，还是地球的生态命运，甚至资本主义制度本身的命运，都不容许阻碍这一执著目的的实现"①。赚钱是资本主义的使命与存在本质，可以看出，如果自然资源消耗殆尽，资本主义将会灭亡，但资本无视这一后果，为了眼前的利益而不断破坏着自然环境。

对于资本主义的反生态本质，也有学者进行反驳，认为资本主义制度本身能够解决生态危机，即通过采取新的科学技术与新的经济增长方式来解决环境问题。这种想法具有明显的科学乐观主义倾向，事实证明是不全面的观点。约翰·贝拉米·福斯特还批判了资本主义主流环境经济学家提出的非物质化说辞，认为通过这种非物质化解决自然环境问题，即称资本主义制度具备通过能效提高与新经济增长来解决环境问题的能力。对于这种说辞，约翰·贝拉米·福斯特忧心忡忡，认为这种说法只能是一种不切实际的巧语，不具有现实可行性。首先在短时期内，资本主义经济增长方式与生产方式不会发生质的变化，甚至会更加污染自然环境，浪费自然资源。随着环境问题的日益严重，人类能否坚持到新科学技术的出现尚未可知，又何谈解决生态危机。虽然自然资源利用率的提高可以在一定程度上延缓生态危机，但是经济规模的扩大又导致了自然资源利用总量的增加，给自然环境造成的压力更大了，大规模的生产社会化只是加重了生态危机，而不能解决生态危机；另外虽然有的自然资源属于可再生资源，能够通过一定的周期恢复自身的能力，但是资本主义的社会生产不会耐心等待这些资源的再生，这也就破坏了这些自然资源再生的条件，从而彻底破坏了自然生态改善的可能性。人唯利是图的本性与看不见的手的市场原则不会考虑自然的独立价值性，会不可避免地与自然界发生冲突。这种冲突将会造成生态危机，这也就说明，资本的贪婪性与自然环境的可持续性在根本上是对立的，这也就说明了一个事实：生态危机与资本主义是内在一致的，反生态性是资本的内在属性。

---

① 〔美〕约翰·贝拉米·福斯特：《生态危机与资本主义》，耿建新、宋兴无译，上海译文出版社，2006，第66页。

资本主义的生产方式试图将环境纳入经济领域（将自然商品化），将自然界视为一种具有交换价值的商品或潜在的商品，表现了资本主义的反生态本质与趋向，这种倾向否定了自然环境的自我目的性与自主运行性，将自然界视为资本主义社会生产的手段，按照资本的逻辑来看待自然界存在的价值及意义。资本主义这种将自然商品化的模式将自然视为纯粹客体的地位，完全无视自然存在自身的价值，造成了人与自然之间的激烈冲突。将自然看作一种待价而沽的商品，实际上这是一种狭隘的工具主义的思维方式，只从资本的逻辑出发，没有全然看待自然资源的其他价值，只是从资本增殖的角度规定自然资源的价值与意义。这既贬低了自然界的地位与作用，也贬低了自然自身规律及其对人类的报复能力，结果导致生态危机，对人类生存环境造成了巨大破坏，也对人与人的关系造成了重大的损失。人是自然的一部分，对自然的剥夺也是一部分人对另外一部分人的剥夺。环境恶化也是人类关系的恶化。

詹姆斯·奥康纳认为，资本主义工业生产造成了严重的生态问题，当前全球范围内的各种生态问题，都是"工业资本主义经济的快速增长所导致的"[①]。资本主义的工业化生产促使的经济快速发展引发了生态危机，这已经不是一种理论预言，而是一种实实在在的社会现实。

约翰·贝拉米·福斯特也指出：生态危机的爆发是资本主义的"贪婪性所决定的……资本主义是一个失败的体制"[②]。这种失败的体制将会导致人类生存和发展的自然环境的恶化，并最终剥夺人类所创造的全部文明成果，生态危机在资本主义生产方式之下，必然发生并且会越来越严重。

本·阿格尔更加系统地论述了生态危机的资本主义根源，并由此论证了马克思危机理论的深刻性，他指出，马克思对于资本主义辩证法的分析是深刻的，是具有辩证眼光的，虽然社会条件发生了变化，但是马

---

① 〔美〕詹姆斯·奥康纳：《自然的理由——生态学马克思主义研究》，唐正东、臧佩洪译，南京大学出版社，2003，第 292 页。

② 〔美〕约翰·贝拉米·福斯特：《失败的制度：资本主义全球化的世界危机及其对中国的影响》，吴娓、刘帅译，《马克思主义与现实》2009 年第 3 期。

克思的异化理论与资本主义的内在矛盾分析方法没有失去其效用，在当今资本主义社会仍然具有重大的现实意义。但是马克思主义对于资本主义分析的具体方面，则会随着社会条件的变化而发生变化，这就需要进行新的论证与说明。在马克思主义理论中，经济危机理论与社会形态更替理论即资本主义将被社会主义取代的理论是历史唯物主义的重要组成部分，"今天的危机理论既强调资本主义内在结构矛盾（导致马克思称之为利润率趋于下降的矛盾），又强调发达资本主义加深异化、分裂人的存在、污染环境以及掠夺自然资源的趋势"①。本·阿格尔认为资本主义生态危机理论既坚持了马克思主义社会基本矛盾理论，又具有最新的生态维度的理论内涵。资本主义的危机不再是剥削工人阶级的购买力而导致的生产过剩危机，而是促进广大人民群众异化消费而导致的生态环境危机。资本主义社会的浪费性的过度生产与无原则的污染环境的生产方式，造成了严重的生态危机，同时带来了其他的社会危机，而正是在这种危机中，隐藏着资本主义制度必然灭亡的趋势，一种新兴的社会制度将会在生态危机解决的过程中逐渐显现出来。

这种新型的社会模式就是社会主义社会。本·阿格尔认为，资本主义基本矛盾即生产社会化与生产资料资本主义私有制之间的矛盾既导致了人与人之间的矛盾，造成了财富的积累与贫穷的积累，使得广大劳动阶级处于非人的环境之中，又造成了社会生产与自然环境之间的矛盾，导致自然环境受到严重破坏，出现了生态危机问题，使得整个人类的生存受到巨大威胁。这两种后果就会使人们严重质疑资本主义生产方式的合法性，并在现实的社会运动中消灭资本主义制度，走向社会主义社会。本·阿格尔指出，尤其是后一种后果将会更加加深人们对资本主义的质疑与反抗，"人们对发达工业社会可以源源不断提供商品的能力的期望破灭，最终会走向自己的对立面"②。这种对立面就是破除异化消费，将幸

---

① 〔加〕本·阿格尔：《西方马克思主义概论》，慎之等译，中国人民大学出版社，1991，第 414 页。
② 〔加〕本·阿格尔：《西方马克思主义概论》，慎之等译，中国人民大学出版社，1991，第 491 页。

福感还到人类自身的创造活动中去。也就是说，由于自然生态系统的有限性及生态环境的破坏，商品生产将会受到限制，人们异化消费的幻觉终会觉醒，社会大众将会改变异化消费的模式，认识到当前生态危机的严重性，就会采取措施，反抗资本主义及其生产方式，实现一条人与环境共同发展的新道路。

同时，本·阿格尔认为，解决生态危机不能孤立于其他社会斗争之外，而要将这一斗争与社会整体斗争结合起来，将生态斗争与争取人类自由的斗争结合起来，才能够取得成就。因此，反抗生态危机的斗争要置于整个人类争取解放的斗争之中，在人类争取解放的斗争之中自然地解决，才能从根本上解决生态危机。既然资本主义生态危机是生产过度化与消费过度化的产物，那么，要解决生态危机就要解决资本主义社会过度生产与过度消费的问题。对于这两个问题，本·阿格尔认为必须建构一种新型的社会主义社会来代替资本主义社会，这种新的社会将会是一种实行生态理性的、消除了消费异化的、"分散化的和非官僚化的社会主义。只有在这种社会，生态危机才能彻底根除"①。

第三节　生态危机的解决路径

生态学马克思主义的理论探索并没有停留在对生态危机的根源分析上，在探究原因的同时也提出了解决危机的方法，例如改变人们的价值观念等，其中最深刻的是一针见血地指出生态危机根源在于资本主义制度和资本主义生产方式。资本的逻辑决定了资本主义的生产必然是反生态的，而任何企图在资本主义内部解决生态危机的说法都是不彻底的，走出生态危机的路径还是要进行阶级斗争，推翻资本主义制度，构建生态社会主义。

---

① 〔加〕本·阿格尔：《西方马克思主义概论》，慎之等译，中国人民大学出版社，1991，第422页。

一　以价值观念的改变消除生态危机

资本主义供应危机打破了西方社会商品生产的神话，原来的那种资本主义可以无限生产与消费的幻想破灭了，人们不得不抛弃旧的思维方式，重新思考生产、消费与自然资源的关系，进一步反思人们存在的价值和意义，形成了新的价值观和生活方式，进而产生了新的期望及满足方式，并推动社会变革与发展。本·阿格尔将这一过程称为"期望破灭了的辩证法"。

本·阿格尔进一步强调，消除异化消费及生态危机的有效途径在于通过"期望破灭了的辩证法"进行激进的社会主义变革，这一变革体现在两个方面。一方面，文化价值观层面的变革。本·阿格尔基于马克思的资本主义生产本质的观点，认为人的需求与商品相互作用的过程是受有限的生态系统的确定过程，这就需要确立与之相应的需求观、消费观和幸福观。具体来说，要调整人的需求结构和需求方式，坚持"更好"（生活得更好）与"更少"（生产得更少）相结合的原则，改变人们将幸福与消费相等同的观念，重新定义"作为满足人们基本需要手段"的消费的本质规定，消除异化消费。另一方面，制度层面的变革。资本主义与生态危机具有天然的联系，在一定意义上而言，资本主义生产方式与资本主义制度是生态危机的元凶，消灭生态危机、异化劳动与异化消费的前提就是要改变资本主义生产结构，而要做出改变，就需要更新资本主义社会的运行逻辑，即需要遵从"生态命令"而不是"资本命令"，即放弃集中化管理的大规模生产方式，通过实行小规模技术和工人管理使劳动者作为主体重新回归生产领域，在创造性的生产劳动中破除资本的逻辑与控制，实现人的自由与解放，解决生态危机。

本·阿格尔对生态学马克思主义的主要贡献在于其较早地提出，生态危机的出现表明，资本主义具有无限倾向的生产能力与生态环境有限的承受能力之间存在尖锐的不可调和的矛盾，这一矛盾导致人们对资本主义"期望的破灭"，由此引发社会主义革命。

为了解决日益严重的生态危机，西方社会也有人试图将生态环境问题视为一种道德问题，想通过一种将生态环境与社会文化相融合的道德革命来解决生态危机。这种观点当然反对将自然环境商品化的思维方式，试图将自然环境看作人类社会的内在组成部分，通过热爱自然界生成对自然生态环境的高尚道德感而避免生态危机问题，即"转变自己的道德立场，尊重自然……一切都会好起来"①，这种论调的背后是道德中心论的观点。

事实果真会是如此吗？社会现实会是这样的吗？约翰·贝拉米·福斯特指出，这种道德中心论的观点过分强调了道德的作用，而忽视了生态危机更为重要的根源，即资本主义生产的本质——踏轮磨坊的生产方式。在这种资本主义生产方式中，自然、社会和人都成为这种磨坊的一个踏轮，不停地围绕着商品生产的轴心转动，不但有资本家，还有广大人民群众为了自身的生存，也要紧紧依附在这种生产方式之上，我们每个人都依附其上的这种像踏轮磨坊一样的生产方式。② 将自身的命运交付给资本主义生产方式，成为制造资本主义各种危机的帮凶，也就是说，资本主义的这种踏轮磨坊式的生产方式，使得广大人民群众不但成为生态危机的受害者，还是生态危机产生的推动者之一。

约翰·贝拉米·福斯特认为，进行一场针对生态危机的道德革命不是没有意义与价值，但是解决生态危机最根本的方式还是要对资本主义制度进行革命，改变资本主义生产方式的运行逻辑，才能从根本上解决生态危机。如果仅仅依靠道德革命来解决生态危机而忽视生态危机的根本原因，则注定会成为一场无关痛痒的革命作秀，成为形式化的革命表演。

人类应该合理地规划生活和生产，在生产和生活时必须与生态保持协调和一致。也就是说，人类在从事各种实践，发挥个体、群体和全社会的能动性时，要严格遵循生态系统的运行规律，既向自然索取，又要

---

① 〔美〕约翰·贝拉米·福斯特：《生态危机与资本主义》，耿建新、宋兴无译，上海译文出版社，2006，第36页。

② 参见〔美〕约翰·贝拉米·斯特《生态危机与资本主义》，耿建新、宋兴无译，上海译文出版社，2006，第37页。

回报自然，既生态地生产，又生态地生活，以保持生态系统的有序循环和稳定，实现人与自然的协调发展。

二 推翻资本主义制度，建立生态社会主义

资本主义生态危机是资本主义发展的必然产物，很多有识之士都关注到这一点，也看到了只有推翻资本主义制度，才能真正解决生态危机。乔尔·克沃尔提出，"我们如今面临着在'资本主义的终结'和'世界的毁灭'之间二择其一的处境"[①]，进而指出人类世界与资本主义的不相容性。本·阿格尔认为生态危机源于资本主义生产的扩张本性，如资源骤减和大气污染，资本主义是与生态危机内在共生的。詹姆斯·奥康纳明确表示，资本是拙于对事物保护的，资本与生态保护之间是对立的。因此不推翻资本主义制度，就不能彻底解决生态危机。在戴维·佩珀看来，变革资本主义生产方式就是变资本主义为社会主义，但是他所说的社会主义并不是历史上出现的社会主义，而是"生态社会主义"。

约翰·贝拉米·福斯特通过挖掘马克思的生态思想，指出资本主义将商品经济原则渗透于自然界的思维将会引发很多矛盾，更加不利于对生态环境的保护，总之资本与生态是对立的，在资本的限度内生态危机不会得到彻底解决。在自然环境商品化的语境下，人类的需要与自然资源的矛盾并没有解除，而将自然环境作为商品出售，使得自然环境的公共性被私人占有性所取代，这实际上是一种自然界的异化，这种异化是一种资本主义的普遍行为，即"为了发展一种与世界单方面的、利己主义的关系而将自然从社会中异化出去的行为"[②]。资本的逻辑将自然界视为私人物品，进一步取消了自然界的独立性；自然界具有内在的价值与存在的独立性，对于整个人类的生存具有重要的意义，这种意义不是金钱或价格可以衡量的，而自然环境商品化原则按照人们的意愿给自然环境定

---

① 〔美〕乔尔·科威尔：《自然的敌人：资本主义的终结还是世界的毁灭?》，杨燕飞、冯春涌译，中国人民大学出版社，2015，第3页。

② 〔美〕约翰·贝拉米·福斯特：《生态危机与资本主义》，耿建新、宋兴无译，上海译文出版社，2006，第24页。

价，这是一种明显的人类中心主义和实用主义的思维方式，将会加剧生态危机；此外，商品经济毕竟是一种追求利润的经济方式，背后是资本的逻辑，将自然环境商品化实际上是自然资本化的一种表现形式，根本没有改变整个资本主义经济发展模式，根本不能解决生态危机。

在分析自然环境商品化弊端的基础上，约翰·贝拉米·福斯特进一步揭示了生态危机的本质，生态危机存在的根源"既不能追溯到环境本身，也不能归结为市场失灵"。环境本身与市场失灵都是生态危机的表面现象，生态危机的真正原因在于"我们生活的基本社会经济体制出了问题"①。经济体制的问题最终导致自然环境出现了问题，这种体制利用商品市场来获取剩余价值，自然环境的商品化恰恰为利用自然环境追求剩余价值提供了便利的条件，使得自然资源私有化的同时，也使所有者获得了对自然环境不受限制的破坏权力，并且激化了约翰·贝拉米·福斯特认为的对资本主义来说是特有的那种环境问题。② 而这种对自然环境的破坏行为确实在资本主义制度允许的范围之内，这就使得破坏自然环境的行为成为正当的合法的行为，这无疑会加剧生态危机。鉴于此，约翰·贝拉米·福斯特指出，在当今生态危机如此严重的情形下，我们需要的不是自然环境的商品化，而是自然环境的社会化，自然环境不能成为私有的东西，而应该归属于广大人民群众，因此，要将自然环境置于民众的公共领域，由人民群众共同掌握自然环境的命运，从而掌握自身的命运。自然环境的社会化要求建立一种着眼于人类整体需求的社会生产方式，实现人与自然的可持续发展，而这种社会发展模式的实现，必须反对资本主义的生产原则，将自然从资本的统治下解脱出来，"改变我们与自然界的关系，实现真正的可持续性，这就是我们前进的方向"③。这

---

① 〔美〕约翰·贝拉米·福斯特：《生态危机与资本主义》，耿建新、宋兴无译，上海译文出版社，2006，第23页。

② 参见〔美〕约翰·贝拉米·福斯特《生态危机与资本主义》，耿建新、宋兴无译，上海译文出版社，2006，第13页。

③ 〔美〕约翰·贝拉米·福斯特：《生态危机与资本主义》，耿建新、宋兴无译，上海译文出版社，2006，第13页。

种前进的方向就是消灭资本主义社会，代之以社会主义社会。

詹姆斯·奥康纳也明确表达过，"坦率地讲，社会主义革命的生态危害性要比资本主义相互间的对抗以及它们的反革命行为的危害性小得多"①。要想从根本上解决生态危机，必须超越资本主义，走生态社会主义的道路。从理论上说，生态社会主义相对于资本主义来说，更能达到生态平衡。"社会主义与生态学是互补的，社会主义需要生态学，……生态学需要社会主义。"② 只有生态社会主义才能从根本上解决生态危机。在詹姆斯·奥康纳看来，只有生态运动与社会主义相结合，确立生态社会主义，才能克服传统社会主义和生态运动各自的缺陷和不足，从而彻底改变资本主义生产对利润的无限追求，这样生态危机才会从根本上得到解决。

生态社会主义主张能够维护生态系统整体平衡的人类中心主义的生态优先原则。正如戴维·佩珀所认为的那样，"马克思主义是一种能够容纳生态主义的人类中心主义：它既能借助于对自然掌握实现的生产力的增长保证所有人的福利，又可以消除现代工业社会的人类对自然的伤害。它是建立在社会与自然辩证法基础上的一种长期的、集体的人类中心主义，反对资本主义的技术的个人的人类中心主义"③。生态社会主义认为，生态危机与社会问题联系在一起，只是诸多社会问题中的一种。"生态和社会领域共属于一个不可分割的领域，自然界的组织无论如何都是与人类的组织联系在一起的。"④ 因此，生态社会主义提倡社会责任感原则，要求建立和谐的人与自然关系和人与人的关系；生态社会主义还坚持基层民主原则，主张按照基层化、分散化、小型化原则，规划政党组织、

---

① 〔美〕詹姆斯·奥康纳：《自然的理由——生态学马克思主义研究》，唐正东、臧佩洪译，南京大学出版社，2003，第409页。
② 〔美〕詹姆斯·奥康纳：《自然的理由——生态学马克思主义研究》，唐正东、臧佩洪译，南京大学出版社，2003，第435页。
③ 转引自〔美〕弗·卡普拉、查·斯普雷纳克《绿色政治——全球的希望》，石音译，东方出版社，1988，第68页。
④ 〔英〕戴维·佩珀：《生态社会主义：从深生态学到社会正义》，刘颖译，山东大学出版社，2005，第92页。

生产、生活和行政单位，实现直接民主，让成员直接参与决策公共事务。在实现途径上，生态社会主义主张非暴力原则，要求终止个人暴力和国家机构暴力，既反对社会公众以暴力革命手段实现社会制度革新，又反对国家对革新力量采取暴力特权，主张国家与变革者之间应坚持合作协商的原则，利用资本主义国家民主程序来实现社会变革。

生态社会主义在经济、政治、社会文化方面提出了一系列主张，希望借此建立一个人与自然和谐发展的绿色社会。在未来社会里，资本主义将被社会主义所取代，实现"生产方式的共同体共同所有制"；采用混合型经济模式，遵循"更少地生产，更好地生活"原则，实现稳态经济和适度增长。在人与自然关系方面，生态社会主义反对资本主义制度把人同自然界的关系变成一种单纯的索取关系，重新发现并强调人与自然的真正关系，即这是一种有别于资本主义所假定的和生态中心主义所主张的关系，是人类既不分离于自然又不优越于自然的关系，即"社会与自然是辩证联系的，以至于一方是另一方的体现。自然是社会地生产的，而人类的活动也就是自然的"①。

生态社会主义认为在劳动中，人一方面能探索自然的本质和规律，发展智力；另一方面，也能努力提高社会公共意识和审美情趣，克服资本主义社会的异化，解决生态危机和其他社会危机，实现人的全面发展和人与自然、人与社会关系的和谐。生态社会主义以社会责任感原则为基础，要求人们摒弃资本主义以"自我"为中心的传统价值观，提倡集体意识，强调社会责任感，建立以健康的、多样的、丰富的生活需求为核心，以人的全面的自由的发展为目标，以人与自然和谐共处为归宿的社会文化生活，人们的满足不再停留于把更多地占有抽象财富作为活动的唯一动机，也不再把过度消费作为唯一追求，而是在为满足人类真正需要而进行的改造自然和制造产品中，体验到创造技巧的喜悦、美感和休息的快乐。

---

① 〔英〕戴维·佩珀：《论当代生态社会主义》，刘颖译，《马克思主义与现实》2005 年第 4 期。

　　萨拉·萨卡却认为需要在资本主义和社会主义之间做出选择，资本主义是不可能克服生态危机的，因此他的选择就是社会主义。之所以如此选择，"主要是因为资本主义所代表的价值观：剥削、残酷竞争、崇拜财富、利润和贪婪的动机"，其"拥护社会主义，也主要是因为它所代表的价值观：平等、合作和团结"。① 因此，要想保护这个世界，一种新型的生态社会主义社会不仅是值得期望的，还是必需的。安德烈·高兹也说生态社会主义是"以未来的长远观点为指导，以四个基本原则为基础：生态学、社会责任感、基层民主以及非暴力"②。

　　生态社会主义尽管有积极的方面，但其消极面和局限性也是很明显的。但作为一种社会思潮和政治运动，它随着生态环境问题的日益加剧和人们生态意识的日益觉醒，从欧洲走向世界成为国际性思潮。我们对这一思潮应有全面的把握和恰当的态度。生态社会主义主张实现稳态经济和适度增长，但这种经济增长模式脱离了当今人口增长压力、国际贫富差距日益加剧、人们对自身需求的非克制和缺乏社会整体意识的现实，这不可避免地使它的未来社会图景充满了乌托邦色彩。

---

①　〔印〕萨拉·萨卡：《生态社会主义还是生态资本主义》，张淑兰译，山东大学出版社，2012，第 5 页。

②　André Gorz, *Critique of Economic Reason*, London and New York: Verso Press, 1989, pp. 111–112.

第十章 对历史唯物主义理论和我国 生态文明建设的参考

生态学马克思主义在坚持历史唯物主义的基础上，通过分析生态维度在人类社会中的重要作用，坚持对资本主义制度批判、哲学价值观批判和政治批判相统一，着力构建生态学马克思主义理论体系，并以生态维度批判当代资本主义社会现实，力图展示一种能够综合唯物主义自然观和历史观的新历史观方法论，以一种全新的理论视野让我们重新审视社会，思考人类文明进程中需要共同面对的新问题。它一方面注重对历史唯物主义生态学理论进行重建或阐发，另一方面注重运用他们所建构和阐发的历史唯物主义生态学理论对当代资本主义社会展开批判，强调解决生态危机的根本途径在于变革资本主义制度及全球权力关系，建立以满足人们基本需要为目的的生态社会主义社会。① 生态学马克思主义所试图构建的生态唯物主义历史观尽管还存在这样或那样的局限，但还是呈现出一种整体性、多样性和开放性思维方式的重建。事实上在新的历史发展条件下，面对人类的生存危机和生态危机，唯物主义历史观不能只研究阶级和阶级关系以及人与人的关系，还需研究人和自然的关系问题，需要把人、社会、自然环境、生态资源等问题纳入研究视野，寻求解决这些问题的途径。只有如此，重构的唯物主义历史观才能深入发展并保持生机和活力。

---

① 参见王雨辰《生态学马克思主义与后发国家生态文明理论研究》，人民出版社，2017，第4页。

第一节　对历史唯物主义的积极意义与局限

生态学马克思主义的产生不是偶然的，它源于传统马克思主义和西方马克思主义，既是西方马克思主义精神在当代的延伸，同时也是马克思主义的题中应有之义。"马克思主义不是一种纯思辨的方案，不是流于自我欣赏的我行我素，而是一种方法，一种把解放理论和关于社会主义可能性的设想与被压迫人民的日常斗争联系起来的方法。"[①] 发展马克思主义的问题关键应该在于能够运用马克思主义基本理论回答和解决不同民族在不同的社会历史条件下所面临的时代问题。这事实上也意味着马克思主义哲学既会在实践过程中为自己的发展开辟道路，同时也意味着马克思主义哲学必然会呈多样化、多流派的发展。而这一切也正是马克思主义所坚持的"理论与实践相统一"的理论本性使然。

一　深化历史唯物主义自然观

生态学马克思主义对历史唯物主义自然观的辩护始终坚持的是历史唯物主义自然观与历史观的辩证统一。生态学马克思主义对历史唯物主义自然观作出了有力的辩护。生态学马克思主义作为马克思主义的当代形态，是历史唯物主义基本原理同资本主义社会生态危机的实际以及当前生态主义运动的实践相结合的产物，因此，他们的理论继承了历史唯物主义的思想特征，发展了历史唯物主义的当代内容。

（一）对历史唯物主义自然观的理论性质作了准确的定位

生态学马克思主义把生态中心主义看作具有后现代性质的绿色思潮，把现代人类中心主义自然观看作建立在资本利益基础上的近代机械自然观，把历史唯物主义自然观看作对资本主义制度的生态批判，因此对历史唯物主义自然观的辩护是现代主义和理性主义的。

---

① 〔加〕本·阿格尔：《西方马克思主义概论》，慎之等译，中国人民大学出版社，1991，第5页。

生态学马克思主义继承并发展了历史唯物主义对自然的批判，开拓了历史唯物主义的生态视域。首先，生态学马克思主义肯定了自然的先在性，阐述了自然对人的影响，发展了历史唯物主义的生态基础。他们继承并发展了历史唯物主义关于"人是自然界的一部分"的观点，肯定人不能脱离自然而存在。马克思在论述自然与人的关系时曾经明确指出："自然界，就它本身不是人的身体而言，是人的无机的身体。人靠自然界生活。这就是说，自然界是人为了不致死亡而必须与之不断交往的、人的身体。所谓人的肉体生活和精神生活同自然界相联系，也就等于说自然界同自身相联系，因为人是自然界的一部分。"① 恩格斯也曾强调，"人本身是自然界的产物，是在自己所处的环境中并且和这个环境一起发展起来的"②。因而，人与自然界是紧密相连、不可分割的一个整体。

其次，生态学马克思主义肯定了人对自然的能动的积极作用，发展了理性"支配"自然的思想，建立了历史唯物主义与生态思维的内在联系。马克思和恩格斯站在促进人类发展的角度，充分肯定了人通过劳动"占有外部世界，感性自然界"，强调"使自然界受自己的支配"是必要的、合理的，且是具有重大意义的。但是，这不代表他们就认为人可以任意支配自然。因为，与此同时，恩格斯还明确指出："我们统治自然界，决不像征服者统治异族人那样，决不是像站在自然界之外的人似的，——相反地，我们连同我们的肉、血和头脑都是属于自然界和存在于自然之中的；我们对自然界的全部统治力量，就在于我们比其他一切生物强，能够认识和正确运用自然规律。"③

生态学马克思主义的历史唯物主义自然观并不是抽象地反对人类中心主义和科学技术的应用，而是反对人类中心主义和科学技术的资本主义应用，强调生态危机的解决仍然需要坚持人类中心主义价值观立场，强调科学技术的合理使用有利于生态危机的解决。此外，生态学马克思

---

① 《马克思恩格斯全集》第42卷，人民出版社，1979，第95页。
② 《马克思恩格斯全集》第26卷，人民出版社，2014，第38~39页。
③ 《马克思恩格斯选集》第4卷，人民出版社，1995，第383~384页。

主义强调人类对自然的"合理控制"，即对自然的控制是建立在满足人的基本需要、满足人类的利益和需求基础之上的。因此历史唯物主义自然观并不是反对经济增长，也不是主张对工业实行限制，而是主张经济理性与生态理性的统一。

生态学马克思主义揭示和批判了生态中心主义自然观和现代人类中心主义自然观的理论缺陷，在此基础上深挖历史唯物主义自然观的生态意蕴，并提出了用自然维度和文化维度重构"正统"马克思主义自然观，以克服传统马克思主义技术决定论和经济决定论的理论倾向。其对历史唯物主义自然观的论述与西方绿色思潮的自然观有着原则性的区别，这对于我们更加准确地把握生态学马克思主义和历史唯物主义的理论性质提供了更为宽广的理论视野。

（二）强调人与自然辩证统一关系

生态学马克思主义反对脱离人类社会历史的抽象自然观，认为历史唯物主义自然观所研究的"自然"是"人类历史的自然"，自然的异化产生于人类社会中，具体地说产生于资本主义的生产关系和生产过程中。解决自然异化的根本方法在于进行一场根本性的社会变革，打破现存的资本全球权力关系和变革资本主义社会制度，走生态社会主义道路。生态学马克思主义反对脱离具体的社会结构，单纯从价值观维度谈论生态危机的根源以及解决之道，提出以资本为基础的资本主义制度和生产方式的非正义性和非生态性才是生态危机的根源。将其理论转向对资本主义制度的生态批判，因此可以说，生态学马克思主义对历史唯物主义自然观的辩护继承了历史唯物主义的批判性方法，拓展了历史唯物主义对资本主义社会的批判向度，推动了历史唯物主义发展。

（二）建构文化历史唯物主义自然观

生态学马克思主义者不仅突出自然在社会生产中的重要地位，强调自然对人类社会的生产以及生产力与生产关系的统一具有重要的意义，而且认为文化会使社会生产力和协作方式不同，进而使社会发展进程不同。生态学马克思主义重视文化因素，把自然、社会和文化看作一个辩证统一的有机整体，这不仅在理论上拓宽了历史唯物主义的理论空间，开启了历史唯物主义在文化、自然等领域的研究，而且具有一定的现实意义。"生态危机与我们忽视自然在人类历史发展过程中的作用，以及强调经济基础的作用而轻视文化的作用有一定的关系。"① 因此，生态学马克思主义所建构的文化历史唯物主义自然观对我们从哲学意义上思考生态危机颇有启发性。

二　充实历史唯物主义劳动观

历史唯物主义生态学方面依然存在理论空场，不能完全胜任对当代社会的理论批判。要彻底完成对当代资本主义的审视，就必须进行历史唯物主义的"重构"。"历史唯物主义事实上只给自然系统保持了极少的理论空间，而把主要的内容放在了人类系统上面。"② 因此，为了深刻解读生态危机，生态学马克思主义的历史观致力于探寻一种新的历史唯物主义的解读模式，即能将文化和自然的主题与传统的马克思主义的劳动或物质生产的范畴内在地、有机地融合在一起的方法论模式。生态学马克思主义认为，在关于生产力和生产关系的僵化的解读模式中"文化"和"自然"的线索是缺失的（或没有获得其应有的地位）。因而历史唯物主义必须面对内含于社会劳动或劳动分工之中的自然与文化因素在历史性累积之中的关系问题，这样一来，除了要具体分析生产工具、社会分工及财产关系之外，"唯物主义观念……还要立足于对具体的、历史的文化和自然形式的研究"③。

可见，劳动范畴作为人与自然关系的中介在马克思恩格斯那里是积极的，而并非有些学者所认为的那样，即人对自然具有"剥削"意义。生态学马克思主义明确指出那些学者的错误来源于他们没有正确区分

---

① 刘英：《生态学马克思主义对历史唯物主义的辩护研究》，安徽大学出版社，2022，第38页。

② 〔美〕詹姆斯·奥康纳：《自然的理由——生态学马克思主义研究》，唐正东、臧佩洪译，南京大学出版社，2003，第7页。

③ 〔美〕詹姆斯·奥康纳：《自然的理由——生态学马克思主义研究》，唐正东、臧佩洪译，南京大学出版社，2003，第61页。

"统治"和"支配"的含义，从而错误地理解了劳动范畴的意义。他们强调，"统治"暗含着征服和破坏，而"支配"则意味着人对自然有意识的控制。因此，为了人与自然的和谐，人类的劳动必须蕴含理性"支配"的思维。因此，无论是约翰·贝拉米·福斯特从新陈代谢的角度出发批判资本主义的异化劳动，还是詹姆斯·奥康纳将"文化"和"自然"纳入劳动范畴，抑或本·阿格尔提出"人的真正需要在于创造性的劳动"，其实，他们的目的终归只有一个，那就是强调给劳动赋予"理性"，即人与自然的关系不应是统治与被统治的关系，而应是一种和谐共存、共同发展的关系；他们要求保护自然环境，防止生态失衡或生态环境继续恶化，要求顺应自然，按自然规律办事，承认自然有其界限，主张人与人、人与自然之间实行自主的、创造性的交往或交换；他们要求改变传统的统治自然的观念，要求按照马克思、恩格斯的思想合理安排人与自然之间的物质交换，以保护生态环境，并主张人类和平，着眼人类未来。

生态学马克思主义将自然提升到与人类社会平等的地位，提出要尊重自然，尊重自然界的独立存在性与自身目的性，力图建立人与自然和谐共处的美好社会。通过将文化、自然与劳动有机融合在一起，詹姆斯·奥康纳等生态学马克思主义者开辟了解读历史唯物主义的新领域，把作为生产力和生产关系的协作或劳动关系问题置于一个全新的解读视域之中，通过这种新的解读视域，他们就较为合理地重构了历史唯物主义理论。包含自然与文化范畴的人类劳动在历史唯物主义理论体系中居于中心地位，由此以人类劳动为基础建构历史唯物主义的其他范畴，而人类劳动这一范畴已经不仅是物质生产活动或过程，而是自然、文化与劳动形式的有机统一体。在生态学马克思主义理论中，人类劳动获得了不同于传统马克思主义所理解的新的规定性。社会劳动的自然性将人类劳动与自然系统紧密结合起来，既看到了人类实践活动对自然系统的改变与影响，使自然越来越人化，又看到了自然系统对人类劳动的制约与调节作用，强调了自然系统的自主运行性与自我目的性，并指出，如果人类劳动忽视了自然的自我存在与自我目的的价值，将会导致对自然范畴的误解与生态危机的产生。生态学马克思主义者将文化与自然放置于相同地位，再将它们与人类劳动结合起来，通过强调人类劳动实践的文化与自然内涵，来改变人们将文化与自然分裂的观念，建立一种重视文化与自然和谐的现代生态理念。詹姆斯·奥康纳指出，在新的历史唯物主义体系中，劳动范畴得到了丰富与发展，具有自然维度与文化维度两方面的内涵，并且仍然处于历史唯物主义的核心地位，具有基础性的作用。文化范畴，以及作为一种自主（往往是不可预测的）生产力的现代生态学维度上的自然范畴，都质疑和丰富了社会劳动范畴。这种质疑与丰富的结果就是将文化与自然纳入劳动的范畴之中，实现了三者的有机结合。在詹姆斯·奥康纳的这种新型的历史唯物主义理论中，自然观、文化观与劳动观内在地结合在一起，并以此观察社会历史发展的现象及其变化，这就较为全面地说明了人类社会与自然界之间的互动性与复杂性。

劳动是人与自然的中介，对于人与自然关系的同化具有重要的作用。自然也不是消极被动的客体，其具有自主运行性与自我目的性，是人类劳动面对的对象与重要的条件。生态学马克思主义看到了自然在劳动中的作用，并将自然与文化作为生产力与生产关系的两个属性，也就是将自然补充进历史唯物主义之中，将历史唯物主义与生态危机内在结合起来，赋予历史唯物主义以时代的新内涵。同时，生态学马克思主义又坚持马克思的社会分析方法，从资本主义的内在矛盾方面考察了生态危机的资本主义源头，将生态危机与资本主义生产方式进行了联合，指出生态危机是内在于资本主义制度之中的，只有彻底消灭资本主义制度才能真正解决生态危机，而要结束生态危机，必然认识到自然在人类社会存在与发展中的地位，消除人的异化的同时也要消除自然异化，才能实现人的解放与自然的解放，即人的解放与自然的解放是同一个过程的两个方面，而这两方面的解放的本质就是劳动的解放。

三　误识资本主义基本矛盾

生态学马克思主义把历史唯物主义与当代社会生态问题及由此引发的生态运动结合起来，寻求解决生态问题的方案和途径。恩格斯曾说：

"一切社会变迁和政治变革的终极原因，不应当到人们的头脑中，到人们对永恒的真理和正义的日益增进的认识中去寻找，而应当到生产方式和交换方式的变更中去寻找；不应当到有关时代的哲学中去寻找，而应当到有关时代的经济中去寻找。"①

生态学马克思主义从传统马克思主义入手，在批判资本主义生产方式的基础上，针对当今出现的生态问题向马克思主义寻求理论的支持，对当代全球生态问题和人类发展困境进行了一系列的探索，在自然观、历史文化观、社会矛盾、生态危机产生的根源和生产方式的变革等问题上的分析是深刻的，其中不乏独到的见解。但在对马克思主义理论和方法进行运用的过程中，也存在偏颇之处，在理论上表现出一定的局限性。

生态学马克思主义认为传统历史唯物存在缺陷，需要结合当代社会问题进行重新解读，进而改进或重构历史唯物主义理论。他们有的认为马克思经济危机理论已然过时了，现代社会的主要危机不是经济危机而是生态危机，认为既然生态危机已经取代经济危机成为资本主义社会的主要危机，那么，将经济危机视为资本主义社会主要危机的传统历史唯物主义必然要改变自己的关注对象与思考方式。他们有的还认为历史唯物主义提出的生产力与生产关系的矛盾是社会基本矛盾的论断也已经不适合当前现实了，现在应该考察生产力与生产关系矛盾之上的一种新的矛盾形式即生产力和生产关系与社会生产条件之间的矛盾，这属于人与自然之间的矛盾，是资本需求的无限化与自然资源的有限性之间的矛盾；生态危机使得资本主义社会基本矛盾不再是生产力与生产关系之间的矛盾，而是另一种矛盾即生产力和生产关系与社会生产条件之间的矛盾，这种矛盾发展的主要表现就是生态危机。这两个论断的相同之处就是突出了生态危机的重要性，认为生态环境问题是现代社会所有问题的重中之重，是人类当今存在与发展的核心问题，以人与自然之间的矛盾为社会基本矛盾，以生态危机为当今社会基本危机，生态学马克思主义试图以此来改造历史唯物主义理论，实现历史唯物主义的生态化。

---

① 《马克思恩格斯文集》第 3 卷，人民出版社，2009，第 547 页。

资本主义社会生产方式和资本主义制度与生态环境保护理念水火不容，其具有反生态的本质，这种否认自然生态价值的资本理性正是当代生态危机的根源。针对这种情况，生态学马克思主义以生态危机为核心，系统分析了生态危机产生的根源及其背后的运作机制与条件，试图寻找解决危机的现实道路。他们的理论对于进一步认清资本主义社会的本质，揭露资本主义反生态、反人道的本质具有重要意义；同时，对于社会主义国家正视生态环境问题，实现经济发展与环境和谐也具有重要意义。

生态学马克思主义的这种重视生态危机的理论倾向在当今生态环境问题严重化的资本主义社会，确实具有重要的价值。不可否认，由于自然条件与社会条件的制约，马克思主义经典作家在生态环境问题上没有进行深入的研究。但是由此而否定历史唯物主义的基本原则，将生态危机作为资本主义社会发展的主要危机，则不仅偏离了历史唯物主义的基本原理，而且也没有把握住资本主义社会问题的实质。

另外，对于实现马克思主义理论同环境保护运动相结合，从而得到工人阶级的理论认同并在实践中与工人阶级运动相结合，生态学马克思主义理论家都表现出了一种悲观主义情绪。而且，其部分理论和政治主张具有一定的乌托邦色彩，同时，缺乏全球视野，具有一定的"西方中心主义"的地缘倾向。这些问题也是我们在思考当前生态文明建设时应当考虑加以蔽除的因素。

四　混淆经济危机与生态危机的本质

生态学马克思主义对历史唯物主义的生态维度的阐释不仅是对其前辈思想的一种继承和发展，而且在于他们具体地运用他们在"阐释"基础上创建的具有他们自己特点的历史唯物主义理论去解决当代社会的生态危机问题。

在当代资本主义社会，经济危机依然是资本主义发展的主要危机，在资本主义的发展中具有基础性的作用。马克思认为，资本主义社会存在严重的社会对立，这种对立就是资本主义危机的根源，这些对立主要表现为商品中"使用价值和价值、私人劳动与社会劳动、具体劳动与抽象劳动、物的人格化和人格的物化"的对立，"这种内在的矛盾在商品形态变化的对立中取得发展了的运动形式"。①

资本主义生产中的这些对立既促进了商品经济的发展，但同时也隐含了各种危机，包括生态危机，随着资本主义商品经济的发展，这种对立越来越直接，越来越明显，最后导致各种社会危机的显现。马克思指出：资本家一方面残酷剥削工人阶级，"一切现实的危机的最终原因，总是群众的贫穷和他们的消费受到限制"。另一方面又幻想广大人民群众的消费助其实现剩余价值，"资本主义生产竭力发展生产力，好像只有社会的绝对的消费能力才是生产力发展的界限"。② 这种悖论说明，社会大众日益减弱的消费与无限扩大的社会生产力之间的矛盾使得资本主义产生了经济危机，这源于生产社会化与生产资料资本主义私有制之间的矛盾，只要资本主义制度不废除，就不能解决人与自然和人与人之间的矛盾，只要资本主义基本矛盾即生产社会化与生产资料资本主义私有制依然存在，那么资本主义经济危机就必然周期性爆发，而随着社会条件的发展变化，这种经济危机有可能表现出不同的形式，也有可能带来其他负面效应。

生态学马克思主义则认为，资本主义国家普遍采取了国家干预经济的措施，使得资本主义社会生产摆脱了盲目性与无计划性，因此可以避免经济危机。但是近几年的历史事实告诉我们，资本主义经济危机并没有避免，反而更加频繁与猛烈，对社会造成的冲击更大，带来的负面影响也更加剧烈。

生态学马克思主义独特的历史唯物主义理论具有时代特征。它把历史唯物主义与当代生态环境问题具体结合起来，使马克思主义保持了巨大的影响力，丰富和发展了马克思主义。但是，他们用生态危机取代资本主义经济危机，错误地将科学技术当作当代资本主义社会中人与自然关系异化及生态危机的总根源则是他们的理论缺陷。

---

① 《马克思恩格斯文集》第 5 卷，人民出版社，2009，第 135 页。
② 《马克思恩格斯文集》第 7 卷，人民出版社，2009，第 548 页。

鉴于当今生态危机的严重性，北美生态学马克思主义强调生态危机已经取代了经济危机成为当今社会的主要危机，这实际上混淆了经济危机与生态危机的性质。经济危机是由资本主义基本矛盾即生产社会化与生产资料资本主义私有制之间的矛盾决定的，其本质上属于人与人之间的生产关系，而生态危机是人与自然的关系危机，在资本主义社会条件下这种危机更加明显。要是生态危机代替资本主义经济危机，则混淆了资本主义的本质属性，也难以说明生态危机的资本主义根源。资本主义经济危机体现的是资本家对资本的追求和对工人阶级需要的限制，这是对广大劳动人民生存权利的漠视，也体现了资本对社会资源包括自然环境资源的统治与控制，这是对自然环境权利的漠视，这两种漠视就是资本主义制度本质所导致的。资本主义经济危机与生态危机具有统一根源，只要这种根源存在，资本主义经济危机与生态危机就会不断发生，而其中生态危机只是经济危机的附属危机，并不能取代经济危机在资本主义社会的基础性作用。

马克思也曾告诫，"不以伟大的自然规律为依据的人类计划，只会带来灾难"[①]。1972 年，罗马俱乐部发表了誉满全球的报告《增长的极限》，1987 年世界环境与发展委员会起草的报告《我们共同的未来》获得通过并出版，可持续性发展观在世界范围内得到确立，第一次提出可持续发展理念，1992 年，联合国环境与发展大会发布《里约宣言》和《21 世纪议程》，正式提出走可持续发展道路。2012 年，联合国可持续发展大会一致通过了《我们憧憬的未来》。可持续性发展真正迈开了全球实践的新步伐，生态文明建设已成为全球共同的日程。

"危机理论在马克思主义中始终起着核心作用。"[②] 马克思危机理论仍然能够解释当今资本主义的现实状况，应该对马克思危机理论进行辩护，不仅如此，生态学马克思主义还提出了与经济危机相结合的生态危机理论，并揭示了资本主义生态危机的根源，以期寻找解决生态危机以及实

---

① 《马克思恩格斯全集》第 31 卷，人民出版社，1972，第 251 页。
② Simon Clarke, *Marx's Theory of Crisis*, London：Palgrave Macmillan, 1994, p. 7.

现人的自由和解放的途径。

第二节 对当代中国生态文明建设的参考

生态学马克思主义理论是国外马克思主义者对当代全球问题和人类发展困境的哲学思索。它对生态危机的生发根源以及对资本主义社会生产方式变革及其发展趋势等的一系列分析是深刻的，它所关注的人与自然的关系，以及批判资本主义社会的反生态本质，对我国生态文明建设具有一定的警示、启示作用。它提醒我们应该重视自然在人与自然的关系中的突出地位，注重人与自然的协调发展；坚持提高生产力水平是促进社会发展的动力，但同时注重资源开发和节约并举，把节约放在首位，提高资源利用效率；正确运用科技治理生态环境，缓解生态压力。要建设生态文明必须有正确的理论指导，其只能是基于历史唯物主义的，构建中国形态的生态文明理论正是指导我们建设生态文明的科学指南。中国形态的生态文明理论，应当是以马克思主义生态哲学为理论基础，以构建"人与自然生命共同体"为价值诉求的新型生态文明理论，是对生态学马克思主义理论的超越。

一 生态文明的内涵及中国建设

"生态文明"概念具有进化论和唯物论的双重基因，生态文明具有鲜明的中华优秀传统文化底蕴和中国特色社会主义的基本特征。

（一）生态文明的内涵

"文明"是一个过程名词，最初的定义与"野蛮"相反，既是一个过程，又是一种社会秩序和教养的完成状态。"文明"的标志是"对世界本质和人在世界中的地位的深层设定，因此也就是对何为值得人们奋斗的终极目标的深层设定，这种设定充斥在包括实践和制度在内的全部文化领域中，并在漫长的时间中被体现并表达这些深层设定的生命形式复制"[1]。

---

① 刘仁胜主编《生态马克思主义与生态文明》，中国人民大学出版社，2022，第278页。

在《论人类生存的环境——兼论进步的辩证法》中，德国著名学者伊林·费切尔（Iring Fetscher）首次明确提出"生态文明"（Ecological Civilization）的概念，将其作为工业文明之后的一种文明替代形式。① 人们将生态文明设想为传统农业文明和工业文明的后继者，是农业文明和工业文明中的最好的东西的整合，"生态文明的理念给人们提供了一种远见，这种远见使人们能够正视生态问题的重要性"②，"我们不只是继承了父辈的地球，而是借用了儿孙的地球"③。人类无法真正感知一只鹰、一头狮子或者一匹马的感受，却可以如劳伦斯·布伊尔（Lawrence Buell）所说，承担起生态批评的重任，"作为艾尔多·利奥波德（Aldo Leopold）所称'生物共同体'（biotic community）的一部分来说话，也就是：认识到人类自身包含着生态性或环境性"④。

在英语国家中，美国南新罕布什尔大学可持续发展研究中心主任罗伊·莫里森（Roy Morrison）1995 年出版的《生态民主》首次专门论述了生态文明建设。⑤ 生态文明基于多种多样的生活方式，这些生活方式使相互联结的自然生态和社会生态得以持续。这样一种文明具有两个基本属性。其一，它运用欣欣向荣的生物界中的动态平衡和可持续性平衡的观点看待人类生活：人类与自然不是处于对抗状态，人类生活于自然之中。其二，生态文明意味着我们生活方式的根本变革：这取决于我们做出的新的社会选择的能力。它不是因为美国国会的一项法令而建立，不是基于规划，不是基于绿色消费和购物活动。之后，罗伊·莫里森又专门出版了《生态文明：2140——一部 22 世纪的历史与幸存者日记》，继续构想 22 世纪的生态文明建设蓝图。

罗伊·莫里森指出，生态文明行为是对第二自然超越正常生物限制

① 参见刘仁胜主编《生态马克思主义与生态文明》，中国人民大学出版社，2022，第1~3页。
② 刘仁胜主编《生态马克思主义与生态文明》，中国人民大学出版社，2022，第277页。
③ 郇庆治：《绿色乌托邦——生态主义的社会哲学》，泰山出版社，1998，总序第2页。
④ 〔美〕劳伦斯·布伊尔：《环境批评的未来：环境危机与文学想象》，刘蓓译，北京大学出版社，2010，第9页。
⑤ 参见〔美〕罗伊·莫里森《生态民主》，刘仁胜、张甲秀、李艳君译，中国环境出版社，2016，第6~7页。

的诸种力量和毁灭性结果的自觉表达。未来将要发生什么，部分取决于我们所有人的协同行为。某种生态转向和追求可持续发展可能将自我毁灭的工业主义转变成一种繁荣的全球性生态文明。生态文明将不是无意识的经济矛盾的产物，而是全球性生态增长战略成功的结果。生态文明是一个繁荣的可持续性的未来的一种符合逻辑的而且实际上是唯一现实选择。生态文明是通向全球增长、结束贫困、走向繁荣和长期生存的道路。正在崛起的生态文明是对正在兴起和运动中的当代自由和共同体的全球性表达。它不仅是一种计划，而且是许许多多计划的协调发展，更是对人类创造性表达和创造性关系的详尽描述。

刘仁胜在其主编的《生态马克思主义与生态文明》的导言中，把世界生态学马克思主义的发展大致分为四个历史阶段，第一阶段是第一代生态学马克思主义；第二阶段是第二代生态学马克思主义；第三阶段是第三代生态学马克思主义；第四阶段是全面推进生态文明建设阶段。

生态文明将是一种全球文明，只能从一种被工业文明统一起来的世界秩序中阐述，但其将超越并彻底改变这种文明。生态文明时代的发展，就是工业文明时代发展的又一个全新的阶段，是一个更高层次的阶段，是一个人与人、人与社会、人与自然和谐发展的新阶段。生态文明就是人类在改造自然以造福自身的过程中为实现人与自然之间的和谐所做的全部努力和所取得的全部成果，它表征着人与自然相互关系的进步状态。生态文明既包含人类保护自然环境和生态安全的意识、法律、制度、政策，也包括维护生态平衡和可持续发展的科学技术、组织机构和实际行动。如果从原始文明、农业文明、工业文明这一视角来观察人类文明形态的演变发展，那么可以说，生态文明作为一种后工业文明，是人类社会一种新的文明形态，是人类迄今最高的文明形态。作为人类文明的一种高级形态，生态文明是人与自然关系的一种新颖状态，是人类文明在全球化和信息化条件下的转型和升华。生态文明使人类进一步发展到重视自己生存的生态状况。它涉及深层设定、思维方式和终极目的、生活方式和社会组织方式的转型，这种转型的力度之大，正如农业文明产生时或者中国文明，或者希腊文明、罗马文明、中世纪文明和现代文明产生时所发生的那样，但是，它仍会保存这些文明或者其他文明中最优秀的东西。

生态文明并不是"一个单一或简单的想法，而是一个多样体。它是一条道路、一组任务和一个要求"①。人们对生态文明的向往是一种迫切的需要，"这种文明……是以设定有一种自觉地领导这一制度的社会主体为前提的，达到这种文明要靠人道的、自由的方式，不是靠一群为在世界范围内实行生态专政服务的专家来搞，而是靠大多数人从根本上改变行为模式，把一切希望完全寄托于无限进步的时代即将结束"②。

建设生态文明应该成为我们 21 世纪行动的必然结果。我们必须在生态毁灭结果阻止我们进行选择之前，积极地追求一种生态未来。时间和机会就在此时此刻。建设生态文明，归根结底是为了人类自身的利益，因为良好的自然生态，是人类幸福生活不可或缺的要素。因此，在建设生态文明的过程中，人类自身是生态文明的主体，处于主动而不是被动的地位。建设生态文明，绝不是人类消极地向自然回归，而是人类积极地与自然实现和谐。人类既不能简单地去"主宰"或"统治"自然，也不能在自然面前消极地无所作为。换言之，"以人为本"既是科学发展观的出发点，也是我们建设生态文明的基本出发点；最大限度地实现人类自身的利益，也正是我们建设生态文明的归宿。

历史唯物主义视域中的生态文明是超越工业文明的新型文明形态，"虽然工业文明产生的技术进步确实解决了一个又一个问题，并把人类统一在一种文明之中，然而，相对于所有已经解决了的问题而言，更多更严重的问题产生了"③。

"随着科学的生态文明思想理论体系在中国的形成，人类生态文明思想的发展进入了一个新的历史时代。"④ 习近平总书记指出："我们党领导人民不仅创造了世所罕见的经济快速发展和社会长期稳定两大奇迹，而

---

① 刘仁胜主编《生态马克思主义与生态文明》，中国人民大学出版社，2022，第 351 页。
② 刘仁胜主编《生态马克思主义与生态文明》，中国人民大学出版社，2022，第 271 页。
③ 刘仁胜主编《生态马克思主义与生态文明》，中国人民大学出版社，2022，第 276 页。
④ 戴圣鹏：《人与自然和谐共生的生态文明》，社会科学文献出版社，2022，第 1 页。

且成功走出了中国式现代化道路，创造了人类文明新形态。"① 其中生态文明与物质文明、政治文明、精神文明和社会文明共同支撑起人类文明新形态的内在结构。

（二）生态文明的中国建设

中国学术界在 20 世纪 80 年代中期开始提出"生态文明"概念，刘思华教授和叶谦吉教授分别从生态经济学和生态农业的角度研究了两种类型的"生态文明"概念。经过 40 多年的不断发展和完善，生态文明建设最终成为中国发展的核心战略之一。

中国的生态文明建设建立在中国独具特色的生态文明理论研究和建设实践的基础上，并借鉴了人类历史上一切可资借鉴的理论研究成果和环保实践成果，因而中国逐渐成为世界生态文明理论研究的主力军和生态文明建设的主战场。

生态文明建设是关系人民福祉和民族未来的大计，也是实现中华民族伟大复兴的中国梦的重要内容。2007 年，党的十七大报告在实现全面建设小康社会的新要求中，首次提出"建设生态文明"的目标，要求"基本形成节约能源资源和保护生态环境的产业结构、增长方式、消费模式。循环经济形成较大规模，可再生能源比重显著上升。主要污染物排放得到有效控制，生态环境质量明显改善。生态文明观念在全社会牢固树立"②。这标志着我国从根本上确立了生态文明的发展战略。2010 年，党的十七届五中全会制定的"十二五"规划，要求"加快建设资源节约型、环境友好型社会，提高生态文明水平"③，标志着我国开始走上绿色化的发展道路。

2012 年，党的十八大提出"推动形成人与自然和谐发展现代化建设新格局"④，自此明确将"四位一体"改成"五位一体"，即将生态文明建设融入经济建设、政治建设、文化建设、社会建设各方面和全过程，

---

① 《习近平著作选读》第 2 卷，人民出版社，2023，第 553 页。
② 《十七大以来重要文献选编》（上），中央文献出版社，2009，第 16 页。
③ 《十七大以来重要文献选编》（中），中央文献出版社，2011，第 985 页。
④ 《十八大以来重要文献选编》（上），中央文献出版社，2014，第 15 页。

从而突出生态文明建设的重要性，把生态文明建设纳入中国特色社会主义事业总体布局，认为"建设生态文明，是关系人民福祉、关乎民族未来的长远大计。面对资源约束趋紧、环境污染严重、生态系统退化的严峻形势，必须树立尊重自然、顺应自然、保护自然的生态文明理念，把生态文明建设放在突出地位，融入经济建设、政治建设、文化建设、社会建设各方面和全过程，努力建设美丽中国，实现中华民族永续发展"①，并第一次把"美丽中国"作为未来生态文明建设的宏伟目标，从中国特色社会主义总体布局的高度来论述生态文明建设，表现了政府大力推进生态文明建设的鲜明立场和坚定决心。

2013 年，党的十八届三中全会提出加快生态文明制度建设的目标，要求"建立系统完整的生态文明制度体系，实行最严格的源头保护制度、损害赔偿制度、责任追究制度，完善环境治理和生态修复制度，用制度保护生态环境"②。即"健全自然资源资产产权制度和用途管制制度""划定生态保护红线""实行资源有偿使用制度和生态补偿制度""改革生态环境保护管理体制"。③ 党的十八届五中全会首次将"生态文明建设"写进五年规划的目标任务中，要求全社会树立创新、协调、绿色、开放、共享的新发展理念。党的十九大提出加快生态文明体制改革，强调"我们要建设的现代化是人与自然和谐共生的现代化"④，建设"美丽中国"，同时指出实现"两个一百年"奋斗目标对生态文明的要求，最终全面建成富强民主文明和谐美丽的社会主义现代化强国。党的二十大提出"站在人与自然和谐共生的高度谋划发展"⑤，进一步将"人与自然和谐共生的现代化"⑥ 明确为中国式现代化的中国特色之一，将"促

① 《十八大以来重要文献选编》（上），中央文献出版社，2014，第 30~31 页。
② 《中共中央关于全面深化改革若干重大问题的决定》，人民出版社，2013，第 52 页。
③ 《中共中央关于全面深化改革若干重大问题的决定》，人民出版社，2013，第 52~54 页。
④ 习近平：《决胜全面建成小康社会 夺取新时代中国特色社会主义伟大胜利——在中国共产党第十九次全国代表大会上的报告》，人民出版社，2017，第 50 页。
⑤ 习近平：《高举中国特色社会主义伟大旗帜 为全面建设社会主义现代化国家而团结奋斗——在中国共产党第二十次全国代表大会上的报告》，人民出版社，2022，第 50 页。
⑥ 习近平：《高举中国特色社会主义伟大旗帜 为全面建设社会主义现代化国家而团结奋斗——在中国共产党第二十次全国代表大会上的报告》，人民出版社，2022，第 23 页。

进人与自然和谐共生"① 明确为中国式现代化的本质要求之一，充分体现了我们党在领导和实现中华民族伟大复兴历史进程中，深化现代化理论认识、推动现代化实践探索的高度自觉，为新时代生态文明建设提供了理论指引和根本遵循。

总之，进入新时代，以习近平同志为核心的党中央从中华民族永续发展的高度出发，深刻把握生态文明建设在新时代中国特色社会主义事业中的重要地位和战略意义，大力推动生态文明理论创新、实践创新、制度创新，创造性提出一系列新理念新思想新战略，形成了习近平生态文明思想，开辟了生态文明建设的新境界。"生态文明建设是'五位一体'总体布局和'四个全面'战略布局的重要内容。各地区各部门要切实贯彻新发展理念，树立'绿水青山就是金山银山'的强烈意识，努力走向社会主义生态文明新时代。"② 中国生态文明建设取得了世界瞩目的历史性、转折性和全局性变化，努力走向社会主义生态文明新时代，生态文明思想逐渐成为人类命运共同体思想的有机组成部分；联合国和世界多国学者开始从多维度关注并研究中国的生态文明建设，进而开始倡导全球生态文明建设。

二　生态文明建设要以正确的自然观为指导

生态文明的创建不是技术问题和资金问题，而是世界观和价值观问题，因为"每种社会类型和文明形态都有相应的世界观和价值观"③。

（一）改变人与自然关系，从对立到统一

生态学马克思主义认为生态文明标识的是人和自然之间的关系，因而不能脱离人类实践、社会制度和生产方式来探讨生态文明的本质。基于这一基本理论前提，生态学马克思主义批评激进的环境主义把生态文明中的"自然"理解为"一种未被污染的、未被人类之手接触过的、远

---

①　习近平：《高举中国特色社会主义伟大旗帜　为全面建设社会主义现代化国家而团结奋斗——在中国共产党第二十次全国代表大会上的报告》，人民出版社，2022，第 24 页。

②　《习近平著作选读》第 1 卷，人民出版社，2023，第 535 页。

③　倪瑞华：《英国生态学马克思主义研究》，人民出版社，2011，引言第 1 页。

离都市的东西"①，在实质上表达的不过是一种反抗启蒙理性的浪漫主义情感。生态学马克思主义批评生态中心主义看不到一定社会制度和生产方式在根本上制约着人和自然的关系。

当代中国生态危机的治理，首先不应该在人们的生态观念以及科学技术的使用方面找原因，从根本上讲应该在进一步完善中国特色社会主义制度、构建和谐的人际关系方面下功夫。在当前的社会主义市场经济条件下，就是要完善劳动和分配制度，落实政治民主，严惩破坏生态环境的行为，要建设生态友好型的市场经济，合理控制资本的破坏性力量，尽量把资本增殖对生态环境的破坏控制在合理范围之内。②

我国生态文明建设的核心是正确处理人与自然的关系，要求人们在改造自然的过程中，树立保护自然的意识，不断优化和改善人与自然的关系，以改变资本主义对自然的掠夺性态度。自然作为一个有限的社会历史存在，自身是具有自然价值的。它对人类表现出来的有用性——工具价值只是自然价值的一方面，除此之外，它还具有文化价值、历史价值和生态价值等，人类不能只重视自然的工具价值，而无视其他价值的存在。在资本主义社会中，自然是被操控和控制的对象，人们只注重其工具价值，对它采取一种掠夺性的态度，造成了严重的环境问题和社会问题。虽然表面上人类征服自然的能力提高了，但是人类的异化生存状况与人类征服自然的能力是正相关的，人化自然的扩大必然伴随着人类异化的加剧，导致人类生存环境的缩小。"正是因为人类和非人的自然界处于和平共生状态之中，人类生活才可以进步，所以必须限制和摒弃那种无限的直线式的技术进步主义。"③"人们对自己所幻想的终能无限驾驭自然的时代究竟能否实现，已深感疑惑。"④

---

① 〔美〕詹姆斯·奥康纳：《自然的理由——生态学马克思主义研究》，唐正东、臧佩洪译，南京大学出版社，2003，第35页。
② 参见刘晓勇《生态学马克思主义与中国可持续发展研究》，中国社会科学出版社，2018，第281页。
③ 刘仁胜主编《生态马克思主义与生态文明》，中国人民大学出版社，2022，第271页。
④ 刘仁胜主编《生态马克思主义与生态文明》，中国人民大学出版社，2022，第271页。

　　资本主义国家的前车之鉴，社会主义国家必须引以为戒，确立一种正确的自然观，改变传统的人与自然的对立关系。德国学者汉斯·萨克塞（Hans Sachsse）将人与自然的关系描述为一种"从敌人到榜样，从榜样到对象，从对象到伙伴"①的历史动态关系。这种动态关系反映了不同历史发展时期人与自然关系的变迁：在资本主义社会，人与自然的关系主要是一种敌对和对象关系，人与自然势不两立，人类仅仅以自然对自身的有用性来获得其工具价值，自然是被人类占有、攫取、改造和利用的直接对象；在未来的共产主义社会，人与自然的关系主要是一种榜样与伙伴的关系，人与自然相互作用、相互依存，处于一种协调、融洽、和谐的关系中。我国生态文明建设最终就是要实现人与自然的这种榜样与伙伴的关系，使人与自然保持一种平和与协调的关系，以生态性的原则来规范人们的思想观念和行为方式，把生态问题与经济、法律和社会进步紧密结合起来。

（二）尊重自然、顺应自然和保护自然

　　党的十八大提出，面对资源能源短缺加剧、环境污染严重、生态系统退化的严峻趋势，必须树立尊重自然、顺应自然、保护自然的生态文明观念。尊重自然体现了人与自然相处时人对自然的首要态度。它要求人们面对自然时，尊重自然的存在，对自然葆有一颗敬畏、感恩和报恩之心，避免走向两个极端：或者将自然看作神圣不可侵犯的神秘之物，将自然神化，对自然感到畏惧；或者极力贬低自然，轻视自然，将自然视为人类改造、利用和占有的对象，对自然采取一种掠夺性的态度，遭到自然的报复，直接威胁到人类自身的生存与发展。这两种极端的态度都是不可取的，只有尊重自然、正视自然，肯定自然的内在价值，平等地对待自然，才能与自然共生、共荣。顺应自然体现了人与自然相处时遵循的基本原则，这与泰德·本顿适应自然的思想是完全一致的。自然界是一个完整的生态系统，是一个具有独立实在性的实体，它具有不以人的意志为转移的、反映自身运动变化发展的基本客观规律。顺应自然

———————

①　〔德〕汉斯·萨克塞：《生态哲学》，文韬、佩云译，东方出版社，1991，第33页。

要求人们在改造和利用自然的过程中，遵循自然规律，按照客观规律办事，不能违背自然规律的要求，更不能改变或者破坏自然规律。人类的行为应该符合自然规律的要求，以客观的规律来约束和制约人类破坏自然环境的行为，只有这样，才能与自然和谐相处。保护自然体现了人与自然相处时应承担的重要责任，表达了人对自然的一种责任感。人类在发挥主观能动性的过程中，在利用自然为人类谋取利益时，一定不要使自己的行动危及自然的利益，保护自然生态系统的观念要牢记心间，落实到行动上，使大自然持续保持生机与活力，成为人类休养生息之地。

习近平总书记指出："自然是生命之母，人与自然是生命共同体，人类必须敬畏自然、尊重自然、顺应自然、保护自然。"① "人与自然是生命共同体"的重要理念，是习近平生态文明思想的重要组成部分。这一重要理念坚持和发展了马克思主义关于人与自然关系的思想，从本体论层面超越了现代西方环境理论。"人与自然是生命共同体"的重要理念，坚持辩证唯物主义和历史唯物主义的立场观点方法，科学运用系统科学理论看待和分析生态环境保护问题。这一重要理念表明，"山水林田湖草是生命共同体"，"人的命脉在田，田的命脉在水，水的命脉在山，山的命脉在土，土的命脉在林和草，这个生命共同体是人类生存发展的物质基础"。② 历史教训表明，"在整个发展过程中，不能只讲索取不讲投入，不能只讲发展不讲保护，不能只讲利用不讲修复。无止境地向自然索取甚至破坏自然必然会遭到大自然的报复，这是无法抗拒的规律"③。生态是统一的自然系统，是相互依存、紧密联系的有机链条，人类是在同自然的互动中生产、生活、发展的。人类对大自然的伤害最终会伤及人类自身，不能只讲索取不讲投入、只讲发展不讲保护、只讲利用不讲修复，必须敬畏自然、尊重自然、顺应自然、保护自然。"人与自然是生命共同体"的重要理念，科学揭示了人与自然之间、自然物之间的辩证统一关

---

① 《习近平著作选读》第 2 卷，人民出版社，2023，第 165 页。
② 《习近平著作选读》第 2 卷，人民出版社，2023，第 173 页。
③ 《习近平新时代中国特色社会主义思想学习纲要》，学习出版社、人民出版社，2023，第 223 页。

系，从本体论层面回答了新时代我国生态文明建设的根据和价值等重要问题，实现了对现代西方环境理论的超越。

（三）通过解决人与人之间的矛盾冲突去解决人与自然之间的关系

人类文明进入 19 世纪特别是 20 世纪以来，人与自然的关系发生了巨大的变化，在人类对自然的驾驭能力与支配能力不断跃进的同时，人类对自然的主体责任却没有得到很好的践行，生态危机出现并迅速蔓延。"文明虽然代表着人类远离自然的尺度与摆脱自然束缚的力度，但人类文明本身也建立在自然与生态的基础之上，没有自然与生态，就不会有人类文明。"①

人类与自然处在相互冲突之中。人类的活动破坏了自然。生态学马克思主义者指出，人与自然关系的异化的根本原因在于人与人之间的关系发生了偏差，这是由社会制度的根本性质所决定的。安德烈·高兹指出，资本的利润动机必然损害生态环境，通过资本的生产逻辑显然不能解决任何生态问题。这是因为任何一个企业家都会对获取利润感兴趣，在这种情况下，资本家会最大限度地控制自然资源，最大限度地增加投资，以使自己作为强者存在于世界市场上。这就说明，解决生态问题不能只在人的观念方面找原因，也不能只在科学技术上找原因。生态破坏的根本原因还在于不合理不公正的社会制度。正是因为一部分人剥削另外一部分人的社会制度的存在，一部分人才把控制自然作为控制人的手段，把剥削自然作为剥削人的基础，把自然资源资本化为发财致富的手段。

约翰·贝拉米·福斯特也同样指出，资本主义制度希望借助于"自然资本化"来解决环境问题的办法是断然行不通的，所谓的"自然资本化"就是"将生物物理环境（自然）、非工业化经济和人类社会领域（人类）作为资本库，并将这些库存整理成可在市场买卖的财产"②。"将

---

① 戴圣鹏：《人与自然和谐共生的生态文明》，社会科学文献出版社，2022，第 38 页。
② 〔美〕约翰·贝拉米·福斯特：《生态危机与资本主义》，耿建新、宋兴无译，上海译文出版社，2006，第 27 页。

人类生产性能源、土地、定型的环境和地球本身建立的生态予以商品化的倾向"①，必将导致环境问题，因此，环境问题的真正根源在于资本主义制度本身。"不论描述自然资本的修辞如何动听，资本主义体系的运行却没有本质上的改变，也不能期望它改变。把自然和地球描绘成资本，其目的主要是掩盖为了实现商品交换而对自然极尽掠夺的现实。"②因此，生态问题是资本主义的世界经济政治制度造成的，不能笼统地归为人与自然之间的对立，人与自然对立的背后隐藏着资本和生态的对立，这种对立绝不是某些细枝末节上的对立，而是资本和自然各自作为一个整体的根本对立。用资本主义自由市场的手段解决生态问题，最终不仅无益于问题的解决，反而会背离初衷，让生态问题更加严重。

三　生态文明建设应建立人的新的存在方式

当今世界突出的问题之一是存在问题。所谓存在问题，就是人以什么样的方式生活并达到什么样的目标。人的存在问题和发展问题密切相关，如果不解决存在问题，发展问题就会丧失方向，换言之，只有明白人类应该如何生活，才能真正确定这个世界如何发展。人类的存在方式基本上可以分为两种：一种是"占有"，一种是"存在"。所谓"占有"，就是把人存在的意义归结为对物质财富的占有和对他人的控制，把人与自然的关系视为占有与被占有的关系，把人际关系理解为控制与被控制的关系；所谓"存在"，就是将生命的意义归结为他的自主生活方式，一个人并不因为其拥有的物质财富而存在，也不因为对他人的支配而存在，而是以他的自主性、创造性以及对他人和自然的爱而存在。事实上，在当代资本主义社会里，大多数人是以"占有"的方式存在的，人的这种占有的存在方式不仅表现在人对他人的占有上，还突出表现在人对自然资源的攫取和破坏上，人无休止地向自然索取，将之占为己有。占有和剥夺自然的

---

① 〔美〕约翰·贝拉米·福斯特：《生态危机与资本主义》，耿建新、宋兴无译，上海译文出版社，2006，第98页。
② 〔美〕约翰·贝拉米·福斯特：《生态危机与资本主义》，耿建新、宋兴无译，上海译文出版社，2006，第28页。

存在方式本质上是资本主义人剥削人的社会关系的必然产物。

安德烈·高兹指出，在资本主义社会，人的社会地位依靠他占有的社会财富来决定，但是在生态社会主义社会中，就是要摆脱"越多越好"的生活原则，就是要逃避经济理性。在安德烈·高兹看来，在生态社会主义社会当中，"消费得更少而生活得更好"的情况是有可能出现的，这就要求我们生产更多耐用品以及更多少消耗资源且不破坏环境的东西，当人们知道并不是所有的价值都是可以量化的，知道金钱并不能购买到一切东西，知道不能用金钱买到恰恰正是最重要的东西，或者甚至可以说是最必不可少的东西之时，"以市场为根基的秩序"也就从根本上动摇了。詹姆斯·奥康纳同样认为，"由于资本主义生产的目的是追求利润"，而"使用价值从属于交换价值，具体劳动从属于抽象劳动"，"使用价值正在被日益纳入交换价值之中，这也就是说，越来越多的需要的满足（或没有得到满足）更多为经常地体现在商品的（单个）形式中，而较少采取直接社会性的形式，譬如，更多的汽车，更少的公共交通，更多的治疗性健康，更少的预防性健康，更多的快餐，更少的家庭烹饪，更多由 MTV 制造的音乐，更少的本土音乐，更多的大型演出团体，更少的文化自我发展"。[①] 可见，以占有为特征的生活方式实际上并不能真正使人得到满足。

以"存在"为特征的生活方式，实际上是通过创造性劳动实现的人的自由和全面发展的生活方式，人与人之间是相互合作的关系，人与自然之间是共同发展的关系，而这种生活方式的实现，根本上是在劳动领域内完成的。威廉·莱斯指出，建设生态文明社会的过程实际上就是引导人们不是在消费领域而是在生产领域寻求生活的满足，把消费与满足联系起来的现象正好说明当代社会处于异化当中。这种以占有为主要特征的生活方式是福利社会存在的合法性，当然也是造成生态危机的罪魁祸首。威廉·莱斯认为，如果人们能够把注意力转向生产领域，使劳动

---

① 〔美〕詹姆斯·奥康纳：《自然的理由——生态学马克思主义研究》，唐正东、臧佩洪译，南京大学出版社，2003，第 520 页。

者在自主的、创造性的环境中从事自由自在的劳动，劳动者就能够在自我实现中获得幸福和满足。詹姆斯·奥康纳认为，生态文明社会必须在人的生活方式上实现革新，即改变资本主义社会中那种使用价值从属于交换价值的价值观，使交换价值从属于使用价值，相应地，在质和量两者之中更加重视前者，在生产性正义和分配性正义两者之中更加重视生产性正义。在自主的、创造性的劳动过程中获得幸福和满足，并不意味着要强迫所有劳动者都采取一种特殊的单一的生活方式，而是让劳动者有比在资本主义社会中更富于吸引力的其他劳动选择。詹姆斯·奥康纳认为，与生态文明相伴随的是必须实现从追求"分配性正义"到追求"生产性正义"的转变，所谓"分配性正义"，指的是劳动产品的公平分配，而"生产性正义"，指的是劳动产品的平等而自由地生产，在资本主义社会中通行的是分配性正义。运用在生态问题的解决上，就是指自然利益依据资本份额均等分配，这导致了在资本主义社会中，分配的力量越是均等，生态破坏就越是严重。

以"占有"为特征的生活方式没有前途，这种生活方式必将激化人与自然的矛盾，最终的结果是人与自然的共同灭亡。当代人的生活方式不具有可持续性，要想真正建设生态社会主义社会，当代中国就必须致力于建设一种新的、可持续的生活方式，而这种生活方式就是鼓励劳动者在劳动中获得自由和全面发展，这一社会理想的实现，必须在两个方面下功夫。

一方面是如何对待生产的问题。以生态为导向的现代化如何对待生产？一是要认识到资本主义生产的本质。要明白资本主义是如何对待生产的，资本主义把生产作为资本增殖的唯一途径，单纯地追求生产量的扩大，其结果是生产超出了自然的界限，破坏了自然。二是要在发展生产的同时促进全面生产。在当前的中国环境中，人的实用生产尚未得到完全满足，发展经济还是我们在相当长的一个时期内必需的工作，因此，要再生产整个自然的要求还不现实，但是这并不意味着当前的中国就应该走资本主义的生产之路，相反，当前的中国社会，在发展生产的同时，也要限制生产，即应该限制生产的无序性，使生产牢牢被限制在生态限度之内。三是要大力促进全面生产。社会主义社会中人的需要是全面的，因此社会主义社会的生产也应该是全面的，因此，以生态为导向的现代化对待生产的基本态度是抛弃单向度的生产模式去追求全方位的生产，即全面生产。所谓全面生产，指的是不把生产作为资本增殖的目的，在满足人的生存物质需要的同时，还再生产着整个自然界。人之所以要"再生产整个自然界"，是因为自然是人的无机的身体，要保证人类自身的发展，就必须保证自然生命体正常运动的需要。这样人的全面生产，不仅包括按照人的肉体的需要来生产，还包括人应该全面建设自然界，要以全面恢复自然的良性循环为己任。这实际上就是要辩证地对待人的尺度和自然的尺度，这决定了人的生产不仅要尊重自然的实用价值，更要尊重自然的美的价值。

另一方面是如何对待消费的问题。生态学马克思主义学者之所以要对资本主义的消费社会大加鞭挞，主要是因为资本主义造成了工人的赤贫，导致社会劳动产品分配不公。此外，资本主义把所有人物化，使人在物化的消费过程中迷失了自我，成为资本增殖的工具，而真正的人的消费，被降低为动物的水平。马克思主义认为，资本主义的罪恶就在于造成了这样的颠倒，人专心致志地享受动物的机能，把动物的机能视为人的机能，而劳动明明是只属于人的独有的机能，却被人视为动物的机能。在资本主义社会中，人被异化为只知道物质消费的"残废的怪物"。对于资本主义的消费社会，马克思指出，"每个人都千方百计在别人身上唤起某种新的需要，以便迫使他作出新的牺牲，使他处于一种新的依赖地位，诱使他追求新的享受方式"①。马克思在某种程度上已经预见到人在消费社会中的生存方式，"产品和需要的范围的扩大，成为非人的、过分精致的、非自然的和臆想出来的欲望的机敏的和总是精打细算的奴隶"②，为了实现资本增殖和利润增长这一资本主义亘古不变的目的，"工业的宦官投合消费者的最下流的意念，充当他和他的需要之间的牵线人，

①　《马克思恩格斯全集》第 42 卷，人民出版社，1979，第 132 页。
②　《马克思恩格斯全集》第 42 卷，人民出版社，1979，第 132 页。

激起他的病态的欲望，窥伺他的每一个弱点，然后要求对这种殷勤的服务付报酬"①。试图通过刺激人的物质欲望去尽可能消费的方式来实现现代化，既不符合马克思关于社会主义消费的理论，也不符合中国的基本国情。通过消费刺激经济增长的方式实际上是资本主义发展观在我国的翻版，是资本主义意识形态的产物。当代中国要建立的生态社会，不是要否定人的物质消费，而是要在满足人的基本的物质需要的基础上，让人认识到人的全面发展的需要，真正的需要，不是更多，而是更好，不是物质欲望，而是全面发展。消费社会的前途是黑暗的，在中国走消费社会的道路更没有前途。真正的需求不是物欲而是人的全面发展，因此，以生态为主导的现代化决不能鼓励消费社会，而要引导消费，要让人认识到精神和文化方面的需要，去探究一种物质需要更少，而人能生活得更好的生活方式。

四　生态文明建设应重视科学技术的生态化

自启蒙运动以来，科学技术就作为人类判断是非对错的标准备受尊崇，这是因为科学技术不仅带来了高效率，而且带来了丰富的物质文化生活，带来了人的自由和解放的希望，仿佛科学技术越发达，人类就越自由。

泰德·本顿在与瑞尼尔·格伦德曼的论战中阐述了自己的技术观。他赞成瑞尼尔·格伦德曼坚持技术革新的重要性，认为可以通过技术的革新，提高技术水平，可以运用先进技术对抗自然的限制，使得自然的限制对劳动过程的制约作用向后推迟，从而获得更大的经济收益。但是不能仅仅局限于技术革新对历史进程发挥的作用，不能只从社会关系的角度来考察，还要考虑到这一技术革新的生态意蕴。即在技术的使用中既要看到它所带来的巨大经济利益，又要考虑到它所造成的生态问题，要明确区分出可行的技术与可欲的技术。可欲的技术充分考虑到了技术革新和使用的各种可能性，既包括可以预测和控制的后果，也包括不可

---

① 《马克思恩格斯全集》第 42 卷，人民出版社，1979，第 133 页。

预测和不可控制的后果，在各种可能性中进行利弊权衡，最终付诸实践达到相对而言最为理性的效果。可行的技术是一种无视技术后果的技术，它只考虑技术的可行性，而不考虑这一技术的实施所带来的各种后果，只考虑做与不做的问题，而不考虑应该与不应该的问题，这种可行的技术的使用结果有可能会演变为人类的一种自我毁灭的恶果，技术的可行性并不等于实际的可行性。我国在建设生态文明的过程中也要处理好技术使用的合理性问题，实现科学技术革新的生态化。

（一）正确地认识科学技术的两面性

科学技术具有价值的多重性——工具价值、文化价值、道德价值、生态价值等，人们往往只看重科学技术的工具价值，将其视为认识和改造世界的基本工具，视为人为与自然发生关系的中介。事实上，科学技术是一把双刃剑，这不仅表现为科学技术自身的两面性，还表现为科学技术运用于单一事物与运用于多重事物时所表现的两面性。一方面，科学技术成为推动经济发展和社会进步的巨大动力，促进生产力的提高，增加社会的物质财富，极大地满足人民日益增长的物质文化需求。正是在这种单向度思维的作用下，不同历史时期的社会形态都千方百计地依靠科学技术来实现经济的高速甚至是超速增长，获得最大的经济效益，科学技术当之无愧地成为第一生产力。另一方面，科学技术的发展也会带来负面影响，产生一系列社会问题。晚期资本主义社会的科学技术成为一种新的统治形式和统治力量，发挥着意识形态的异化作用，这使得资本主义的统治是一种技术统治，是以科学和技术的合法性为基础的。在现实社会中，科学技术的发展导致了资源枯竭、能源危机和环境问题，直接威胁到人们的生存与发展空间。因此，我国在推进生态文明建设的过程中，一定要正确认识科学技术的两面性，既要充分发挥科学技术的积极作用，实现经济的快速发展，不断缩小与发达资本主义国家的经济差距，又要充分考虑到科学技术带来的不良后果，在保证不对环境构成破坏的前提下进行技术革新，最终走上生产发展、生活富裕、生态良好的文明发展道路。

（二）科学地处理技术革新与环境保护的关系

针对我国社会主义生态文明建设中存在的问题，我们一定要重视生态环境的保护问题，从生态学马克思主义对生态危机根源的分析及结论出发，树立尊重自然规律、尊重自然界独立存在的价值及自主目的性的理念。建构合适的科学技术伦理，在运用科学技术改造自然环境时，重视科学技术对自然环境的破坏作用，减少科学技术的负面影响。事实上，经济发展与自然发展具有一致性，只有自然环境处于良好的状态时，我们的经济发展才有更加坚实的物质基础。"生态社会主义坚持在一个生态学的框架内重新定义社会主义生产的途径和目标。它是通过'限制增长'这样一个维持社会可持续发展的前提来达到目的的，但是这并不意味着匮乏、艰苦或压迫。"①

技术革新与环境保护之间是相互作用、相互影响的辩证统一关系。一方面，科学技术具有无限的发展空间，它能够促进自然资源的开发、利用和保护。自然生态系统的资源储量是有限的，自然资源并不是取之不尽、用之不竭的，这是一个不争的事实，但是自然界中也存在大量的可以不断再生的资源与能源，科学技术的革新使这些可再生资源具有开发、利用的可能性，这种可能性的实现会有效地缓解当前资源能源短缺不能满足人们需求的矛盾。同时，科学技术的发展会大大缩短解决环境问题的时间，运用一些先进、高效的技术会大大提高解决环境问题的效率，有效避免传统方法的弊端，更好地实现对环境的保护。另一方面，自然极限也为科学技术革新设置了相对界限。科学技术的发展过程就是不断突破原有社会历史时期的相对界限的过程，因此，生态系统的更新、发展反过来又有赖于科学技术的进步。我国在依靠科学技术推动社会经济发展的同时，坚决不能忽视它对生态环境产生的影响，要实现技术的生态转换，把技术作为改善生态环境的基本手段。为此，应该促进我国能源开发技术与环境保护技术的发展，不断推进技术革新的生态化，大力发展绿色科技，促进绿色科技的推广和应用。"通过大力发展和应用节

---

① 刘仁胜：《生态马克思主义概论》，中央编译出版社，2007，第102~103页。

能技术、洁净技术、环境无害化技术、能源综合利用技术、资源重复利用与替代技术等，提高生态系统自身的生产能力、自净能力、自组织能力、稳态反应能力以及自我修复能力，推动社会生产方式由资源攫取型向深层次的资源再生型转移，实现生态系统物质能量的高效循环利用，走一条以提高效益和质量为中心的资源节约型的发展道路。"①

五　生态文明建设要坚持和谐的生态价值观

生态学马克思主义理论家在论述生态问题时有一个共识，即生态文明不仅是技术问题，也是资金问题，当然更是核心价值观问题，是人的灵魂问题。他们都强调解决生态问题不仅是社会制度的更新，还是一场伟大的思想革命，生态文明能否建成，取决于能否完成这场思想革命。提升全人类的生态意识是建立生态文明的关键所在，因此一定要在完成社会形态转变的同时创建与生态文明相适应的思想意识和价值观念。

生态学马克思主义理论家常常把人的生态意识视为最大的生态资源，认为只要摆脱资产阶级价值观和生态观的制约，增强生态意识，就不会造成严重的生态灾难。"只有通过加强生态意识。特别是有产阶层的生态意识才能使问题得到解决。"②

在当代中国，要建立生态化的社会主义，一方面要开展制度的健全和完善工作，另一方面也要强化人们的生态意识。当前，主流社会的愿望仍然是不断满足人们不断增长的物质消费需求，但是这种物质消费需求在达到一定限度之后必须受到基本价值观的制约。人们的物欲决不能无限制地膨胀。当代中国要对物欲膨胀的生态危害性、消费社会保持足够的警觉。要在保持经济增长的同时，高度重视精神文明建设，特别是高度重视生态价值观建设，这是生态社会主义社会得以建立的深层次因素。当代中国产生生态问题的一个非常重要的原因是人们生态意识淡薄，

---

① 任暟：《科技视阈下的绿色之维——西方生态学马克思主义的技术观》，《江汉论坛》2007 年第 7 期。

② 〔美〕约翰·贝拉米·福斯特：《生态危机与资本主义》，耿建新、宋兴无译，上海译文出版社，2006，第 82 页。

也与社会生态意识不强有着必然的内在关联。因此，社会主义生态文明建设必须把培养全社会的生态观念当成基础性工作，要把培养当代社会的生态价值观作为重要一环。

泰德·本顿提出，可以通过价值观念的变革、生活习惯的改变和生态样板区的示范来实现未来绿色社会的构想。我国生态文明建设的伟大工程并非一蹴而就，它需要在价值观念方面实现根本变革，即实现生态价值观、发展价值观的革新，明确树立和谐的生态文明价值观和生态文明发展观念。

"稳态经济模式"是一种针对市场经济模式的新型的经济发展模式，这种模式将社会发展的重点转移到对生态环境的保护上，认为不能因为发展经济而破坏自然环境。这种重视环保的经济发展理念值得人们反思。但是稳态经济模式过于看重自然环境的地位，忽视了现实社会中人们的需要，也具有一定的局限性。作为一个处于社会主义初级阶段的国家，我国在经济发展方面取得重大成就的同时，也出现了生态问题。因此，我们在发展经济的同时，也要重视环境保护问题，要尊重生态原理与经济规律，将二者结合起来，既要满足人们的发展需要，又不破坏自然环境，实现人与自然的和谐进步。

我们要转变经济增长方式，从粗放型的经济增长模式转化为集约型的经济增长方式，在科学发展观的指导下，实现经济效益、社会效益、生态效益的统一。提高企业环境保护意识，将生态成本加入社会成本之中，对自然环境进行补偿，提高人们保护自然环境的意识。提高利用自然资源的效率，发展新兴科学技术产业，提倡绿色环保观念，积极利用可再生能源，对这些自然能源进行重复利用。

生态经济关系到自然环境的未来，也关系到人民的命运，在当前全球性生态危机的形势下，国家一定要加大对生态经济的研究和投入力度，降低污染和浪费。大力实施可再生能源替代，研发具有国际先进水平的环保产品。对传统高污染、高消耗产业进行升级换代，注重产品的生态价值与社会效益，争取在生态经济方面走在世界前列，为解决生态危机、改善人类的生存环境贡献力量。

首先，树立自觉的生态意识，开展生态道德教育，正确处理人与自然之间的关系，在人与自然的和谐共生中获得发展。

生态意识是人对生态环境和人与环境之间关系的一种自觉反省。苏联学者基鲁索夫最早提出"生态意识"的定义，在他看来，生态意识是"从根据社会和自然的具体可能性，最优解决社会和自然的关系问题方面反映社会和自然相互关系问题的诸观点、理论和情感的综合。生态意识是在人们对自然环境的整体性规律的认识，以及人类为保持对生命有益的自然界状态在活动过程中必须考虑到的其他规律的认识的基础上形成的"[①]。根据马克思主义社会存在决定社会意识、社会意识反作用于社会存在基本原理，可以推出：生态存在决定生态意识，生态意识是生态存在的反映，并反作用于生态存在。人们的生态意识是对生态系统的正常运转、基本的生态规律、生态平衡的维护以及各种生态理论与常识的一种正确认识，这种认识包含着自觉地约束自己的思想和行为来促进生态系统的平衡。工业时代的各种危机和社会主义社会面临的生态问题使人们的生态意识日益觉醒，并成为每个人头脑中的一种生态文明观念，融入人们的思想之中，外化在人们的实际行动之中，切实为生态文明建设贡献自己的力量。我国的现代化进程包括生态现代化，而要实现生态现代化，树立自觉的现代生态意识是必不可缺的前提条件。我国实现生态现代化的关键在于普及生态知识，提升全国人民的现代生态意识。现代生态意识以现代科学、环境科学、经济科学和生态现代化理论为基础，提倡高效低能、高品低密、无毒无害、清洁安全、循环节约、公平双赢、绿色消费、健康环保，努力实现社会进步与环境进步的良性耦合，实现经济发展与环境退化的完全脱钩、人类与自然的互利共生。

其次，要坚持科学发展观，坚持以人为本的基本原则，实现生态可持续发展。

坚持以人为本，树立全面、协调、可持续的发展观，促进经济社会

---

① 〔苏联〕Э.В.基鲁索夫：《生态意识是社会和自然最优相互作用的条件》，余谋昌译，《哲学译丛》1986年第4期。

和人的全面发展。具体来说，坚持以人为本就是要以实现人的全面发展为目标，从人民群众的根本利益出发谋发展、促发展，切实保障人民群众的政治、经济和文化权益，让发展的成果惠及全体人民。全面发展就是以经济建设为中心，全面推进经济、政治、文化建设，实现经济发展和社会全面进步。协调发展就是要统筹城乡发展、区域发展、经济社会发展、人与自然和谐发展、国内发展和对外开放，推进生产力和生产关系、经济基础和上层建筑相协调，推进经济、政治、文化建设的各个环节、各个方面协调发展。可持续发展是要促进人与自然的和谐，实现经济发展和人口、资源、环境相协调，坚持走生产发展、生活富裕、生态良好的文明发展道路。科学发展观始终围绕人与人、人与自然的关系这条主线，力求实现人与人、人与自然之间的协调、平衡、和谐发展。

环境问题和生态危机是在建设中国特色社会主义伟大事业进程中始终要直面的问题，生态指数也是衡量社会发展的一个重要指数，生态可持续发展成为我国的必然选择。这就要正确处理好经济发展与生态文明建设的关系，改变资本主义社会追求剩余价值和超额利润的生产目的，使生产真正建立在满足人民群众日益增长的物质和文化需求上。要破除单纯的经济发展观，改变原有的经济发展理念与经济发展模式，避免走先发展后治理的工业化老路，用合乎生态理性的、合乎人性的、合乎生态学的经济发展模式取代原有的注重经济理性、注重经济利益的经济发展模式，用绿色的 GDP 代替黑色的 GDP，从根本上遏制以破坏生态环境为代价来追求经济片面增长的不良做法。生态文明建设并不是要制约经济的增长或者实现经济的零增长，生态文明建设的成功有赖于经济的发展，根本不可能在经济无发展的情况下推进生态文明建设。当经济发展与环境保护发生矛盾时，必须毫不犹豫地以生态标准来选择经济发展道路，尽最大可能把经济发展造成的环境破坏减少到最小，实现社会和自然的和谐共生，因为生态文明建设要求实现人与自然、人与社会、人与人之间的和谐发展，实现政治、经济、社会、文化和生态的和谐发展。

我们要秉持经济发展与生态环境双赢的理念，拒绝片面追求经济发展和追求 GDP 的发展模式，对于社会生产的环境成本与生态代价要加以重视，追求社会生产的综合效益。开发与保护自然环境并行，考虑自然资源的有限性与自然环境的可承受性，增加对可再生资源的开发运用，提高清洁能源的使用比例。引导并提倡健康的消费观念，抛弃过度消费、铺张浪费、讲排场、重面子的消费方式，践行节约朴素的消费观念，在满足人民群众日常需求的基础上，减少广大人民群众的无谓需求，减轻自然环境的压力。

最后，我国的现实情况是资源相对紧缺，人口众多，人与资源的矛盾相对激烈，这就要求我们建构合理的消费模式，保护自然环境，提高人民的生活水平与国家的竞争力。

在分析资本主义社会的消费模式时，生态学马克思主义指出，当今异化消费也是生态危机产生的重要原因，炫耀消费、奢华消费、过度消费等为消费而消费不仅将人的价值捆绑于消费之上，更导致了商品生产的无限扩大，导致自然资源的巨大消耗与浪费，加深了生态危机的程度。对于我国而言，当前也出现了不健康的消费模式与消费思维，浪费现象严重，自然环境问题也趋于严重化。我们应该提倡绿色消费模式，厉行勤俭节约的消费方式。绿色消费既要求我们选择健康的绿色产品，保持人自身的健康，也要对生活垃圾与生产垃圾进行科学合理的处置，避免污染自然环境。我们还要提倡可持续发展，要转变消费观念，认识到自然资源属于全人类，属于我们的子孙，我们不能为了自己的贪欲而严重损害后代的权益，成为自然环境的破坏者。所以说，我们要避免陷入西方资本主义社会的异化消费中去，践行绿色的消费理念。将异化消费商品消费作为自身存在的意义与价值，忽略了自身的真正需求，不但造成了自身意义的空虚，而且造成了自然资源的浪费，对自然环境造成了巨大的压力。作为一个人口众多，自然资源相对不足的国家，我们更要节约资源，保护生态环境。自然资源的有限性要求我们必须改变粗放型的经济增长模式，利用先进的科学技术改造落后的生产，提高自然资源的利用率，创造更大的社会财富与商品价值。

我们还要根据自然资源的不同形式，尊重自然规律与自然资源的周期规律，实现自然资源的循环利用，注重自然资源的重复利用与再利用，发展循环经济，实现生产、流通、消费过程的减量化、再利用、资源化。这对提高资源的利用率、保护自然环境具有重要意义。我国传统经济发展模式主要特征是粗放型的，这种模式以高投入、高消费为主，在促进经济发展的同时，也消耗了大量的自然资源，对自然环境造成了很大的压力，这种粗放型的经济发展模式在科学技术上的要求也比较粗糙，对于环境保护与资源的利用重视程度不够，也没有重视自然资源的循环利用与再利用，而这恰恰是当代社会发展的必然要求。我国当今改革开放的力度加大，要在国际竞争中取得优势，不但要有先进的科学技术水平、享誉世界的名牌产品，还要有优良的环境，这将能够创造优秀的投资环境，增强国家的综合竞争力。我们现在要实现中国梦，中国梦还要求山清水秀，物质财富丰富而自然环境恶化不是中国梦的内容。在商品消费方面，我们也要提倡绿色消费，节约能源，从异化消费中摆脱出来，认识到除了商品消费，还有更多的人生追求，追求绿色的健康的生活方式，尊重自然、亲近自然，在社会发展中促进自身发展与自然环境的和谐统一。

"我们追求人与自然的和谐，经济与社会的和谐，通俗地讲，就是既要绿水青山，又要金山银山。"[1] "中国式现代化是人与自然和谐共生的现代化。人与自然是生命共同体，无止境地向自然索取甚至破坏自然必然会遭到大自然的报复。我们坚持可持续发展，坚持节约优先、保护优先、自然恢复为主的方针，像保护眼睛一样保护自然和生态环境，坚定不移走生产发展、生活富裕、生态良好的文明发展道路，实现中华民族永续发展。"[2] 2022 年 10 月 16 日，习近平总书记在中国共产党第二十次全国代表大会上指出："大自然是人类赖以生存发展的基本条件。尊重自然、顺应自然、保护自然，是全面建设社会主义现代化国家的内在要求。必须牢固树立和践行绿水青山就是金山银山的理念，站在人与自然和谐共生的高度谋划发展。"[3]

---

① 习近平：《之江新语》，浙江人民出版社，2007，第 153 页。
② 《习近平著作选读》第 1 卷，人民出版社，2023，第 19 页。
③ 《习近平著作选读》第 1 卷，人民出版社，2023，第 41 页。

结　语

　　要支撑起一个强大的现代化国家，除了经济、制度、科技、教育等力量之外，还需要先进的、强有力的文化力量。中国式现代化是现代文明的培育，是先进文化的发展，更是国民素质的现代化。在建设中国特色社会主义的伟大进程中，中华民族必将展示新的实践，产生新的经验，形成新的学术、思想和理论成果。2022 年 4 月，习近平总书记在中国人民大学考察时指出：“加快构建中国特色哲学社会科学，归根结底是建构中国自主的知识体系。要以中国为观照、以时代为观照，立足中国实际，解决中国问题，不断推动中华优秀传统文化创造性转化、创新性发展，不断推进知识创新、理论创新、方法创新，使中国特色哲学社会科学真正屹立于世界学术之林。”[1]

　　“只有从人类思想的无尽长河中掬起涓滴，广泛参酌，重新诠释，既吸纳世界当今已有的智慧，又转化接引中华固有之传统，才能为人类开创对自己共同未来的前摄态度，略尽绵薄。”[2] 因为“社会的全部秘密就在人类的整体思维中”[3]，任何一种思想理论绝对不是凭空产生的，而是一定社会背景下各种各样的因素共同作用的结果，是一定历史条件下各种重大社会现实问题的反映。从历史进化的角度来看，交融、扬弃、共存是世界发展的大趋势，一个民族、一个国家总是在坚持自己特质的同时，向其他民族、其他国家吸取异质文化的养分，从而与时俱进，发展

---

①　《习近平在中国人民大学考察时强调　坚持党的领导传承红色基因扎根中国大地　走出一条建设中国特色世界一流大学新路》，《人民日报》2022 年 4 月 26 日，第 1 版。
②　郇庆治：《绿色乌托邦——生态主义的社会哲学》，泰山出版社，1998，总序第 2 页。
③　郇庆治：《绿色乌托邦——生态主义的社会哲学》，泰山出版社，1998，总序第 3 页。

壮大。对西方思想进行系统而深入的研究，具有与之对话和讨论的能力，追求一种既保持中国的同一性又具有现代性的思想，在全球化的时代，走出一条当代中国的思想之途。

从历史的诉说入手，"面向 21 世纪的深度反思，促成中国学界对未来社会问题的关怀和理解，提供一个关于人类存在方式的全方位的透视，探寻和建立能够支撑政治民主、经济自由、文化繁荣社会文明的社会哲学基础，为人类未来社会制度性设置预先完成一次次思想上的批判与试验，使每一个自由自强的个体学会不仅能自由地分享我们每个人已经得到的和完成的东西，而且能自由地分享更重要的、但还未接触过的东西：我们共同的未来"①。

生态学马克思主义面对全球的生存环境问题，运用马克思主义的批判立场和方法，对人与自然的关系以及人类社会的发展模式进行了深刻反思，以生态维度切入资本主义批判，从劳动异化、控制自然观念、消费异化、现代性思想等角度揭露资本主义造成生态危机的必然性。它既以马克思主义的一些基本原理和方法为指导，又对马克思主义的一些基本原理进行了"补充"和"发展"，在一定程度上指出了传统社会主义的弊端和失误，并在此基础上提出了一种新的社会主义模式——生态社会主义。这些能够帮助我们深入反思中国特色社会主义建设过程中产生的各种问题，明确当前社会出现病症的症结所在，有利于在中国式现代化建设中树立科学的生态观、发展观、消费观和技术观等，以更好地推动新时代中国特色社会主义建设。这既为生态运动指明了马克思主义的理论导向，又有助于马克思主义从陈旧的教条化的模式中摆脱出来，对于我们在新的历史条件下坚持和发展马克思主义具有重要的参考意义。

尽可能全面客观地阐释生态学马克思主义思想，明晰其理论的科学之处和不足之处，力求为新时代生态文明建设和全球环境治理贡献基础性的理论支撑，有助于我们从多重视角理解马克思学说的本质精神和理论价值，有助于我们深入理解 21 世纪人类历史和人类文化进程。总之，

---

① 郇庆治：《绿色乌托邦——生态主义的社会哲学》，泰山出版社，1998，总序第 2 页。

研究生态学马克思主义的历史唯物主义重建对于推动国内学术界更为准确地把握国外生态学马克思主义发展的前沿理论问题，以及深化国内学术界关于生态文明理论的研究具有较为重大的理论意义。研究生态学马克思主义的历史唯物主义重建，能够进一步拓宽历史唯物主义的生态视域，更加全面地理解历史唯物主义的制度批判、生产方式批判、生态批判等系列批判思想，这也从一个侧面证明了马克思的批判思想在 21 世纪依然是科学的、适用的，马克思的理论是现代社会的良心所在。

此外，社会主义生态文明作为一种先进的文明发展形态，在形成的过程中不仅具有产生的历史条件，也有形成的理论源泉和建立的理论基础。中华优秀传统文化中的生态思想、马克思主义经典作家的生态文明思想、国外马克思主义中的生态文明思想，都构成了社会主义生态文明的思想元素和理论源泉。其中，生态学马克思主义以其比较丰富的思想文化元素为我国生态文明建设提供了有益的借鉴和支撑。对于社会主义生态文明建设而言，既有生态文明所蕴含的一般建设维度，也有其特有的建设维度。

生态学马克思主义的历史理论无论是重建论还是重构说，没有也不可能构建出新的形态，生态学马克思主义依然属于马克思主义。回眸人类历史，我们可以说，没有一种学说像马克思主义那样，对现实历史和人类生活产生了如此巨大而深刻的影响。不管人们对此如何评价，这种影响的存在都是一个不容否定的事实。如果说，马克思主义所遭遇到的攻击、曲解和争论比任何其他学说都来得更频繁、更尖锐，那么，这并不意味着其影响的削弱，恰恰相反，它倒是印证了这种学说的当代意义的自我揭示和确证。可以说，"在马克思以后，国际上出现的任何重大的社会思潮，都会自觉地或不自觉地从马克思主义那里借贷思想资源，甚至直接地或间接地用马克思主义来命名相关的思潮或学派。在这个意义上可以说，马克思仍然是我们的同时代人"①。国内的马克思主义研究，特别是马克思主义基础理论研究，必须借鉴国外马克思主义研究的最新

---

① 曾文婷：《"生态学马克思主义"研究》，重庆出版社，2008，总序第 3 页。

成果。作为发展中国家，我国在现代化进程中尚未经历过的事情，许多国家已经经历过了。它们的经验教训是什么？这些经验教训蕴含着哪些重大的理论问题？这些问题可能会有利于我们在理解马克思主义基础理论上有更大突破。

参考文献

一 中文参考文献

1. 《马克思恩格斯文集》第 1~10 卷，人民出版社，2009。

2. 《马克思恩格斯全集》第 3 卷，人民出版社，2002。

3. 《马克思恩格斯全集》第 18 卷，人民出版社，1964。

4. 《马克思恩格斯全集》第 26 卷第 3 册，人民出版社，1974。

5. 《马克思恩格斯全集》第 30 卷，人民出版社，1995

6. 《马克思恩格斯全集》第 31 卷，人民出版社，1998。

7. 《马克思恩格斯全集》第 32 卷，人民出版社，2004。

8. 《马克思恩格斯全集》第 39 卷，人民出版社，1974。

9. 《马克思恩格斯全集》第 42 卷，人民出版社，1979。

10. 《马克思恩格斯全集》第 44 卷，人民出版社，2001。

11. 《马克思恩格斯全集》第 46 卷上册，人民出版社，1979。

12. 马克思：《1844 年经济学哲学手稿》，人民出版社，2000。

13. 《列宁选集》第 1~4 卷，人民出版社，1960。

14. 《斯大林选集》下卷，人民出版社，1979。

15. 《十七大报告辅导读本》，人民出版社，2007。

16. 《十八大以来重要文献选编》（上），中央文献出版社，2014。

17. 《中共中央关于全面深化改革若干重大问题的决定》，人民出版社，2013。

18. 习近平：《之江新语》，浙江人民出版社，2007。

19. 《习近平谈治国理政》第 4 卷，外文出版社，2022。

20. 《习近平著作选读》第 1~2 卷，人民出版社，2023。

21. 陈永森、蔡华杰：《人的解放与自然的解放：生态社会主义研究》，学习出版社，2015。

22. 陈学明、王凤才：《西方马克思主义前沿问题二十讲》，复旦大学出版社，2008。

23. 〔德〕霍克海默：《霍克海默集》，上海远东出版社，1997。

24. 戴圣鹏：《人与自然和谐共生的生态文明》，社会科学文献出版社，2022。

25. 杜利英：《马克思主义哲学原理与方法：以实践为基础》，人民出版社，2013。

26. 复旦大学哲学系现代西方哲学研究室编译《西方学者论〈一八四四年经济学—哲学手稿〉》，复旦大学出版社，1983。

27. 冯旺舟：《资本批判与希望的乌托邦：安德烈·高兹的资本主义批判理论研究》，人民出版社，2017。

28. 冯契、徐孝通主编《外国哲学大辞典》，上海辞书出版社，2000。

29. 高清海主编《马克思主义哲学基础》上册，人民出版社，1985。

30. 郭剑仁：《生态地批判——福斯特的生态学马克思主义思想研究》，人民出版社，2008。

31. 胡大平等：《资本主义理解史》第 5 卷，江苏人民出版社，2009。

32. 韩欲立：《北美生态马克思主义理论与实践研究》，天津人民出版社，2022。

33. 贺来：《"主体性"的当代哲学视域》，北京师范大学出版社，2013。

34. 康瑞华等：《批判 构建 启思：福斯特生态马克思主义思想研究》，中国社会科学出版社，2011。

35. 金观涛：《系统的哲学》，鹭江出版社，2019。

36. 刘晓勇：《生态学马克思主义与当代中国可持续发展研究》，中国社会科学出版社，2018。

37. 刘仁胜：《生态马克思主义概论》，中央编译出版社，2007。

38. 刘仁胜主编《生态马克思主义与生态文明》，中国人民大学出版社，

2022。

39. 刘英：《生态学马克思主义对历史唯物主义的辩护研究》，安徽大学出版社，2022。

40. 莫放春：《马克思的生态学与生态学马克思主义研究》，人民出版社，2018。

41. 倪瑞华：《英国生态学马克思主义研究》，人民出版社，2011。

42. 欧力同、张伟：《法兰克福学派研究》，重庆出版社，1990。

43. 孙爽：《瑞尼尔·格伦德曼生态学马克思主义思想研究》，中国社会科学出版社，2021。

44. 辛敬良主编《马克思主义哲学导论》，复旦大学出版社，1991。

45. 肖前主编《马克思主义哲学原理》上册，中国人民大学出版社,1994。

46. 郇庆治：《绿色乌托邦——生态主义的社会哲学》，泰山出版社,1998。

47. 杨耕：《重建中的反思：重新理解历史唯物主义》，北京师范大学出版社，2017。

48. 杨耕主编《马克思主义哲学体系研究：历史演变与基本问题》（上），四川人民出版社，2019。

49. 孙承叔等：《重建历史唯物主义——西方马克思主义基础理论研究》，复旦大学出版社，2015。

50. 张一兵、胡大平：《西方马克思主义哲学的历史逻辑》，南京大学出版社,2003。

51. 张一兵主编《当代国外马克思主义哲学思潮》下卷，江苏人民出版社,2012。

52. 张一兵等：《资本主义理解史》第 6 卷，江苏人民出版社，2009。

53. 张夺：《生态学马克思主义自然观与生态文明理念研究》，人民出版社，2021。

54. 王鲁娜：《生态生产力研究》，河北大学出版社，2010。

55. 王晓升：《历史唯物主义的当代重构》，社会科学文献出版社，2013。

56. 王雨辰：《生态批判与绿色乌托邦——生态学马克思主义理论研究》，人民出版社，2009。

57. 王雨辰：《中国语境中的西方马克思主义哲学研究》，湖北人民出版社，2010。

58. 王雨辰：《生态学马克思主义与生态文明研究》，人民出版社，2015。

59. 王雨辰：《生态学马克思主义与后发国家生态文明理论研究》，人民出版社，2017。

60. 王青：《泰德·本顿的生态学马克思主义思想研究》，人民出版社，2018。

61. 吴宁编著《生态学马克思主义思想简论》上、下册，中国环境出版社，2015。

62. 吴宁：《安德烈·高兹的生态学马克思主义》，九州出版社，2017。

63. 温晓春：《安德烈·高兹中晚期生态马克思主义思想研究》，上海人民出版社，2014。

64. 薛勇民：《走向生态价值的深处：后现代环境伦理学的当代诠释》，山西科学技术出版社，2006。

65. 余谋昌：《生态学哲学》，云南人民出版社，1991。

66. 俞吾金、陈学明：《国外马克思主义哲学流派新编·西方马克思主义卷》，复旦大学出版社，2002。

67. 俞可平主编《全球化时代的"马克思主义"——九十年代国外马克思主义新论选编》，中央编译出版社，1998。

68. 曾文婷：《"生态学马克思主义"研究》，重庆出版社，2008。

69. 曾文婷等：《"生态学马克思主义"与马克思主义比较研究》，社会科学文献出版社，2015。

70. 〔德〕彼得·毕尔格：《主体的退隐：从蒙田到巴特间的主体性历史》，陈良梅、夏清译，南京大学出版社，2004。

71. 〔德〕汉斯·萨克塞：《生态哲学》，文韬、佩云译，东方出版社，1991。

72. 〔德〕马克斯·霍克海默、西奥多·阿道尔诺：《启蒙辩证法——哲学断片》，渠敬东等译，上海世纪出版社，2006。

73. 〔德国〕弗朗茨·梅林：《保卫马克思主义》，吉洪译，人民出版社，1982。

74. 〔德〕卡尔·柯尔施：《马克思主义和哲学》，王南湜、荣新海译，重庆出版社，1989。

75. 〔德〕柯尔施：《卡尔·马克思——马克思主义的理论和阶级运动》，熊子云、翁延真译，重庆出版社，1993。

76. 〔德〕卡尔·洛维特：《世界历史与救赎历史：历史哲学的神学前提》，李秋零、田薇译，生活·读书·新知三联书店，2002。

77. 〔德〕胡塞尔：《欧洲科学的危机与超越论的现象学》，王炳文译，商务印书馆，2017。

78. 〔德〕尤尔根·哈贝马斯：《作为"意识形态"的技术与科学》，李黎、郭官义译，学林出版社，1999。

79. 〔德〕尤尔根·哈贝马斯：《合法化危机》，刘北成等译，上海人民出版社，2000。

80. 〔德〕尤尔根·哈贝马斯：《重建历史唯物主义》，郭官义译，社会科学文献出版社，2000。

81. 〔法〕阿尔都塞：《哲学与政治（上）——阿尔都塞读本》，陈越编译，吉林人民出版社，2011。

82. 〔法〕安德烈·高兹：《资本主义，社会主义，生态学——迷失与方向》，彭姝祎译，商务印书馆，2018。

83. 〔法〕巴札尔、安凡丹、罗德里格：《圣西门学说释义》，王永江、黄鸿森、李昭时译，商务印书馆，2011。

84. 〔法〕让-保罗·萨特：《辩证理性批判》（上），林骧华、徐和瑾、陈伟丰译，安徽文艺出版社，1988。

85. 〔法〕洛克莫尔：《历史唯物主义：哈贝马斯的重建》，孟丹译，北京师范大学出版社，2009。

86. 〔法〕罗贝尔·福西耶：《中世纪劳动史》，陈青瑶译，上海人民出版社，2007。

87. 〔法〕亨利·列斐伏尔：《马克思的社会学》，谢永康、毛林林译，北京师范大学出版社，2013。

88. 〔法〕鲍德里亚：《生产之镜》，仰海峰译，中央编译出版社，2005。

89. 〔法〕鲍德里亚：《消费社会》，刘成富、全志钢译，南京大学出版社，

2014。

90. 〔联邦德国〕A. 施密特:《马克思的自然概念》,欧力同、吴仲昉译,商务印书馆,1988。

91. 〔南斯拉夫〕米哈依洛·马尔科维奇:《当代的马克思:论人道主义共产主义》,曲跃厚译,黑龙江大学出版社,2011。

92. 〔加〕伍德:《民主反对资本主义——重建历史唯物主义》,吕薇洲等译,重庆出版社,2007。

93. 〔加〕本·阿格尔:《西方马克思主义概论》,慎之等译,中国人民大学出版社,1991。

94. 〔加〕威廉·莱斯:《满足的限度》,李永学译,商务出版社,2016。

95. 〔加〕威廉·莱斯:《自然的控制》,岳长岭、李建华译,重庆出版社,2007。

96. 〔美〕丹尼斯·米都斯等:《增长的极限——罗马俱乐部关于人类困境的报告》,李宝恒译,吉林人民出版社,1997。

97. 〔美〕戴维·佩珀:《生态社会主义:从深生态学到社会正义》,刘颖译,山东大学出版社,2005。

98. 〔美〕奥德姆、巴雷特:《生态学基础》,陆健健等译,高等教育出版社,2009。

99. 〔美〕尤金·P. 奥德姆:《生态学——科学与社会之间的桥梁》,何文珊译,高等教育出版社,2017。

100. 〔美〕弗·卡普拉、查·斯普雷纳克:《绿色政治——全球的希望》,石音译,东方出版社,1988。

101. 〔美〕卡洛琳·麦茜特:《自然之死——妇女、生态和科学革命》,吴国盛等译,吉林人民出版社,1999。

102. 〔美〕H. 马尔库塞等:《工业社会和新左派》,任立编译,商务印书馆,1982。

103. 〔美〕赫伯特·马尔库塞:《单向度的人:发达工业社会意识形态研究》,刘继译,上海译文出版社、重庆出版社,2016。

104. 〔美〕赫伯特·马尔库塞:《马尔库塞文集 第三卷——新左派与20

世纪 60 年代》，陶锋、高海青译，人民出版社，2020。

105. 〔美〕汉娜·阿伦特：《人的境况》，王寅丽译，上海人民出版社,2009。

106. 〔美〕劳伦斯·布伊尔：《环境批评的未来：环境危机与文学想象》，刘蓓译，北京大学出版社，2010。

107. 〔美〕罗伯特·L. 海尔布隆纳：《马克思主义：赞成与反对》，马林梅译，东方出版社，2016。

108. 〔美〕蕾切尔·卡逊：《寂静的春天》，吕瑞兰、李长生译，吉林人民出版社，1997。

109. 〔美〕罗伊·莫里森：《生态民主》，刘仁胜、张甲秀、李艳君译，中国环境出版社，2016。

110. 〔美〕罗·麦金托什：《生态学概念和理论的发展》，徐嵩龄译，中国科学技术出版社，1992。

111. 〔美〕曼弗雷德·S. 弗林斯：《舍勒的心灵》，张任之等译，上海三联书店，2006。

112. 〔美〕曼纽尔·卡斯泰尔斯：《经济危机与美国社会》，晏山枥等译，上海译文出版社，1985。

113. 〔美〕唐纳德·沃斯特：《自然的经济体系：生态思想史》，侯文蕙译，商务印书馆，1999。

114. 〔美〕乔尔·科威尔：《自然的敌人：资本主义的终结还是世界的毁灭?》，杨燕飞、冯春涌译，中国人民大学出版社，2015。

115. 〔美〕约翰·贝拉米·福斯特：《生态危机与资本主义》，耿建新、宋兴无译，上海译文出版社，2006。

116. 〔美〕约翰·贝拉米·福斯特；《马克思的生态学：唯物主义与自然》，刘仁胜、肖峰译，高等教育出版社，2006。

117. 〔美〕约翰·贝拉米·福斯特：《生态革命——与地球和平相处》，刘仁胜、李晶、董慧译，人民出版社，2015。

118. 〔美〕纳什：《大自然的权利：环境伦理学史》，杨通进译，青岛出版社，1999。

119. 〔日〕岩佐茂：《环境的思想：环境保护与马克思主义的结合处》，

韩立新等译，中央编译出版社，1997。

120. 〔苏〕弗罗洛夫主编《哲学导论》上卷，贾泽林等译，北京师范大学出版社，2011。

121. 上海社会科学院哲学研究所外国哲学研究室：《法兰克福学派论著选辑》上卷，商务印书馆，1998。

122. 〔匈〕卢卡奇：《关于社会存在的本体论·上卷——社会存在本体论引论》，白锡堃等译，重庆出版社，1993。

123. 〔匈〕格奥尔格·卢卡奇：《历史与阶级意识——关于马克思主义辩证法的研究》，杜章智、任立、燕宏远译，商务印书馆，1996。

124. 〔英〕阿尔弗雷德·诺思·怀特海：《自然的概念》，张桂权译，译林出版社，2014。

125. 〔英〕安德鲁·多布森：《绿色政治思想》，郇庆治译，山东大学出版社，2012，第149页。

126. 〔英〕戴维·麦克莱伦：《马克思以后的马克思主义》，李智译，中国人民大学出版社，2008。

127. 〔英〕戴维·佩珀：《现代环境主义导论》，宋玉波、朱丹琼译，上海人民出版社，2011。

128. 〔英〕科恩：《卡尔·马克思的历史理论——一种辩护》，段忠桥译，高等教育出版社，2008。

129. 〔英〕马尔萨斯：《人口原理》，朱泱、胡企林、朱和中译，商务印书馆，1992。

130. 〔英〕佩里·安德森：《西方马克思主义探讨》，高铦、文贯中、魏章玲译，人民出版社，1981。

131. 〔英〕乔纳森·休斯：《生态与历史唯物主义》，张晓琼、侯晓滨译，江苏人民出版社，2011。

132. 〔英〕乔治·莱尔因：《重构历史唯物主义》，姜兴宏、刘明如译，中国社会科学出版社，1991。

133. 〔英〕柯林武德：《自然的观念》，吴国盛译，北京大学出版社,2006。

134. 〔英〕泰德·本顿主编《生态马克思主义》，曹荣湘、李继龙译，社会科学文献出版社，2013。

135. 〔英〕约翰·穆勒：《政治经济学原理及其在社会哲学上的若干应用》下册，胡企林、朱泱译，商务印书馆，1991。

136. 〔印〕萨拉·萨卡：《生态社会主义还是生态资本主义》，张淑兰译，山东大学出版社，2012。

137. 张文喜：《重建历史唯物主义历史总体观》，中国人民大学出版社，2013。

138. 张一兵：《回到马克思——经济学语境中的哲学话语》，江苏人民出版社，1999。

139. 〔美〕布雷特·克拉克、约翰·贝拉米·福斯特：《二十一世纪的马克思生态学》，孙要良译，《马克思主义与现实》2010年第3期。

140. 陈太明：《"历史唯物主义重建论"及其局限》，《中国社会科学报》2019年4月25日，第4版。

141. 段忠桥：《重释历史唯物主义的缘由、文本依据和方法》，《哲学研究》2008年第9期。

142. 胡刘：《现代性的"具体历史"批判：马克思历史哲学的方法论前提》，《山东社会科学》2016年第8期。

143. 胡刘：《"历史唯物主义重构"的检讨与校正》，《长白学刊》2017年第3期。

144. 〔美〕约翰·贝拉米·福斯特：《失败的制度：资本主义全球化的世界危机及其对中国的影响》，吴娓、刘帅译，《马克思主义与现实》2009年第3期。

145. 任暟：《科技视阈下的绿色之维：西方生态学马克思主义的技术观》，《江汉论坛》2007年第7期。

146. 沈江平：《现代性与重建历史唯物主义》，《哲学研究》2013年第7期。

147. 沈江平：《历史唯物主义"重建"思潮的评判与展望》，《山西师大学报》（社会科学版）2021年第3期。

148. 沈江平：《历史唯物主义"重建"思潮略考》，《理论视野》2017年第8期。

149. 杨耕主编《马克思主义哲学体系研究：历史演变与基本问题》（上），

四川人民出版社，2019。

150. 杨耕：《危机中的重建：唯物主义历史观的现代阐释》，武汉大学出版社，2011。

151. 杨耕：《历史唯物主义：一个再思考》，《河北学刊》2003 年第 6 期。

152. 杨耕：《重建唯物主义历史观》，《中国社会科学报》2010 年 7 月 6 日，第 7 版。

153. 〔英〕约翰·巴里、杨志华：《马克思主义与生态学：从政治经济学到政治生态学》，《马克思主义与现实》2009 年第 2 期。

154. 王雨辰：《以历史唯物主义为基础的生态文明理论何以可能——从生态学马克思主义的视角看》，《哲学研究》2010 年第 12 期。

二 英文参考文献

1. André Gorz, *Ecology as Politics*, Boston：South End Press，1980.

2. André Gorz, *Paths to Paradise: On the Liberation from Work*, London：Pluto Press，1985.

3. André Gorz, *Farewell to the Working Class: An Essay on Post-Industrial Socialism*, London：Pluto Press，1987.

4. André Gorz, *Critique of Economic Reason*, London and New York：Verso Press，1989.

5. André Gorz, *Capitalism*, *Socialism*, *Ecology*, London and New York：Verso Press，1994.

6. Simon Clarke, *Marx's Theory of Crisis*, London：Palgrave Macmillan，1994.

7. David Pepper, *Eco-Socialism: From Deep Ecology to Social Justice*, London and New York：Routledge，1993.

8. Enrique Leff, *Green Production: Toward an Environmental Rationality*, New York：The Guilford Press，1995.

9. Howard L. *Parsons*, *Marx and Engels on Ecology*, London：Greenwood Press，1977.

10. James O'Conner, *Natural Causes: Essays in Ecological Marxism*, New

York: The Guilford Press, 1998.

11. Jonathan Hughes, *Ecology and Historical Materialism*, Cambridge: Cambridge University Press, 2000.

12. John Bellamy Foster, *Marx's Ecology: Materialism and Nature*, New York: Monthly Review Press, 2000.

13. John Bellamy Foster, *The Ecological Revolution: Making Peace with the Planet*, New York: Monthly Review Press, 2009.

14. John Bellamy Foster, *The Vulnerable Planet: A Short Economic History of the Environment*, New York: Monthly Review Press, 1999.

15. John Bellamy Foster, "Why Ecological Revolution?" *Monthly Review*, Vol 61, 2010.

16. Paul Burkett, *Marx and Nature: A Red and Green Perspectise*, London: Palgrave Macmillan , 1999.

17. Reiner Grundmann, *Marxism and Ecology*, New York: Oxford University Press, 1991.

18. Reiner Grundmann, "The Ecological Challenge to Marxism," *New Left Review*, Vol. 187, 1991.

19. Robert L. Heilbroner, *Business Civilization in Decline*, New York: Norton, 1976.

20. Ted Benton, *The Greening of Marxism*, New York: The Guilford Press, 1996.

21. Ted Benton, "Marxism and Natural Limits: An Ecological Critique and Reconstruction," *New Left Review*, No. 178, 1989.

22. Ted Benton, Ecology, "Socialism and the Mastery of Nature: A Reply to Reiner Grundmann," *New Left Review*, No. 194, 1992.

23. William Leiss, *The Limits to Satisfaction: An Essay on the Problem of Needs and Commodities*, Kingston: McGill-Queen's University Press, 1988.

图书在版编目（CIP）数据

生态学马克思主义的历史唯物主义重建／郭燕著 .
北京：社会科学文献出版社，2025.8. --ISBN 978-7
-5228-5314-7

Ⅰ.A811.693

中国国家版本馆 CIP 数据核字第 2025ZC3878 号

生态学马克思主义的历史唯物主义重建

著　　者／郭　燕

出 版 人／冀祥德
组稿编辑／曹义恒
责任编辑／刘同辉
文稿编辑／赵一琳
责任印制／岳　阳

出　　版／社会科学文献出版社·马克思主义分社（010）59367126
　　　　　　地址：北京市北三环中路甲 29 号院华龙大厦　邮编：100029
　　　　　　网址：www.ssap.com.cn
发　　行／社会科学文献出版社（010）59367028
印　　装／三河市尚艺印装有限公司

规　　格／开　本：787mm×1092mm　1/16
　　　　　　印　张：25.25　字　数：375 千字
版　　次／2025 年 8 月第 1 版　2025 年 8 月第 1 次印刷
书　　号／ISBN 978-7-5228-5314-7
定　　价／138.00 元

读者服务电话：4008918866